EL PROBLEMA DEL HOMBRE

LUX MUNDI
48

JOSEPH GEVAERT

EL PROBLEMA DEL HOMBRE

Introducción a la antropología filosófica

DECIMOQUINTA EDICIÓN

EDICIONES SÍGUEME
SALAMANCA
2008

Cubierta diseñada por Christian Hugo Martín

Tradujeron Alfonso Ortiz y José María Hernández sobre el original italiano
Il problema dell'uomo. Introduzione all'antropologia filosofica

© Elle Di Ci, 10096 Leumann-Torino 1992
© Ediciones Sígueme S.A.U., Salamanca 2003
   C/ García Tejado, 23-27 - E-37007 Salamanca / España
   Tel.: (34) 923 218 203 - Fax: (34) 923 270 563
   e-mail: ediciones@sigueme.es
   www.sigueme.es

ISBN: 978-84-301-1501-3
Depósito legal: S. 666-2008
Fotocomposición Rico Adrados S.L., Burgos
Impreso en España / Unión Europea
Imprime: Gráficas Varona S.A.
Polígono El Montalvo, Salamanca 2008

CONTENIDO

Prefacio 9
Introducción. El problema antropológico 11

I. DIMENSIONES FUNDAMENTALES DE LA EXISTENCIA HUMANA ... 25
   1. Ser hombre es ser con otros 29
   2. La existencia corpórea del hombre 63
   3. El mundo como dimensión fundamental del ser humano 107

II. LA EXISTENCIA HUMANA COMO LLAMADA Y TAREA 143
   4. El misterio del conocimiento y de la verdad 149
   5. Acción humana, valores y libertad 181
   6. Historicidad de la existencia y sentido de la historia 227

III. LOS LÍMITES DE LA EXISTENCIA Y LA PERSPECTIVA DE LA ESPERANZA 255
   7. El fracaso y el mal como problemas básicos del hombre 259
   8. La muerte como problema fundamental de la existencia humana 287
   9. La muerte y la perspectiva de la esperanza 309

Propuestas bibliográficas 337
Índice general 343

PREFACIO

La presente antropología filosófica representa una forma concreta de leer e interpretar la existencia humana, especialmente sensible a los aspectos de la presencia cristiana en el mundo. A diferencia de las numerosas «psicologías» que estudian el comportamiento del hombre, describen sus facultades o analizan sus estructuras, estas páginas hacen un serio esfuerzo por situar en el lugar central el problema del «significado» del hombre, esto es, el sentido de su existencia y la dirección en que tiene que realizarse.

Esta especial consideración del problema del hombre no pretende quitar importancia y validez a otros planteamientos antropológicos que resaltan más las estructuras: vida biológica, vida sensitiva, conocimiento, etc. Desea más bien asumir y desarrollar con mayor amplitud lo que a veces descuidan o tratan con parquedad muchas antropologías de cuño tradicional.

El lector deberá tener presente que se trata de una «iniciación» a la antropología filosófica, no de un tratado completo y exhaustivo –que por otra parte no existe y ni siquiera es posible–. Se trata más bien de pinceladas que persiguen abocetar mejor los términos de la problemática y las líneas fundamentales de la imagen del hombre. La omisión de muchos problemas secundarios o de detalle –que lleva quizás a una cierta esquematización– tiene la ventaja de ofrecer más claridad y al mismo tiempo de invitar a participar personalmente en la reflexión sobre los problemas fundamentales del hombre.

Este manual de «Introducción a la antropología filosófica» ha sido totalmente revisado y puesto al día en su octava edición del original italiano (año 1992). Su estructura básica, el método y la preocupación didáctica coinciden con los de las ediciones anteriores. Se ha reducido notablemente la importancia que se daba a las cuestiones relacionadas con el marxismo. Se ha hecho lo mismo, aunque en menor medida, con la filosofía existencial. Hemos remozado casi por completo el capítulo tercero, sobre la pertenencia del hombre al mundo. También hemos cambiado notablemente el capítulo sexto, que aborda la dimensión histórica de la existencia.

Agradezco al profesor Zelindo Trenti la atención con que ha revisado el texto en italiano.

INTRODUCCIÓN
El problema antropológico

1. Actualidad y urgencia del problema

¿Qué es el hombre?, ¿quién soy yo?, ¿cuál es el sentido de la existencia humana? Estos y otros interrogantes por el estilo se imponen en el campo de la antropología filosófica. En todas las épocas y niveles culturales, bajo formas y desde perspectivas distintas, han acompañado al hombre en su caminar. Hoy se plantean más urgentemente a todo el que quiere vivir su existencia de un modo auténticamente humano. Dichos interrogantes tienden a ocupar el lugar más importante en el conjunto de la reflexión filosófica.

A primera vista parece que la humanidad se encuentra en este momento histórico más madura que lo estuvo en el pasado para responder a tales cuestiones. En efecto, nunca fue tan amplio y especializado el desarrollo de las ciencias del hombre (biología, fisiología, medicina, psicología, sociología, economía, política, etc.), ciencias que tratan de explicar la enorme complejidad del comportamiento humano y proporcionar los instrumentos necesarios y útiles para regular la vida del hombre. Cada uno de estos sectores científicos contiene un amplio programa de conocimientos concretos y precisos sobre el hombre, de manera que cuatro o cinco años de estudios universitarios constituyen apenas una primera iniciación.

Coincidiendo con el enorme aumento de los conocimientos científicos y tecnológicos, se plantea un difuso interrogante sobre el significado humano de esta gigantesca empresa cultural. Hoy ya no se puede seguir soñando con que el programa científico pueda conseguir casi automáticamente una vida mejor o que la creación de nuevas estructuras sociales pueda proporcionar la clave última y definitiva para superar las miserias humanas.

Las inmensas posibilidades positivas que la civilización técnica e industrial ofrece al hombre no están exentas de ambigüedad. Un mundo dominado exclusivamente por la ciencia o la tecnología podría incluso ser inhabitable no sólo desde una perspectiva biológica, sino sobre todo desde el punto de vista espiritual y cultural. Tras dos guerras mundiales y después de los campos de exterminio donde fueron eliminados millones de hombres inocentes, no se puede contemplar el proceso científico y tecnológico con esa ingenua superficialidad tan característica del siglo XIX.

Se advierte, sobre todo, que el aumento progresivo de los conocimientos científicos y la creciente desorientación en los laberintos de las especializaciones, van acompañados cada vez más de una mayor incertidumbre respecto a lo que constituye el ser profundo y último del hombre[1]. Quizás estemos asistiendo actualmente a la mayor crisis de identidad por la que el hombre ha pasado y en la que se ponen en tela de juicio o se marginan muchos de los fundamentos seculares de la existencia humana. Hace más de medio siglo pronunció Max Scheler unas palabras que no han perdido su vigencia:

> Tras una historia de ya más de diez mil años, estamos en una época en que, por primera vez, el hombre es para sí mismo un ser radical y universalmente «problemático». El hombre ya no sabe quién es y se da cuenta de que jamás lo llegará a saber. Sólo se volverá a tener juicios fundamentados si se hace *tabula rasa* de todas las tradiciones relacionadas con este problema y se contempla con el máximo rigor metodológico y con el más grande estupor a ese ser llamado hombre[2].

Martin Heidegger, hablando de la antropología de Kant, hace eco a Scheler:

> Ninguna época ha logrado tantos y tan dispares conocimientos sobre el hombre como la nuestra… Y, sin embargo, ninguna otra época como la nuestra ha sabido tan poco sobre el hombre. Pues jamás ha sido el hombre tan problemático como ahora[3].

1. Cf. G. Marcel, *L'homme problématique*, Paris 1955, 73s.
2. M. Scheler, *Philosophische Weltanschauung*, Bonn 1929, 62; Id., *Die Stellung des Menschen im Kosmos*, Bonn 1928, 13 (versión cast.: *El puesto del hombre en el cosmos*, Barcelona 2000).
3. M. Heidegger, *Kant und das Problem der Metaphysik*, Frankfurt 1951, 189 (version cast.: *Kant y el problema de la metafísica*, Madrid 1993).

En este contexto de pérdida de identidad, de incertidumbre y desconcierto sobre el ser humano, que se manifiesta emblemáticamente en la proclamación de la muerte del hombre[4], la reflexión filosófica, crítica y sistemática sobre el ser y el significado del hombre, se convierte en una de las tareas más urgentes de nuestro tiempo[5]. Es preciso recuperar la secular certeza del hombre, repensarla radicalmente y enriquecerla con todas las nuevas interpretaciones. El problema del ser del hombre o de la verdad humana ocupa el lugar central. Si redescubre las líneas fundamentales de su ser y su orientación dinámica, el hombre de hoy estará preparado de nuevo para situar la gigantesca expansión de la cultura científica y tecnológica contribuyendo así a su realización auténtica. En este momento histórico, la reflexión antropológica sistemática y la clarificación de la existencia humana han de prestar un verdadero servicio al hombre.

2. *Génesis del problema filosófico del hombre*

Los interrogantes sobre la esencia del hombre y sobre el sentido de su existencia, tanto hoy como en el pasado, no son producto en primer lugar de la curiosidad científica, que quiere saber más. Los problemas antropológicos irrumpen en la existencia, intervienen casi sin darse uno cuenta y se imponen por su propio peso. Dichos problemas existen, no porque alguien se haya empeñado en estudiar la esencia del hombre, sino porque la vida misma plantea el problema del hombre y obliga a afrontarlo. Tal cosa no acontece esporádicamente en alguna persona privilegiada, sino que es lo normal –al menos en cierto modo– en la vida del hombre que se encuentra abierto y está ávido de autenticidad[6].

La antropología filosófica no se saca de la manga los problemas del hombre. Se los encuentra ya ahí, los reconoce, los asume, los estudia críticamente y trata de hallar una respuesta que pueda iluminar la problemática concreta y existencial.

---

4. Cf. M. Foucault, *Le parole e le cose. Un'archeologia delle scienze umane*, Milano 1967, 410 (versión cast.: *Las palabras y las cosas: una arqueología de las ciencias humanas*, Madrid ²1999).

5. Cf. J.-Y. Jolif, *Comprendre l'homme? I. Introduction à une anthropologie philosophique*, Paris 1967, 19s.

6. Cf. G. Hourdin, *Qu'est-ce que l'homme*, Paris 1954, 143.

La problemática antropológica aparece en la vida concreta de modos muy distintos, que se pueden reagrupar en torno a estos tres temas: estupor y admiración, frustración y desilusión, experiencia de lo negativo y del vacío.

a) *Estupor y admiración*

La reflexión sobre las dimensiones fundamentales del hombre puede deberse al estupor: asombro ante el coraje que conquista la naturaleza, los mares y los montes (véase el canto coral de la Antígona de Sófocles), ante el genio artístico que se expresa en la música, en la poesía, en la pintura, en la literatura y en la arquitectura, etc., o ante la fascinación de la amistad y del amor, de los ojos inocentes de un niño, de una obra noble, del sacrificio de la propia vida en aras de una gran causa; o a la admiración que se siente ante el universo y ante el hombre y sus creaciones.

La experiencia religiosa también puede favorecer la apertura de tales horizontes de admiración. Es la experiencia que refleja sin adornos el salmo 8: «¿Qué es el hombre para que te acuerdes de él?...». Estupor, pues, ante el valor y el misterio de la existencia humana y búsqueda del centro misterioso de esa grandeza[7].

El estupor refleja de algún modo una actitud contemplativa, profundamente reprimida en la civilización contemporánea, pero no apagada, que persigue el reconocimiento de la grandeza misteriosa que hay en el hombre, independiente de la obra humana y anterior a ella.

El fresco de la capilla Sixtina en el que Miguel Ángel representa la creación de Adán, es quizás una de las mejores expresiones artísticas de esta fuente de reflexión antropológica: el espacio existente entre el dedo de Dios y el de Adán es el centro invisible de todo el cuadro, esa grandeza misteriosa que convierte al hombre en un ser humano[8].

---

7. Cf. S. Ben-Chorin, *Der Dreidimensionale Mensch in Bibel und Moderne*, Trier 1971, 28-37; Id., *Was ist der Mensch? Anthropologie des Judentums*, Tübingen 1986, 25-34.
8. Cf. P. Landsberg, *Einführung in die philosophische Anthropologie*, Frankfurt ²1960, 17-19.

b) *Frustración y desilusión*

La problemática antropológica no surge la mayoría de las veces de una contemplación serena. Muchos hombres viven absortos en sus actividades externas o en la superficialidad de una vida masificada poco proclive a la reflexión. Sólo vuelven a sí mismos cuando chocan con la realidad, es decir, cuando experimentan la frustración, el fracaso o la derrota. La desgracia, un accidente de tráfico, la muerte de los padres, de la esposa o de un hijo, la guerra, el genocidio, la violación de los derechos humanos, son acontecimientos que sacan cruelmente al hombre de la dispersión y le obligan a afrontar el problema del sentido fundamental de su existencia. «Me había convertido en un gran problema para mí mismo», comenta Agustín de Hipona refiriéndose al trauma que le provocó la muerte de un amigo[9].

El fracaso de nuestros proyectos, el cansancio y la dureza del trabajo, el hastío de vivir, la imposibilidad de lograr una felicidad verdadera y una paz estable, la soledad, el abandono de tantos amigos y cosas por el estilo, en suma, el contraste entre lo que uno es y lo que querría ser para realizar plenamente su humanidad son experiencias que hacen pensar y plantean los interrogantes de siempre: ¿quién es el hombre?, ¿quién soy yo?, ¿por qué he nacido?, ¿por qué vivo?, ¿por qué el amor se siente amenazado? Interrogantes que surgen al margen del credo religioso que cada persona tiene. Interrogantes que ya se encuentran en el libro de Job y que aparecen incluso en escritos marxistas, que siempre los han rechazado.

Mientras haya hombres que mueren –escribe A. Schaff– o que tengan miedo a la muerte, hombres que pierdan a sus seres queridos y que teman esa pérdida, o que sufran corporal o espiritualmente –cosa que sucederá mientras haya hombres–, no nos conformaremos con conocer sólo nuestros problemas personales y con saber cómo debemos comportarnos ante ellos[10].

---

9. Cf. Agustín de Hipona, *Confesiones* IV, 4: «Factus eram ipse mihi magna quaestio».
10. A. Schaff, *Marx oder Sartre? Versuch einer Philosophie des Menschen*, Wien 1964, 61.

c) *Experiencia de lo negativo y del vacío*

Mucha gente intenta orientar su vida de acuerdo con una filosofía o una visión del mundo que no dejan espacio alguno para el problema antropológico, o corre tras valores engañosos promovidos por una pérfida publicidad, olvidándose de los verdaderos problemas del hombre. Muchas personas se ven obligadas a vivir en unas estructuras que para nada tienen en cuenta las dimensiones personales profundas del hombre. Esto sucede sobre todo en las civilizaciones industrializadas y racionalizadas, donde el individuo es un número más de un inmenso engranaje impersonal que lo utiliza y explota sin considerar en absoluto sus problemas personales.

Llega un momento en que todo este cúmulo de cosas no sólo no proporciona ninguna satisfacción personal, sino que se derrumba dando paso al vacío y a la nada. Albert Camus (1913-1960) lo ha descrito de forma impresionante al hablar del hombre de hoy en el engranaje de la vida moderna, que consiste en levantarse, tomar el transporte público, ir al trabajo, comer, de nuevo el transporte, el trabajo, y así los lunes, los martes, los miércoles... Podrá incluso irle bien durante mucho tiempo, pero llegará un momento en que se derrumbará y entonces se mostrará con toda su crudeza el absurdo y el vacío de una vida así[11]. De ahí este interrogante clave: ¿Vale la pena vivir? Recordemos el célebre texto:

> Sólo existe un problema filosófico realmente serio: el suicidio. Pensar si vale o no la pena vivir la vida es responder a la cuestión básica de la filosofía. Todo lo demás, por ejemplo si el mundo tiene o no tres dimensiones, si el espíritu tiene nueve o doce categorías, son cuestiones secundarias. Son un juego, pues primero hay que responder... No he visto jamás morir a nadie por defender el argumento ontológico. Incluso Galileo, que había descubierto una verdad importante, abjuró de ella apenas vio en peligro su vida. En cierto sentido hizo bien. Pues no valía la pena ir a la hoguera por esa verdad. Que sea la tierra o el sol el que gire alrededor del otro, en el fondo da lo mismo. Más aún: es una cuestión irrelevante. Sin embargo, veo cómo mueren muchas personas porque creen que no vale ya la pena vivir. Y veo también, paradójicamente, cómo otros se dejan matar por ideas –o ilusiones– que constituyen su razón de

---

11. Cf. A. Camus, *Le mythe de Sisyphe*, en *Essais*, Bibliothèque de la Pléiade, Paris 1965, 106 (versión cast.: *El mito de Sísifo*, Madrid [7]1996).

ser —eso que se llama una razón de ser es a la vez una óptima razón para morir—. Creo, pues, que el tema más urgente es el sentido de la vida[12].

Las tres experiencias a que nos hemos referido anteriormente nos permiten entender en concreto el porqué de la reflexión sobre el misterio de nuestra vida. A continuación debemos analizar más a fondo cuáles son las intenciones que animan esa reflexión y la caracterizan como antropología.

3. *Las raíces más profundas del problema antropológico*

La problemática antropológica parece apoyarse sobre todo en algunas experiencias e instancias específicas, a saber: por una libertad que trata de ser ella misma y no puede eludir su responsabilidad, por las relaciones con los demás, sobre todo con las personas queridas, y, finalmente, por una necesidad impelente e insoslayable de encontrar un sentido global a la existencia humana.

a) *Libertad que realizar*

Los interrogantes fundamentales del hombre parecen surgir de que el hombre no existe como un perro o como una piedra, sino como sujeto personal, o sea, como alguien capaz de decir yo, tú y nosotros, como alguien capaz de reflexionar, de distanciarse de las cosas, de darse cuenta, aunque no plenamente, de su condición humana. Su existencia no sigue ciertamente los ritmos de la naturaleza, del instinto o de las estaciones. Es consciente de que vive y de que no puede eludir la tarea de vivir.

Por consiguiente, estos interrogantes antropológicos no se apoyan tanto en la contemplación del hombre y del universo, como en la experiencia de que hay que vivir y hacer algo, sin que por lo demás esté muy claro qué es lo que hay que hacer. El hombre se ve lejos de la meta, alienado, aún no plenamente hombre, en camino hacia la realización de su existencia, de que es *homo viator*. Por tanto, la clave es la experiencia de una libertad que debe hacerse

---

12. *Ibid.*, 99.

plenamente libre y que por eso necesita ver claro, comprenderse a sí misma, su ser y su destino. Podría decirse que la antropología surge de una libertad inquieta y necesitada, responsable necesariamente de sí misma y de su existencia, pero al mismo tiempo ansiosa de comprenderse y de descubrir el camino que tiene que recorrer. Libertad ineludible, pero incierta, amenazada en el mundo y expuesta a su propia traición.

En este nivel, los verdaderos problemas antropológicos no se presentan nunca como problemas objetivos e impersonales, cuya solución le es indiferente a la situación personal de quien busca la respuesta. El que millones de personas se hayan planteado esas mismas preguntas y hayan reflexionado a fondo para hallarles una solución, no dispensa a nadie de responder por su cuenta esta pregunta fundamental: ¿Quién soy yo?, ¿qué significa ser hombre? La reflexión de los demás, sobre todo la reflexión sistemática en la antropología filosófica, podrá ser un estímulo y una guía, a veces una gran luz, pero también puede ser un engaño que aleja de la verdadera comprensión. En cualquier caso, esa reflexión jamás podrá sustituir el esfuerzo personal por aclarar los problemas de la existencia de cada uno[13]. Vivir la propia vida como existencia humana significa vivirla –al menos en cierta medida– con estos interrogantes como telón de fondo. No ser sensible o no interesarse lo más mínimo por ellos pone de manifiesto una profunda alienación y una enorme falta de autenticidad.

b) *Convivencia con los demás*

Aunque tenga que ser cada uno en persona, impulsado por su propia libertad que va al encuentro de sí misma, el que tiene que plantearse la cuestión antropológica, tal cosa no impide que la pregunta surja también –y a menudo principalmente– de las relaciones con los demás. Los problemas antropológicos tienen un factor comunitario y social. Surgen específicamente de los vínculos que nos unen con los demás en el mundo, es decir, en el trabajo, en el dolor, en el gozo del amor y de la amistad, en la muerte de un ser querido, en los conflictos que dividen a los hombres y en la esperanza que

---

13. Cf. W. Luijpen, *Existential phenomenology*, Pittsburgh-Louvain 1969, 21-25.

los une. El propio sentido de la existencia y la posibilidad de lograr una auténtica libertad parecen depender en gran medida de los demás. La frustración de estas relaciones parece conducir casi inevitablemente a plantear la cuestión del ser y del sentido del hombre.

Parece, sin embargo, que en esta experiencia la muerte ocupa un lugar privilegiado. En otro tiempo, la muerte estimuló la reflexión antropológica de los griegos. Y a lo largo de la historia sigue inspirando los grandes interrogantes del hombre. En cada sitio donde la muerte de un ser querido se considera un problema serio y originario, se replantean también, en toda su humanidad, los interrogantes fundamentales sobre la libertad personal, el amor, la esperanza y el sentido de la vida. Simone de Beauvoir afirma: «La muerte no es nunca un hecho natural, nada de lo que le pasa al hombre es nunca natural, ya que su presencia cuestiona al mundo»[14]. Y el marxista Adam Schaff se expresa en una línea similar: «La muerte es, de todos modos, el mayor estímulo para reflexionar sobre la vida. La amenaza de la propia muerte y, sobre todo, la muerte de la persona amada»[15].

c) *Necesidad de un sentido global*

La tercera raíz del problema antropológico es la necesidad urgente e ineludible de dar a la existencia un sentido último y definitivo. En realidad no se trata de una raíz totalmente distinta de las anteriores, sino de una formulación más explícita de la intención que tienen.

La pregunta por el sentido último brota de la experiencia personal y comunitaria que se enfrenta al límite de la muerte. Frente a ella, la angustia existencial busca una libertad definitiva, un fundamento eterno del amor, una razón definitiva para esperar. La pregunta antropológica surge entonces de la confrontación entre una vida humana infinitamente valiosa y sagrada, y la muerte, que parece destruir lo más hermoso que existe en el universo.

La pregunta por un sentido último y definitivo tiene también que ver con que el hombre se ve en cierto modo a sí mismo como una totalidad que vale infinitamente más que la suma de sus actos,

---

14. S. de Beauvoir, *Une mort très douce*, Paris 1964, 164 (versión cast.: *Una muerte muy dulce*, Barcelona [10]1989).
15. A. Schaff, *Marx oder Sartre*, 65.

de sus virtudes y defectos. Esta totalidad personal es lo que confiere sentido a las diversas acciones y la que, por tanto, debe tener en otro sitio las raíces de su validez.

Todo esto parece convencernos de que la posibilidad de vivir la libertad y el amor ante los demás, en un mundo radicalmente marcado por la muerte, depende de la presencia de una tercera dimensión que supera por doquier los angostos límites de la existencia personal e histórica. Es entonces cuando se plantea por lo general un interrogante expresamente metafísico y religioso. La pregunta por el sentido último del hombre va inseparablemente unida a la intención metafísica general que se manifiesta como necesidad de aclarar y comprender el fundamento del ser y el puesto del hombre en el universo.

4. ¿Qué es la antropología filosófica?

Se puede llamar «antropología filosófica» a todo intento de elaborar filosóficamente la problemática específica del hombre, tal como la hemos descrito anteriormente. Son intentos que tratan de aclarar, desde una reflexión filosófica metódica, el gran interrogante que el hombre se encuentra y se hace a sí mismo: ¿Qué es el hombre?, ¿quién soy yo?

Es decir, la antropología filosófica es la parte de la filosofía que estudia el sujeto humano en cuanto sujeto (yo, tú, nosotros), el sujeto que plantea la pregunta clave: ¿Qué es el hombre?, ¿quién soy yo? Asume el sujeto humano en su unidad y globalidad como objeto de su investigación, tratando de aclarar y establecer cuál es su ser, cuáles son los aspectos fundamentales o constitutivos de su esencia o naturaleza, y cuáles son las líneas básicas de su realización como ser humano[16]. Según A. Vergote, «la *antropología filosófica* es la interpretación y justificación de la existencia humana tal como es percibida objetivamente y vivida subjetivamente en el mundo que nos es propio»[17]. Incluso podría decirse que la antropo-

---

16. Cf. O. Marquard, *Zur Geschichte des philosophischen Begriffs «Anthropologie» seit dem Ende des 18. Jahrhunderts*, en *Collegium philosophicum*. Festschrift J. Ritter, Basel-Stuttgart 1965, 209-239; Id., *Anthropologie*, en J. Ritter (ed.), *Historisches Wörterbuch der Philosophie* I, Basel 1971, col. 362-374; R. Rocek-O. Schatz (eds.), *Philosophische Anthropologie heute*, München 1972; J. S. Lucas Hernández (ed.), *Nuevas antropologías*, Salamanca 1994.
17. A. Vergote, *Van rationele psychologie tot wijsgerige anthropologie*: Tijdschrift voor Philosophie 52 (1990) 618.

logía filosófica estudia al hombre en cuanto ser humano, o sea, en cuanto sujeto y realidad global[18].

En este sentido, la antropología filosófica se distingue básicamente de las ciencias humanas. En efecto, las ciencias humanas estudian al hombre sobre todo como «objeto» (cierto que sin llegar a confundirlo con las cosas); lo estudian, además, desde perspectivas relativas o sectoriales: psicológica (comportamiento), biológica, fisiológica, política, económica y otras. La antropología filosófica, a diferencia del resto de disciplinas que llevan el nombre de «antropología», estudia al hombre como sujeto personal en su globalidad[19].

Esto no significa que la antropología filosófica sea una especie de síntesis de los resultados de las distintas ciencias humanas. El estudio del sujeto en su globalidad presupone que el hombre, desde el punto de partida y anteriormente a todos los análisis científicos, se presenta como una unidad originaria, de la que todos son de algún modo conscientes y que se expresa justamente en este interrogante: ¿Quién soy yo?, ¿qué significa ser hombre?[20].

La historia de la reflexión humana en torno a la intencionalidad propia de la antropología filosófica muestra que esta se puede abordar de muchos modos[21]. Haciendo un gran esfuerzo de

---

18. Cf. E. Coreth, *Was ist philosophische Anthropologie?*: Zeitschrift für katholische Theologie 91 (1969) 252-273. Para E. Coreth, «la tarea específica de una antropología filosófica consiste en mostrar la estructura ontológica del hombre. Al realizarla, constata sus límites esenciales, de lo que debe ser consciente en el plano crítico de los datos y del lenguaje» (267). Cf. también S. Breton, *Le problème actuel de l'anthropologie thomiste*: Revue philosophique de Louvain 61 (1963) 215-240; H. Plessner, *Anthropologie philosophique*, en *La philosophie au milieu du vingtième siècle* II, Firenze 1958, 85-90.

19. El término «antropología» sirve para señalar diferentes ciencias. La mayoría de las veces se aplica a la antropología cultural o a la etnología. También se habla de antropología social, económica, histórica –historia de la alimentación, de la familia y de la sexualidad, de la infancia y de la muerte–, física –rasgos físicos y biología–, política y religiosa. Cf. H.G. Gadamer-P. Vogler (eds.), *Neue Anthropologie* (6 vols.), Stuttgart 1972-1973. Cf. también el artículo *Anthropologie*, en *Encyclopaedia Universalis* II, Paris 1985, 239-274, donde se distingue entre antropología cultural o etnología, antropología social, antropología económica, antropología histórica, antropología física, antropología política y antropología religiosa. Las ciencias humanas o ciencias del hombre también se denominan a menudo ciencias antropológicas.

20. Cf. S. Strasser, *Le point de départ en psychologie métaphysique*: Revue philosophique de Louvain 48 (1950) 210-238.

21. Cf. W. Brüning, *Philosophische Anthropologie. Historische Voraussetzungen und gegenwärtiger Stand*, Stuttgart 1960; B. Groethuysen, *Antropologia filosofica*, Napoli 1969; M. Landmann, *Philosophische Anthropologie. Menschliche Selbstddeutung in Geschichte und Gegenwart*, Berlin 1955, ²1964; M. Landmann

esquematización, quizás podríamos distinguir en las distintas aproximaciones de la antropología filosófica algunos modelos básicos:

a) Comprender al hombre desde su relación con la naturaleza y su pertenencia a la vida biológica. En este ámbito se sitúan de algún modo –aunque no exclusivamente– las antropologías de Aristóteles, las modernas de corte evolucionista o materialista y las antropologías implícitas de algunos psicólogos –como Freud y otros– que ven al hombre sobre todo a la luz del organismo animal.

b) Comprender al hombre sobre todo como punto de encuentro y resultado de factores culturales y sociales. Son las antropologías que conciben el hombre como expresión de las relaciones laborales y de la realidad económica (Marx).

c) Comprender al hombre ante todo a partir de su relación con los demás, como encuentro de sujetos irrepetibles e inconfundibles en comunión entre sí, urgidos por la llamada del amor y de la justicia (antropologías dialógicas, Buber, Levinas y otros).

d) Comprender al hombre primariamente a la luz de su relación con lo absoluto –lo trascendente, Dios, la religión–. Son las antropologías de corte religioso y teológico, como la antropología bíblica.

e) Comprender al hombre mediante una síntesis equilibrada de estas cuatro relaciones constitutivas, respetando cada una de ellas y reconociendo su carácter parcial. Son las antropologías personalistas e interpersonalistas.

Cada uno de estos modelos tiene posibilidades peculiares y límites precisos. En este libro nos movemos en la órbita del quinto modelo porque creemos que se ajusta mejor a la problemática específica que debe clarificar la antropología.

5. *El problema del método*

Lograr un conocimiento crítico y fundamentado de las dimensiones básicas del ser humano que constituyen, por así decirlo, su ser o su naturaleza, es una tarea ardua y difícil. La esencia del hombre no se aprehende en la superficie que se puede observar. No

(ed.), *De homine. Der Mensch im Spiegel seines Gedankens*, Freiburg-München 1962; H.-J. Schoeps, *Was ist der Mensch? Philosophische Anthropologie als Geistesgeschichte der neuesten Zeit*, Göttingen 1960.

se puede captar fácilmente en los sentimientos, sueños o deseos. Y tampoco coincide con lo que se presenta hoy como «concepción moderna del hombre». No en vano existen muchas interpretaciones modernas del hombre que, tras breves instantes de gloria, muestran su carencia de base y su incapacidad para captar el problema humano fundamental.

Existen cuatro aspectos del problema metodológico que requieren al menos una breve observación.

En primer lugar, todo aquel que se adentra por la senda de la antropología filosófica se halla muy condicionado, incluso en la terminología con que se formulan los problemas, por la reflexión histórica que ya se ha hecho. Por tanto, habrá que tener siempre en cuenta lo que ya han dicho otros sobre el ser del hombre. La verdad es fruto sobre todo de superar prejuicios e interpretaciones equivocadas. Seríamos muy ingenuos si pensáramos que somos los primeros que afrontamos el problema filosófico del hombre. Y ello porque todas nuestras posibles formulaciones del problema del hombre y nuestra forma de interpretar sus relaciones claves están profundamente influenciadas por modelos históricos que condicionan nuestro modo de pensar y reflexionar a través de la lengua y de la cultura en general.

En segundo lugar, la antropología filosófica no es una ciencia que se limita a recoger y sintetizar los resultados de las ciencias humanas. Es cierto que el filósofo no puede ignorar que existen estas amplísimas ciencias humanas que sacan a la luz algunos aspectos que no se pueden captar con la simple observación precientífica o introspectiva, y que la mera reflexión filosófica jamás llegaría a percibir. Estos modos peculiares de ver el ser humano, propios de esas ciencias, contribuyen también a determinar la forma en que hoy se plantea el problema del hombre.

Además, el hombre como sujeto no se puede conocer adecuadamente a través de métodos científicos, pues justamente estos métodos, por su propio estatuto, tratan de abstraer el sujeto cognoscente. Las ciencias se desenvuelven en el ámbito de la objetividad y de la objetivación, y eso vale también cuando estudian aspectos, relaciones y comportamientos humanos. Lo que constituye al hombre como sujeto y ser propiamente humano se escapa por principio a los análisis científicos. Por otra parte, las ciencias del hombre parten siempre e inevitablemente de alguna interpretación filosófica del hombre, que la mayoría de las veces permanece implícita, y que ellas no pueden fundamentar ni verificar críticamente. Este concepto implícito es decisivo para determinar lo que es relevante para el conocimiento científico del hombre.

En tercer lugar, el método de la antropología filosófica tiene necesariamente una dimensión hermenéutica, crítica y reflexiva. El sujeto humano no se deja captar en su pura subjetividad, sino sólo en sus relaciones constitutivas con el mundo, con los demás y con la trascendencia. Y nadie se puede salir de estas relaciones como si fuera un simple espectador y un investigador radicalmente imparcial. Pues sólo tras una serie de procedimientos rigurosos y críticos de reflexión e interpretación se pueden captar las dimensiones esenciales del ser humano.

La clarificación crítica y metódica de la esencia del hombre nada tiene que ver, por tanto, con el modelo racional y deductivo que expone un problema a partir de una primera evidencia. El sujeto concreto, el hombre concreto no es un problema racional ni una máquina que nos permite conocer correctamente sus distintas partes y las relaciones lógicas o causales que existen entre ellas.

Habrá que partir, pues, concretamente del estudio de una aspecto relevante y esencial del hombre. Pero es imposible precisar con absoluta certeza de qué aspecto hay que partir. De todos modos, la opción es siempre subjetiva. Resulta imposible reducir los distintos aspectos y dimensiones del hombre a una sola dimensión.

En cuarto lugar, es difícil hacer una lectura crítica e interpretativa. Esta es la misma dificultad que se da en todo tipo de hermenéutica. Para determinar el sentido global de la existencia humana es indispensable conocer las distintas dimensiones. Además, el conocimiento de las diversas dimensiones se realiza sin cesar a la luz de una concepción global que, sin embargo, es objeto de búsqueda y de verificación. Tal movimiento circular no se acaba nunca. Cuando se intenta clarificar críticamente una determinada dimensión (el conocimiento, la libertad o la relación con el mundo), todas las demás dimensiones están presentes e influyen en la forma de leer y de interpretar. Toda profundización crítica de una dimensión obliga a repensar las otras dimensiones que ya han sido estudiadas[22].

22. E. Coreth, *Antropologia filosofica*, Brescia 1978, 16-17.

I
Dimensiones fundamentales de la existencia humana

Durante muchos siglos se ha creído que lo esencial del ser humano, lo que lo caracteriza y distingue de los demás seres vivientes y no vivientes, podría expresarse con la fórmula *animal rationale*, es decir, un ser vivo (orgánico) dotado de razón. Su distintivo básico sería, pues, la «ratio» (en sentido amplio)[1].

Eso es verdad en parte. La capacidad de expresar y desarrollar un pensamiento racional es una característica del hombre y un factor de su grandeza.

Sin embargo, la antropología moderna muestra que esa fórmula comporta una serie de riesgos. Muchos filósofos se sintieron fascinados casi exclusivamente por la dimensión racional, infravalorando gravemente todos los demás aspectos del ser humano. Otros, al contrario, se quedaron en la dimensión biológica y animal del hombre, afirmando que, en definitiva, los seres concretos son solamente individuos de una especie viva. Además, durante siglos ambos elementos han sido interpretados en clave dualista, como si el hombre fuera un compuesto de dos seres autónomos condenados a compartir la misma suerte.

En el siglo XX, bajo el influjo de la fenomenología existencial, de la filosofía dialogal y del personalismo, se prefiere afirmar que el hombre es un sujeto –*ego*, persona– que existe en el mundo con otros para realizarse.

En la primera parte de este estudio se intenta analizar las líneas básicas del hombre que existe como sujeto –*ego*– con los demás en el mundo. Hay algunos temas que tienen un relieve especial: que todo hombre existe como *ego* o persona en comunión con otros seres humanos; la existencia del cuerpo y el significado humano de

---

1. J. de Finance, *Animal raisonnable, esprit incarné*, en *De homine. Studia hodiernae anthropologiae* I, Roma 1970, 53-72.

la corporeidad; la pertenencia al mundo y la imposibilidad de interpretar el sujeto exclusivamente como expresión de la materia evolutiva.

En la segunda parte se aborda la realización del hombre: la existencia humana como llamada y tarea. Hay tres temas especialmente importantes: el misterio de la palabra y de la verdad, los valores y realizaciones de la libertad, y la historicidad humana y el sentido de la historia.

En la tercera parte se estudia el carácter esencialmente inacabado del sujeto humano. Y aparecen dos paradojas fundamentales: el fracaso y la muerte. De ahí que la antropología filosófica esté llamada a estudiar más a fondo el futuro absoluto y las perspectivas de esperanza que pueden surgir del análisis atento de la realidad humana. De este modo se toca la problemática religiosa.

1
SER HOMBRE ES SER CON OTROS

Hacia el año 1920 se empieza a producir un cambio profundo en el pensamiento moderno sobre el hombre. Por un lado la insatisfacción ante la psicología empírica y la psicología racional conduce a la creación de la antropología filosófica –B. Groethuysen, 1880-1946; Max Scheler, 1874-1928; etc.[2]–. Algunos pensadores critican radicalmente una de las tesis principales que ha mantenido la interpretación del hombre en la época moderna, a saber, el hombre concebido principalmente como conciencia individual que se centra sobre todo en la interpretación racional y científica del mundo. Al mismo tiempo se trata de recuperar la conciencia primaria de que el hombre es un sujeto personal que existe en el mundo con otros sujetos humanos. Sin embargo, habrá que esperar al final de la Guerra mundial para que este enfoque se vaya consolidando en el ámbito de la antropología filosófica[3].

Esta transformación del pensamiento antropológico –que es sólo una de las numerosas líneas de investigación que coexisten en el mundo de hoy– tiene mucho que ver con la experiencia histórica del hombre occidental del siglo XX. Algunos hechos mayores han puesto en crisis la verdad y el cimiento de las antropologías que sustentan la civilización moderna: las Guerras mundiales sin precedentes; la pobreza y miseria de gran cantidad de población; la violación de la libertad y de los derechos humanos en nombre de grandes ideologías históricas; el vacío interior y, recientemente, el desmoronamiento de estas ideologías y la crisis de los grandes sis-

2. Cf. A. Vergote, *Van rationele psychologie tot wijsgerige anthropologie*: Tijdschrift voor philosophie 52 (1990) 607-636.
3. Cf. J. Böckenhoff, *Die Begegnungsphilosophie. Ihre Geschichte - ihre Aspekte*, Freiburg-München 1970, 83-99; T. Steinbüchel, *Der Umbruch des Denkens. Die Frage nach der christlichen Existenz erläutert an F. Ebners Menschdeutung*, Darmstadt 1966.

temas de sentido; la soledad del hombre moderno, que en medio de una cierta abundancia de bienes, se halla sin casa en este mundo, etc. Los excesos de miseria humana han revelado el carácter unilateral y la idea errada del hombre que ha presidido en buena parte la cultura moderna.

I. DE LA «EGOLOGÍA» A LA DIMENSIÓN INTERPERSONAL

La reflexión sobre el hombre ha estado condicionada durante siglos por el planteamiento que se hizo del problema antropológico al comienzo de la época moderna. Es, pues, importante que nos refiramos, aunque sea brevemente, a ese planteamiento.

Podríamos decir muy en general que, desde Descartes, la antropología moderna se caracteriza por ver al hombre sobre todo y preferentemente como *ego* –yo–. La actividad primaria y constitutiva del *ego* es la *ratio* o la actividad racional filosofía y ciencias–, hasta el punto de que al *ego* se le define como *res cogitans*. La relación primaria del hombre se establece con el mundo material, objeto de conocimiento científico y de intervención transformadora. La conciencia egológica y racional se concibe en el marco de un fuerte dualismo entre conciencia y cuerpo y, por consiguiente, se concibe como conciencia cerrada. Muchas de las antropologías siguientes se caracterizan por la reacción contra alguno de estos términos.

1. *Exaltación y pérdida del yo en el racionalismo*

a) *Absolutización del ego en la filosofía de Descartes*

El pensamiento de Descartes (1596-1650) se caracteriza por una cierta absolutización del *ego*. Su filosofía se sitúa en el «giro antropocéntrico» que acontece tras el ocaso de la vieja cosmología[4]. Con Copérnico (1473-1543), la Tierra ya no es el centro del universo. Como contrapartida, el hombre se considera el centro de

---

4. Según J. B. Metz, *Antropocentrismo cristiano*, Salamanca 1972, el antropocentrismo moderno estaría ya presente en la filosofía de Tomás de Aquino.

la tierra, haciendo que todo gire en torno a él. El geocentrismo es sustituido por un marcado antropocentrismo.

La certeza fundamental del hombre, su verdad primaria e indubitable es, según Descartes, la conciencia que «piensa»: «Cogito, ergo sum». El sujeto individual es tan grande y poderoso que puede encontrar en sí el fundamento incontestable de la verdad y del conocimiento. En el acto de pensar se impone la existencia del yo con una certeza que excluye la duda. La verdad del hombre, más aún, el fundamento de la filosofía reside, pues, en el hombre mismo, es decir en la conciencia individual[5].

Para Descartes, el sujeto humano aparece sobre todo como sujeto del pensamiento racional –filosófico y científico– que se expresa en esa definición tan tremendamente simplificadora: *ego = res cogitans*.

La intención profunda de la *ratio*, la meta que persigue, es comprender todo lo real, es decir, reducir la totalidad a una única síntesis racional. Este sueño de un único conocimiento universal se ha llamado *mathesis universalis*.

Este modo de entender el sujeto (*ego*) como una conciencia cerrada y autosuficiente plantea ya problemas hondos en la filosofía de Descartes a la hora de pensar la relación con los demás, y despoja al sujeto humano de una parte de su consistencia ontológica y metafísica.

Descartes no niega la existencia de los otros ni ignora el trato con ellos. Pero su forma especial de entender la conciencia subjetiva –el «Cogito, ergo sum»– le dificulta ver con igual certeza la existencia de los otros. Si el *ego* se conoce con una evidencia especial, de forma inmediata y sin intermediarios, con la existencia de otros sujetos humanos no sucede lo mismo, pues se carece de esa evidencia inmediata. Para Descartes, la existencia de otros sujetos humanos sólo se conoce indirectamente, a través de las cosas ma-

---

5. R. Descartes, *Discurso del método*, Madrid [12]1970, 49-50: «Advertí luego que, queriendo yo pensar de esa suerte que todo es falso, era necesario que yo, que lo pensaba, fuese alguna cosa; y observando que esta verdad 'yo pienso, luego soy' era tan firme y segura que todas las más extravagantes suposiciones de los escépticos no son capaces de conmoverla, juzgué que podía retenerla sin escrúpulo como el primer principio de la filosofía que andaba buscando». Descartes se inspira en el conocido argumento de Agustín contra los escépticos: «En estas verdades me dan de lado los argumentos de los académicos, que dicen: '¿Qué?, ¿y si te engañas?'. Pues, si me engaño, existo. El que no existe, no puede engañarse, y por eso, si me engaño, existo» (*De civitate Dei* XI, 26, en *Obras de san Agustín* XVI-XVII, Madrid 1958, 760-761).

teriales y objetivas. Para afirmar la existencia del otro se requiere algún juicio de la razón, una especie de razonamiento[6].

Este razonamiento se llamó más tarde «razonamiento *per analogiam*». A grandes rasgos, comprende los siguientes puntos: primero nos conocemos a nosotros mismos (en la interioridad de una conciencia cerrada); luego, en un segundo momento (no necesariamente cronológico, pero de todos modos secundario), conocemos la exteriorización de nuestra interioridad mediante el cuerpo, es decir, mediante palabras, sonrisas, gestos, etc.; en un tercer momento se descubren en el mundo externo algunas expresiones análogas a aquellas con que expresamos nuestra interioridad. Esto permite a la razón concluir que tales «expresiones» pueden ser causadas por un sujeto parecido a nosotros. Pero este razonamiento no nos proporciona una certeza absoluta[7].

Muchos filósofos del siglo XX han criticado la inconsistencia de este razonamiento. J.-P. Sartre, por ejemplo, ha subrayado que por ahí jamás se podrá afirmar con certeza la existencia del otro; a lo más que se podrá llegar es a afirmar su probabilidad. Por eso, en esta interpretación del hombre el solipsismo está siempre al acecho[8]. El filósofo holandés W. Luijpen ha hecho ver que todo el razonamiento de Descartes presupone lo que quiere demostrar, o sea, la presencia directa e inmediata del otro[9].

b) *Eclipse del sujeto individual en el idealismo poskantiano*

El idealismo kantiano lleva hasta sus últimas consecuencias la línea antropológica de Descartes, o sea, la insistencia en el *ego* co-

6. «Si por casualidad no viera por la ventana hombres que pasan por la calle, que cuando los veo digo que veo hombres exactamente igual que cuando digo que veo cera, y sin embargo, ¿qué veo por la ventana sino sombreros y capas que podrían cubrir autómatas que no se mueven sino mediante mecanismos? Pero juzgo que son hombres y así comprendo, por la capacidad de juzgar que hay en mi espíritu, lo que creía ver con mis ojos» (R. Descartes, *Meditaciones metafísicas* II, 7, 32).

7. Cf. una buena exposición en J. Böckendorf, *Die Begegnungsphilosophie*, 36-42. Cf. también M. Scheler, *Essenza e forme della simpatia*, Assisi 1980, 305-370 (versión cast.: *Esencia y formas de la simpatía*, Salamanca 2004).

8. Cf. J.-P. Sartre, *L'être et le néant*, Paris 1943, 277 (versión cast.: *El ser y la nada*, Barcelona 1993).

9. Cf. W. Luijpen, *Existential Phenomenology*, Pittsburgh-Louvain 1969, 274-279.

mo fuente de pensamiento racional –filosofía y ciencias–. Esta evolución histórica es un hecho importante que debería hacernos reflexionar mucho.

Ya I. Kant (1724-1804) había visto claramente que el sujeto de la conciencia racional –filosófica y científica–, orientado al conocimiento racional del mundo, está vacío y carece de densidad ontológica[10]. Es algo que no se puede negar, puesto que la realidad del mundo aparece solamente por obra de la conciencia subjetiva. Pero, en definitiva, que sea yo el que piense en una verdad racional o científica o la piense otro, es irrelevante. De todos modos, Kant intentó salvar el yo como sujeto metafísico recurriendo a la experiencia ética. La realidad profunda del *ego* emerge incontestablemente en el imperativo categórico de la actitud ética hacia el otro.

Los grandes filósofos idealistas posteriores a Kant, sobre todo J. G. Fichte (1762-1814), F. W. Schelling (1775-1854) y G. W. Hegel (1770-1831) afirman explícitamente la inconsistencia metafísica y la insignificancia del sujeto individual. El pensamiento filosófico y científico es como un gran espíritu impersonal que llega a su plena conciencia, comprensión y síntesis racional mediante un movimiento dialéctico (tesis-antítesis-síntesis). No son los sujetos individuales quienes, con su inteligencia personal, contribuyen a crear la interpretación racional de la realidad, sino exclusivamente el espíritu objetivo, con reflejos en los individuos singulares[11].

Este idealismo filosófico ignora y niega ampliamente el problema antropológico del sujeto concreto que existe con otros en el mundo. En él no hay lugar para la dimensión de la finitud, de la libertad y de la responsabilidad personal. Tampoco hay lugar para la esperanza. No se presta atención a la trascendencia del otro, el cual de ningún modo puede ser constituido por mi razón. Temas básicos de la existencia personal como el conflicto, el odio, el dolor, la dependencia, el mal, el mundo prerreflexivo, el difícil logro de pequeñas cotas de verdad, el amor, el trabajo, las relaciones sociales y tantas otras cosas no se reconocen en su carácter específicamente personal, sino que se interpretan como «astucia de la *ratio*», que

---

10. I. Kant, *Critica de la ragione pura*, Bari 1969, 232 (versión cast.: *Crítica de la razón pura*, Madrid [20]1998).
11. Cf. U. Anacker, art. *Soggetto*, en H. Krings y otros (eds.), *Concetti fondamentali di filosofia* III, Brescia 1982, 1979-1988.

llega a la plena síntesis personal mediante tesis y antítesis[12]. Se remiten, pues, en cierto modo a la prehistoria del hombre.

2. *Exaltación y pérdida del sujeto en el pensamiento social*

Respecto al pensamiento social, se perfila una evolución similar en la época moderna. Las antropologías implícitas que dominan durante mucho tiempo las relaciones sociales y en gran medida también el pensamiento pedagógico y religioso, exaltan el valor del *ego*. Las miserias de esta antropología, demasiado centrada unilateralmente en la autosuficiencia del sujeto individual, acaban provocando la reacción contraria, a saber, la ideología colectivista, donde el sujeto individual se pierde por completo.

a) *Exaltación del ego como rasgo de la antropología moderna*

R. Kwant ha destacado que el individualismo –en el sentido de fuerte acentuación del poder y de la importancia del individuo– está presente en toda la época moderna como trasfondo dominante y a menudo como una potente ideología[13].

A finales de la Edad Media la tendencia individualista se puede advertir ya claramente en el ámbito religioso, y luego se acentúa vigorosamente en la Reforma protestante. Incluso la antropología implícita que preside algunas orientaciones pedagógicas (J.-J. Rousseau) está fuertemente centrada en el *ego* (sujeto, individuo) y mantiene cierto escepticismo respecto a la gran sociedad.

Sobre todo en el plano económico y social (liberalismo y capitalismo) la antropología implícita acentúa con vigor el valor primario y casi autosuficiente del individuo. La riqueza de la sociedad debe provenir cada vez más de que cada uno pueda actuar con una libertad económica y social sin traba alguna.

Es indudable que la insistencia en las posibilidades inherentes a cada sujeto individual ha favorecido el progreso y la creatividad. Pero tampoco han tardado en aparecer las contradicciones del sis-

---

12. Cf. A. Dondeyne, *Foi chrétienne et pensée contemporaine*, Louvain ³1961, 66ss.
13. Cf. R. Kwant, *Sociale filosofie*, Utrecht 1963, cap. 1.

tema, sobre todo en la miseria del proletariado y en la reducción del hombre a un factor casi impersonal en el sistema industrial. La miseria infinita del mundo obrero del siglo pasado y de gran parte del Tercer mundo hoy no es ajena a esta antropología individualista, transida de una evidente voluntad de poder. Hay que afirmarse a costa de los demás, poniéndolos a nuestro servicio en la conquista de nuestros objetivos. Las personas individuales, justamente por ser tratadas como simples individuos, son impotentes y están aisladas, inmersas en una honda soledad que se acentúa a medida que se van imponiendo las estructuras despersonalizadoras.

b) *La pérdida del sujeto en el colectivismo*

El fuerte individualismo de la época moderna ha provocado un movimiento contrario que generalmente se denomina colectivismo[14].

La idea general de «colectivo» y de «colectivismo» tiene que ver con una estructura social y económica en la que el sujeto individual es tratado como un ingrediente –medio, engranaje– despojado de autonomía, iniciativa y dignidad. El sujeto se degrada al nivel de «cosa» u «objeto». El colectivo se presenta, por el contrario, como una especie de sujeto superior, que se exalta y absolutiza como antes se había hecho con el sujeto individual en el capitalismo liberal.

El colectivismo ha asumido distintas concreciones: económica en el marxismo, racista en el nazismo, y nacional y cultural en el fascismo de Mussolini[15].

Según M. Buber (1878-1965), el colectivismo trata sobre todo de liberar al hombre de la soledad en que se encuentra tras el individualismo, ideología dominante de la cultura moderna[16]. El hombre moderno, inmerso en la sociedad industrializada, está aislado social y cósmicamente. M. Buber descubre también en algunas

---

14. El término colectivismo fue propuesto en 1869 por socialistas franceses y otros, para oponerse a la idea de una economía centralizada en las manos del Estado –defendida por los marxistas alemanes–. Más adelante, el colectivismo se aplica también al comunismo de Estado propugnado por K. Marx. Cf. A. Lalande, *Dizionario critico della filosofia*, Milano 1971, 136-137; A. Rauscher, art. *Kollektivismus. Kollektiv*, en J. Ritter (ed.), *Historisches Wörterbuch der Philosophie* IV, Stuttgart 1976, col. 884-885.

15. Cf. O. Nell-Breuning, art. *Kollektivismus*, en W. Brugger (ed.), *Philosophisches Wörterbuch*, Freiburg i.Br. [10]1967, 192.

16. Cf. M. Buber, *Il problema dell'uomo*, Leumann (Torino) 1983, 120.

exaltaciones de la individualidad, por ejemplo en Nietzsche, una especie de intento desesperado e impotente por salvar el valor del individuo ante una progresiva colectivización de la sociedad[17].

La interpretación colectivista del hombre más conocida es la de K. Marx. Exige que se suprima la propiedad privada y que todos los bienes de producción pasen a manos del Estado. Para Marx, la abolición de la propiedad privada no suponía solamente la introducción de un sistema económico distinto, sino que era también la realización de la esencia auténtica del hombre. Para Marx, el hombre era el mundo del hombre, el Estado, la sociedad[18]. Su idea era clara: «El centro de la existencia es la colectividad, no la personalidad»[19].

Esta visión del hombre, que hemos evocado brevemente, contiene una serie de aspectos preocupantes. E. Baas ha subrayado que, en principio, el individuo puede ser sacrificado a las exigencias de la colectividad: hay «exigencias totalitarias ante las cuales el respeto a una persona no es más que sentimentalismo burgués»[20]. M. Buber ha escrito palabras muy críticas sobre este tema:

> Y, sin embargo, el colectivismo moderno es esencialmente ilusorio. La agregación de la persona se realiza con un «todo» funcional que abarca a las masas humanas, pero no es una agregación del hombre al hombre. En el colectivo, el hombre ya no es el hombre-con-el-hombre... En él no se supera el aislamiento del hombre, sino que se es insensible al mismo aislamiento. Se reprime el conocimiento que se tiene de él[21].

Y Buber concluye:

> El colectivismo es la última barrera que el hombre ha puesto para perjudicar el encuentro consigo mismo[22].

---

17. El exponente más trágico del individualismo es F. Nietzsche. Según él, el yo es la fuente y la meta de la antropología. El individuo tiene que vivir sólo y exclusivamente de sí mismo. Jamás deberá pasar por el reconocimiento y la afirmación de los otros. La afirmación de sí mismo, es decir, del individuo se verifica necesariamente a costa de los demás. El prójimo es un mal inevitable. Cf. P. Langford, *Modern Philosophies of Human Nature. Their Emergence from Christian Thought*, Dordrecht 1986, 107-122.
18. Cf. P.-D. Dognin, *Introduzione a Karl Marx*, Roma 1972, 56-64 (versión cast.: *Introducción a Karl Marx*, Caracas 1978).
19. E. Baas, *Introduction critique au marxisme*, Paris 1967, 159.
20. *Ibid.*, 160.
21. M. Buber, *Il problema dell'uomo*, 120.
22. *Ibid.*, 121.

3. La relación constitutiva con otros seres humanos

M. Buber y E. Levinas son dos exponentes significativos del gran giro en la antropología filosófica del siglo XX[23]. Con su aportación han contribuido a que se haya ido afirmando poco a poco la antropología intersubjetiva, que en el pensamiento sobre el hombre da cierta primacía a la relación del sujeto con los demás sujetos humanos.

a) La antropología dialogal o intersubjetiva de M. Buber

El aspecto clave del pensamiento de M. Buber tiene que ver con la filosofía dialogal o intersubjetiva[24].

En el conocido libro *Ich und Du* (*Yo y tú*, 1923) se rechaza la comprensión antropológica del hombre exclusivamente a partir de la relación con la materia (relación *Ich-Es*) y se insiste en la relación con el otro (*Ich-Du*). La relación con la materia se denomina generalmente *experiencia* (*Erfahrung*), y la relación con los demás seres humanos se llama *encuentro* (*Begegnung*). A las mismas dimensiones del hombre se las llama «saber» y «diálogo». Al hombre no se le puede definir como conciencia cerrada (Descartes), ni como *ego* absoluto (idealismo), ni como número en la colectividad (marxismo), sino que es, por definición, un ser en relación con otros sujetos humanos[25]. Es indudable que la relación yo-tú no se puede separar de la relación con el mundo.

La tesis fundamental de M. Buber es que la relación con el tú no es una relación cualquiera, sino la relación por excelencia, el *primum cognitum*, el hecho primario de toda antropología e inclu-

---

23. Algunos estudios de conjunto: M. Chastaing, *L'existence d'autrui*, Paris 1951; P. Laín Entralgo, *Teoría y realidad del otro*, Madrid 1961, 2 vols.; B. Langemeyer, *Der dialogische Personalismus in der evangelischen und katholischen Theologie der Gegenwart*, Padernborn 1963.
24. Cf. los escritos principales sobre este tema en M. Buber, *Das dialogische Prinzip*, Heidelberg 1962; cf. también M. Buber, *Werke* I. *Schriften zur Philosophie*, München 1962; cf. A. Babolin, *Essere e alterità in Martin Buber*, Padova 1965.
25. Cf. M. Buber, *Ich und Du*, en *Werke* I, 75-170, especialmente 79 (versión cast.: *Yo y tú*, Madrid 1995). Cf. también G. Marcel, *L'anthropologie philosophique de Martin Buber*, en R. Weltsch y otros, *Martin Buber. L'homme et le philosophe*, Bruxelles 1968, 17-41.

so de toda filosofía[26]. Es en el encuentro con los demás seres humanos donde el hombre individual toma conciencia de que es un sujeto.

Respecto a la relación con el mundo material, M. Buber sigue la línea de pensamiento de I. Kant más o menos en sus mismos términos. La materia no se conoce en sí misma y no causa directamente la experiencia, ya que es totalmente pasiva. La experiencia no es una realidad determinada sobre todo por las cosas, sino que se produce casi totalmente dentro del hombre. El significado de la experiencia viene del yo, o sea, del sujeto. El ser del mundo debe someterse a los significados que le impone la conciencia determinante[27].

Además, la relación con el mundo material puede compararse con la relación patrono-esclavo (según la terminología de Hegel). Está regido sobre todo por la praxis y por la voluntad de dominar el mundo.

La relación con el tú es muy distinta. Antes de relacionarse con el mundo, el sujeto se relaciona con el otro (tú). Esta relación se caracteriza por su inmediatez, es decir, el otro está inmediatamente presente[28]. O sea, no hay intermediarios (razonamientos, analogías, conceptos, etc.) en ese encuentro, que se caracteriza también por la reciprocidad (*Gegenseitigkeit*).

La relación con el tú, a diferencia de la relación con las cosas, no aparece estructuralmente sometida ni dependiente del yo, y por tanto se sale básicamente de la relación patrono-esclavo. Según M. Buber, esto significa que se excluye todo señorío del yo sobre el tú y del tú sobre el yo[29]. Al menos inicialmente, el encuentro del yo y del tú no es conflictivo, sino que es una relación donde los dos polos equivalentes se constituyen mutuamente en perfecta reciprocidad. En el encuentro con el otro, el sujeto se convierte auténticamente en yo y el otro también auténticamente en tú[30].

Para M. Buber, la relación entre las personas no tiene como espacio y horizonte el mundo –o sea, la relación con la naturaleza y las cosas–, sino el espacio interpersonal (*Zwischen*), que se pre-

---

26. Cf. M. Theunissen, *Der Andere. Studien zur Sozialanthropologie der Gegenwart*, Berlin 1965, 258.
27. Cf. M. Buber, *Ich und Du*, 97-99.
28. Cf. *ibid.*, 65.
29. Cf. M. Theunissen, *Der Andere*, 263.
30. Cf. M. Buber, *Ich und Du*, 97-99.

senta como una categoría originaria de la realidad humana que trasciende el yo y el tú y garantiza que su encuentro sea auténtico. La verdadera realidad, el verdadero ser del hombre no es la subjetividad genérica e impersonal –como en el idealismo–, sino el encuentro con las personas, el encuentro intersubjetivo que se constituye en yo y en tú[31].

En el pensamiento de M. Buber la realidad intersubjetiva no está separada del Dios creador que hace que el hombre exista. Por eso el encuentro con el tú se interpreta también como una especie de apertura hacia Dios. La relación con el tú está vinculada a la relación con el Tú absoluto[32].

El tú es, para M. Buber, un misterio incomprensible que se escapa a la experiencia científica. Del tú no se puede disponer. El tú no es jamás un «objeto». Al otro jamás se le llega a «conocer» del todo, sino que se impone como un misterio incomprensible en el que se refleja el parentesco divino[33].

Al acentuar tanto la distinción y la diferencia entre la relación yo-tú y la relación yo-cosas, M. Buber se ha escorado hacia una postura unilateral. Al situar la relación humana casi exclusivamente en la relación intersubjetiva, no ha visto con suficiente claridad el papel positivo de la relación con el mundo de las cosas y la función insustituible de esta relación en la relación intersubjetiva (problema de la ética, sobre todo de la justicia social)[34].

b) *E. Levinas: el primado del otro desde la ética*

La antropología de E. Levinas (nacido en 1905) se centra radicalmente en la primacía del otro[35]. A diferencia de M. Buber, la relación con el otro se presenta siempre desde la perspectiva de la ética y de la justicia, implicando así con mucho más vigor la relación del hombre con el mundo.

---

31. Cf. B. Casper, *Das dialogische Prinzip*, Freiburg i.Br. 1966, 370-379.
32. Cf. M. Buber, *Ich und Du*, 128-160.
33. Cf. B. Casper, *Das dialogische Prinzip*, 266-277.
34. Cf. J. Böckenhoff, *Die Begegnungsphilosophie*, 122-123.
35. Cf. S. Petrosino, *La verità nomade. Introduzione a Emmanuel Levinas*, Milano 1979.

1. Crítica de la «egología»

La antropología de E. Levinas se distingue sobre todo por su crítica radical y despiadada de la antropología moderna. A las antropologías dominantes en el ámbito europeo desde Descartes se las tacha de «egologías» por estar dominadas por el *ego* y por la búsqueda de totalidad, bien reduciendo todo lo real al *ego* racional (Descartes y el idealismo), bien reduciendo todo a la absoluta libertad del yo (Sartre), o bien reduciendo todo a una clase social (dictadura del proletariado). Conocer, gozar y transformar el mundo se consideran unas realidades solitarias. Ahora bien, estas antropologías llevaron a las dos Guerras mundiales y a una profunda negación del prójimo[36].

Con Descartes, el ideal explícito del conocimiento (*ratio*) es reducir todo a la comprensión racional a partir del yo. Y sobre todo en el idealismo, que llevó a sus últimas consecuencias los principios enunciados en la filosofía de Descartes, la realidad está constituida por la *ratio*. Según E. Levinas, la antropología del idealismo tiende a agigantar el *ego* racional para poder comprender de un solo golpe o con una sola fórmula todo lo real con todas sus diferencias, reduciendo así todo a la totalidad y suprimiendo toda alteridad[37].

Levinas dice también que, a nivel ético, la antropología moderna en clave de «egología» está dominada por la voluntad de poder: realizarse a sí mismo (gozo), afirmar el propio yo (transformación del mundo) aunque sea a costa de los demás, utilizar al otro como medio o instrumento para conseguir los propios fines.

Desde una perspectiva social y política, la idea de la afirmación del *ego* y de su orientación primaria hacia la realidad del mundo incluye también la idea de imperialismo. Y provoca la guerra porque, al fin y al cabo, es el intento de ampliar el propio poder sobre los demás, eliminándolos o poniéndolos a su servicio. Y, para conseguir sus intereses económicos o el poder militar o político, no respeta ni siquiera la vida de los inocentes. La relación patrono-esclavo se transfiere a la relación con los otros sujetos humanos[38].

---

36. E. Levinas, *Totalidad e infinito. Ensayo sobre la exterioridad*, Salamanca ⁶2002, 72-76.
37. Cf. R. Burggraeve, *Il contributo di E. Levinas al personalismo sociale*: Salesianum 35 (1973) 573-576.
38. Cf. *ibid.*

Desde el punto de vista metafísico y religioso, la antropología moderna, centrada en el yo y en la relación con el mundo material, se encierra trágicamente en los confines del tiempo y de la historia. Al ignorar y negar la relación constitutiva con el otro, esta antropología contiene ya en sí el núcleo de la interpretación atea y puramente temporal del hombre. No hay espacio para una auténtica trascendencia. La dimensión metafísica se atrofia.

La polarización de la egología de la racionalidad sitúa en el centro la totalidad, que de vez en cuando asume otros aspectos, pero que termina siempre sacrificando a los individuos al Moloch del poder. La sangre y la miseria, las guerras y los campos de concentración presentes en la historia europea son un buen ejemplo del carácter trágico del mito egológico.

2. El primado ético y metafísico del otro

La segunda idea central de la antropología interpersonal de Levinas es la decidida primacía del otro, a la que se llama generalmente «epifanía del rostro». La presencia del otro rompe la autosuficiencia del mundo «económico», cuyo centro es el yo.

La novedad radical del otro presenta dos aspectos: 1) la certeza del otro como otro se impone por sí misma, y lleva al hombre a una verdadera experiencia metafísica; 2) el reconocimiento del otro no se produce solamente a nivel personal y privado, sino que asume un carácter esencialmente ético: el otro exige que se le reconozca en el mundo, porque constitutivamente es un ser indigente.

Es preciso decir, en primer lugar, que el otro *se revela* o *se manifiesta* (epifanía) por sí mismo[39]. Las cosas asumen su forma específica y ceden sus secretos en la medida en que son iluminados y desvelados (*dévoilement*) por mi razón. Pero el conocimiento del otro es muy distinto. El otro no existe porque yo piense en él o porque sea capaz de formular teorías fundamentadas que confirman su existencia. El otro irrumpe en mi existencia, se impone por sí mismo, se asoma con su propia luz y se presenta con una certeza que no admite duda. Y se asoma como verdaderamente «otro», como

---

39. «La experiencia absoluta no es desvelamiento sino revelación: coincidencia entre lo expresado y quien expresa, manifestación por eso mismo privilegiada, de Otros, manifestación de un rostro por encima de la forma... El rostro es presencia viva, es expresión» (E. Levinas, *Totalidad e infinito*, 89).

un ser que no es constituido por mi razón y que, por tanto, no se inserta en ninguna totalidad racional. No puedo negar radicalmente su presencia. «La manifestación *kath'autó* consiste para el ser en decirse a nosotros, o sea, *en expresarse* independientemente de la postura que nosotros adoptemos para con él. Aquí, al contrario de todas las condiciones de visibilidad de los objetos, el ser no se sitúa en la luz de otro, sino que se presenta por sí mismo en la manifestación que se limita a anunciarlo»[40].

La epifanía del rostro –simbolizada en su desnudez– es, pues, para Levinas, la presencia inmediata del otro como otro, que se impone por sí misma y que hace añicos para siempre el sueño de reducirla a cualquier forma de totalidad[41].

> La desnudez del rostro es lo que se me ofrece para que lo desvele, y que por eso se me ofrece a mí, a mi poder, a mis ojos, a mis percepciones en una luz que le viene de fuera. El rostro se dirige a mí, y en esto consiste justamente su desnudez. *Existe por sí mismo* y no en referencia a un sistema[42].

Según Levinas, la certeza o el reconocimiento del otro –a nivel metafísico y cognoscitivo– no se puede separar del reconocimiento concreto del otro en el mundo. Es decir, no se puede disociar de la dimensión ética. La desnudez del rostro es también la presencia del ser indigente y expuesto en este mundo: el pobre, la viuda, el niño, el hambriento, el ultrajado, todos los seres humanos que quieren ser alguien ante los demás y que quieren que se les trate como a ellos. La desnudez del rostro es toda la humanidad y simboliza la condición humana en cuanto tal. Es la presencia exigente que afecta a la existencia y sitúa las relaciones personales por encima de la esfera personal o privada. Es preciso reconocer al otro en el mundo[43].

Para Levinas es muy importante este reconocimiento objetivo del otro y que él concibe en primer lugar como justicia. En este sentido supera esencialmente la postura de M. Buber y G. Marcel, que se han quedado en la esfera de lo privado.

> Mirada del extranjero, de la viuda y del huérfano; mirada que no puedo reconocer sino en el don o en la negativa; soy libre para dar o

---

40. *Ibid.*, 89.
41. Cf. *ibid.*, 94.
42. Cf. *ibid.*, 98.
43. Cf. *ibid.*, 98-100.

para negar, pero he de pasar necesariamente por las cosas. Las cosas no son, como piensa Heidegger, el fundamento del lugar, la quintaesencia de todas las relaciones que constituyen nuestra presencia en el mundo... El hecho último es la relación del *ego* con el otro, aquí las cosas no se presentan como lo que es construido, sino como lo que es dado[44].

E. Levinas da cierta superioridad al tú respecto del yo. El otro es el que mira desde arriba, que exige y tiene derecho a exigir. Por consiguiente, la relación interpersonal es fundamentalmente asimétrica. Estrictamente hablando, no depende de la reciprocidad, de que el otro responda a mi acto de reconocimiento. La responsabilidad es íntegramente mía, aunque el otro no esté en condiciones de responder[45].

La responsabilidad respecto al otro llega hasta la «sustitución». El uso y el abuso de la responsabilidad que haga el otro recae también sobre mí. Por tanto, en cierto modo soy rehén del otro y me toca expiar en su lugar[46].

Es importante señalar que la relación interpersonal es para Levinas, como para Buber y muchos otros, el lugar donde se manifiesta Dios, el totalmente Otro. La necesidad del otro, su presencia soberana, es algo trascendente y absoluto que trasciende la voluntad arbitraria del otro. En el fondo, que exista de este modo no depende de él. Encontrarse cara a cara con el prójimo es encontrarse en cierto modo ante el Altísimo, que exige que se le reconozca mediante el reconocimiento del otro. «La dimensión de lo divino se abre a partir del rostro humano»[47]. «Dios se eleva a su presencia última y suprema como correlativo de la justicia con que se trata a los hombres»[48].

II. SER CON LOS OTROS Y PARA LOS OTROS

Atisbamos una primera certeza sobre el hombre, a saber, que el sujeto (*ego*, persona) halla al encontrarse con los otros no sólo la

44. *Ibid.*, 100.
45. Cf. *ibid.*, 98-100.
46. Cf. E. Levinas, *Du sacré au saint. Cinq nouvelles lectures talmudiques*, Paris 1977, 91-93.
47. E. Levinas, *Totalidad e infinito*, 100-102.
48. *Ibid.*

certeza sobre sí misma como sujeto originario, sino también un rasgo fundamental del ser humano. Ser con los demás y para los demás pertenece al núcleo de la existencia humana: la relación con otros sujetos constituye y forma parte de la definición del hombre.

Para explicar este «ser con los demás» no basta decir, como ha hecho Heidegger, que en el mundo en que vivimos hay por doquier rastros de otros seres humanos. El ser con los demás no se reduce a afirmar el hecho de que existen muchos seres «similares» con quienes tenemos que compartir a la fuerza el espacio terrestre o que pueden ser posibles interlocutores o colaboradores en empresas comunes[49]. Dos aspectos en cualquier caso, reales e indiscutibles.

El significado profundo y genuino de ser con los demás es que el sujeto humano consciente de sí mismo no carece nunca de referencia a otros sujetos humanos. Su existencia está siempre orientada hacia los demás, vinculada a los demás, en comunión con los demás. La existencia personal se desarrolla y realiza junto con otros en el mundo. El propio sentido de la existencia está ligado a la llamada del otro que quiere ser alguien ante mí, o que me invita a ser alguien ante él, amándonos y construyendo un mundo más justo y humano.

El vínculo de mi existencia personal con el otro y la orientación hacia el otro es tan central que es imposible negarlo en la práctica. A nivel filosófico, negar la relación constitutiva con el otro vuelve *ipso facto* inconsistente e incomprensible la misma existencia personal. Por eso, ser en relación con los demás seres humanos es considerado una verdad fundante del hombre, un «fait primitiv», como lo ha denominado Dondeyne[50]. Es una verdad que se impone en la práctica por su propio peso y evidencia, y que no se deja reducir a otras verdades más elementales. Y a la vez permite comprender muchos otros aspectos de la existencia humana.

Ante una evidencia así, el filósofo, al no poderla demostrar en sentido estricto, está obligado a examinarla críticamente para hacer ver que no se la puede negar sin hacer incomprensible la existencia misma del hombre.

---

49. Cf. M. Heidegger, *Essere e tempo*, Milano 1953, 131-143 (versión cast.: *El ser y el tiempo*, Barcelona 2002).
50. Cf. A. Dondeyne, *Foi chrétienne et pensée contemporaine*, 18-24.

1. *La certeza del otro en la llamada ética*

Según Paul Ricoeur (nacido en 1913), a Kant le corresponde el mérito de haber recuperado la certeza del otro en el ámbito de lo ético[51]. Pero, sobre todo, los penetrantes análisis de E. Levinas son una buena muestra de la certeza incontestable del otro sujeto y del significado fundamental del yo en la relación ética con el otro.

En efecto, el hecho originario en que se revela el otro e invade más claramente mi existencia es la experiencia de mi responsabilidad ética ante él. La experiencia humana más profunda es que el otro no es una cosa entre las cosas, sino un sujeto humano que debo reconocer al menos como igual a mí, es decir, como sujeto ante mí. En términos bíblicos, la llamada al pobre, de la viuda, del huérfano, del que pasa hambre, de todos los seres humanos que quieren que se les reconozca como «alguien»[52].

Al contrario de lo que pensaba Descartes, el otro se impone por sí mismo, irrumpe en mi existencia con su propia evidencia. El otro no existe porque yo me he puesto a pensar y a demostrar que existe. Porque antes de cualquier iluminación por mi parte y de cualquier razonamiento, ya está allí, cara a cara, como libertad inaprehensible y exigente[53]. Ni siquiera necesita pedir expresamente que se le reconozca, porque su presencia exige ya ese reconocimiento, es una llamada que se me dirige, una apelación a mi responsabilidad. Por tanto, mi existencia implica ya inevitablemente una aceptación o un rechazo del otro. La inserción en el orden de las personas es previa a toda opción personal y a toda realización humana. En la comunión con los demás es donde yo me capacito para aceptar o rechazar al otro.

Así pues, la certeza del otro se impone de dos maneras. Sobre todo como otro sujeto humano con el que nos encontramos. Y luego, como responsabilidad, porque la comunión con el otro tiene un

---

51. Cf. P. Ricoeur, *Simpathie et respect*: Revue de méthaphisique et de morale 59 (1954) 387-389.
52. Cf. E. Levinas, *Totalidad e infinito*, 98: «El extrañamiento que es libertad, es también extrañamiento, miseria. La libertad se presenta como lo Otro; al Mismo que, él, es siempre el autóctono del ser, siempre privilegiado en su morada. El Otro, el libre es también el extranjero. La desnudez de su rostro se prolonga en la desnudez del cuerpo que siente frío y vergüenza de su desnudez. La existencia *kath'autó* es, en el mundo, una miseria».
53. Cf. *ibid*.

carácter básicamente ético. No viene al caso explicar de nuevo estas ideas, porque ya lo hemos hecho suficientemente al exponer el pensamiento de E. Levinas.

2. El papel esencial de la palabra

Para mostrar lo evidente que es la relación primaria con el otro se recurre mucho al lenguaje. No hay ningún hecho tan universal y significativamente «humano» como este. Dondequiera se esté en presencia de seres humanos, se está en presencia de formas elaboradas de lenguaje. Lenguaje es cualquier palabra que dirijo al otro y que el otro me dirige a mí. De ahí que muchos filósofos contemporáneos busquen en el lenguaje el punto de partida privilegiado para la filosofía del hombre.

La palabra es una de las manifestaciones humanas que revelan claramente la estructura dialogal e interpersonal de la existencia humana. Por un lado, la palabra vige en el ámbito de las relaciones sociales. Y por otro, la inteligencia personal no logra realizarse fuera del ámbito de la palabra.

La palabra es, ante todo, *palabra recibida*, palabra que el otro me dirige. Es una palabra que forma parte de una cultura concreta, con una visión concreta del mundo y de las cosas. Y es, desde luego, la palabra que alguien me dirige, de persona a persona, cuando me dice: «Tú».

La riqueza de la cultura se transmite por la palabra. Esto significa concretamente que los significados del mundo y de las cosas se hacen accesibles por la palabra a todos los seres humanos que entran a formar parte de la sociedad. Mediante la palabra, que da nombre a las cosas y objetos, el mundo se hace humano y familiar. La palabra permite al hombre moverse en este mundo y lograr que su existencia tenga sentido. Reúne toda la sabiduría y la comprensión práctica del mundo acumulada a lo largo de todas las generaciones.

> No es que el niño –afirma F. F. Kainz–, sin ayuda de la lengua, vaya adquiriendo un mundo de percepciones objetivas plenamente estructuradas, al que se le aplica luego la lengua desde fuera, para añadir el nombre como si fuera una etiqueta a las representaciones objetivas y claramente delimitadas. La lengua coopera a la actua-

ción y formación de los datos de la conciencia, los cuales sin ella no podrían existir de ese modo. La adquisición de los conceptos se realiza a más velocidad, con más economía y con mayor eficacia desde el punto de vista social y operativo cuando el niño tiene la posibilidad de apoyarse en las indicaciones lingüísticas usuales en la sociedad para captar las representaciones y, a través de ellas, los objetos y sus estructuras. La lengua es lo que permite que el niño progrese espiritualmente. El saber que contiene posibilita una catalogación ordenada de las cosas, sin la que resultaría imposible moverse en el mundo. El nombre común lleva al niño a descubrir correspondencias y pertenencias objetivas a las que de otro modo quizás nunca llegaría o lo haría mucho más tarde, con más dificultades y con menor certidumbre[54].

El papel decisivo de la palabra que ilumina los significados del mundo se confirma indirectamente por algunos casos en los que, por deficiencias de algún sentido, no han podido desarrollarse suficientemente las expresiones lingüísticas normales. Cuando falta el lenguaje, se estanca toda la persona y toda la vida intelectual, y se quedan en estado embrionario.

Es conocido el caso de Helen Keller, que a los diecinueve meses se queda ciega y sorda. Se cree que es una niña imposible de educar. El cuchillito con el que quiere jugar, corriendo el riesgo de herirse, es la ocasión para introducir un nuevo tipo de lenguaje. La enfermera le quita el cuchillo, haciendo como que corta en la mano de la niña. Un día se repite ese gesto para pedir el cuchillito. Se había creado un lenguaje. Y a partir de este inicio el lenguaje normal se tradujo a un lenguaje táctil. Helen Keller pudo estudiar, pues tenía una inteligencia normal. Lo único que precisaba era captar las palabras pronunciadas por los demás y repetirlas personalmente para desarrollar su inteligencia y dar forma humana a su existencia[55].

Para no desnaturalizar el significado exacto de la palabra como ámbito en el que el hombre se hace consciente de sí, es preciso subrayar que la palabra, en definitiva, viene de un sujeto personal y se dirige a otro sujeto personal. Siempre es uno quien interpela a

---

54. F. Kainz, *Psychologie der Sprache* II, Stuttgart ²1960, 111. Cf. también W. Loch, *Die pädagogische Funktion der Sprache*, en *Verstehen und Vertrauen*, Stuttgart 1968, 88-98.
55. Cf. H. Keller, *Il mondo in cui vivo*, Milano 1944.

otro llamándole por su nombre, dirigiéndose a un tú. Este aspecto corre el peligro de quedarse en la sombra, ya que en la cultura moderna la palabra está pasivamente presente en sus formas objetivas y despersonalizadas, como la palabra escrita en los periódicos o hablada en los medios de comunicación.

La dimensión interpersonal se manifiesta más concretamente en la *palabra activa* o *palabra hablante*. Para pensar o avanzar humanamente no sólo hay que escuchar la palabra de los demás. Hay que expresarse personalmente, dirigir la palabra a los demás. Se puede afirmar con carácter general que sin la palabra no puede haber un pensamiento activo y dinámico.

Este planteamiento contrasta con los presupuestos de la antropología cartesiana. Como ya hemos dicho anteriormente, para Descartes el sujeto podría pensar y razonar pura y correctamente en la interioridad de la inteligencia. La palabra sólo serviría para comunicar a los demás un pensamiento que ya está plenamente formado en la inteligencia.

Pero la experiencia concreta derrumba esta idea. El pensamiento solitario y aislado, sin palabras, no existe. La palabra existe como ámbito propio del pensamiento, de forma que éste se realice siempre y necesariamente como pensamiento hablante. La palabra sólo es palabra si encarna un pensamiento. El pensamiento es él mismo sólo como palabra y discurso. En ningún sector de nuestra experiencia hallamos un pensamiento puro, sino que en todas partes encontramos un pensamiento que es palabra o que va ligado a la palabra. Incluso cuando me encierro en mi habitación para pensar, sigo hablando conmigo mismo, busco fórmulas y expresiones que me permiten clarificar lo que pienso. Cuando descubro dimensiones nuevas que es difícil expresar con palabras ya existentes, creo términos nuevos. Todas las especializaciones científicas están llenas de términos técnicos creados para poder elaborarse. Por tanto, el pensamiento humano se genera bajo la forma de un pensamiento discursivo o dialogal.

Esto no significa, obviamente, que el pensamiento se identifique con la palabra o que se convierta en siervo de una palabra científica, y aún menos que sea producto de la palabra o haya que interpretarlo como la cristalización en nosotros de la palabra objetiva y cultural. Porque, en realidad, la supera por doquier. La precede iluminando las cosas y tratando de expresar su significado exacto mediante el concepto y la palabra. Y es fundamentalmente crítico ante la inadecuación entre la palabra y el discurso humano[56].

Una dimensión fundamental de la palabra ha permanecido hasta ahora oculta en la sombra. La palabra no es solamente desvelamiento del mundo y de las cosas. Es también esencialmente revelación de las personas. En la palabra el otro en persona se anuncia y explica, manifestando y comunicando la propia riqueza, su misterio, sus alegrías y esperanzas, la inconfundible novedad de su existencia. La palabra es el lugar mismo de la «revelación», en el que la realidad metafísica y trascendente del otro se anuncia a sí misma. Algunas formas de palabra, como la poesía, el arte, el lenguaje del amor, la filosofía, el discurso religioso, etc., expresan por otro lado más específicamente la dimensión de la «revelación». La categoría «revelación» o manifestación por su propia fuerza pertenece a la condición humana.

3. *La familiaridad con las cosas*

El significado de las cosas ciertamente no está ligado sólo a la palabra pronunciada o escrita. Muchos significados del mundo se expresan mediante actitudes prácticas o intervenciones operativas, para las que a menudo faltan las palabras adecuadas. Estos significados se aprenden también en el contacto con los demás. Por ejemplo, jugar con inteligencia, manejar bien el martillo o cualquier otro instrumento, montar en bicicleta, etc. Es decir, el dominio técnico de la realidad tiene también mucho que ver con el contacto con la gente que vive en esa cultura.

Podría parecer a primera vista que el crecimiento enorme de la tecnología induce a pensar que el hombre tiene una familiaridad primaria con las cosas y sólo secundaria con las personas. R. Kwant ha escrito páginas significativas para desmontar este prejuicio[57]. Mirando las cosas más de cerca se comprueba fácilmente que no se adquiere ningún contacto activo y dinámico con el mundo sin el contacto con los demás –aunque nunca proceda exclusivamente de los otros–. En un nivel precientífico, el hombre aprende todas las actitudes prácticas de la cultura en que vive. Un

---

56. Cf. R. C. Kwant, *Fenomenologie van de taal*, Utrecht 1964, 155-185.
57. Cf. Id., *Wijsbegeerte van de ontmoeting*, Utrecht 1960, 18-25.

niño africano, por ejemplo, es introducido en los ritos, usos y técnicas elementales del grupo étnico en el que vive. En las culturas de alto nivel científico y tecnológico, se precisan largos años de estudio y de práctica antes de familiarizarse suficientemente con el mundo.

Los mismos productos culturales son el mejor testimonio de largos siglos de investigaciones y de colaboración. Las cosas más comunes como el pan, el azúcar, el café, la bicicleta, la silla, etc. son la cristalización de una larga historia cultural, en la que los hombres han aprendido juntos a comportarse de un modo concreto. El significado de todos estos objetos tiene que ver, por otro lado, con la cultura en su conjunto. Quien no comparte esa cultura no capta a menudo ni su significado ni su importancia. Pongamos por ejemplo el pan, que resume milenios de historia humana: empezar a recoger el grano, practicar la agricultura, inventar técnicas para moler el grano, el uso del fuego y del horno, inventar los procesos de fermentación, acostumbrarse a comer pan (y no arroz o maíz, por ejemplo), etc.

La tecnología que transforma el mundo es indudablemente una empresa colectiva. El trabajo científico moderno se hace en colaboración. Para familiarizarse con muchas tecnologías e instrumentos modernos se precisan largos años de aprendizaje bajo la dirección de expertos.

Demos un paso más y digamos que la aparición de un mundo objetivo tiene que ver con el encuentro con otros sujetos humanos. Cuando nos encontramos con otras personas de las que podemos esperar una respuesta, utilizamos la segunda persona (tú). Sin embargo, cuando se trata de las cosas utilizamos el neutro, porque de ellas no esperamos respuesta alguna.

4. *El amor de los demás y el amor a los demás*

La estructura interpersonal del yo se ve con más claridad cuando se tiene en cuenta la función del amor en la existencia humana. Tanto el amor que el ser humano recibe de los demás como el amor que les da muestran por igual la orientación constitutiva hacia el otro.

a) *El amor recibido de los demás*

La psicología moderna confirma desde fuera la postura de la antropología filosófica documentando empíricamente hasta qué punto el amor que se recibe de los demás es uno de los factores más decisivos del desarrollo y del equilibrio de la persona. Tomar conciencia de sí mismo como ser «humano», es decir, como sujeto y centro de dignidad, de bondad, de valor insustituible y único, de creatividad... no es un dato espontáneo que se debe exclusivamente al desarrollo fisiológico del individuo. La conciencia de uno mismo como sujeto personal no es un dato natural, como el crecimiento del pelo o el despertar de la sexualidad en la pubertad.

Al contrario, el sujeto se percibe como persona, como ser bueno y libre, cuando alguien de fuera lo trata como tal. Por la palabra y el lenguaje amoroso de otra persona para con él, el hombre toma conciencia de sí mismo y de su dignidad humana. Cuando se ama a un niño como a alguien, o sea, como un sujeto único, sobre todo por sus padres y por la gente de su entorno, podrá percibirse a sí mismo en esa misma dimensión. Es indudable que todo niño humano es tratado de algún modo como un ser humano y no como una cosa. Pero en esta relación hay muchos grados. La falta de un amor intenso y profundo es lo que más hace ver hasta qué punto es decisivo el papel del amor en la percepción de uno mismo como sujeto.

Recibir amor y ser amado hay que mostrárselo al niño pequeño mediante un lenguaje apropiado a su edad, es decir, mediante el lenguaje de la afectividad. Amor verdadera y profundamente humano, expresado con toda la plenitud del lenguaje afectivo. No basta con que se nos ame objetivamente, es preciso también que lo sintamos.

Se sabe por una amplia experiencia que la falta de amor en los primeros años de la infancia e incluso después provoca no pocas veces graves desequilibrios y profundas perturbaciones de la personalidad. La mayor parte de los inadaptados proceden de familias desunidas, con unas relaciones amorosas perturbadas o quizás inexistentes.

Observaciones empíricas han revelado que la dimensión fisiológica y biológica del niño se desequilibra cuando los demás no le aman sensible y afectivamente. El niño, más incluso que de leche, tiene necesidad de sentirse amado por los demás.

A. Terruwe subraya que la neurosis de frustración, hoy tan extendida, hunde sus raíces en las distorsiones de la relación de amor. En efecto, muchas neurosis se deben a que el niño no ha recibido la ración suficiente de amor afectivo.

> El niño que no ha experimentado un amor afectivo, no sólo no madura sentimentalmente, sino que se termina haciendo neurótico. Esta neurosis se caracteriza por un sentimiento profundamente inseguro, por un gran complejo de inferioridad, así como por la imposibilidad de orientarse hacia los demás y de tratar con ellos. Los efectos son más graves y hondos cuanto más le ha faltado el amor afectivo en su edad juvenil[58].

Si se quiere resaltar la importancia del amor afectivo y del amor en general, se puede recurrir a la imagen negativa. El día en que un hombre o una mujer creen que ya no les ama nadie o que su vida ya no significa nada y es totalmente irrelevante, es como si el vacío más absoluto invadiera su existencia. Y muchos no son capaces de soportar esta sensación de inutilidad y les empieza a pasar por la cabeza la idea del suicidio.

Por tanto, cabe afirmar que ser amado por alguien es una condición básica para convivir humana y socialmente. La capacidad de amar y de vivir el amor en la libertad del don depende de haber recibido un amor auténtico y verdadero. A. Terruwe continúa diciendo:

> La afirmación que implica el amor afectivo es, pues, el fundamento de la existencia social del hombre, porque dona el hombre a sí mismo y, al hacerlo, lo capacita para ser para los demás, para darse a los otros[59].

b) *El amor a los demás*

El amor a los demás es también indispensable para que el hombre se realice. Es posible que el amor que se recibe de otro, como ha defendido M. Nédoncelle (1905-1976), incluya la exigencia de la reciprocidad[60]. De todos modos, la realidad es que el hombre se desarrolla de verdad a sí mismo y alcanza la madurez respondien-

---

58. A. Terruwe, *Amore ed equilibrio*, Roma 1970, 32.
59. *Ibid.*, 33.
60. Cf. M. Nédoncelle, *Vers une philosophie de l'amour*, Paris 1946, 13.

do al amor y a la llamada del prójimo. Escuchando y respondiendo a la llamada del otro (de la persona amada, del pobre, del necesitado...) el hombre libera en sí las energías creativas que pone al servicio de los demás. La experiencia demuestra que cuando se asume la responsabilidad ante la persona amada se madura humanamente. En la educación se puede constatar fácilmente lo mucho que puede progresar el educando cuando quiere al educador y se compromete a responder a ese amor.

Podemos, pues, decir en general que el hombre deviene él mismo cuando responde a la llamada del otro. El hombre maduro y realizado es el que es capaz de vivir un amor real y auténtico. Pero en la medida en que sea esclavo de sus pasiones y egoísmos, será incapaz de vivir un amor auténtico.

Resumamos lo que hemos dicho. Lo fundamental en la existencia no es la reflexión racional y solitaria del «cogito» ni la contemplación de la naturaleza material. Tampoco es la búsqueda y la selección de valores abstractos e impersonales, ni la transformación científica y tecnológica del mundo. Lo fundamental radica en que cada hombre es interpelado como persona por otro ser humano en la palabra, en el amor, en las obras. La madurez humana se alcanza gracias a los otros, amando, hablando, respondiendo. Si un ser humano jamás me hubiera tratado así, sería como un animal insensible o como un ser «humanamente» muerto.

Si ser con los demás tiene cierta primacía, eso quiere decir que vale por sí mismo, independientemente de su utilidad para transformar el mundo. Es más, justamente la «inutilidad» de esta relación es lo que pone de manifiesto su valor superior. La amistad, el amor, la poesía, el arte, etc. «no valen para nada» porque no pertenecen al reino de lo útil, pero dan un sentido humano al conjunto de los valores. La cultura tecnológica e industrial conlleva un peligro básico, al ver al hombre exclusivamente a través del prisma de la utilidad (social, política, económica, etc.).

Estamos, pues, en condiciones de afirmar que la relación con el otro es una dimensión fundamental y constitutiva del hombre. J. Möller lo ha sintetizado bien:

> El tú tiene su raíz en el hombre. El hombre no es un sujeto aislado. El tú se le da al hombre con su humanidad, porque el ser humano como lenguaje hace referencia al tú y porque, en su obrar, el hombre se encuentra orientado hacia el tú. El tú se le da al hombre con

su humanidad, porque el hombre es un ser que responde y vive en la responsabilidad. El tú se le da al hombre porque el hombre lleva en sí la nostalgia de ser tratado como un tú por los demás hombres. Así pues, la relación con el tú es constitutiva del ser humano en cuanto tal[61].

III. FORMAS FUNDAMENTALES DE LA INTERSUBJETIVIDAD

Las formas de la relación intersubjetiva son plurales y numerosas. En efecto, la intersubjetividad no se puede reducir exclusivamente al encuentro afectivo en el amor según el modelo yo-tú en sentido privado y personal. Podemos distinguir, con W. Luijpen, cuatro formas básicas de relación interpersonal: el amor, la justicia, el odio y la indiferencia[62]. Se trata de un intento de distinción que no pretende tener un valor absoluto.

1. *El amor como «querer el bien del otro»*

El amor se refiere al encuentro con la subjetividad del otro. G. Madinier propone esta definición general del amor: «Querer al otro como sujeto»[63]. Implica, pues, una voluntad de promoción que responde a la llamada al reconocimiento. Para M. Nédoncelle «el amor es una voluntad de promoción. El yo que ama lo primero que quiere es que el tú exista; pero quiere también el desarrollo autónomo del tú»[64]. La terminología clásica habla del *amor benevolentiae* (en oposición al *amor concupiscentiae*). Según santo Tomás de Aquino, amar es «velle alicui bonum»[65], entendiendo por bien no el bien abstracto de alguien, sino su bien concreto[66].

61. J. Möller, *Menschsein als dialogische Existenz*, en *Verstehen und Vertrauen*, Stuttgart 1968, 106.
62. Cf. W. Luijpen, *Existential Phenomenology*, 286-358. El aspecto objetivo de las relaciones interpersonales se estudia normalmente en el ámbito de la filosofía social.
63. G. Madinier, *Conscience et amour. Essai sur le «nous»*, Paris ³1962, 86: «Aimer, c'est vouloir l'autre comme sujet».
64. M. Nédoncelle, *Vers une philosophie de l'amour*, 11.
65. Tomás de Aquino, *Summa theologica* I-II, q. 26, a. 4.
66. «Amar significa interesarse por el otro en primera persona y por sí mismo, tratar de constituirlo en su intimidad, quererlo como libertad y fuente de ini-

El amor concreto se caracteriza generalmente por ser un sentimiento o afecto que varía según la relación de amor. Así, por ejemplo, se puede hablar de amor esponsal, que se caracteriza por la comunión de vida, sexualidad y fecundidad. El amor de los hijos hacia los padres se distingue por la escucha y la confianza, por el afecto y la piedad. El amor de amistad rebasa la esfera familiar. Finalmente, la caridad se extiende más allá de la amistad, y se puede dirigir incluso a personas con las que es imposible mantener relaciones de amistad o de afecto[67].

Es importante subrayar que el amor altruista o el amor de benevolencia es el alma de todas estas formas de amor. La práctica actual que reduce muchas veces el amor al aspecto afectivo o sexual es unilateral, y corre el peligro de infravalorar muchas formas de amor que promocionan eficazmente al prójimo sin entablar relaciones afectivas fuertemente personalizadas.

Para precisar todavía más en qué consiste el amor de benevolencia, subrayaremos tres características sólo parcialmente diferentes entre sí. Todo amor auténtico es en cierto modo incondicional. No tiene que ver con lo que el otro tenga, ni con sus cualidades corporales, psíquicas o intelectuales, sino sobre todo con su persona. No se ama al otro por lo que tiene, sino por lo que es. El amor es desinteresado. No busca ventajas ni enriquecimiento. Toda forma de explotación es contraria al amor. El amor es fidelidad a una persona. No una fidelidad abstracta y vacía, sino una fidelidad creadora, que trata de que el otro se realice en las circunstancias en que se encuentra.

2. *La justicia como concreción del amor*

El amor entre personas concretas es imposible en último término si no se promueve al otro material y socialmente. De ahí que el deseo de reconocer al otro como otro llevara a todas las culturas a crear un sistema de justicia y derecho (derechos fundamentales).

---

ciativa. Por eso, la acusación de intolerancia y tiranía que se hace frecuentemente a la caridad, puede referirse sólo a una caridad mal entendida y practicada. El que ama de verdad quiere al otro como sujeto y trata de que llegue a serlo» (G. Madinier, *Conscience et amour*, 114).

67. Cf. J. H. Walgrave, *Cosmos, personne et société*, Paris 1968, 161-168.

Por supuesto que no se trata del concepto pobre de justicia que tiene que ver con los intercambios comerciales, sino del concepto amplio y dinámico, que incluye todas las formas concretas, materiales y sociales, de promoción y reconocimiento de los demás.

Seamos concretos: amar a un ser humano significa hacer lo posible para que pueda comer, vestirse, tener una vivienda, acceder a la instrucción y a la cultura, tener seguridad social y desarrollar libremente las dimensiones fundamentales de su existencia. Ningún amor auténtico puede olvidar que el ser humano tiene un cuerpo, es indigente y está llamado a realizarse en el mundo con los demás. Por eso, el amor crea también estructuras de derecho y de justicia.

Por consiguiente no es totalmente correcto concebir el derecho y la justicia sobre todo como una forma de autodefensa de los individuos ante la violencia de los otros. Eso es una parte, como veremos al hablar del conflicto. Pero la primacía le corresponde al amor, entendido como promoción concreta y real de la persona. Y eso no es posible si no se crean estructuras de derecho y de justicia[68].

La tradicional antinomia entre justicia y amor posee sólo un valor relativo. La justicia es el listón mínimo del amor y del reconocimiento que hay que dar a todos en una cultura determinada, listón que puede variar a medida que las culturas se desarrollan.

El amor debería ser, pues, en cierto modo el motor y el alma de las estructuras existentes y de todas las expresiones jurídicas que regulan las relaciones humanas[69]. Sin embargo, en la práctica no siempre lo es. Por eso tiene cierto fundamento la antítesis entre amor y justicia. Las estructuras existentes, la normas concretas del derecho y de la justicia nunca expresan adecuadamente el reconocimiento del hombre. No responden a un mundo en continua transformación. Será pues inevitable la tensión entre las estructuras existentes o los derechos adquiridos y la necesidad de un mayor reconocimiento del hombre por el hombre. Habrá que juzgar permanentemente a las estructuras a la luz de la humanidad del hombre.

68. Cf. *ibid.*, 174-180.
69. «El amor es tan amplio como la justicia. Es su alma, su impulso, su motivación profunda, porque le marca su objetivo, que es el otro cuyo valor absoluto reclama. Aporta así la certeza del corazón a quien corre el riesgo de quedarse en lo jurídico, en lo tecnocrático o en lo burocrático a la hora de hacer justicia. Pero, como contrapartida, la justicia es la realización efectiva, institucional y social del amor»: P. Ricoeur, *Le conflit, signe de contradiction ou d'unité*, en *Contradictions et conflits: naissance d'une societé*, Paris 1971, 192-193

3. El conflicto

Quizás sea el conflicto la forma de intersubjetividad que más se ha tratado tanto en la literatura como en la reflexión filosófica. Ya los antiguos mitos concebían el conflicto como un factor fundamental del universo y de la existencia humana. Toda la historia humana atestigua que los sueños utópicos de una convivencia gobernada únicamente por el afecto y la amistad, por estructuras perfectas y por un diálogo que resuelva todos los problemas, se ven continuamente contradichos por la conflictividad.

Hegel, Marx y Sartre son, sin duda alguna, las tres figuras que más han insistido en considerar el conflicto como forma fundamental de la convivencia humana.

Para Hegel los conflictos surgen por necesidad. Su expresión típica es la relación amo-esclavo. Los conflictos surgen porque el poder del amo sólo existe en la medida en que niega al otro, reduciéndolo a esclavitud. La conciencia egológica intentará siempre conquistar el poder y afirmarse a costa del otro. Y el esclavo, en virtud de esa misma conciencia egológica, tratará de sobrevivir oponiéndose al amo. El conflicto sólo se podrá resolver con la muerte del amo[70]. K. Marx (1818-1883) transfirió esta idea a la lucha de clases.

J.-P. Sartre (1905-1980) ofrece una visión moderna del «homo homini lupus» en su célebre descripción de la mirada[71]. Frente a Heidegger, afirma que «la esencia de las relaciones entre las conciencias no es el *Mitsein*, sino el conflicto»[72].

El otro es siempre y necesariamente alguien que me mira. Su mirada me reduce a objeto, a cosa[73]. Para afirmar la propia subjetividad, cada cual debe «mirar» a su vez al otro reduciéndolo a objeto. Por tanto, la coexistencia entre seres humanos no es algo constructivo, sino todo lo contrario: «Mi pecado original es la existencia del otro»[74]. El infierno son los otros. Por consiguiente, mi existencia está siempre en peligro, un peligro que no es accidental,

---

70. Cf. G. W. Hegel, *Phänomenologie des Geistes* II, 153-156.
71. Cf. J.-P. Sartre, *L'essere e il nulla*, Milano 1965, 321-377 (versión cast.: *El ser y la nada,* Barcelona 1993).
72. Cf. Id., *L'être et le néant*, 251. Cf. p. 447: «El conflicto es el sentido original del ser-para-los-demás».
73. *Ibid.*, 338.
74. *Ibid.*, 333.

sino estructural[75]. El otro se presenta siempre y en todas partes como el que ocupa una parte de mi espacio, impidiendo mi expansión y realización. El otro no es nunca el lugar donde se desarrolla mi libertad. Al contrario de lo que Hegel y Marx proponen, para Sartre esta situación negativa no tiene ninguna solución.

Al margen de estas teorías, que no sólo constatan la situación de conflicto, sino que lo exaltan como método de progreso y promoción, hay que reconocer que el conflicto es una forma real de intersubjetividad. Ese conflicto no se debe solamente a la agresividad natural del hombre, sino también, y específicamente, a su deseo de realizarse. Las opciones son siempre parciales y chocan con las opciones de los demás. El bien es múltiple y está dividido. La comprensión de las situaciones es limitada. Por eso resulta inevitable que surjan conflictos, incluso cuando todo el mundo tiene buena voluntad.

Pero eso no es todo. El amor no es incompatible con situaciones conflictivas. El amor auténtico, que quiere el bien objetivo y real del otro, se opondrá a las alienaciones a las que el otro se encuentra atado y que a veces defiende encarnizadamente. En un mundo dominado por posturas de poder, el amor que trabaja por la justicia se convierte a menudo en signo de contradicción y de conflicto.

4. *Indiferencia y relaciones marcadas por la funcionalidad*

Las relaciones con muchísimas personas se caracterizan por una actitud de «indiferencia». No se conoce a esa gente por su nombre. El encuentro con ellas se debe exclusivamente a la función que desempeñan. El modelo emblemático de esta relación es el «funcionario», al que se le pide un servicio o una información. La verdad es que una máquina o un robot podrían prestar ese mismo servicio (de hecho, muchas informaciones ya nos llegan a través de la voz despersonalizada de un ordenador).

M. Heidegger, G. Marcel y otros filósofos han denunciado vehementemente el aumento masivo de las relaciones marcadas por la indiferencia, por la funcionalidad y el anonimato. Acompañan como una sombra a la civilización industrializada y racionalizada.

75. *Ibid.*, 339.

Todo el mundo corre el riesgo de verse encasillado en una inmensa cantidad de funciones: en el ambiente de trabajo es un obrero; en la oficina, un empleado; en el metro, un viajero; en el bar, un cliente; en el partido político, un militante, y así sucesivamente.

La existencia cada vez mayor de relaciones despersonalizadas suele ir acompañada por la soledad, algo realmente frecuente en las grandes ciudades y empresas.

Para M. Heidegger (1889-1976) la relación con los demás se define vigorosamente como «masa» o «multitud» (*das «Man»*, el «se» dice, «se» hace, «se» piensa…). Es una relación que no enriquece en absoluto al sujeto. Para realizarse, el sujeto debe tomar distancia respecto a la masa perdida y anónima, aislarse, concentrarse en sí mismo, encerrarse en su pensamiento autónomo[76].

Aunque se tenga buena voluntad será imposible superar la funcionalidad en las relaciones y, por tanto, también la indiferencia respecto a mucha gente. Por consiguiente, el conflicto y la indiferencia son una buena muestra de los límites básicos y de la impotencia del hombre.

IV. El sujeto o la persona

Para mostrar el verdadero sentido del *ego*, distinguiéndolo de su dimensión biológica (sujeto biológico), de los roles sociales (yo social), de la personalidad (yo psicológico) y de la epistemología (sujeto del conocimiento), se suele utilizar frecuentemente la palabra «persona», aun reconociendo que es un término no carente de equívocos.

¿Qué es lo que se trata de resaltar al decir que todo ser humano es una persona o un ser personal?

Para responder no es necesario dar demasiada importancia a las definiciones formales. Boecio, por poner un ejemplo clásico, define la persona como «rationalis naturae individua substantia»[77]. No es difícil ver que esta definición trata sobre todo de situar y catalogar. Y lo mismo sucede con otras muchas definiciones.

---

76. Cf. M. Heidegger, *Essere e tempo*, 139-143.
77. Boecio, *De duabus naturis et una persona Christi*, en Migne PL 64, col. 1343 D.

Es una dificultad insuperable. En realidad resulta imposible ofrecer una verdadera y propia definición de la persona, porque su núcleo es el sujeto y éste es algo que, por su propia naturaleza, se sustrae a todo intento de definición.

Por tanto, optaremos por recurrir a algunas características que resaltan más el contenido positivo de la persona, aunque no se trate estrictamente de una definición[78].

En todo ser humano, la idea de persona va unida sobre todo al *carácter único del sujeto*[79]. «Sujeto» indica precisamente algo que no es naturaleza, que rompe todas las categorías, que está por encima de ellas: no es algo, sino *alguien*. A los seres naturales –individuos que pertenecen a una especie– se les conoce por las características generales de la especie. Pero cuando decimos «persona» nos referimos a un ser que no se puede reducir primariamente al individuo de una especie. Todo ser humano es también un individuo, porque pertenece a una especie. Y se distingue de los demás individuos de su especie por el peso, el color, la forma, etc. Al afirmar que todo ser humano es persona, queremos subrayar, por encima de todas las diferencias individuales o categoriales, que cada uno es un ser singular, inconfundible e insustituible, un sujeto único. Para conocerlo, hay que encontrarse con él.

La unicidad de la persona se revela sobre todo en la comunión interpersonal[80]. La persona no es un ser cerrado y aislado que en algunas situaciones puede ponerse en contacto con otros, sino que en cierto modo está siempre inserta en la comunión con otras personas. La persona es, por excelencia, el ser de la palabra y del amor, mientras que la cosa es una realidad de la que se puede disponer. La persona es el ser que interpela y al que debo responder. La llamada y la invocación forman parte de la estructura de la persona. Podríamos hablar de la estructura dialogal o «responsorial» del hombre, orientación ontológica que no sólo posibilita la palabra y el amor, sino que requiere también necesariamente expresar-

---

78. Cf. A. Müller-W. Vossenkuhl, art. *Persona*, en H. Krings y otros, *Concetti fondamentali di filosofia* II, Brescia 1982, 1519-1531; B. Welte, *Zum Begriff der Person*, en H. Rombach, *Die Frage nach dem Menschen*, Freiburg i.Br. 1966, 11-12.
79. Cf. A. Heschel, *Chi è l'uomo?*, Milano 1971, 66-68.
80. La antropología clásica habla de «incomunicabilidad» para señalar el carácter único de la persona, pero esa palabra significa hoy sobre todo incapacidad para comunicarse.

se a sí misma en el amor y en la palabra. Palabra y respuesta no son aquí algo meramente intelectual, sino una relación concreta, una «implicación» ante los demás. Desde el momento en que existe el otro, está ahí ante mí, y su presencia constituye una llamada, una exigencia de reconocimiento y amor. Es imposible no dar una respuesta: o lo acepto o lo rechazo.

El carácter único de la persona en la relación interpersonal se vive como *interioridad*. Encontrarse con el otro, escuchar su llamada, responderle... significa siempre encontrarse ante «otro». Por mucho que se comunique y se abra, sigue siendo «otro», igual que yo soy también otro para él. La alteridad consiste en ser un individuo que vive una vida por sí mismo. En este sentido es en el que el término persona o yo indica el «centro de la individualidad propia de donde parten todas las iniciativas y al que se remiten todas las experiencias»[81]. S. Strasser habla de «yo primordial» o de «yo origen», es decir, de una

> «realidad egológica de donde procede toda la vida concreta del yo con todas mis acciones y pasiones, con todas mis facultades y disposiciones, con todas mis cualidades y estados. El yo primordial constituye la fuente de donde brota nuestra vida personal y de la que, como hemos dicho, nadie puede disponer ni deshacerse. Este yo fontal (*jaillissant*) es, finalmente, el sujeto de la conciencia que tenemos de nosotros mismos y que está presente en todos nuestros actos»[82].

En este sentido, existe una larga tradición que considera a la persona como el ser humano capaz de pensar y obrar conscientemente y de decidir autónomamente. La persona es el yo que responde de sus propias acciones. El conocido diccionario de A. Lalande subraya la interioridad y la comunión con otras personas: la persona es el ser singular que tiene la propiedad de participar en la sociedad intelectual y moral de los espíritus, a saber, conciencia de sí misma, razón, o sea, posibilidad de distinguir lo verdadero de lo falso y el bien del mal, que puede actuar por motivos cuya validez se puede justificar ante los demás[83].

---

81. Cf. A. Guzzo, art. *Io-autocoscienza*, en *Enciclopedia filosofica* IV, Firenze 1982, col. 720-735.
82. S. Strasser, *Le problème de l'âme*, Louvain 1953, 65.
83. Cf. A. Lalande, *Dizionario critico*, 629-630.

La persona tiene también un *carácter sagrado* o *metafísico*. Su carácter único no viene de su contacto con las personas, porque se manifiesta e impone en todos los contactos y comuniones como una realidad que, en definitiva, no procede ni de mí ni de ti: una realidad que existe antes que tú y que yo, y que hace posible el encuentro, la comunión interpersonal. Todos deben verla como un dato o un don. En este sentido, la realidad de la persona es la realidad trascendente, la realidad metafísica por excelencia. Se manifiesta ante todo en que no puedo «disponer» de ella, en que no la puedo utilizar sencilla y radicalmente como medio para conseguir otros objetivos. Es sagrada, la única realidad sagrada que encontramos en el mundo. Tengo que reconocerla utilizando las cosas para realizar el significado de que es portadora[84]. La persona se presenta, pues, como la antítesis de la voluntad de poder: es la criatura más débil y al mismo tiempo la más grande.

El hombre existe constitutivamente con los demás, está orientado hacia los otros y vive su vida gracias a los otros y junto con los otros, pero eso no significa que las promesas de realización interpersonal puedan realizarse plenamente. Pues no sólo se constata que las relaciones interpersonales se ven ofuscadas por conflictos y diferencias, sino que hay también otros dos hechos que parecen chocar de lleno con la realización plena y completa de las promesas intersubjetivas. Uno es que toda relación interpersonal debe expresarse en la realidad del mundo mediante la creación de un universo cultural. Y eso porque el ser humano es un ser corpóreo, como veremos en el capítulo siguiente. Y el otro hecho es que la relación interpersonal está expuesta a la muerte, donde se hace patente la impotencia radical del hombre para entablar con sus solas fuerzas una relación interpersonal de carácter permanente. Esto planteará uno de los problemas más radicales a quien quiera iluminar el sentido fundamental de la existencia.

---

84. Cf. A. Heschel, *Chi è l'uomo?*, 82.

2
LA EXISTENCIA CORPÓREA DEL HOMBRE

Todas las antropologías filosóficas, desde los griegos hasta hoy, se encuentran inevitablemente con el problema del cuerpo. La realidad del cuerpo, la relación del sujeto con él y el significado de la existencia corpórea parecen condicionar ampliamente la comprensión del hombre.

En el mundo occidental, el problema antropológico del cuerpo ha experimentado fuertes influjos a lo largo de la historia, particularmente el influjo negativo del dualismo platónico. De todos modos, tanto el platonismo como las demás antropologías dualistas –neoplatonismo, hermetismo, maniqueísmo, ocasionalismo y otros– sólo son responsables de un determinado enfoque del problema filosófico del cuerpo, no del problema como tal. Además, si estas antropologías no hubieran encontrado algún fundamento en la experiencia, no habrían ejercido tanta fascinación ni habrían influido tanto.

Todo el mundo parece tener una doble e insuperable experiencia a nivel concreto y prefilosófico. Por un lado, la experiencia de la profunda unidad con el propio cuerpo. Por otro, la experiencia de que es imposible identificarse con él. El hombre es su cuerpo, pero también se puede afirmar que tiene un cuerpo, porque nunca lo posee del todo, nunca es pleno dueño de él, siente su peso, y soporta sus leyes y dinamismos naturales, que no siempre van en la línea de sus opciones. Y, sobre todo, al llegar la muerte, la libertad personal pierde por completo el control del cuerpo.

La propia intersubjetividad, a la que ya nos hemos referido, plantea necesariamente la problemática del cuerpo humano. Las personas individuales están vinculadas y unidas en la materialidad y organicidad del cuerpo por la descendencia genética, pero son individuales y radicalmente irreducibles entre sí. En su unicidad, el otro es verdaderamente otro. Tenemos, pues, al mismo tiempo una unidad fundamental con el otro mediante el cuerpo y una separación de él. El cuerpo es presencia inmediata, pero también ocultamiento y separación.

En la historia de la filosofía se ve que el problema del alma y del cuerpo no se enfoca y resuelve a partir de una atenta descripción y de un análisis antropológico. Se aborda, en realidad, a partir de determinadas creencias o ideas religiosas –reencarnación, creación del alma por Dios, inmortalidad del alma, materialismo o evolucionismo general, etc.–. Es decir, se aborda desde una serie de ideas teológicas o filosóficas que constituyen un cuadro preestablecido para interpretar deductivamente al ser humano. Como método antropológico es un procedimiento ciertamente criticable.

Hay también una serie de prejuicios –no estrictamente filosóficos, sino sobre todo de índole moral y religiosa– que impiden una aproximación filosófica serena al problema del cuerpo humano, que han influido desde hace muchos siglos y que aún no han desaparecido del todo. Para algunos, la palabra «cuerpo» les trae enseguida a la mente la idea de sexo y, por tanto, la de peligro, mal, tentación, vergüenza y culpa. De ahí que se vea al cuerpo como algo negativo que lastra la inteligencia, frena el impulso espiritual y religioso, y genera fácilmente culpas morales. Es decir, el cuerpo es en definitiva algo de lo que hay que liberar al hombre[1].

Pero también sucede lo contrario cuando se subraya la unidad del hombre con el cuerpo y su significado positivo, porque entonces encontramos fácilmente a cierta gente que ve ahí el materialismo al acecho.

La reflexión filosófica sobre la condición del cuerpo «humano» será, pues, importante también a la hora de afrontar estos prejuicios. El valor del cuerpo depende mucho de cómo se conciba la unidad del hombre con el cuerpo. Pero el valor del mundo material y de la naturaleza depende también de cómo se interprete la unidad del hombre con su cuerpo. Las discusiones antropológicas sobre la historia, el mundo material, el trabajo, el compromiso temporal, los valores, la ecología y muchas más cosas dependen

---

1. Cf. T. Goffi, art. *Corporeità*, en *Trattato di etica teologica* II, Bologna 1981, 335-397.

enormemente de las interpretaciones básicas sobre el problema del cuerpo humano.

En este contexto distinguimos tres núcleos de problemática. En primer lugar, el problema de la unidad del hombre con su cuerpo y, a la vez, la distinción que se impone dentro de esta unidad. En segundo lugar, el problema del significado de la existencia corpórea. Y finalmente, el problema de la igualdad entre el hombre y la mujer.

I. El hecho de la existencia corpórea

Nadie ha dudado jamás de que el hombre tenga un cuerpo y de que, al menos en el plano concreto, tenga que vivir su existencia mediante el cuerpo. Es un dato demasiado evidente. Los problemas comienzan cuando se trata de determinar más concretamente la naturaleza de este vínculo con el cuerpo.

Existen muchas posturas sobre este tema: la interpretación platónica (muy presente en los padres de la Iglesia); la interpretación aristotélico-tomista, que concibe el hombre como un ser estrictamente unitario; el dualismo racionalista de Descartes, que distingue radicalmente entre cuerpo y consciencia; la interpretación mecanicista, que lleva a sus últimas consecuencias la concepción atomista del cuerpo; y, finalmente, la interpretación materialista, para la que las manifestaciones de lo humano son expresiones nobles y elevadas de la materia evolutiva[2].

Para comprender al hombre como ser corporal, estas posturas se pueden reunir en tres grupos: 1) antropologías prefilosóficas o religiosas; 2) antropologías filosóficas de corte dualista; 3) antropologías filosóficas que defienden la estricta unidad del ser humano. A continuación expondremos brevemente las grandes líneas de estas antropologías.

---

2. Cf. N. Luyten, *Das Leib-Seele-Problem in philosophischer Sicht*, en *Ordo Rerum*, Freiburg (Suiza) 1969, 285-287; V. Melchiorre, *Il corpo*, Brescia 1984; D. Spinsanti, *Il corpo nella cultura contemporanea*, Brescia 1983; R. Zavalloni, *Linee di sviluppo nella concezione della «corporeità» umana*: Antonianum 65 (1990) 2-3, 345-382.

1. Antropologías prefilosóficas

Como en muchas lenguas existe la distinción entre cuerpo y alma, cabría pensar en alguna evidencia originaria presente en todas las culturas. Pero las cosas no son tan sencillas.

La antropología de los escritos de Homero y la de la Biblia son dos fuentes importantes para la antropología occidental. Por estos escritos sabemos que la interpretación dualista no es primaria ni universal.

La civilización antigua que reflejan los escritos de Homero (¿siglo VIII a.C.?) no contiene el vigoroso dualismo que se encontrará después en la filosofía griega. Los términos que poseen en Platón un significado dualista, no lo tienen en estos escritos. Más aún, todavía no existe una clara distinción entre alma y cuerpo, permaneciendo todo muy confuso e indeterminado.

La palabra *psyche* (alma) no significa alma en oposición al cuerpo. La *psyche* no es la fuente de los actos espirituales e intelectuales. No se trata del núcleo personal que dice «yo». La *psyche* es el soplo vital que sale del hombre por la boca o por las heridas. Aunque la *psyche* no desaparece por completo con la muerte, lo que sobrevive no es el núcleo de la persona, sino una sombra inconsistente sin personalidad ni memoria (sólo bebiendo sangre puede recuperar esta última), una imagen etérea y fugaz del hombre terreno[3].

En la antropología implícita de Homero, el cuerpo no es una estrecha unidad de las partes, sino una yuxtaposición de órganos o de elementos separados. El término *soma* (cuerpo) no es el cuerpo que se contrapone al alma, sino el cadáver[4].

Thumós es el término que recoge el mayor número de fenómenos psíquicos. Originariamente tiene que ver con humo, vapor y fuerza muscular. Indica de algún modo el centro consciente de la vida. Cuando los héroes de Homero conversan entre ellos, hablan con el *thumós*. Se relacionaba estrechamente con la sangre y con la respiración. Tiene, pues, mucho que ver con la palabra *psyche*[5].

---

3. Cf. W. Jaeger, *The Theology of the Early Greek Philosophers*, Oxford 1948, 73-89. C. A. van Peursen, *Le corps - l'âme - l'esprit. Introduction à une anthropologie phénoménologique*, La Haye 1979, 72.
4. Cf. C. A. van Peursen, *Le corps - l'âme - l'esprit*, 74-76.
5. Cf. *ibid.*, 72-73.

Falta una distinción clara entre mundo interior y exterior. La interioridad del hombre se vive en la exterioridad sin que haya una verdadera distinción. El miedo, por ejemplo, es a la vez un sentimiento de miedo y de fuga concreta ante el peligro.

La esfera sagrada se confunde a menudo con la profana, de modo que parece que no existe el espacio interior y personal donde nosotros creemos que el sujeto toma las decisiones. Las facultades superiores del hombre –inteligencia, voluntad y libertad– se atribuyen con frecuencia a la intervención de la divinidad, que influye en el hombre[6].

La *antropología judía* de la Biblia posee algunos rasgos bastante similares[7]. En las traducciones de la Biblia se utilizan frecuentemente los términos carne, alma y espíritu. Pero resulta erróneo atribuirles una connotación dualista, que no está presente en el original.

> El judío no conoce un dualismo sustancial entre «alma» y «cuerpo». En hebreo ni siquiera existe una palabra para designar «el cuerpo» en el sentido que tiene para Platón o Descartes, como sustancia distinta del alma; no se encuentra ninguna palabra para designar el cuerpo en ese sentido[8].

El hombre semita vive y se concibe como unidad, aunque esta unidad tiene distintos aspectos según las relaciones en que el hombre está inserto.

El término *basar* (*sarx*, carne) no designa al cuerpo como opuesto al alma espiritual, sino que designa toda la materia viva o al ser vivo (animal, hombre). Puede designar también la parentela y, más genéricamente, la relación social. «Nuestra carne» significa «nuestro hermano». «Toda carne» significa «todos los seres vivientes». Este término significa a menudo todo el hombre, cuerpo y espíritu, en su vertiente de ser débil y frágil. Indica la fragilidad de su condición creatural ante Dios[9].

---

6. Cf. *ibid.*, 74.
7. Cf. G. Kittel (ed.), *Grande lessico del Nuovo Testamento*, Brescia 1965ss en las voces correspondientes. Cf. una buena síntesis en F. P. Fiorenza-J. B. Metz, *L'uomo come unità di corpo e di anima*, en J. Feiner-M. Löhrer (ed.), *Mysterium salutis* IV, Brescia 1970, 243-307. W. Mork, *Linee di antropologia biblica*, Fossano 1971; F. Raurell, *Lineamenti di antropologia biblica*, Casale Monferrato 1986; L. Scheffczyk, *L'uomo moderno di fronte alla concezione antropologica della Bibbia*, Leumann (Torino) 1970, 129; Cl. Tresmontant, *Il problema dell'anima*, Roma 1972; Id., *Essai sur la pensée hébraïque*, Paris 1953, 87-115.
8. Cl. Tresmontant, *Il problema dell'anima*, 64.
9. *Ibid.*, 65-66.

El término *basar* (alma, *psyche*) significa la garganta, la respiración, la respiración vital o la vida. Esta vida no es algo abstracto, sino un ser viviente. «Da mihi animas...» significa: «Dame seres vivos». Se dice *nefesh* cuando Dios insufla en el hombre la respiración vital. El *nefesh* está en la sangre o se identifica a veces con la sangre; por eso los judíos no pueden tomar sangre. El alma-*nefesh* no es sólo la vida biológica, sino también la parte emotiva y afectiva, que en los escritos de Homero se designa con la palabra *thumós*[10]. El hombre es *nefesh*, ser vivo. Este término se utiliza a menudo para expresar algo próximo a los pronombres yo, tú y él. «Mi alma está triste» quiere decir: «Estoy triste».

Ruah (espíritu, *pneuma*) significa literalmente respiración o viento. No expresa el sujeto personal en el hombre, sino más bien la fuerza que lo mueve. Espíritu indica sobre todo un ámbito de influencia donde está situado el hombre, específicamente el influjo de Dios o la capacidad de escuchar a Dios. Por eso sirve también para indicar un carisma, que es un don que capacita para realizar una tarea especial para la salvación de la gente. Con *ruah* no se indica una función espiritual del hombre natural –en el sentido de mente, *nous*, espíritu–, sino el ámbito del influjo de Dios. La clásica contraposición espíritu-carne no quiere decir que haya dualismo en el hombre, sino una relación distinta del hombre con Dios o el enfoque fundamental de la vida en relación a Dios[11].

En la concepción antropológica del Antiguo Testamento, el hombre no posee naturaleza divina, sino que es una criatura. No hay un alma anterior al cuerpo. Al morir, no vuelve a Dios, porque no ha salido de Dios[12]. El hombre muerto no es *nefesh* (alma) ni *ruah* (espíritu). El hombre desciende al *sheol* (los infiernos), donde permanece como una sombra, sin consistencia alguna y sin vida (descender a los infiernos significa estar muerto de verdad)[13].

Sintetizando, podemos decir que a la antropología judía no le interesan los análisis filosóficos, sino que hace una lectura del hombre en relación con Dios. Sin embargo, es sensible a una concepción unitaria y no dualista del hombre. Todas las expresiones

10. *Ibid.*, 66-67.
11. *Ibid.*, 68-69.
12. «El pensamiento judío desconoce una 'caída' del alma, preexistente, en el cuerpo. La idea de que la presencia del alma en el cuerpo es una desgracia, una catástrofe o la consecuencia de una culpa, le es totalmente extraña» (*ibid.*, 64).
13. *Ibid.*, 63-64.

humanas tienen una dimensión o componente corpórea y se viven en el cuerpo. Funciones como el deseo de beber o de comer, que nuestras antropologías occidentales atribuyen normalmente al cuerpo, se atribuyen aquí a la *psyche*. Y funciones que para nosotros son específicamente espirituales se atribuyen al cuerpo. Se dice, por ejemplo, que los riñones se alegran, y se habla de escrutar los riñones. Pensar, amar y querer tienen siempre un componente corporal. El propio cuerpo es la presencia de la persona. Por consiguiente, la realidad corpórea es muy importante para el judío, que percibe también su dimensión profundamente humana.

La antropología del Nuevo Testamento, si se exceptúan algunos raros influjos helenísticos, refleja sustancialmente la del Antiguo[14]. Junto a la palabra «carne» se usa también *soma* (cuerpo), que en los evangelios designa el cadáver (menos en Mt 5, 29, donde cuerpo significa el hombre entero).

San Pablo utiliza la palabra *soma* (cuerpo) distinto del alma. Casi siempre indica al hombre entero. La antropología de Pablo es globalmente muy judía. No pretende introducir conceptos de antropología filosófica, sino iluminar la situación religiosa del hombre. La famosa contraposición carne-espíritu no tiene nada que ver con el dualismo platónico cuerpo-alma. Se trata, por el contrario, del hombre terreno irredento y pecaminoso, en oposición al hombre renovado por la intervención salvífica de Dios. El que vive según la carne no es el hombre que peca en el cuerpo, sino el hombre terreno que vive alejado del proyecto de Dios, es decir, el hombre que vive sobre todo según las normas y cánones de este mundo[15]. En san Pablo, la palabra carne asume a veces una connotación negativa en cuanto que el hombre natural se opone a Dios o elude su llamada[16].

2. *Antropologías filosóficas de corte dualista*

Son muchas las antropologías de corte dualista, más o menos pronunciado, y su influjo se deja sentir en toda la historia de la an-

---

14. Cf. F. P. Fiorenza-J. B. Metz, *L'uomo come unità di corpo e di anima*, 596-598.
15. *Ibid.*, 598-602.
16. Cf. C. A. van Peursen, *Le corps - l'âme - l'esprit*, 80-85.

tropología occidental. El dualismo no llega a negar completamente el nexo entre alma y cuerpo en el hombre, pero centra unilateralmente su atención en la diferencia –profunda y radical– del alma y del cuerpo.

a) *El dualismo platónico*

El dualismo antropológico en Occidente ha resultado muy influido por la filosofía de Platón (427-347)[17].

El dualismo de Platón no es el resultado de una serie de análisis fenomenológicos precisos de las distintas actividades del hombre. Su raíz no es primariamente filosófica, sino que debemos buscarla más bien en las doctrinas religiosas del orfismo. El alma –el hombre– es esencialmente una planta celestial, que existía ya antes de entrar en el cuerpo. A causa de una presunta culpa, cometida antes de nacer, el alma se encuentra ahora exiliada y alienada en el cuerpo. El alma espiritual es por naturaleza divina e inmortal, pero ha de purificarse y liberarse del cuerpo. El ciclo de la reencarnación sigue hasta la purificación total[18].

El alma es la quintaesencia del hombre. El cuerpo es material, corruptible y temporal. No es la verdadera casa del alma. Antes de su exilio en el cuerpo, el alma ya existía en el mundo de las ideas. Y a esta patria debe volver. Se subraya sobre todo el significado negativo de la condición corporal, que impide que el alma espiritual –con parentesco divino– sea ella misma. La reflexión sobre el cuerpo versa sobre todo en torno a esta pregunta: ¿qué significa el cuerpo para un ser espiritual, exiliado en el cuerpo, en orden a su realización moral y religiosa?

Platón afirma ya desde el principio que el alma es superior al cuerpo. El cuerpo y el alma no son dos magnitudes yuxtapuestas, como se afirma ya claramente en el *Fedón* cuando se critica la antropología materialista de los círculos médicos sicilianos, para los cuales el alma es pura y simplemente la armonía del cuerpo. Platón excluye radicalmente que los fenómenos corporales puedan expli-

---

17. *Ibid.*, 28-41. Cf. también Cl. Tresmontant, *Il problema dell'anima*, 80-85. El término «dualismo» para designar la antropología de Platón, Descartes y otros, se debe probablemente a Ch. Wolff.
18. Platón, *Timeo*, 90 A.

car definitivamente al hombre. El alma pertenece a una esfera radicalmente superior de la realidad. Es, por naturaleza, la guía de los fenómenos del cuerpo. Y lleva en sí el impulso o el dinamismo hacia otro mundo[19].

El dualismo platónico no subraya principalmente la división ontológica del cuerpo y del alma, sino el significado del cuerpo y del mundo material para que el hombre se realice moral y religiosamente[20].

En los primeros diálogos de Platón, el cuerpo no aparece como vehículo o instrumento del alma, sino como obstáculo o prisión de la misma. La existencia en el cuerpo está manchada y el hombre tiene que purificarse liberándose del cuerpo, porque es la sede de las pasiones y porque el conocimiento sensible impide que el alma alcance la verdad auténtica. Sólo cuando la inteligencia se haya separado del cuerpo podrá contemplar la verdad. No se niega, por tanto, la condición corpórea, pero se interpreta negativamente. La plenitud existencial sólo se alcanzará cuando el alma se libere del cuerpo. Y esto acontecerá tras la muerte, en la inmortalidad, que el alma anhela desde su vida corporal y para la que se prepara mediante la reflexión filosófica[21].

En las obras posteriores, sobre todo en el *Timeo* y en las *Leyes*, Platón presenta una antropología menos dualista. La imagen del barquero y de la barca subraya justamente la concertación positiva que se da entre alma y cuerpo, e invita a valorar más positivamente la existencia corporal[22]. Los sentidos y las distintas funciones del cuerpo pueden colaborar positivamente a que el hombre se realice, y ayudarán al hombre en la meditación y en su búsqueda de la verdad superior[23].

Por consiguiente, el cuerpo y el alma son, para Platón, dos realidades profundamente diferentes por su naturaleza, pero de hecho y concretamente interdependientes. Platón tiene mucho interés en subrayar que la auténtica realización del hombre no está en el cuerpo ni consiste en las actividades del cuerpo, sino que hay que buscarla en la existencia espiritual, liberándose cada vez más del mun-

---

19. Cf. C. A. van Peursen, *Le corps - l'âme - l'esprit*, 29.
20. *Ibid.*
21. *Ibid.*, 30-31. Cf. Platón, *Fedón*, 67 DE.
22. Platón, *Leyes*, 96 IE.
23. Cf. C. A. van Peursen, *Le corps - l'âme - l'esprit*, 30.

do y de la materia. Esto vale no sólo para la realización intelectual –la conquista de la verdad auténtica y permanente–, sino también para la realización del amor. El verdadero amor es el que no se detiene en el cuerpo ni en el ámbito del tener, sino que se ordena directamente hacia el tú del otro. En este sentido se puede hablar de amor platónico[24].

Claude Tresmontant ha mostrado, en un interesante y documentado estudio, la gran influencia de esta antropología en el pensamiento cristiano[25]. El cristianismo ha tenido que luchar durante siglos para eludir la influencia negativa de estas teorías antropológicas. Porque es claro que el dualismo no es ajeno a la infravaloración del cuerpo, a la huida del mundo y a la interpretación de la sexualidad como pecado que afloran una y otra vez en la historia occidental.

b) *El dualismo cartesiano*

El dualismo cartesiano es también muy importante para comprender la antropología moderna.

Para René Descartes, el dualismo no implica en primer lugar ningún juicio negativo sobre el cuerpo y el mundo material. Su teoría sobre la dualidad de cuerpo y alma tiene que ver con su preocupación por fundamentar la ciencia, por hallar una base absolutamente firme y segura para la filosofía, la física y para una explicación científica del cuerpo. El dualismo cartesiano es un dualismo ontológico con una función metodológica[26].

El cuerpo (*res extensa*) se distingue ontológicamente del alma. Funciona conforme a principios organizativos propios y puramente materiales. No hay diferencia esencial (ontológica) entre el cuerpo humano y cualquier otro organismo vivo. No se necesita ningún «alma» para explicar cómo funciona el cuerpo. Define el cuerpo con una expresión tan extremadamente simplificadora y reductora

---

24. Por ejemplo en el diálogo *Alcibíades* I (de autenticidad dudosa).
25. Cf. Cl. Tresmontant, *La méthaphysique du cristianisme et la naissance de la philosophie chrétienne. Problèmes de la création et de l'anthropologie dès origines à saint Augustin*, Paris 1961.
26. «La tesis cartesiana es un intento de fundamentar la filosofía y la física»: F. Chirpaz, *Le corps*, Paris 1963, 106; J. Laporte, *Le rationalisme de Descartes*, Paris 1945, 220-254; C. A. van Peursen, *Le corps - l'âme - l'esprit*, 14-27.

como *res extensa*, que en cierto modo puede ser concebida y explicada como un mecanismo.

Parece que el objetivo básico de Descartes era suprimir un principio tan vago y poco científico como el principio «alma», preparando así el terreno para interpretar científicamente tanto el cuerpo como sus actividades. El cuerpo humano –como cualquier otro cuerpo– se explicaría, pues, sin tener que recurrir para nada al alma, basándose en el movimiento mecánico de los átomos. En el fondo, el cuerpo no es más que una realidad compuesta de átomos, una realidad física y extensa.

El alma espiritual (*ego*, sujeto) es una realidad totalmente distinta del cuerpo. El alma es conciencia pura, de algún modo transparente a sí misma, aunque no del todo, porque necesita razonar para clarificar los propios conceptos. El alma es la quintaesencia del hombre:

> Conocí por ello que yo era una sustancia cuya esencia y naturaleza toda es pensar, y que no necesita, para ser, de lugar alguno, ni depende de alguna cosa material; de suerte que este yo, es decir, el alma, por la cual yo soy lo que soy, es enteramente distinta del cuerpo y hasta más fácil de conocer que éste, y, aunque el cuerpo no fuese, el alma no dejaría de ser cuanto es[27].

A pesar del tenor unilateral del texto anterior, que subraya la naturaleza radicalmente distinta del cuerpo y del alma espiritual, Descartes no aceptó un dualismo absoluto. En la realidad viva y concreta del hombre no sólo hay cierta interacción entre alma y cuerpo, sino una interdependencia real. Cree incluso que la imagen del barquero y de la barca sugiere una relación demasiado extrínseca[28]. En algunos textos afirma Descartes que el vínculo entre el cuerpo y la conciencia no es ni mucho menos accidental, sino esencial, y que sin él el hombre no sería verdaderamente hombre[29].

Pero fue al final de su vida cuando Descartes vio la necesidad de llevar a cabo cierta autocrítica respecto a su dualismo antropológico. Pero no logró dar una explicación satisfactoria de la unidad

---

27. R. Descartes, *De methodo*, A. T. VI, 558 (versión cast.: *Discurso del método. Meditaciones metafísicas,* cap. 50, Madrid 2002). Cf. Id., *Meditationes metaphisicae* IX, 63.

28. Id., *Meditationes metaphisicae* IX 64.

29. Cf. J. Laporte, *Le rationalisme de Descartes*, 250; C. A. van Peursen, *Le corps - l'âme - l'esprit*, 16.

mediante la reflexión filosófica. En cambio, en la vida concreta y práctica la interdependencia y la unidad constituyen una verdad evidente e indiscutible[30].

c) *El dualismo de Malebranche y Leibniz*

Después de Descartes, fueron Malebranche y Leibniz quienes sostuvieron el dualismo de forma más radical y extrema.

Nicolás Malebranche (1638-1715) trata de absolutizar la distinción entre cuerpo (*res extensa*) y alma (*res cogitans*) que Descartes había tratado de evitar al menos a nivel práctico[31]. Malebranche quiere un dualismo radical, pero de hecho no lo logra. Y ello por una razón obvia, porque la interdependencia entre la conciencia y los fenómenos del cuerpo es tan clara y consistente que es imposible negarla por completo. Esa mínima unidad entre el cuerpo y el alma que Malebranche no tuvo más remedio que reconocer, se la atribuye al pecado original[32].

Además, y para afirmar el dualismo, Malebranche se vio impulsado a elaborar una teoría tan poco filosófica como el ocasionalismo. El razonamiento que lo sustenta podemos resumirlo diciendo que hay un paralelismo indiscutible entre nuestros pensamientos y los correspondientes movimientos del cuerpo. Pero como ni el entendimiento ni la voluntad pueden regir directamente los movimientos del cuerpo, por ser realidades esencialmente distintas, la única explicación que queda para comprender ese fenómeno es apelar a Dios, que mueve el cuerpo *con ocasión* de los pensamientos y de los actos de la voluntad[33]. Así pues, para salvar la experiencia humana y la vida concreta, Malebranche se ve obligado a recurrir a Dios, que se convierte en un verdadero *deus ex machina*. Leibniz le reprocha

---

30. «Es tan evidente que de ningún modo se puede negar (Adeo clara est ut negari nullo modo possit)» (R. Descartes, *Entretien avec Burman*, A. T. V, 163); «Unión que cada uno advierte en sí mismo sin filosofar (Union que chacun éprouve en soi-même sans philosopher)» (Id., *Lettre à Elisabeth* [28.06.1643], A. T. III, 694).
31. Para una introducción a la antropología de N. Malebranche, cf. Cl. Tresmontant, *El problema del alma*, 117-121.
32. Cf. N. Malebranche, *Recherche de la vérité*, en *Oeuvres complètes* I, Paris 1958, 69-77.
33. Cf. N. Malebranche, *Entretiens sur la métaphysique* VI, 7, en *Oeuvres complètes* XII-XIII, 138-142; cf. *ibid.*, VII, 147-172.

justamente a Malebranche que tenga que exigir un milagro continuo para explicar la relación entre el alma y el cuerpo[34].

G. W. Leibniz (1646-1716) también razona según un rígido dualismo. Para explicar el paralelismo entre el pensamiento y los movimientos del cuerpo recurre a la *armonía preestablecida* entre alma y cuerpo. Cree que es inútil recurrir al milagro continuo de la intervención de Dios, como decía Malebranche. Leibniz afirma que, basándonos en el acto creador, la armonía entre alma y cuerpo está en la naturaleza misma[35].

Ahora bien, ¿hay tanta diferencia, a fin de cuentas, entre armonía preestablecida y ocasionalismo? En ambos casos se pasan por alto los datos evidentes de la experiencia.

Los términos en que se ha planteado el problema alma-cuerpo desde Descartes, Malebranche, Leibniz y otros filósofos modernos (denominado más tarde paralelismo psicofísico) han condicionado durante mucho tiempo la naciente psicología empírica del siglo XIX. Wilhelm Wundt (1832-1920) concebía las experiencias psicológicas y los procesos fisiológicos como dos lados —subjetivo y objetivo— del mismo fenómeno. Se trataría solamente de dos caras de la misma realidad, vista desde dos puntos de vista distintos. La psicología empírica aceptó durante algún tiempo el paralelismo psicofísico como principio metodológico de su investigación[36].

3. *La interpretación del hombre como ser unitario*

Algunas figuras relevantes de la antropología filosófica han criticado el dualismo. A este respecto, Aristóteles y Tomás de Aquino siguen siendo una referencia.

---

34. Cf. G. W. Leibniz, *Eclaircissements des difficultés que Monsieur Bayle a trouvées dans le système nouveau de l'union de l'âme et du corps*, en *Di philosophischen Schriften* IV (ed. Gerhardt), Berlin 1880, 520-521.

35. El sistema que Leibniz prefiere y que, a su juicio, es posible, es el «sistema del acuerdo natural entre dos sustancias, como el de dos relojes muy exactos». El ocasionalismo de Malebranche sería el sistema «de un vigilante permanente que reproduce en uno lo que pasa en el otro, poco más o menos lo que haría el encargado de poner la misma hora en dos relojes malos, incapaces por sí mismos de ir a la par».

36. Cf. A. Arnold, *Wilhelm Wundt. Sein philosophisches System*, Berlin 1980, 88-93.

Aristóteles (384-322 a.C.) es uno de los más grandes defensores de la unidad del ser humano[37]. Al principio de su andadura filosófica, Aristóteles era dualista y compartía las tesis antropológicas de Platón, de quien fue discípulo durante 19 años. Lo demuestra un conjunto de textos de las obras que se han perdido y también una serie de estudios sobre ese tema[38].

Más adelante, sobre todo en *De anima*, que pertenece a la última etapa de su reflexión, Aristóteles intenta superar el dualismo, intento que responde a su descubrimiento y valoración creciente de la dimensión empírica de la realidad.

El punto clave es la constatación de que el hombre es un ser vivo que tiene todo en común con los demás seres vivos. Respecto al gran reino de la vida, no se debe considerar al ser humano primordialmente como distinto o como realidad divina, sino como una parte de la misma realidad psíquica (viva) que existe fuera del hombre. Esa es la razón de que el problema del alma y del cuerpo haya de verse sobre todo a la luz de una explicación general de los organismos vivos[39].

Los organismos vivos pueden explicarse filosóficamente desde la teoría general del hilemorfismo. Los seres materiales se componen de materia y forma. La materia jamás existe sin una forma determinada y la forma sólo existe también como forma de un ser material determinado. Este esquema vale también para los seres vivos. En vez de hablar de materia y forma, Aristóteles recurre a la terminología tradicional de cuerpo y alma. La forma sustancial de un organismo vivo se llama *psyche* o alma. El cuerpo es la materia viva[40]. En el hombre existe una sola alma, y el alma humana desempeña a la vez las funciones del alma animal y vegetativa (es la *entelequia* del cuerpo)[41].

En realidad, el término «cuerpo» posee en Aristóteles dos significados distintos. A veces indica la materia que entra en el orga-

---

37. Sobre la teoría de Aristóteles, cf. Cl. Tresmontant, *El problema del alma*, 26-46; C. A. van Peursen, *Le corps - l'âme - l'esprit*, 86-98.
38. En F. Nuyens, *L'evolution de la psychologie d'Aristote*, Louvain 1948, aporta muchos datos sobre el tema.
39. Cf. S. Strasser, *Le point de départ en psychologie métaphysique*: Revue philosophique de Louvain 48 (1950) 210-238.
40. «Lo que dice Aristóteles es de una simplicidad y evidencia extremas. Un cuerpo organizado se compone de una materia y de un alma que informa esa materia. En cuanto a las relaciones alma-cuerpo no hay ningún problema, ya que el cuerpo vivo es la misma alma en cuanto informa una materia»: Cl. Tresmontant, *El problema del alma*, 37.
41. Aristóteles, *De anima* II, 1, 412a.

nismo vivo y es informada por el alma (forma de lo vivo). Pero otras veces el cuerpo es directamente el organismo vivo (materia y forma). Este doble significado será una fuente constante de equívocos y confusiones. Para ser lógico, Aristóteles debería haber hablado de materia y de alma: el alma da forma a la materia y origina así la existencia de un cuerpo[42].

Por consiguiente, la antropología de Aristóteles elimina el problema de las relaciones –extrínsecas– entre cuerpo y alma, ya que la materia y el alma no existen como seres independientes. No son seres, sino aspectos de un mismo compuesto vivo.

Esta concepción unitaria del hombre no implica de por sí una concepción materialista del hombre. En realidad, Aristóteles rechaza el materialismo atomista de su tiempo. El alma no puede reducirse a la armonía de las partículas de la materia[43]. Sin embargo, por lo que se refiere al hombre, la unidad estrechísima y la inseparabilidad de cuerpo y alma fue lo que llevó a los discípulos de Aristóteles a negar la inmortalidad y a adoptar posturas próximas al materialismo.

A pesar de la fuerte insistencia en la unidad inseparable del alma y del cuerpo, Aristóteles conoce un tercer elemento, que mencionan todos sus estudiosos, y que introduce nuevamente una forma de bipolaridad en el hombre. Al estudiar el ser humano se encuentra con el *nous* (entendimiento, mente). El entendimiento es pasivo en cuanto sede que conserva las ideas. Y es activo e inmortal en cuanto *nous poietikós* (*intellectus agens*, inteligencia activa). Es también sede de las virtudes intelectuales superiores y de la verdadera felicidad. La inteligencia necesita al cuerpo para actuar. Pero no se puede ver al *nous* (mente) como una mera expresión de funciones orgánicas o como una parte del alma. El *nous* se distingue del alma porque entra en el hombre «por la puerta», es decir, desde fuera, y posee carácter divino[44]. El *nous* penetra, sin embargo, profundamente en la vida psíquica.

---

42. *Ibid.*, I, 4, 407b-408ª, 31. «Vemos, pues, que la palabra *soma* va a designar dos cosas completamente distintas: 1) Por una parte, el individuo concreto que existe y a quien yo señalo con el dedo; 2) y también la materia que entra en la composición o constitución de un compuesto que es el organismo o el cuerpo vivo» (Cl. Tresmontant, *El problema del alma*, 34).
43. Aristóteles, *De anima* II, 2, 413b, 25-27.
44. Por ejemplo: «Por tanto, sólo el entendimiento viene de fuera; sólo el entendimiento divino, porque ninguna actividad corporal participa de la del entendimiento» (Aristóteles, *De generatione animalium* II, 3, 736b).

En la perspectiva de Aristóteles no parece probable la inmortalidad del alma. Sólo el *nous* es inmortal. Pero la interpretación del *nous* plantea también problemas[45]. Según una interpretación que parece aceptable, Aristóteles piensa que el *nous* es uno y que es común a todos los seres humanos. No es ciertamente el sujeto único y personal. El *nous* no muere al morir el sujeto individual. Puede existir sin el cuerpo y es inmortal. El alma, ligada al cuerpo por su propia naturaleza, no puede existir por separado[46].

La interpretación aristotélica del ser humano, tras un milenio en el que el dualismo platónico gozaba de mucho prestigio, incluso en ambientes cristianos, fue retomada por Tomás de Aquino (1225-1274) y reformulada con algunas modificaciones sustanciales.

Para Tomás, la relación del alma con el cuerpo se caracteriza por una doble unidad, de naturaleza y de ser. Unidad de naturaleza, en cuanto que el hombre actúa como una sola naturaleza humana. Y unidad de ser, en cuanto todo hombre singular es solamente un ser singular. Por tanto, el cuerpo y el alma espiritual no existen como dos seres. No se puede concebir al hombre como la unión de dos seres que antes existen por separado[47].

Siguiendo a Aristóteles, Tomás de Aquino insiste en que el alma espiritual desempeña magníficamente todas las tareas del alma vegetativa y del alma animal. Por consiguiente, en el hombre hay una sola alma, una sola forma sustancial que es la responsable directa de todas las perfecciones vitales que aparecen en el hombre, desde la parte vegetativa hasta la contemplación más elevada, desde los deseos más elementales de comida y bebida hasta el amor más sublime. Por consiguiente, el cuerpo existe como cuerpo humano y recibe del alma espiritual tanto su existencia como su dignidad. Las funciones corporales, incluso en la misma estructura fisiológica, se orientan al menos en principio hacia la manifestación y realización de la vida específicamente humana[48].

45. Cf. Cl. Tresmontant, *El problema del alma*, 45.
46. Cf. W. D. Ross, *Aristotele*, Milano 1971, 145-149.
47. «Ex anima et corpore constituitur in unoquoque nostrum duplex unitas: naturae et personae. Naturae quidem, secundum quod anima unitur corpori, formaliter perficiens ipsum, ut ex duobus fiat una natura, sicut ex actu et potentia, vel materia et forma... Unitas vero personae constituitur ex eis in quantum est unus aliquis subsistens in carne et anima» (Tomás de Aquino, *Summa theologica* III, q. 2, a. 1, ad 2). Cf. G. Verbeke, *L'unité de l'homme: saint Thomas contre Averroès*: Revue philosophique de Louvain 58 (1960) 220-249.
48. Cf. S. Vanni Rovighi, *L'antropologia filosofica di san Tommaso d'Aquino*, Milano 1982, 35-61.

Sin embargo, encontramos una diferencia sustancial frente a Aristóteles y los demás filósofos aristotélicos respecto al *nous poietikós* (*intellectus agens*, inteligencia activa). Toda persona individual es *intellectus agens*, sujeto espiritual singular, capaz de ejercitar activamente la inteligencia. Esta interpretación está estrechamente ligada a la creación del hombre.

En numerosos textos se presenta el alma espiritual en primer lugar como un espíritu (sustancia espiritual) de orden inferior creado directamente por Dios. Y, en cuanto espíritu de nivel inferior, necesita apoyarse en una realidad corpórea. Tras la muerte, esta alma espiritual puede existir como alma separada porque es incorruptible. Existir sin el cuerpo contradice su naturaleza, porque el alma humana ha sido creada para animar un cuerpo[49].

Hemos de concluir, pues, que la concepción de la unidad del hombre de Tomás de Aquino es menos radical que la de Aristóteles. Pues tanto en el terreno de la moral como en textos específicamente teológicos se pueden encontrar algunos restos de dualismo.

En cierto sentido, también todas las antropologías materialistas, de las que hablaremos en el capítulo siguiente, rechazan toda forma de dualismo entre el alma y el cuerpo. Lo que se presenta como conciencia e interioridad se interpreta como un reflejo de la materia o del cuerpo orgánico, o sencillamente como expresión de las virtualidades del mundo material y evolutivo.

II. Insuficiencia del dualismo antropológico

Para la mayoría de la gente de hoy, subrayar la insuficiencia del dualismo antropológico es perder el tiempo, porque les parece palmariamente evidente en la práctica la estrecha unidad o identidad con el cuerpo. Lo más que cabe preguntarse es si viejos términos como alma, conciencia y espíritu pueden significar todavía algo que ayude a comprender la realidad del hombre.

Pero esta forma de marginar el problema no es realista, porque la experiencia contiene elementos contrapuestos. Ya hemos aludido al comenzar este capítulo a la doble experiencia que caracteriza la

---

49. Cf. *S. Th.* I, q. 79, a. 4; q. 76, a. 1; q. 90, a. 4.

existencia humana, a saber, la experiencia de la unidad con el cuerpo y la de la no identificación con él.

La historia nos muestra cómo las distintas antropologías tratan de favorecer unilateralmente una u otra interpretación. Al dualismo le fascinó el hecho de que el sujeto personal no se puede reducir al organismo. Y siguiendo esta línea llegó a postular en el hombre dos seres distintos, que de todos modos están vinculados entre sí y se ven obligados a vivir juntos. Por el contrario, a las antropologías materialistas les fascinaron los aspectos corpóreos y orgánicos. Al tener en cuenta sólo esta dimensión, propusieron la reducción de la persona a la realidad corpórea.

Siendo tan importante lo que está en juego, conviene examinar con la debida atención crítica ambas posturas.

1. Insuficiencia de las antropologías dualistas

a) Puntos débiles del dualismo antropológico

La tesis del dualismo rígido, que pone en el hombre dos seres distintos o dos sustancias antitéticas (cuerpo-alma) o concibe a la persona como un espíritu desterrado en el cuerpo, no se ve suficientemente respaldada por la experiencia concreta.

Pero donde más se observa la fragilidad del dualismo antropológico es en la historia. Ninguno de sus defensores ha logrado ir hasta el fondo. La tesis del dualismo absoluto contrasta demasiado con la evidencia de la experiencia. Las atrevidas especulaciones antropológicas de Descartes, Malebranche y Leibniz constituyen una seria advertencia a este respecto, porque nos hacen ver cómo, tratando de obviar de algún modo la evidencia de los hechos, para la que no había lugar en la lógica del dualismo, se vieron obligados a elaborar teorías tan sorprendentes y estrambóticas como el ocasionalismo y la armonía preestablecida. En vez de hacer intervenir a Dios como solución de emergencia para superar la experiencia innegable de la unidad del hombre con el cuerpo, habría resultado más sencillo y mucho más correcto desde el punto de vista filosófico reconocer inmediatamente la evidencia de la experiencia y poner en entredicho la hipótesis dualista, porque no recoge suficientemente la realidad integral del hombre.

b) *La unidad vivida*

La convicción de la unidad del hombre con su cuerpo no se adquiere sólo tras laboriosas argumentaciones filosóficas, sino que se advierte inmediatamente en la vida. Y es una experiencia tan intensa que no se puede dudar radicalmente de ella. Y así ha sucedido, en efecto, puesto que las antropologías dualistas nunca han negado la unión con el cuerpo.

La primera cara de esta experiencia es que toda persona humana se considera espontáneamente sujeto único de sus acciones intelectivas y corporales. Si puedo decir: yo pienso, yo amo, yo quiero…, puedo también decir: yo como, yo oigo música, yo respiro el perfume de las flores… Ya decía santo Tomás: «Idem ipse homo est qui percipit se sentire et intelligere»[50]. El que crece, come y camina, y el que piensa, reflexiona y medita es un solo y único sujeto. Pensar y reflexionar no son actividades que se atribuyen a un ser distinto del hombre de carne y hueso.

Esta experiencia elemental no se puede interpretar como si en el hombre hubiera una serie de actividades puramente corporales y otra de actividades meramente intelectuales unidas entre sí por el *ego*, que funcionaría de puente o *trait d'union*. La experiencia nos dice que el cuerpo del hombre es un cuerpo «humano» y que el hombre vive su propia existencia corporalmente. Algunos hechos nos muestran más de cerca esta experiencia.

Ante todo nos encontramos con que la conciencia de sí jamás se da en una forma pura y transparente, sino como una conciencia que acompaña el contacto concreto y real con las personas y las cosas. Para expresarlo se suele decir que la conciencia es «intencional» –que va hacia lo que está fuera de ella–. Cuando no se produce este contacto, la conciencia cae en la impotencia y en el vacío. Al suspenderse la actividad de los sentidos y del cuerpo, se suspende también toda actividad humana.

Más significativo es el hecho de que el pensamiento va necesariamente unido a la palabra. Pensar consiste en decir qué son las cosas y las personas. Indudablemente, el pensamiento no se identifica con la palabra, pero no alcanza plena claridad si no se expresa en algún tipo de palabra. El pensamiento progresa creando sin

---

50. *Ibid.*, I, q. 76, a. 1.

cesar nuevas expresiones y palabras. La palabra manifiesta, pues, que el hombre sólo puede vivir su vida en el cuerpo y a través del cuerpo. Y también que la corporeidad humana se encuentra revestida de humanidad. De ahí que la palabra constituya en cierto modo un paradigma que indica la propia condición humana.

El desarrollo pleno de la persona humana depende de que se cree una cultura humana. Es preciso intervenir en el mundo, transformarlo, expresarse en ello, humanizarlo... pues es el camino necesario de la realización personal y comunitaria. El hecho de que la vida personal y espiritual no pueda desarrollarse fuera del intercambio cultural con otros seres humanos en el mundo, constituye el lugar o el contexto donde se manifiesta más claramente su unidad con el cuerpo.

La experiencia humana concreta no ofrece razones para sostener la hipótesis de un espíritu humano que habita como un ser extraño en el envoltorio del cuerpo. Resultaría ingenuo comparar al hombre con el conductor de un automóvil o con el timonel de una barca. El hombre individual no es una pareja de seres, sino un solo ser que ejerce y realiza su existencia humana en el cuerpo y a través del cuerpo. La existencia personal –inteligente y libre– comparte la suerte del organismo –nacer, crecer, envejecer y morir– y se realiza expresándose corporalmente. El cuerpo es lo que nos permite ser y estar con los demás y realizarnos en el mundo. Es nuestro punto de inserción en el mundo.

c) *Cuerpo orgánico y cuerpo humano*

Por tanto, no se puede afirmar estricta y rígidamente: yo «tengo» un cuerpo. Gabriel Marcel (1889-1973) ha mostrado que la categoría del tener no se verifica básicamente en relación con el cuerpo (lo que no excluye que se pueda decir en sentido secundario)[51]. La experiencia inmediata no me deja ver el cuerpo como una realidad objetiva que se encuentra ante mí, que se pueda identificar y confundir con otros objetos y organismos. No «tengo» nunca mi cuerpo como «tengo» un caballo, un coche o un traje nuevo. Por-

---

51. Cf. R. M. Zaner, *The Problem of Embodiment. Some Contributions to a Phenomenology of the Human Body*, The Hague 1964, 21-56.

que lo que caracteriza a cualquier posesión es su carácter exterior a la persona humana y la posibilidad de disponer o de deshacerse de ella. No puedo tratar al cuerpo como una cosa objetiva. No puedo deshacerme de él. Lo puedo observar y ver en el espejo en la medida en que a la vez lo identifico conmigo mismo: yo miro y yo observo. No puedo quitármelo de encima y extenderlo ante mí como puedo hacer con un traje. La terminología del tener manifiesta, pues, sus límites cuando se trata de definir el cuerpo humano.

Tendré que decir, más bien, que yo soy mi cuerpo, que soy corpóreo. Desde dentro vivo mi cuerpo como a mí mismo. No es la mano la que agarra un objeto, sino que soy yo. No es el ojo el que ve, sino yo. No es el cuerpo el que siente, sino yo. En la palabra, en la mirada y en la acción estoy personalmente presente como sujeto activo.

Por consiguiente, al hombre se le puede y se le debe considerar bajo dos aspectos distintos: como cuerpo orgánico y como cuerpo humano.

El aspecto corporal del hombre implica indiscutiblemente su pertenencia al mundo orgánico de los seres vivos. Desde esta perspectiva se pueden estudiar en el hombre todos los aspectos que se estudian científicamente en los demás organismos y cuerpos: físicos, químicos, zoológicos, fisiológicos, etc. Pero esto es sólo una aproximación parcial a la realidad del cuerpo humano.

Es preciso hablar también del cuerpo «humano». Con esto queremos decir que el organismo interviene en la realización de la persona humana y que esta se expresa y realiza en y a través del cuerpo[52]. «Mi cuerpo» no es sólo un organismo que vive independientemente de mi voluntad: soy yo mismo el que vivo, siento, hablo, sufro…

Precisando aún más, diremos que el cuerpo «humano» representa la posibilidad concreta de ser y de comunicarse con los demás en el mundo. Con el cuerpo, el hombre no está sólo orgánicamente en el mundo, sino también «humanamente», es decir, expresándose y realizándose en diálogo con los demás.

El cuerpo «humano», «mi cuerpo» puede manifestar también el conjunto de relaciones y realizaciones que una persona ha creado a lo largo de su existencia. En este sentido, el cuerpo no es la posi-

---

52. *Ibid.*, 127-238. Cf. también C. Bruaire, *Filosofía del corpo*, Roma 1975, 117-146.

bilidad abstracta de comunicarse y realizarse, sino lugar o ámbito donde el hombre se proyecta y realiza.

Más adelante, al hablar del significado del cuerpo humano, estudiaremos otras de sus consecuencias.

2. La no identificación con el cuerpo

A pesar de que el hombre es profundamente orgánico y que tiene que realizarse a través de su cuerpo, no se puede mostrar fielmente la realidad humana si no se subraya a la vez la no identificación con el cuerpo, que constituye el dato experiencial sobre el que se apoya el dualismo.

Frente a lo que afirma el dualismo, la negativa a identificar al hombre con su cuerpo no significa proclamar o defender ningún antagonismo entre ambos. De lo que se trata en realidad es de reconocer lo que testifica la experiencia, a saber, que el sujeto humano supera constantemente las virtualidades del cuerpo orgánico. Justamente en virtud de esa superación el cuerpo humano se reviste de una expresión humana y simbólica. Las tensiones y los aspectos antagónicos surgen en el contexto de una desbordante riqueza de pensamiento, voluntad y libertad que deben expresarse y realizarse en la corporeidad.

La experiencia de la no identificación con el cuerpo tiene que ver también con el juicio a que cada uno somete sin cesar su vida y sus distintas manifestaciones corporales. No sólo puedo juzgar o evaluar negativamente mi existencia, sino que también puedo ponerle un límite concreto, por ejemplo mediante el suicidio. Podríamos aludir también al sufrimiento, que muestra la distancia que existe entre mis aperturas específicamente humanas y los límites de la existencia orgánica.

A nivel de experiencia directa, podemos hablar también de una bipolaridad que se manifiesta bajo muchos aspectos. Tenemos, por un lado, la experiencia de una enorme dispersión y multiplicidad de acciones que confluyen en la unidad indivisible de la persona; la experiencia de una dimensión de pasividad opuesta a la dimensión de actividad y de iniciativa personal, que se manifiesta en una serie de fracasos de nuestras acciones debido a la impotencia, a las pasiones, a la debilidad orgánica…; y también la experiencia de la oscuridad y de la incomprensión frente a la transparencia para con uno mismo. Por una parte el hombre se deja estudiar objetivamente por las ciencias empíricas, pero por otra el núcleo profundo del yo en su encuentro con el tú se sustrae radicalmente a la experiencia científica.

En un conocido estudio sobre el alma en la psicología empírica y en la psicología filosófica, S. Strasser intenta explicar la no identificación con el cuerpo mediante el análisis fenomenológico. En la experiencia humana aparecen con la misma inmediatez dos polos distintos, uno casi objetivable y otro no objetivable[53]. En el hombre hay muchas cosas que se caracterizan por la multiplicidad y que se dejan objetivar de algún modo como, por ejemplo, me lavo las manos, me corto el pelo, muevo las manos, etc. Sin embargo, esa multiplicidad confluye en una estrecha unidad. Podríamos hablar de una «unidad múltiple» o de un «polo casi objetivable»[54].

Pero en el centro de la persona se da, además, una dimensión imposible de objetivar y a la que no se aplica propiamente el término tener: es la persona en cuanto fuente de sus propias acciones, que reflexiona, toma la iniciativa y todo lo juzga. Podríamos hablar de «*ego* fontal» (en cuanto fuente de subjetividad, conocimiento y libertad) o de polo subjetivo, el cual constituye además la unidad de los diversos rasgos objetivos[55]. Para que este polo subjetivo pueda realizarse debe apoyarse constantemente en la realidad casi objetiva.

Es lo que en el lenguaje tradicional se denomina cuerpo humano y alma espiritual, una distinción cuyo sentido y profundidad abordaremos a continuación.

Existe, finalmente, otra clase de experiencia humana que muestra la no identificación con el cuerpo. Cada hombre es esencialmente un *ego* ante un tú. Esta experiencia irreductible, que ilumina la identidad de la persona individual, no radica en la objetividad de la existencia corpórea. Todo cuerpo está unido de algún modo con otros cuerpos y comparte con ellos las leyes de la descendencia, del ambiente, del funcionamiento, etc. Todo individuo de una especie viva se puede intercambiar de algún modo con otro individuo, porque son sustancialmente iguales, aunque no se confunden numéricamente. Pero no, ningún ser humano se puede intercam-

---

53. Cf. S. Strasser, *Le problème de l'âme*, Louvain 1953, 79-109.
54. *Ibid.*, 86-98.
55. *Ibid.*, 65.

biar, porque es un sujeto humano que se distingue por su carácter único. La experiencia inmediata de este carácter único ante el otro nos permite observar también que no hay nadie que coincida radicalmente con su propio cuerpo. Esta experiencia nos revela con toda claridad que ninguna persona individual se puede reducir al cuerpo y a la materia en general. Volveremos sobre este tema en el capítulo siguiente.

3. Bipolaridad en la unidad

De los análisis anteriores se deduce que se puede hablar de alma y de cuerpo sin entender estos términos en sentido dualista. Tanto el alma como el cuerpo señalan al hombre entero, aunque en un aspecto determinado. El «cuerpo» expresa que la persona humana es también un organismo vivo y que desarrolla su existencia a partir del organismo, dándole un significado humano. El término «alma» señala también al hombre entero en cuanto se realiza y expresa en el cuerpo, pero sin identificarse con él.

Sin embargo, el concepto «alma» requiere una explicación ulterior debido a los muchos sentidos en que se utiliza y al evidente descrédito que posee para mucha gente de hoy.

El antiguo significado de alma se refería al *principio de animación*, es decir, al principio formal (forma sustancial) que determina las finalidades biológicas y orgánicas. Por eso los antiguos filósofos no hablaban sólo del alma humana, sino también del alma de las plantas y de los animales.

La biología contemporánea ignora completamente el concepto de alma. Por eso, también los filósofos han dejado de hablar del alma de las plantas y de los animales. La verdad es que no puede ser de otro modo, porque se ha abandonado la teoría hilemórfica de santo Tomás y Aristóteles. Cuando se habla de la vida biológica o de la vida animal ya no se emplean ni el término alma ni el término animar.

Incluso cuando se habla específicamente del hombre, por ejemplo en la bioética, y se plantea la cuestión de a partir de qué momento debemos considerar ser humano a un óvulo fecundado, ya no se habla de «infusión del alma».

En general, podemos decir lo mismo de la psicología contemporánea. Pues, aunque su nombre sigue indicando que «estudia la *psique* o el alma», no emplea el concepto de alma en el sentido de sujeto personal. Es una psicología «sin alma». Ese término indica, a lo más, el conjunto de manifestaciones o fenómenos psíquicos que son objeto del estudio psicológico. En este caso, el concepto «alma» recibe un significado operativo y práctico sin un específico contenido filosófico.

¿Es preciso que concluyamos, pues, que el término «alma» actualmente carece por completo de sentido, que ya no se puede utilizar en la antropología filosófica, o que no puede tener hoy un significado aceptable, por ejemplo en la religión?

Por supuesto que también hoy puede tener sentido hablar de alma y de cuerpo. En este caso, «alma» se refiere al sujeto humano, al yo no objetivable, fuente de pensamiento y de acciones personales. Preguntarse si el hombre tiene un alma significa preguntarse si las distintas manifestaciones psíquicas consisten en un mero aglomerado de estímulos fisiológicos e impersonales (Locke, Hume, el behaviorismo, etc.) o son expresión de un sujeto personal, permanente e idéntico a sí mismo en la multiplicidad y desarrollo de sus expresiones.

El término «alma» es aún peculiar en el lenguaje teológico y religioso, porque expresa la relación constitutiva del hombre con Dios. Esta relación se refiere a la existencia metafísica del hombre, y también a su realización y a su destino. El cuerpo, en cambio, subraya en este mismo contexto la relación del hombre con el mundo biológico, material e histórico. Afirmar que el hombre tiene un «alma» equivale a decir que es alguien ante el Dios creador. Utilizar ese término equivale a profesar de algún modo el carácter creatural del hombre. O bien la expresión «tener alma» (sumamente criticable, porque el término «tener» no se puede aplicar al alma) se refiere a la inmortalidad personal. «Pensar en el alma» significa pensar en la dimensión religiosa, o sea, en la relación con el Dios creador y salvador.

El significado más adecuado y conforme con la antropología es justamente concebir el alma como indicación del hombre en cuanto *ego* que no se puede reducir al cuerpo, pero que se realiza y expresa en él, es decir, del hombre como fuente de acciones libres y personales.

Advirtamos, finalmente, que no es indiferente el orden a la hora de utilizar alma y cuerpo. El cuerpo se revela como «cuerpo humano» justamente en la no identidad del hombre con su cuerpo en el marco de una unidad real con él. La primacía le corresponde al hombre como persona irreductible, sin la que no tendría sentido hablar de cuerpo humano. Nos encontraríamos pura y exclusivamente ante un cuerpo orgánico, un individuo perteneciente a la especie animal.

III. El significado del cuerpo humano

El hombre expresa indudablemente muchos significados a través del cuerpo. La antropología trata de descubrir y leer, en esta gran diversidad y multiplicidad de significados, cuáles son los fundamentales, los que permiten ordenar y explicar mejor los demás.

1. *Los significados fundamentales del cuerpo humano*

Contra lo que podría sugerir una antropología demasiado objetivista y biologista, debemos dejar claro desde el principio que el significado «humano» del cuerpo no se puede leer directa e inmediatamente en las estructuras biológicas y fisiológicas del cuerpo objetivo. Esto no significa que el cuerpo (la mano, la cabeza, los sentidos, etc.) sea neutro respecto al significado humano, como lo es la pantalla cinematográfica respecto a las imágenes que se proyectan en ella. Significa más bien que el significado humano no se encuentra inscrito en las dimensiones biológicas y fisiológicas como una etiqueta o indicación para su uso, y que no se identifica con las leyes biológicas y fisiológicas. El significado «humano» del cuerpo se debe a que es el cuerpo de una persona humana: constituye una dimensión de una persona que comparte su suerte con la del organismo.

En este sentido, el significado «humano» del cuerpo no procede de ninguna interioridad cerrada, sino de toda la persona humana en sus relaciones y aspectos constitutivos. Sólo a la luz de toda la persona humana se puede comprender y valorar el significado humano del cuerpo y de las acciones corporales. A esta luz se podrá leer y descubrir la humanidad inicial de las estructuras biológicas y fisiológicas.

Aclararemos con un ejemplo esta idea fundamental. Es indudable que la mano del hombre está fisiológicamente adaptada para sus tareas de «mano», pero no lo está, por ejemplo, la garra del animal. Pues bien, ese significado o humanidad inicial no se reconoce ni se puede leer directamente en la mano. Su significado sólo se puede descubrir porque la mano es utilizada realmente por el hombre como mano. A la luz de la intervención humanizadora del hombre en el mundo se puede comprender también que la estructura fisiológica de la mano no sólo realiza de hecho, sino que está orientada, al menos como posibilidad, hacia esta tarea humanizadora.

Podemos concluir, pues, que las estructuras fisiológicas y biológicas del cuerpo orgánico y objetivo forman parte del significado humano del cuerpo, pero por sí solas no pueden expresar ni garantizar su significado humano.

¿Cuáles son, pues, los significados humanos fundamentales del cuerpo a la luz de esta totalidad de la existencia humana? Sustancialmente tres:

a) Respecto a la persona individual que tiene que vivir su existencia en y a través del cuerpo, el significado fundamental de éste es ser lugar de actuación y realización del hombre.

b) Respecto a los demás hombres, hacia los que la persona está básicamente orientada, el cuerpo significa fundamentalmente la comunión con los otros. Y esto desde tres puntos de vista: el cuerpo es fundamentalmente dependencia, es lugar de encuentro con el otro, y es lugar y medio de reconocimiento del otro.

c) Respecto al mundo material y humano al que toda persona pertenece por su unidad con el cuerpo, éste es la fuente fundamental de la intervención humanizadora en el mundo, origen de la instrumentalidad y de la cultura.

Es importante que estos tres significados fundamentales no se separen entre sí. La realización de las posibilidades humanas no sólo tiene que ver conmigo, sino también con los demás, y se lleva a cabo necesariamente en la visibilidad del mundo. Ser para los demás implica necesariamente expresión en el mundo material y social. Por último, la transformación del mundo tiene sentido a partir de la realización de la persona en sus relaciones con las demás personas humanas. Se trata, pues, de una distinción en la unidad, donde cabe distinguir distintos matices.

2. El cuerpo como lugar de actuación del hombre

Si el hombre es un ser corpóreo y vive realmente en unidad en el cuerpo, tenemos que decir que el cuerpo es el campo o lugar donde las posibilidades humanas asumen una forma y se concretizan. El cuerpo participa en todos los aspectos en la realización personal; esta asume, por tanto, la forma de un crecimiento gradual mediante multitud de actos a lo largo de la existencia.

Digámoslo más sencilla y concretamente: no se da pensamiento maduro sin que participe el cuerpo, es decir, sin que intervenga todo el organismo y sin que se utilice la palabra, que es la que permite al pensamiento ser lo que es. La sonrisa no es sólo signo externo de un espíritu alegre que se esconde tras la cara del cuerpo, sino que es la alegría de un ser corpóreo. Un hombre se hace y realiza como artista creando obras de arte. El actor se convierte en actor encarnando personajes. Todo ser humano desarrolla su inteligencia, voluntad, libertad... trabajando y esforzándose en el estudio y en el trabajo.

Recurriendo a un término religioso, también podríamos afirmar que el cuerpo tiene un significado «sacramental», en el sentido de que la realidad personal existe actuando y expresándose concretamente en el mundo a través del cuerpo y en el cuerpo.

Pero, al mismo tiempo, la actividad del ser humano se encuentra condicionada por los límites propios de todo organismo, como el tiempo, el lugar, la enfermedad, la muerte y tantos otros.

3. El cuerpo como orientación fundamental hacia los demás

En cuanto orientación fundamental hacia los demás, el cuerpo indica la radical dependencia de los otros. Esta dependencia es el camino indispensable para llegar a la edad del hombre adulto, donde adquiere normalmente el carácter de interdependencia y constituye una condición para la actuación personal.

En su famosa antropología, A. Gehlen (1904-1976) afirma que la dependencia es una nota absolutamente característica. Si se le compara con otros seres vivos, el niño, cuando nace, no se encuentra nada preparado y carece de capacidad para sobrevivir. Por eso se le define como *Mängelwesen*, es decir, ser deficitario y deficiente, en cuanto que no está especializado ni determinado vital ni instintivamente para poder vivir en un contexto biológico concreto. Así es que nace prematuramente y carece, por tanto, de la especialización y adaptación inicial que caracteriza a los animales. Esta «carencia» es la base y la condición para asimilar la cultura y acceder a la vida humana[56].

Este punto de vista ha suscitado muchas críticas. Según A. Portmann, desde la biología no existirían razones convincentes para decir que el nacimiento del hombre es prematuro o que su desarrollo viene con retraso[57].

Efectivamente, el significado del cuerpo no se advierte principalmente por su diferencia con el animal, sino en la relación con los otros sujetos humanos en el mundo. Y ciertamente la dependencia de los demás es profunda y real.

En las relaciones con los demás, el cuerpo no es sólo dependencia, sino también «presencia». Mediante el cuerpo se está a la vista de otros seres humanos. En el fondo, la presencia tiene que ver solamente con los demás seres humanos. Las cosas no viven una presencia, se limitan a estar ahí. No sienten la llamada del otro ni pueden responderle.

La fenomenología existencial ha intentado distinguir las formas o modalidades dominantes de la presencia. Indicaremos las tres principales[58].

La forma fundamental de presencia consiste en el hecho de existir en este mundo y, por consiguiente, ser constitutivamente con y frente a los demás. A partir de aquí, cada uno debe ser reconocido como ser humano y tratado como tal. Al mismo tiempo es un posible interlocutor de cualquier otro ser humano.

Sólo se comprende lo profunda y constitutiva que es esta presencia cuando se suprime. La ausencia fundamental es la muerte porque sustrae al hombre de la presencia humana en el mundo.

Una segunda forma de presencia es la pertenencia a un grupo humano concreto.

---

56. Cf. A. Gehlen, *El hombre. Su naturaleza y su lugar en el mundo*, Salamanca ²1987. Su posturas son mucho más suaves que las de la primera edición de 1940.

57. Cf. A. Portmann, *Biologische Fragmente zu einer Lehre vom Menschen*, Basel ²1951, 86-103.

58. Cf. A. Valeriani, *Il nostro corpo come comunicazione*, Brescia 1964, 11-16; J. Böckendorf, *Die Begegnungsphilosophie. Ihre Geschichte - ihre Aspekte*, Freiburg-München 1979, 285-290.

Estar presente significa, pues, tomar conciencia con los otros de estar en el centro de un mismo mundo, adoptando un modo de vivir común que emplea los mismos utensilios. Uno está presente cuando se vincula a un mismo ambiente[59].

A. Brunner observa:

> Presencia de persona a persona. Sólo así son posibles la plena reciprocidad y el intercambio personal. Más aún, podría definirse la presencia como una vecindad temporal y espacial que hace posible la comunicación personal[60].

Esta presencia que adopta formas muy distintas en cierta comunidad de destino entre grupos humanos, incluye siempre a las personas humanas concretas, necesitadas de que se les reconozca como personas.

La tercera forma de presencia podría definirse como presencia benévola o presencia de amor, es decir, como voluntad de responder, de amar, de promover al otro. Y no en abstracto, sino haciéndonos cargo activamente de sus problemas. Esta forma de presencia se dirige directamente al tú del otro y se traduce en cuidado diligente, en fidelidad, en creatividad. En este sentido, este tipo de presencia es bastante más rica que la pura presencia local o temporal. Es una fuente riquísima de amor. Es, en su sentido más profundo, una presencia creadora.

También son muchas las formas de ausencia. Se mezclan constantemente con las numerosas formas de presencia, confiriendo a la existencia humana esa mezcla de presencia y ausencia, de unión y separación, de alegría y dolor, de amor e indiferencia que caracteriza toda convivencia. La amenaza de la gran separación y de la gran ausencia acompañan como una sombra la existencia humana.

4. *El cuerpo como lenguaje*

La dimensión humana del cuerpo se manifiesta muy profundamente como lenguaje. El cuerpo se manifiesta en cualquier forma

---

59. M. de Tollenaere, *Le corps et le monde*, Bruges-Paris 1968, 126.
60. A. Brunner, *Der Stufenbau der Welt. Ontologische Untersuchungen über Person, Leben, Stoff*, München 1950, 98.

de lenguaje, incluso en el lenguaje del silencio. Pues, en el fondo, los distintos lenguajes no hacen sino desarrollar y especificar el lenguaje fundamental que es el propio cuerpo[61].

En el mundo occidental, que ha favorecido mucho el lenguaje verbal –hablado y escrito– y que actualmente promueve muchísimo el lenguaje de la imagen, conviene llamar la atención sobre la riqueza y complejidad del lenguaje corporal. De no hacerlo, algunas formas lingüísticas corren el riesgo de permanecer subdesarrolladas ante la presión unilateral de la racionalidad científica y tecnológica, que utiliza lenguajes de una sola dimensión.

En todos los pueblos, el rostro humano –la cara– resulta muy elocuente. Los ojos, la boca, las expresiones faciales, la desnudez del rostro, la palabra articulada, el discurso, etc. forman parte de la riqueza del lenguaje facial. La risa, el llanto, la admiración, la extrañeza, el despecho, la preocupación, el escepticismo, el dolor, la paz, la alegría... se manifiestan en el rostro sin mediar necesariamente palabra alguna pronunciada por la boca. Esta extraordinaria capacidad de expresión y comunicación se identifica de tal modo con el mismo cuerpo que la mayoría de las veces no se le presta explícitamente la más mínima atención.

Entre tanta diversidad de expresiones, el lenguaje del cuerpo tiene sin embargo una matriz común: es presencia inmediata del otro. La desnudez del rostro expresa inmediatamente la presencia y, al mismo tiempo, la igualdad de todos los seres humanos. El rostro es de algún modo la manifestación del otro, su epifanía. Para E. Levinas

> el rostro constituye la identidad misma de un ser [humano]. En él se manifiesta la persona sin necesidad de conceptos. La presencia sensible de este casto trozo de piel con la frente, la nariz, los ojos y la boca, no es un signo que permite remontarse a la realidad significada ni una máscara que esconde la realidad. La presencia sensible se desensibiliza aquí para dejar que aparezca directamente aquel que se refiere solamente a sí mismo, que es idéntico a sí mismo[62].

---

61. Cf. A. Valeriani, *Il nostro corpo come comunicazione*, 109-186; M. Argyle, *Il corpo e il suo linguaggio*, Bologna 1982; J. Fast, *Il linguaggio del corpo*, Milano 1971; M. Jousse, *L'antropologia del gesto*, Roma 1979.

62. E. Levinas, *Moi et totalité*: Revue de métaphysique et de morale 50 (1964) 369.

En este mismo sentido, A. Heschel insiste también en el carácter único del rostro humano:

> El ser humano no tiene solamente un cuerpo, sino también un rostro. Un rostro que no puede ser transplantado ni cambiado. Un rostro es un mensaje, aunque muchas veces no lo sepa la propia persona. ¿Acaso no es el rostro humano una mezcla viva de misterio y significado? Todos lo vemos y nadie es capaz de describirlo. ¿No es acaso un milagro extraordinario que entre tantos centenares de millones de rostros no haya dos iguales?, ¿y que ningún rostro permanezca totalmente igual durante más de un minuto? Es la parte del cuerpo más expuesta y conocida, y también la que menos se puede describir, una encarnación de la unicidad. ¿Quién puede mirar un rostro como si fuera un lugar común?[63].

La risa y el llanto son lenguajes muy primarios. Sólo el hombre ríe y llora. H. Plessner (1892-1985) analizó estas formas expresivas y subrayó que se recurre a la risa y el llanto cuando no hay ninguna otra forma de lenguaje adecuada para expresar una situación. La risa y el llanto constituyen un lenguaje muy original entre la madre y su hijo pequeño. Y como sucede con las demás formas del lenguaje, la risa y el llanto poseen numerosas variantes[64].

El lenguaje del tacto y, en concreto, las expresiones afectivas del cuerpo constituyen un lenguaje muy primario. El abrazo, el tacto, la caricia, la ternura son un lenguaje decisivo en los primeros años de la infancia. E incluso en la vida del adulto constituyen factores de equilibrio. A. Terruwe afirma:

> Cuando se ama a alguien es natural que se necesite tocarlo. La madre toma al niño, lo aprieta contra su corazón y lo mece. El hombre estrecha la mano de su amigo y le da una palmada cariñosa en la espalda; la muchacha camina del brazo, abraza, besa y acaricia. Existen, pues, infinitas formas de manifestar el afecto mediante el tacto... La expresión táctil del amor es la más original de todas[65].

La danza, en sus diversas formas –que se renuevan en todas las culturas– representa una forma muy primaria de lenguaje. Por eso constituye un valor permanente en todas las épocas. La danza sigue

---

63. A. Heschel, *Chi è l'uomo?*, Milano 1971, 67-68.
64. Cf. H. Plessner, *Lachen und Weinen*, Frankfurt a.M. 1970, 149.
65. A. Terruwe, *Amore ed equilibrio*, Roma 1970, 18.

siendo un lenguaje significativo incluso en las culturas contemporáneas, sobre todo como expresión de participación en un sentimiento común.

El vestido y el desnudo pertenecen también al ámbito del lenguaje. El vestido puede ser ciertamente una protección contra la intemperie, pero también expresión de la función social, de rebeldía, de conformismo, de ostentación de riqueza y muchas otras cosas. El desnudo puede expresar, a su vez, un lenguaje muy variado: signo de contestación, reclamo comercial, deseo de trasgresión, moda, etc.

El lenguaje humano no se puede reducir exclusivamente a las expresiones verbales, escritas, táctiles, etc. Se da también un lenguaje fundamental del cuerpo operativo y trabajador en el mundo. El trabajo común en una empresa común o para cubrir las necesidades de personas individuales, aunque disminuyan las expresiones verbales o corpóreas, puede ser una forma muy eficaz de reconocimiento y de amor al otro. La unidad de mente y espíritu que se puede conseguir en el camino del compromiso común es a menudo más profunda que el lenguaje oral o escrito. Más aún, se puede afirmar que la respuesta a la llamada del otro es plenamente creíble cuando pasa también por el lenguaje operativo.

Lo que el hombre es y quiere ser ante los demás sólo se puede expresar de una forma muy parcial mediante la palabra verbal. La persona, para revelarse plenamente a sí misma, debe vivir y realizar su propia realidad junto a otros y en beneficio de otros. El amor auténtico incluye también una dimensión de acción y trabajo.

5. *El cuerpo como principio de instrumentalidad*

La consecuencia de la unidad del hombre con el cuerpo es que puede actuar sobre el mundo. El cuerpo es el principio de instrumentalidad y de manipulación del mundo. Si domina las fuerzas de su cuerpo, el hombre tiene *ipso facto* el dominio potencial de las fuerzas de la naturaleza. La mano del hombre constituye la expresión más visible y concreta de este aspecto de la condición humana.

El cuerpo no es un instrumento en sentido propio y verdadero. Es el principio de la instrumentalidad. Pues un instrumento es un objeto material que se emplea y adapta para un fin determinado, como una sierra para serrar madera, una bicicleta para correr, una silla para sentarse o un bolígrafo para escribir. A diferencia del cuerpo, un instrumento se puede cambiar, dejar, abandonar o sustituir. El cuerpo es la referencia clave de todos los instrumentos en el sentido de que los instrumentos se convierten en tales porque hay un cuerpo que es capaz de utilizarlos.

La intervención instrumental en el mundo no tiene que ver sólo con la fuerza muscular. La utilización de instrumentos supone aprendizaje y adiestramiento. En las culturas arcaicas los niños aprenden a usar el arco, a poner lazos o a calar redes. En las culturas modernas, la juventud asiste a clase durante muchos años.

La transformación del mundo no ha de verse al margen de la relación constitutiva con el otro en el mundo. El otro es un ser indigente y frágil. Es imposible reconocerlo si no se le proporciona lo necesario para vivir y realizarse. Todo esto pasa necesariamente por el cuerpo. En la cultura contemporánea el significado humano del cuerpo se muestra también cuando se donan determinados órganos para que el otro pueda salvar su vida.

6. *El cuerpo como límite*

Los aspectos positivos del cuerpo van siempre acompañados de una serie de límites reales e indiscutibles. La expresión corporal nunca responde totalmente a las intenciones. Existe siempre una distancia entre lo que se quiere expresar y lo que el otro percibe. Por eso la expresión humana está expuesta al equívoco y al malentendido. Formular las propias ideas lleva mucho tiempo. Y mucho se requiere también para conocer a otro ser humano.

El cuerpo es frágil y su capacidad de adaptación limitada. El hombre siempre puede fallar y fracasar: una distracción, un malestar, un error, un incidente... La enfermedad acecha permanentemente. El cuerpo está impregnado de todas las fuerzas del mundo físico y biológico. Padece hambre y sed, necesita dormir, precisa silencio, hacer ejercicio y descansar. No es infrecuente que las pasiones impulsen al hombre a hacer lo que no querría. Y, sobre todo, este cuerpo está irremisiblemente condenado a morir.

Sobre estos límites que hemos expuesto tan concisamente, volveremos más adelante en los capítulos sobre la verdad, la libertad, el trabajo humano, el sufrimiento y la muerte.

IV. LA IGUALDAD FUNDAMENTAL DEL VARÓN Y LA MUJER

El carácter intersubjetivo del ser humano y de su corporeidad encuentra una expresión peculiar en la bipolaridad varón (*vir*) y mujer (*mulier*).

En algunas antropologías del pasado no se habla expresamente del dato básico del varón y la mujer, por no considerarlo relevante para comprender el problema del hombre[66]. Para estas antropologías, la sexualidad es sobre todo un dato biológico de la existencia corporal con vistas a la procreación, pero sin especial incidencia en lo humano.

Para la antropología el problema es otro: ¿expresa esta estructura sexual algo del ser humano en cuanto tal?, ¿posee en sí misma algún valor humano?, ¿es potencialmente creadora de humanidad? Se trata, pues, de descubrir el *logos* o «intención» propia de la sexualidad como estructura y fuente de humanidad[67].

Para empezar, topamos con la dificultad de que en algunas lenguas se emplea la misma palabra para significar el ser humano y el varón (por ejemplo, en castellano, hombre; en italiano, *uomo*; en francés, *homme*). Es probable que esto tenga que ver con situaciones sociales que han legitimado durante siglos en estas culturas el papel inferior de la mujer respecto al varón.

1. *Algunos intentos de interpretación*

a) *Una cuestión de naturaleza biológica*

En la antropología antigua y medieval, e incluso después, se habla relativamente poco de la sexualidad, entre otras razones porque cuando se habla del hombre se piensa sobre todo en el varón. En cualquier caso, la sexualidad no se considera un factor decisivo para comprender la humanidad de la persona humana. Se la relaciona

---

66. Cf. E. Metzke, *Anthropologie des sexes*: Lumière et vie 43 (1959) 29-30; K. Barth, *Uomo e donna*, Torino 1969. Para la problemática de la sexualidad en los mitos, cf. E. Przywara, *Antropologia tipologica*, Milano 1968, 171-234.
67. Cf. Th. Schneider, *Mann und Frau. Grundproblem theologischer Anthropologie?*, en Id. (ed.), *Mann und Frau. Grundproblem theologischer Anthropologie?*, Freiburg i.Br. 1989, 18.

sobre todo con el ámbito corporal. La complementariedad entre el hombre y la mujer se reconoce sobre todo en el plano biológico, es decir, para la procreación.

En la filosofía y la teología medievales predomina una idea fundamentalmente negativa de la mujer, porque se basa sobre todo en Aristóteles y en las ciencias biológicas de la época. Se especulaba, por ejemplo, sobre el concepto de naturaleza: el varón (*vir*, elemento activo) debería generar normalmente otro varón. Sin embargo, nacen mujeres, que son consideradas seres «deficitarios» (*mas occasionatus*: varón frustrado, imperfecto). Pero esto obviamente no obsta para que se piense en general que la mujer es querida por la naturaleza y necesaria para la procreación[68].

No era infrecuente que la inferioridad biológica se considerara también como inferioridad cultural y social. Se ve a la mujer en clave negativa y se la trata a menudo como un ser inferior al varón, reflejo indudable de la situación de inferioridad de la mujer en esa sociedad. Los factores bíblicos y teológicos que pudieran favorecer la igualdad del hombre y la mujer se quedaban con frecuencia en la sombra respecto a algunos temas bíblicos, como la creación y el pecado, que fomentaban la idea de la inferioridad de la mujer.

Obviamente debemos tener también presente que existía un gran trecho entre las ideas expresadas en los libros y la realidad concreta, donde se trataba a la mujer como igual al varón[69].

b) *Las polaridades psicológicas*

En la historia de la antropología se ha intentado también interpretar la diferencia de los sexos como polo y complementariedad psicológica e incluso metafísica[70]. Esto se refleja ya en el viejo mi-

---

68. «Non quidem in adjutorium alicujus alterius operis..., cum ad quodlibet aliud opus convenientius juvari possit vir per alium virum quam per mulierem, sed in adjutorium generationis» (*S. Th.* I, q. 82, a. 1). Esta afirmación se encuadra en un parangón que parte de la sexualidad biológica y animal. Cf. I. W. Frank, *Femina est mas occasionatus. Deutung und Folgerungen bei Thomas von Aquin*, en P. Segl (ed.), *Der Hexenhammer. Entstehung und Umfeld des Malleus maleficarum von 1487*, Köln-Wien 1988, 71-102.
69. Cf., por ejemplo, *S. Th.* I, q. 92, a. 2.
70. Cf. A. Jeannière, *Anthropologie sexuelle*, Paris 1964, 69-78.

to andrógino (*aner, andros* = varón; *gyne* = mujer). La unidad originaria del varón y la mujer se habría roto de algún modo, de forma que ahora el ser humano, bien sea varón o mujer, se encuentra esencial y concretamente incompleto. Las características que le faltan las poseería el otro sexo. La polaridad y la búsqueda de los sexos habría, pues, que interpretarla antropológicamente como un intento de restablecer y reencontrar la plenitud originaria[71]. Esto manifestaría también el sentido «humano» de la sexualidad, que va más allá de la cooperación para la procreación.

En esta concepción, las características psicológicas complementarias se consideran un dato «natural». El varón y la mujer se expresan de distinto modo. Un sexo no se puede apropiar sin más de las características distintas del otro, sino que sólo se puede vivir en la polaridad dialéctica de la perpetua tensión entre el varón y la mujer.

P. Lersch, por ejemplo, partiendo de la base fisiológica del sexo, sostiene que la polaridad primaria entre el varón y la mujer se puede definir como actividad (masculina) y pasividad (femenina). El varón «produce», la mujer «deja que las cosas sucedan». El varón se crea fuera de sí, la mujer recibe. El varón vive su existencia «buscando y ambicionando», la mujer «dejándose tomar». El varón se polariza en la transformación del mundo y en el cambio de las cosas cercanas y habituales. La vida femenina «se mueve en el círculo cerrado, que descansa en sí mismo, de las cosas cercanísimas, en un ámbito de preocupaciones y ocupaciones conservadoras». En el varón prevalece, por tanto, la voluntad, y en la mujer la naturaleza: él transforma el mundo, ella lo conserva. El varón es abstracto; la mujer, concreta. El varón es razón; la mujer, sentimiento. El varón se orienta más hacia las cosas; la mujer, hacia las personas[72].

El propio Lersch subraya sin embargo la dificultad y precariedad de estas caracterizaciones antropológicas. Es difícil establecerlas en el plano teórico. Para captar con exactitud y concreción las diferencias y polaridades del varón y la mujer, es preciso vivirlas en el encuentro concreto. Las clasificaciones conceptuales nunca podrán sustituir a la experiencia existencial.

---

71. Cf. E. Przywara, *Antropologia tipologica*, 216.
72. Cf. P. Lersch, *Vom Wesen der Geschlechter*, München ²1950.

F. Buytendijk (1887-1974) es más bien escéptico respecto a la enumeración de propiedades complementarias. Se dan, sin duda, diferencias psicológicas y aspectos complementarios. Pero su desarrollo concreto parece fuertemente determinado por factores culturales. Desde una perspectiva antropológica, sería más exacto hablar de dos proyectos existenciales distintos en los que se insertan las diferencias. El proyecto existencial de la mujer podría caracterizarse así: ser que se dedica a cuidar solícitamente de...; el del varón estaría, en cambio, polarizado en la voluntad de transformar y dominar el mundo. La mujer sería más sensible al valor del mundo, a su conservación; viviría de la gratuidad, según una ética del amor. El varón, por contra, afrontaría el desafío que supone la resistencia del mundo, actuaría calculando las metas a alcanzar, viviría según la ética del deber...[73].

V. E. von Gebsattel insiste en que es difícil racionalizar las polaridades. El único conocimiento válido en este terreno es el existencial y vivido, porque se trata de un misterio a venerar más que conocer: «Los amantes son los maestros del antropólogo. ¡Que este no penetre con el pensamiento donde ellos, en el amor, veneran un misterio!»[74].

c) *Diferencias meramente culturales*

Las antropologías contemporáneas se resisten mucho a ver en las diferencias entre el varón y la mujer un fundamento natural o de ser, o incluso sencillamente una estructura psicológica distinta, que pueda discriminar a la mujer. Una idea muy difundida hoy es que estas diferencias y polaridades son sobre todo productos culturales.

Los estudios de M. Mead (1901-1978), por ejemplo, han puesto de relieve que la imagen tradicional del varón y de la mujer que encontramos en las culturas occidentales guarda relación con esas culturas y no refleja estructuras psicológicas universales. El estudio de algunas culturas primitivas del Pacífico ha demostrado el

---

73. F. Buytendijk, *La donna, i suoi modi di essere, di apparire, di esistere*, Firenze 1967, 241-260. Su posición se discute en E. Metzke, *Anthropologie des sexes*, 40-42.

74. V. E. von Gebsattel, *Allgemeine und medizinische Anthropologie des Geschlechtslebens*, en *Die Sexualität des Menschen*, Stuttgart 1955, 2.

enorme influjo de la educación y de la estructura cultural en general[75]. Recientemente, sin embargo, no han faltado críticas a la validez científica de estas investigaciones[76].

Simone de Beauvoir (1908-1986) ha intentado elaborar una antropología de la sexualidad[77]. Su tesis de fondo es que todas las diferencias entre el varón y la mujer tienen un origen cultural.

> No se nace mujer, se hace. Ningún destino biológico, psíquico o económico define la figura que adopta en la sociedad la mujer. Es el conjunto de la sociedad quien elabora ese producto intermedio entre el varón y el castrado que se denomina femenino. Sólo la mediación del otro puede constituir a un individuo como otro[78].

Lo que Simone de Beauvoir reprocha a todas las antropologías del pasado es que han absolutizado la sexualidad masculina, identificándola con la realidad humana como tal. La consecuencia es que la mujer, en su diversidad respecto al varón, se queda reducida a su sexo: el otro sexo. La mujer no es ante todo una persona humana, sino su sexo[79].

Es preciso, pues, rechazar la sexualidad como naturaleza y provocar así una profunda revolución en la sociedad. Según Simone de Beauvoir, habría que superar la institucionalización del amor que vincula a la mujer al sexo, a la maternidad y al hogar. Se necesitan parejas libres, maternidades libres, libertad económica para la mujer. Es el modo de que desaparezcan las discriminaciones. El encuentro de los sexos, en una situación de plena igualdad, será únicamente un encuentro de dos libertades. S. de Beauvoir reivindica para las mujeres todas las funciones y profesiones reservadas hasta ahora a los varones. Así se logrará la igualdad total con el varón en las sociedades industrializadas de Occidente[80].

---

75. Cf. M. Mead, *Coming of Age in Samoa*, Harmondsworth 1928; nueva ed. 1968. Id., *Growing up in New Guinea*, Harmondsworth 1930; Id., *Sex and Temperament in Three Primitive Societies*, New York 1935, 335.
76. Cf. C. Freeman, *Margareth Mead and Samoa. The Making and Unmaking of a Anthropological Myth*, New York 1983.
77. S. de Beauvoir, *Il secondo sesso*, Milano 1972 (versión cast.: *El segundo sexo*, Madrid 1998).
78. *Ibid.*, II, 15.
79. *Ibid.*, II, 91-184.
80. Para una síntesis y una breve crítica, cf. R. Simon, *Amore e sessualità, matrimonio e famiglia*, en G. Girardi (ed.), *L'ateismo contemporaneo* III, Torino 1969, 598-606 (versión cast.: *El ateísmo contemporáneo*, Madrid 1973).

Pero no hay que ignorar por completo el condicionamiento propio de la diversa base biológica y psicológica. Jamás existirá una identidad perfecta entre el varón y la mujer. La sexualidad presentará un rostro humano cuando las personas la asuman en relaciones libres. Antes que una persona de otro sexo, la mujer es una persona libre que se proyecta en el mundo. Y en esto es radicalmente igual al hombre[81].

* * *

Los diversos intentos de interpretación a que hemos aludido brevemente parten de algún aspecto verdadero de la sexualidad, pero tienden a centrarse en uno u otro aspecto concreto, ignorando los demás.

No se puede negar que la sexualidad es ante todo una dimensión corporal y fisiológica. El hombre tiene una sexualidad con semejanzas e importantes diferencias respecto a los animales superiores. La sexualidad no se reduce a tener órganos distintos para la reproducción de la especie. En realidad, mediante el sistema hormonal influye en todo el comportamiento.

A causa de la unidad del hombre con el cuerpo, la sexualidad es también un rasgo característico de la persona. El carácter humano del cuerpo está marcado por la sexualidad. No se puede infravalorar la importancia del dinamismo sexual en el logro de una persona equilibrada. No se puede tomar a la ligera la orientación de la mujer a la maternidad, con las consiguientes repercusiones en el ámbito psicológico y en los comportamientos sociales[82]. Por eso las teorías antropológicas que quieren separar la sexualidad de esta base corpórea resultan abstractas y racionalistas.

Pero para definir cómo condiciona el sexo a la persona humana no hay por qué recurrir al término «naturaleza». Todos los datos naturales y objetivos del ser humano están abiertos, en distinta medida, a una verdadera humanización. Más aún, exigen esa humani-

---

81. «El ser de la mujer, condicionado por su cuerpo, como el del hombre, no es nunca un ser ya completamente hecho, sino siempre por hacer. Mucho más que la fisiología y la psicología cuenta la forma en que la mujer asume su existencia y contribuye a que evolucionen las condiciones inhumanas que se le han asignado» (*ibid.*, 604).

82. Cf. H. Doms, *Sexualidad y matrimonio*, en J. Feiner-M. Löhrer (eds.), *Mysterium salutis* II, Madrid 1984, 799-802.

zación, porque carecen del encuadramiento instintual que poseen en los animales. Reconocemos que se trata de un verdadero condicionamiento. No el único ciertamente, y no mayor que los demás condicionamientos culturales, económicos, políticos, etc. Para realizarse humanamente hay que tener en cuenta, junto a otros factores, el hecho de ser varón o mujer, aceptando también la apertura a la paternidad y la maternidad que les es inherente.

A nivel psicológico es indiscutible que se dan resonancias y rasgos distintos en el hombre y en la mujer. El dato más claro es probablemente la orientación de la mujer a la maternidad. Cuando los psicólogos tratan de concretar rasgos distintos del hombre y de la mujer, no hablan de una ilusión, sino de algo que tiene fundamento real. Tampoco se debe excluir que el condicionamiento sexual tenga una repercusión en las modalidades en que se ejerce la inteligencia en el varón y en la mujer.

Pero sobre todo se debe reconocer que, en este terreno, es muy importante la aportación de las culturas. Las potencialidades naturales no se pueden separar de la forma cultural. Es extremadamente difícil distinguir lo que constituye la base psicológica natural de lo que es fruto de la cultura. Además, las diferencias entre los individuos son muy importantes. Afirmar en general que el hombre es abstracto y la mujer concreta no es tan evidente, porque existen muchos hombres extraordinariamente concretos y no son raras las mujeres abstractas. Y lo mismo se puede decir de los rasgos que se atribuyen respectivamente al hombre y a la mujer.

Si las polaridades psicológicas son en gran parte creaciones culturales, no significa que no tengan un significado y un valor. En todas las culturas hay una división de tareas y se diseñan polaridades peculiares. En el encuentro interpersonal entre personas libres, en el ámbito de una cultura determinada, la libertad tenderá a crear polaridades complementarias que expresan a la vez la alteridad de las personas y su orientación mutua. El varón se constituye como tal frente a la mujer, y la mujer se constituye como tal frente al varón[83]. La complementariedad psicológica de que tanto se ha hablado es menos un dato natural que una tarea a realizar. Entrar en la polarización de estas características, prefiguradas ya en el ámbito de una determinada cultura, es indudable que puede tener límites

---

83. Cf. E. Metzke, *Anthropologie des sexes*, 38-39.

para uno o para otro. Pero, en su conjunto, este aspecto de la cultura resulta positivo. No se trata de suprimir las polarizaciones características. Lo que hay que hacer es liberarlas de los factores de desigualdad y discriminación que pueden acompañarlas.

¿Aclaran suficientemente estas reflexiones el misterio de la sexualidad humana? No hay duda de que las potencialidades humanas de la sexualidad rebasan la búsqueda de aspectos complementarios. Según E. Metzke,

> es preciso superar esa forma monística de pensamiento que todo lo reduce a una estricta uniformidad. En ese tipo de reflexión se habla sólo del hombre y se olvida la diferencia que hay entre los sexos –defecto que también se da, y seriamente, en algunos esfuerzos de perfeccionamiento espiritual del yo–, o bien superan esa diferencia a base de consideraciones de corte sociológico. Por otro lado, es necesario evitar cierto naturalismo, que intenta elaborar sistemáticamente un catálogo de características sexuales desde un criterio biológico, psicológico o metafísico. Así pues, es indispensable afirmar que no se pueden comprender los sexos si uno se cree autorizado a limitar así la gama de posibilidades masculinas o femeninas, o si no se ve que la alteridad y la originalidad del hombre y la mujer son irreductibles. En estas últimas posturas mentales se olvida que «ser varón» y «ser mujer» no son accidentes del ser humano, sino que pertenecen indisolublemente a su esencia...[84].

2. *El significado «humano» de la sexualidad*

Para descubrir el significado humano de la sexualidad, es necesario verla al margen de toda interpretación dualista del hombre. Es verdad que la humanización supone también el dominio de los dinamismos naturales, ejercitándolos según normas morales que respetan plenamente a las otras personas. Pero también es verdad que sus potencialidades humanas se pueden descubrir plenamente sólo cuando es asumida y vivida en la unidad de la persona humana y en el encuentro intersubjetivo de las personas. Su plena potencialidad en el plano humano se manifiesta cuando se vive en la persona como totalidad.

---

84. *Ibid.*

El significado «humano» del varón y de la mujer radica esencialmente en la relación entre personas, es decir, en la reciprocidad del encuentro de seres personales encarnados. Todo el misterio de la sexualidad «humana» está en este encuentro intersubjetivo o interpersonal, que no puede separarse de las condiciones corpóreas. Desde el punto de vista humano, se es varón y mujer en el encuentro intersubjetivo, es decir, en el cara a cara del cuerpo, de la *psyche*, de la persona del varón y de la mujer. A. Jeannière afirma:

> El varón y la mujer sólo devienen lo que son en la reciprocidad de un cara a cara corporal que compromete a uno y otro, a uno con el otro. Y, a la vez, sólo muestran lo que son en esta reciprocidad. Uno es él mismo sólo por medio del otro, y esto es lo que expresa fundamentalmente la sexualidad[85].

Vale la pena tener en cuenta la tesis de Y. Pellé-Douël:

> Hay que decir de forma muy particular que la sexualidad humana se da sólo en las relaciones entre seres humanos que se reconocen como tales; es preciso insistir en el adjetivo *humano*. Esto significa que la sexualidad no es masculina ni femenina, sino que es una realidad del ser humano, *homo*, que es dos y se manifiesta en la reciprocidad. Y sólo se da reciprocidad donde dos seres existen plenamente, es decir, donde existe alteridad[86].

En el mismo sentido, A. Jeannière, subraya que

> no es la sexualidad la que nos hace inventar el amor, sino el amor el que nos revela la naturaleza de la sexualidad. No son el varón y la mujer los que crean una relación interpersonal, sino que cuando la persona se hace relación y ser-para-otro, me revela a mí mismo como varón o mujer en ese cara a cara en que me reconozco como persona, ya que allí se me reconoce como tal[87].

En este contexto del encuentro personal es donde se revelan ahora las posibilidades «humanas» de todos los componentes del varón y de la mujer: las diferencias fisiológicas, el erotismo, los rasgos psicológicos, las variables culturales, sociales y económicas. Todas son posibilidades de lenguaje y reconocimiento del otro como otro.

---

85. A. Jeannière, *Anthropologie sexuelle*, 130.
86. Y. Pellé-Douel, *L'homme et la femme*: Études philosophiques 23 (1968) 153.
87. A. Jeannière, *Anthropologie sexuelle*, 139.

A la sexualidad le corresponde específicamente la fecundidad, que no sólo está prevista en la estructura biológica y fisiológica del varón y de la mujer, sino que humanamente posee también una dimensión interpersonal: instauración de un nuevo diálogo con un nuevo ser, transmitir verdad y valores que dan a la existencia humana su razón de ser, vivir el mutuo reconocimiento como varón y mujer en el trabajo común por el hijo.

La estructura varón-mujer manifiesta, pues, profundamente la naturaleza interpersonal del ser humano. Y es, al mismo tiempo, el camino principal para realizarla. El antiguo texto de la Biblia expresa una antropología moderna cuando afirma: «Dios creó al hombre a su imagen, varón y mujer los creó».

3
EL MUNDO COMO DIMENSIÓN FUNDAMENTAL DEL SER HUMANO

Mundo, cosmos y universo son temas muy estudiados en la filosofía de la naturaleza. Forman parte también de la antropología en cuanto que el hombre, por medio de su cuerpo, está en el mundo, pertenece al mundo, y por tanto en cuanto que la pertenencia al mundo caracteriza esencialmente la existencia humana[1].

Situándose casi en los antípodas de la antropología platónica del hombre «planta celestial», las antropologías contemporáneas, muy diversas e incluso contrapuestas, conciben al hombre sobre todo como una planta terrena. Numerosas antropologías consideran la pertenencia al mundo natural, biológico-animal y cultural la matriz constitutiva del ser humano y el fundamento exhaustivo del problema del hombre. El ser en el mundo, la pertenencia al mundo constituye para muchos la verdad primaria y última del hombre.

La palabra «mundo» tiene distintos significados, según la ciencia o la filosofía donde se inserta. De todos modos, se le utiliza siempre «para indicar, de una u otra forma, una totalidad de pertenencia»[2].

En filosofía, «mundo» significa a menudo la totalidad de los seres existentes. Comprende no sólo los seres materiales, sino todo el ámbito de la vida y del hombre. Pero no en el sentido de que el mundo sea la suma o colección de todos los objetos y seres. Esta realidad se concibe como una determinada totalidad o unidad donde confluye, como en un horizonte de pertenencia, la multiplicidad

---

1. Para una visión de conjunto del problema de la pertenencia al mundo, cf. M. T. Antonelli y otros, *Il mondo, nelle prospettive cosmologica, assiologica, religiosa*, Brescia 1960; E. Coreth, *Antropologia filosofica*, Brescia 1978, 49-72.
2. J. Ladrière, art. *Monde*, en *Encyclopaedia Universalis* XII, Paris 1985, 519.

de los seres que existen. Más que de una suma, se trata de un orden de pertenencia. Normalmente no se concibe a Dios como parte del mundo. Pero, en el panteísmo, también Dios forma en cierto modo parte de esta totalidad.

Desde la época moderna, por influjo de las ciencias naturales, el término «mundo» se refiere a menudo a toda la realidad material y visible en cuanto es o puede ser objeto de la ciencia. El mundo es el cosmos o universo. Este mundo constituye una totalidad o unidad. No se puede pensar una pluralidad de mundos –en el tiempo o en el espacio–. Todos los seres o fenómenos del mundo están causalmente unidos e interrelacionados. Mediante el cuerpo, el hombre pertenece a este mundo material y evolutivo[3].

En un sentido distinto, pero muy difundido, la palabra «mundo» se refiere también a la realidad social y cultural en que está inserto todo ser humano y que determina en gran medida su forma de pensar y su actitud ante la vida. La fenomenología ha demostrado especialmente que la relación con un mundo es constitutiva del ser humano. En las filosofías y en la teología del siglo XX se presta mucha atención al debate sobre el mundo como totalidad social y cultural.

Los significados cosmológicos y científicos de la palabra «mundo», tal como se estudian en las respectivas disciplinas, no son objeto de este capítulo. Aquí nos limitamos a la idea de mundo en cuanto es utilizado para definir una dimensión fundamental de la existencia humana. Principalmente dos son las clases de problemas que entran aquí en juego.

El primero, que se ha impuesto en los últimos siglos, afirma que la pertenencia al mundo no es sólo una dimensión de la existencia humana, sino también la categoría básica y exhaustiva de la antropología. La pertenencia al mundo se entiende, por tanto, como desmitificación del sujeto, es decir, como desenmascaramiento de la «ilusión» del sujeto personal. El sujeto no es, en definitiva, sino la expresión de las virtualidades de la materia cósmica y evolutiva o de las realidades sociales, económicas y culturales en que está inserto.

El segundo orden de problemas, asumido especialmente por la filosofía de la existencia, intenta responder a esta pregunta: ¿qué

---

3. Cf. A. Lalande, *Dizionario critico della filosofia*, Milano 1971, 537-539.

significa para el sujeto humano el hecho de estar en el mundo y de pertenecer al mundo? Porque el individuo no es sólo un sujeto ante otros sujetos humanos. Todos los sujetos pertenecen también a una totalidad omniabarcante que se llama «mundo». La consistencia del sujeto humano depende decisivamente de la interpretación que se dé a esta pertenencia al mundo.

Esta problemática puede reagruparse en torno a cuatro temas principales:
1. El mundo y su relación con las ciencias modernas.
2. El mundo como sociedad y cultura.
3. Insuficiencia del materialismo antropológico.
4. Significados principales del estar en el mundo.

I. LA PERTENENCIA AL MUNDO ANTE LAS CIENCIAS MODERNAS

A partir de la Edad Moderna, la interpretación filosófica del estar en el mundo está profundamente influida por las nuevas ciencias. La misma idea de mundo es pensada sobre todo mediante las esquematizaciones proporcionadas por las ciencias empíricas. Hay tres ejemplos que pueden reclamar nuestra atención: 1) la desmitificación del sujeto en el empirismo; 2) el eclipse del sujeto en el objetivismo de las ciencias naturales; y 3) la ilusión del sujeto en la perspectiva del evolucionismo biológico[4].

1. *La relativización del sujeto en nombre de la ciencia*

a) *El empirismo inglés*

Ya en la filosofía de Descartes la idea de mundo y de pertenencia del hombre al mundo está muy influida por las ciencias modernas. En la medida en que el hombre es cuerpo, es preciso interpretar su existencia desde el mundo. Al insistir en el cuerpo como *res extensa*, Descartes quiso asegurar un ámbito para interpretar científicamente el cuerpo humano. En cuanto cuerpo, el hombre forma

---

4. Cf. gran cantidad de información en N. M. Wildiers, *Wereldbeeld en theologie van de middeleeuwen tot vandaag*, Antwerpen 1973.

parte del mundo, es un objeto material y vivo como los demás seres del mundo, que se puede explicar con ayuda de las ciencias que estudian estos fenómenos. De acuerdo con la física de entonces, este mundo se concibe como un conjunto de átomos (corpúsculos) en movimiento. Y todos los fenómenos pueden explicarse partiendo de datos absolutamente esenciales como la cantidad, la extensión, el movimiento, la forma y el tiempo[5].

El empirismo inglés –hoy una realidad arqueológica– absolutizó esta pertenencia al mundo, con la consiguiente relativización del sujeto humano. No se limitó a explicar el cuerpo desde el mundo –según las ciencias de entonces–, sino que presentó este enfoque como interpretación exhaustiva del sujeto humano.

En su libro más importante, *An Essay Concerning Human Understanding* (1690), John Locke (1632-1704) intentó investigar el origen, la fundamentación y la extensión del conocimiento humano. Quería sobre todo aclarar el problema del conocimiento y de la conciencia humana a la luz de las ciencias naturales[6]. Pero lo que hizo en realidad fue delinear una interpretación global del ser humano. Todos los contenidos de la conciencia se pueden reducir a impresiones sensibles y a las representaciones que estos estímulos causan en nosotros. Las impresiones se combinan entre sí en conjuntos más grandes. Locke pensaba que esta base sensible bastaba para explicar todo el contenido y la estructura de la conciencia. Afirmaba que sólo los aspectos cuantitativos de la experiencia sensitiva producen un conocimiento sólido, mientras que a todo lo demás hay que remitirlo al reino de las representaciones subjetivas[7].

La obra principal de David Hume (1711-1776), *A Treatise of Human Nature* (2 vols., 1739-1740) constituye una referencia para comprender la historia de la antropología moderna. Siguiendo a Newton (1643-1727) quería fundamentar científicamente la cien-

---

5. Para la exposición y crítica de Descartes, cf. M. Heidegger, *Essere e tempo*, Milano 1970, 146-181 (versión cast.: *Ser y tiempo*, Madrid 2003); P. G. Buchdahl, *Metaphysics and the Philosophy of Science. The Classical Origins: Descartes to Kant*, Lanham-New York 1988, 79-180.
6. Cf. P. Langford, *Modern Philosophies of Human Nature*, Dordrecht 1986, 67-68. Sobre el behaviorismo, G. Madell, *Behaviourism*, en G. Parkinson (ed.), *An Encyclopaedia of Philosophy*, London 1988, 427-439. Para el conjunto del empirismo, R. S. Woolhouse, *The Empiricists*, Oxford 1988.
7. J. Locke, *Saggio sull'intelletto umano*, Torino 1971 (introducción de N. Abbagnano, p. 7-30). Cf. P. G. Buchdahl, *Metaphysics and the Philosophy of Science. The Classical Origins: Descartes to Kant*, 181-274.

cia del hombre y de sus facultades. Aplicando «el método experimental de razonar en las disciplinas morales» (así se subtitula su obra) vemos que el sujeto humano, el *ego*, no tiene consistencia propia, sino que se considera, en definitiva, como la confluencia o el resultado de una serie de impresiones sensibles e ideas (entendidas estas como una variante de las impresiones sensitivas)[8]. El yo está formado por una serie de impresiones e ideas ordenadas según las leyes de la asociación: ley de la semejanza, ley de la concatenación espacial o temporal, ley de la causalidad. La función de estas leyes debería parangonarse con la de la ley de la gravedad en el sistema físico de I. Newton.

¿Qué es, pues, el yo para David Hume? Pura y exclusivamente

> un fajo o colección de percepciones que se suceden a gran velocidad, en eterno movimiento... Las percepciones sucesivas producen la idea de un espíritu; pero dónde sucede esto y cómo se lleva a cabo se nos escapa en lo esencial[9].

Sin embargo, no hay duda de que aun así todavía no se ha dicho que el sujeto sea una total ilusión. Lo que ni la filosofía ni las ciencias están en condiciones de afirmar, Hume lo remite al reino del *belief* (fe en oposición a ciencia). El sujeto (*ego*, persona) existe como creencia o convicción común, por ejemplo en la ética o en la religión, pero no es un dato científico. Y eso mismo vale para la universalidad y necesidad de los juicios intelectivos.

Un texto de Nietzsche muestra muy bien hasta dónde la realidad concreta del yo se pierde en el empirismo:

> El sujeto es la terminología de que se sirve nuestra creencia en una unidad subyacente en los momentos en que sentimos de manera más intensa la realidad. Pensamos que esta creencia es efecto de una sola causa; aceptamos esta creencia hasta el punto de que, por razón de ella, nos imaginamos totalmente la «verdad», la «realidad» y la «sustancialidad». El sujeto es la ficción según la cual muchos de nuestros estados similares serían efecto de un mismo sustrato. En realidad somos nosotros los que hemos crea-

---

8. Cf. P. G. Buchdahl, *Metaphysics and the Philosophy of Science*, 325-387; N. Smith, *The Philosophy of David Hume*, London 1960, 497-505; R. Trigg, *Ideas of Human Nature. An Historical Introduction*, London 1989, 69-84 (versión cast.: *Concepciones de la naturaleza humana. Una introducción histórica*, Madrid 2001).

9. D. Hume, *Treatise* I, 4, 6.

do la identidad de estos estados; la identidad no es un estado de hecho, sino que somos nosotros los que reducimos los hechos a la identidad[10].

b) *El eclipse del sujeto en el objetivismo de las ciencias*

En el siglo XX la idea de mundo ha sido muy influida por la de universo físico-evolutivo de las ciencias de la naturaleza. El mundo es ese peculiar tipo de universo que podemos conocer aplicando con rigor los métodos de las ciencias modernas[11].

De esta ciencia moderna, que concibe la realidad sólo bajo su aspecto objetivo y cuantificable, surge una idea peculiar de mundo. Las grandes líneas son las siguientes: en el principio, hace alrededor de diecinueve mil millones de años tenemos una materia supercompacta y supercaliente que se expande a gran velocidad (*big bang*) y en la que se forman poco a poco innumerables galaxias. Hace cinco mil millones de años se formó nuestro sol como parte de una galaxia. Y alrededor del sol se fueron formando lentamente los planetas. El comienzo de la vida puede situarse hace tres mil quinientos millones de años.

Este mundo posee algunos rasgos básicos. Ante todo, se trata de un universo infinito. No encontraríamos límites en ninguna dirección. De ahí que ni siquiera el hombre puede fijar con precisión en qué punto del espacio y el tiempo se encuentra él mismo. El hombre se siente perdido y solitario en la infinidad del tiempo y del espacio. El universo es también dinámico, en continua transformación, crecimiento y evolución. Las ciencias modernas prestan especial atención a este aspecto dinámico y evolutivo. Finalmente, este universo presenta un carácter orgánico, donde todos los elementos dependen unos de otros[12].

Según las ciencias naturales, el mundo es en primer lugar un mundo objetivo de fuerzas o causas interdependientes. Lo cual indica la totalidad de las cosas, que forman una estrecha unidad entre sí, gobernada por relaciones causales que las ciencias van des-

---

10. F. Nietzsche, *Nachgelassene Fragmente*, KGW VIII, Berlin 1970, n. 152.
11. Cf. K. Popper, *Conoscenza oggettiva. Un punto di vista evoluzionistico*, Roma 1975.
12. Cf. N. M. Wildiers, *Wereldbeeld en theologie van de middeleeuwen tot vandaag*, 303-320.

cubriendo poco a poco. Las posiciones actuales de la física, por ejemplo sobre el carácter estadístico de todas las leyes físicas, no cambian sustancialmente esta visión del mundo. En principio, se considera que todos los objetos posibles forman parte de esta totalidad, aunque ahora se desconozcan por completo o la ciencia no los descubra jamás.

La objetividad de las ciencias modernas no tiene absolutamente nada en cuenta los rasgos de la realidad que no se puedan cuantificar. Prescinde metodológicamente de toda referencia al sujeto humano –a sus actitudes, interrogantes, problemas y demás–. Por eso se puede hablar también del objetivismo de las ciencias.

¿Qué es el hombre en el mundo objetivo de las ciencias? Forma parte integral de este mundo. Está sujeto a todas las leyes que rigen la realidad material. Al hombre se le estudia y trata como un ser material más, es decir, bajo el ángulo cuantificable y como parte de la gran causalidad del universo material. El hombre es una aparición tardía –recentísima– de las virtualidades de la materia en continua expansión y transformación.

Es muy fácil pasar de este enfoque metodológico a la tesis que sostiene que al hombre se le puede comprender por completo con las mismas categorías que sirven para explicar científicamente los fenómenos materiales. S. Strasser realiza la siguiente observación:

> En el marco del objetivismo se manifiesta muy sencilla la relación del hombre con el mundo. El hombre forma parte del mundo. En qué sentido haya que explicar posteriormente esta relación es algo secundario. Cabe imaginar que el hombre esté «en» el mundo como en un espacio sin límites, o que sea un eslabón en una *interdépendance* universal, o un momento en la evolución universal, etc. La intuición fundamental del objetivismo consiste esencialmente en que el hombre forma parte del mundo porque su existencia es un hecho mundano. Su estatuto lógico se encuentra, pues, también determinado: es un término de ese «univers de discours» que se denomina «mundo»[13].

El enfoque objetivista del mundo no se reduce al aspecto interpretativo del universo material y cósmico, sino que encuentra también una expresión práctica y operativa en la tecnología mo-

---

13. S. Strasser, *Het wezen van de mens*: Annalen van het Thijmgenootschap (1958) 4.

derna. La característica fundamental de las nuevas ciencias radica justamente en que dan poder al hombre. Le permiten intervenir en las circunstancias y situaciones en que vive. Todo esto encuentra su máxima expresión en la transformación tecnológica del mundo.

¿Qué es el mundo para la tecnología moderna? Un mundo que dominar y transformar. Material que elaborar, materia prima. En último término, este mundo objetivista pretende un conocimiento exhaustivo de la estructura y de las leyes de la materia y de la vida. Al mismo tiempo otea el horizonte –¿o el espectro?– de una transformación total y radical del hombre.

Es indudable que la tecnología pone a disposición del ser humano un cúmulo inmenso de posibilidades. El acceso a ellas depende en gran parte de las ciencias empíricas que descubren los secretos de la naturaleza. Parece que no existe ningún ámbito de la naturaleza que se pueda vetar al poder de la investigación y la tecnología. De hecho, el mundo en que hoy vivimos es en buena parte un mundo construido por el hombre.

Y sin embargo, este concepto de mundo preocupa cada vez más a la propia humanidad del hombre, como demuestran los grandes debates sobre la polución y degradación del hábitat natural, sobre el peligro de la destrucción atómica y tantos otros.

Paradójicamente, el nudo del problema radica en que no se toma suficientemente en serio la pertenencia del hombre al mundo natural. Si el hombre está inserto, mediante su cuerpo, en el mundo natural y biológico, significa que el mismo mundo de la naturaleza forma parte de la existencia humana. El mundo no es una realidad totalmente externa y extraña que se pueda transformar radicalmente sin implicar para nada la propia existencia humana.

2. *La relativización del yo en el enfoque evolucionista*

El concepto de mundo de las ciencias biológicas está profundamente marcado por la teoría del evolucionismo general[14].

---

14. Cf. J. Huxley (ed.), *Evolution. The Modern Synthesis*, London ³1974; Th. H. Huxley, *L'evoluzionismo. Una antologia...*, Torino 1972; V. Marcozzi, art. *Evoluzionismo*, en *Enciclopedia filosofica* III, Firenze 1982, col. 428-438; A. van Melsen, *Evolution and Philosophy*, Pittsburgh 1965.

Cuando Charles Darwin (1809-1882) publicó en 1859 su célebre libro *On the Origin of Species by Means of Natural Selection*, algunos filósofos (por ejemplo, E. Haeckel, F. Nietzsche, K. Marx, F. Engels…) vieron en él la segunda etapa en la desmitificación de las ilusiones antropológicas que estaba operando la ciencia, es decir, la desmitificación del hombre como sujeto. Después de Copérnico la Tierra había dejado de ser el centro del universo, pero el hombre seguía siendo más que nunca el centro de la tierra. El evolucionismo biológico trata ahora de dar un vuelco radical a esta situación de privilegio. El hombre no es el centro de la tierra, sino un fruto tardío de la cadena evolutiva de las especies vivas y se le puede comprender plenamente desde las virtualidades de la materia evolutiva[15].

Esta interpretación evolucionista, que generalmente se aplica a la naturaleza y al hombre, se presentaba y consideraba diametralmente opuesta a la creacionista[16]. En lugar del hombre, creado hace pocos miles de años, un ser perfecto y superior desde el principio, pero cada vez más sumido en la ignorancia y el mal, se perfila ahora un ser humano proyectado sobre tiempos larguísimos que evoluciona lenta y gradualmente hasta la condición humana. Al principio, el hombre aparece totalmente inmerso en la animalidad. Creando una cultura humana, asciende lentamente hasta los niveles actuales de humanidad.

Para Pierre Teilhard de Chardin (1881-1955) –sobre todo *Le phénomène humain* (1940), publicado en 1955– la evolución humana forma parte de la evolución general de la materia. La evolución se caracteriza por la creciente complejidad (diferenciación) de la realidad y de la ley de la interiorización progresiva o concentración (las estructuras cada vez más complejas se repliegan sobre sí mismas para formar una unidad más estrecha)[17].

La evolución en el tiempo incluye tres estadios: 1) la geosfera (complejidad progresiva de átomos y de moléculas materiales); 2) la biosfera (vida orgánica gradualmente más compleja, donde es cada vez más importante el desarrollo del cerebro); 3) la noosfera

---

15. Cf. N. M. Wildiers, *Wereldbeeld en theologie van de middeleeuwen tot vandaag*, 333-370.
16. Cf. R. Trigg, *Ideas of Human Nature*, 85-100.
17. Cf. P. Teilhard de Chardin, *Le phénomène humain*, Paris 1955 (versión cast.: *El fenómeno humano*, Barcelona ²1985). El manuscrito es de 1940.

(fase en que nace la conciencia reflexiva basada en una gran complejidad del cerebro).

La historia del hombre y de la cultura es una especie de superbiología. La noosfera (humanidad histórica) se rige a la vez por el incremento de la complejidad y de la interiorización (fase de diversificación y divergencia; fase de crecimiento hacia una mayor unidad...).

Como punto terminal del movimiento unificador que rige la evolución, Teilhard de Chardin habla del punto Omega, punto focal del desarrollo cósmico donde confluyen todas las fuerzas y la evolución alcanza su plenitud. En la línea de la fe cristiana, Teilhard de Chardin cree que el avance de la humanidad hacia una mayor unidad no depende solamente del impulso evolutivo interior, sino también de la atracción de una fuerza trascendente. El punto Omega es también Dios, que actúa en Cristo para la unificación del género humano. En la encarnación de Cristo se hace visible el movimiento ascendente del hombre hacia Dios[18].

Se puede añadir que, según Teilhard de Chardin, todo el movimiento de la evolución se dirige hacia el hombre. El hombre, producto total de la evolución, no ha aparecido por casualidad, sino que todo se orientaba de algún modo hacia esa aparición. La misma materia es orientación hacia la materia viva y hacia la aparición del hombre.

En Teilhard de Chardin el evolucionismo no lleva a la negación de la persona individual como sujeto metafísico.

Tanto desde las ciencias como desde la teología se hacen críticas sustanciales y fundamentales contra la obra de Teilhard de Chardin.

La tesis de Jacques Monod (1910-1976) sobre este tema se opone diametralmente a la de Teilhard de Chardin. Para J. Monod, la evolución avanza por casualidad, por ejemplo mediante errores o diferencias que se introducen casualmente en la reproducción del código genético. No tiene ningún sentido hablar de que la evolución cósmica y biológica esté orientada hacia la aparición del hombre. Nadie podía esperar que apareciera el hombre[19].

18. Para una aproximación crítica al pensamiento de Teilhard de Chardin, cf. P. Smulders, *La visione di Teilhard de Chardin*, Torino 1965.
19. Cf. J. Monod, *Il caso e la necessità. Saggio sulla filosofia naturale della biologia contemporanea*, Milano 1972 (versión cast.: *El azar y la necesidad*, Barcelona 2000).

3. La negación del sujeto personal en nombre de la psicología

Casi a caballo entre el mundo biológico y el mundo cultural se sitúan algunos planteamientos psicoanalíticos que niegan el sujeto personal por pertenecer al mundo de los dinamismos biológicos. Aludiremos solamente a la teoría más importante en este terreno, que es la psicología de Sigmund Freud, o más exactamente, la teoría antropológica que va mezclada con su psicología[20]. Según Freud (1856-1939) la *libido* sexual es el factor fundamental de todo ser humano. Es la fuerza que anima y produce todos los aspectos de la vida humana. Es indudable que, a primera vista, las cosas no parecen ser así, porque el factor sexual parece tener un papel limitado en la vida social en razón de la censura a que ella lo somete. Esta censura impide la mayoría de las manifestaciones y expresiones del instinto, que es desplazado hacia el inconsciente, desde donde sigue influyendo en la vida humana, a menudo en forma de complejos y neurosis. Además, se manifiesta bajo distintas formas de sublimación. Las grandes energías de la libido, que no se pueden satisfacer directamente porque lo prohíbe la censura social, buscan otros objetos culturales como el arte, la religión o la filosofía.

Freud piensa que al sujeto humano se le puede comprender exhaustivamente partiendo de los factores instintivos, biográficos y culturales. El espíritu, esa conciencia nuestra tan elogiada como sujeto de opciones personales y libres, está profundamente dominado por las energías de la libido, que dirigen la orientación de las opciones. Por otro lado, es un reflejo del contexto biográfico y cultural en que se vive. La inteligencia y libertad personales serían, en definitiva, una ilusión. Sólo a nivel fenomenológico y vital tienen algún significado. Pero, a la luz de la crítica psicológica, aparecen como fenómenos derivados que se pueden reducir a raíces biológicas y al contexto cultural[21]. Este es, a grandes rasgos, el marco teó-

---

20. Cf. E. Jones, *The Life and Work of Sigmund Freud* I, New York [7]1955, 365-404; P. Langford, *Modern Philosophies of Human Nature*, 123-166; J. Nuttin, *Psicanalisi e personalità*, Alba 1950, 64-87; P. Ricoeur, *Della interpretazione. Saggio su Freud*, Milano 1967, 461-502; R. Trigg, *Ideas of Human Nature*, 133-148.

21. Cf. S. Freud, *L'Io e l'Es*, en *Opere di Sigmund Freud* IX, Torino 1977, 475-520 (versión cast.: *El yo y el ello y otros estudios de metapsicología*, Madrid 2003).

rico general donde se encuadran sus terapias y teorías psicológicas sobre la neurosis[22].

Sigmund Freud estaba personalmente convencido de que su teoría psicológica constituía la desmitificación más radical del sujeto personal y libre que se había realizado en la historia. Estaba convencido de haber desenmascarado definitivamente la ilusión del sujeto personal y metafísico. Por eso alineaba su psicología entre las grandes revoluciones del pensamiento operadas por Copérnico y Darwin[23].

II. El mundo como sociedad y cultura

En vez de tomar como punto de referencia la idea de mundo procedente de las ciencias naturales (física, biología), muchas filosofías del siglo XX toman como referencia el mundo del hombre, es decir, la cultura y la sociedad. Pues el hombre no está inserto solamente en la evolución biológica y natural, sino que hunde también sus raíces en la sociedad y en la cultura[24].

Seleccionaremos algunos ejemplos y los expondremos de forma muy resumida.

1. *El materialismo histórico de Karl Marx*

En Karl Marx hallamos un sistema de interpretación del hombre que afirma que su pertenencia al mundo es un «reflejo» del conjunto social y cultural al que pertenece. El mismo sujeto humano aparece, en definitiva, como una «ilusión». No sólo en el plano biológico, sino también en el metafísico, el ser humano es simplemente un individuo que pertenece a una especie. Lo que de humano –o alienante– se encuentra en él no es suyo, sino que procede

---

22. Cf. J. Nuttin, *Psicanalisi e personalità*, 166-204. Para una exposición crítica, cf. G. Kraus, *Blickpunkt Mensch. Menschenbilder der Gegenwart aus christlicher Sicht*, München 1983, 194-220.

23. S. Freud, *Introduzione a la psicoanalisi*, en *Opere di Sigmund Freud* VIII, Torino 1976, 446 (versión cast.: *Introducción al psicoanálisis*, Madrid 2002). Cf. también R. Trigg, *Ideas of Human Nature*, 134.

24. Cf. W. Luijpen, *Existential Phenomenology*, Pittsburgh-Louvain 1969, 63-68.

del conjunto donde se halla inserto. El hombre (*ego*, sujeto, individuo) se puede explicar totalmente a partir de los factores sociales y culturales que se reflejan en él. El sujeto es solamente un conjunto de relaciones sociales[25].

Karl Marx no comulga con los viejos materialistas franceses como P. Gassendi, J. de Lamettrie o C. Helvétius, que creían que se podía explicar íntegramente la realidad del cuerpo mediante la teoría corpuscular y reducir la vida intelectual a la actividad de los sentidos. Por otro lado, este materialismo sólo tuvo algunos seguidores mientras estuvo de moda la física atomística. J. de Vries ha documentado con muchos testimonios cómo los materialismos actuales han superado este sensitivismo vulgar[26].

La expresión «materialismo histórico» fue acuñada por Friedrich Engels (1820-1895) para definir la filosofía de Marx. Este materialismo no se propone explicar en general el universo ni deducir la vida psíquica de procesos fisiológicos, sino que trata de explicar la sociedad y la civilización humana desde una base económica y social[27].

Este materialismo contrasta claramente con la concepción hegeliana de la historia, que otorga la primacía a la actividad racional del espíritu. Para Karl Marx, lo fundamental del hombre y de la historia no es la actividad filosófica, sino el trabajo que transforma el mundo material y genera plusvalía. Por el trabajo, el hombre se eleva a la dignidad de ser humano construyendo plena y autónomamente los distintos aspectos de la civilización. El hombre es una creación del hombre, y sólo en este sentido su lugar en el universo es único e inconfundible[28].

La realidad humana –o sea, la historia– no progresa linealmente, sino dialécticamente, es decir, mediante tesis, antítesis y síntesis. Por las luchas y las confrontaciones, la historia da un salto cualitativo hacia delante. Pero la dialéctica no se produce en el plano de las ideas, como pensaba Hegel, sino en la realidad económica y social, la base material que determina las demás formas de vida humana. Comenta G. Wetter:

25. Cf. P. Dognin, *Introduzione a Karl Marx*, Roma 1972, 144-205; J.-Y. Jolif, *El ateísmo marxista y la interpretación de la historia*, en G. Girardi (ed.), *El ateísmo contemporáneo* III, Madrid 1973, 281-304.
26. Cf. J. de Vries, *Materie und Geist. Eine philosophische Untersuchung*, München 1970, 49-70.
27. Cf. F. Engels, *Anti-Dühring*, Madrid 1968, 30.
28. Cf. P. Dognin, *Introduzione a Karl Marx*, 109-132.

La contradicción que se reproduce sin cesar entre la etapa de desarrollo de las fuerzas productivas de la sociedad y las nuevas relaciones sociales de producción existentes, se convierte en una contradicción social, en cuanto que una parte de la sociedad está interesada en la conservación de las relaciones sociales existentes, mientras que la otra parte desea su abolición y la instauración de unas nuevas relaciones. Esta contradicción sólo se soluciona mediante la revolución social[29].

El propio Marx formula su tesis en estos términos:

En la producción social de su vida, los hombres entablan determinadas relaciones necesarias e independientes de su voluntad, relaciones de producción que responden a una determinada fase de desarrollo de las fuerzas productivas materiales. El conjunto de estas relaciones de producción forma la estructura económica de la sociedad, la base real sobre la que se levanta la superestructura jurídica y política, y a la que corresponden determinadas formas de conciencia social. El modo de producción de la vida material condiciona el proceso de la vida social, política e intelectual en general. No es la conciencia del hombre la que determina su ser, sino por el contrario, es su ser social el que determina su conciencia[30].

Todas las transformaciones de la base económica y social conducen, por consiguiente, según Marx, a otras transformaciones de la superestructura. El derecho, la política, el Estado, la ideología, la moral e incluso la religión dependen profundamente de la base económica. Marx predecía incluso la progresiva desaparición del Estado como órgano de opresión y alienación. La religión desaparecerá por completo por falta de una base que la nutra, puesto que no es más que el reflejo de una falsa situación social. Una vez eliminadas todas las alienaciones sociales y económicas, la religión no tendrá ya ninguna razón de ser[31].

La meta última de este proceso de autorrealización del hombre por obra del hombre, a partir de la transformación de la base económica y de las relaciones laborales, es la superación total de la

---

29. G. A. Wetter, art. *Materialismo dialettico*, en *Enciclopedia filosofica* V, Firenze 1982, col. 545.
30. K. Marx, *Contribución a la crítica de la economía política* (prólogo), en K. Marx-F. Engels, *Sobre la religión* I, Salamanca, 1974, 240-241.
31. Cf. C. Cottier, *Ateísmo y marxismo* I. *Karl Marx*, en G. Girardi (ed.), *El ateísmo contemporáneo* II, Madrid 1971, 101-130.

alienación producida por la naturaleza y la abolición de toda forma de sumisión y esclavitud producida por el prójimo. La naturaleza ha de ser plenamente humanizada y el hombre tiene que llegar a conciliarse totalmente con la naturaleza[32].

No vamos a exponer ampliamente el materialismo dialéctico de F. Engels y del comunismo oficial, porque se trata de una filosofía en la que el centro de la historia se desplaza de la historia del hombre hacia la historia natural y cósmica. La misma materia se realizaría de forma dialéctica independientemente del hombre. Más aún, la historia humana no sería sino una de las formas y expresiones de la dialéctica material universal. La historia recibe así una impronta fuertemente determinista.

> En contra del idealismo, que considera el mundo como la encarnación de la «idea absoluta», del «espíritu universal», de la «conciencia», el materialismo filosófico de Marx parte del principio de que el mundo es, por naturaleza, material; que los múltiples fenómenos del mundo representan diversos aspectos de la materia en movimiento; que los vínculos mutuos y el condicionamiento recíproco de los fenómenos descubiertos por el método dialéctico constituyen las leyes necesarias del desarrollo de la materia en movimiento; que el mundo se desarrolla según las leyes del movimiento de la materia y no necesita de ningún «espíritu universal»[33].

2. *El estructuralismo y la muerte del hombre*

Permaneciendo en el marco de la desmitificación del sujeto, daremos unas pinceladas sobre el estructuralismo.

El estructuralismo no nació como teoría antropológica y en general no se puede decir que lo sea. Pero ha influido notablemente en la antropología. Sus matrices principales son la lingüística (estudio de las lenguas) de F. de Saussure (1857-1913)[34] y la etnología de C. Lévi-Strauss. Su idea fundamental es que en numerosos fenómenos, aparentemente fragmentados y heterogéneos,

---

32. Cf. K. Marx, *Manuscritos: economía y filosofía*, Madrid 1972, 145s. Sobre los aspectos humanistas de este materialismo, cf. G. Girardi, *Marxismo y cristianismo*, Madrid 1968, 25-109.
33. G. Stalin, *Del materialismo dialettico e del materialismo storico*, Mosca 1947, 15-16.
34. Cf. F. de Saussure, *Curso de lingüística general*, Madrid ⁸1998.

se pueden descubrir estructuras invariables subyacentes, y que estas estructuras invariables están realmente llenas de elementos variables según las culturas. Como es obvio, las estructuras son neutras e impersonales[35].

Claude Lévi-Strauss (nacido en 1908) utilizó el análisis estructural, concebido por F. Saussure para la lingüística, transfiriéndolo a la etnología y a la antropología cultural de las sociedades elementales. Se propuso analizar la sociedad como una forma de comunicación aplicándole el modelo estructural[36]. En sus obras quiso establecer modelos formales que expresan las estructuras (inconscientes) de una sociedad. En su *Antropología estructural* escribe:

> Si, como creemos, la actividad inconsciente del espíritu consiste en poner formas a un contenido, y si estas formas son fundamentalmente las mismas para todos los individuos, antiguos y modernos –como demuestra palmariamente el estudio de la función simbólica y como se manifiesta en el lenguaje simbólico–, es necesario y suficiente alcanzar la estructura inconsciente subyacente a toda institución o a todo uso para conseguir un principio de interpretación válido para otras instituciones y usos, siempre que el análisis llegue bastante lejos[37].

Louis Althusser (1918-1990) ha tratado de modernizar las teorías de Marx releyéndolas a la luz del estructuralismo. La acción del sujeto humano en la sociedad depende fundamentalmente de tres factores estructurales: 1) el nivel económico y social, constituido por las fuerzas y relaciones de producción, que determina los niveles sucesivos; 2) el nivel político; y 3) el nivel ideológico[38].

Según Althusser, hasta 1845 el joven Marx era todavía humanista y burgués, porque daba mucha importancia a la libertad y a la iniciativa del sujeto. Pero a partir de ese año (en que publica *La ideología alemana*), el sujeto humano desaparece por completo como factor de interpretación de la sociedad. Afirmar que el sujeto está «alienado» o que «se ha recuperado a sí mismo» no signifi-

---

35. Cf. J. Piaget, «L'utilizzazione delle strutture negli studi sociali», en *Lo strutturalismo*, Milano 1973, cap. VI, 129-150 (versión cast.: *El estructuralismo*, Vilassar de Mar ²1980).
36. Cf. C. Lévi-Strauss, *Antropologia strutturale*, Milano 1966 (versión cast.: *Antropología estructural*, Barcelona 1995).
37. *Ibid.* 33-34.
38. Cf. L. Althusser, *Per Marx*, Roma 1974.

ca nada. En cambio, todos los fenómenos sociales y humanos se explican por las leyes que regulan la producción económica, la política y la ideología[39].

Michel Foucault (1926-1984), al estudiar la historia de las ciencias del hombre, llega a cuestionar hondamente esas ciencias y al sujeto humano como tal. Ya no se trata del hombre, es decir, de la conciencia personal como punto de partida del pensamiento, de la libertad y de la historia. Lo único que queda es el papel del hombre en el sistema: el hombre como elemento de un sistema, como un fragmento de texto en el conjunto de un sistema lingüístico. El sujeto no es la fuente del pensamiento ni de la palabra, pero el lenguaje habla en el sujeto. En este sentido, M. Foucault habla de la muerte del hombre, es decir, del sujeto libre y creativo[40].

Podemos decir, en resumen, que el estructuralismo es un método con implicaciones filosóficas. Muchos lo han utilizado también para realizar afirmaciones radicales sobre el ser del hombre. Como método científico (aunque contestado y discutido en el ámbito de la propia etnología) es útil para comprender una serie de fenómenos que de otro modo resultarían inconexos y heterogéneos.

Cuando el estructuralismo se transfiere al plano de la interpretación filosófica del hombre, el sujeto personal se diluye y, en vez de ser un punto firme desde el que se pueden comprender y aclarar los fenómenos, sólo se comprende a partir de la conexión estructural entre fenómenos. El sujeto humano se presenta fácilmente como punto de encuentro y confluencia de estructuras y fuerzas, como resultado, pues, de otros factores. El *ego* como centro subjetivo, como inteligencia y creatividad, resulta una ilusión sin consistencia real. De cuando en cuando el sujeto se ve radicalmente dominado por estructuras económicas, psicológicas, sociales, etc. El sujeto es una ilusión (= muerte del hombre); la actividad autónoma de la conciencia, también. Los términos tradicionales de la antropología se invierten radicalmente: en lugar de «yo pienso», «yo soy pensado»; en vez de «yo hablo», «yo soy hablado»; en lugar de «yo obro», «yo soy movido»[41].

---

39. Cf. L. Althusser-E. Balibar, *Leggere Il Capitale*, Milano 1968.
40. Cf. M. Foucault, *Historia de la locura en la época clásica*, Madrid 1979; Id., *Las palabras y las cosas: una arqueología de las ciencias humanas*, Madrid ²1999; Id., *Vigilar y castigar: nacimiento de la prisión*, Madrid 2000.
41. Cf. J.-M. Domenech, *Le système et la personne*: Esprit 35, n. 560 (1967) 772.

III. Insuficiencia del materialismo antropológico

Antes de examinar más de cerca las características básicas del ser en el mundo desde una perspectiva fenomenológica y personalista, conviene hacer algunas consideraciones críticas sobre las interpretaciones anteriores. Sus aspectos positivos los trataremos en el siguiente apartado.

1. *Interpretación «materialista» del hombre*

Se puede afirmar, en general, que la mayoría de las interpretaciones del hombre que hemos expuesto anteriormente son variantes de una interpretación materialista. El ser en el mundo o la pertenencia del hombre al mundo se convierte en la primera y última palabra del ser humano.

Desde una perspectiva filosófica, el término materialismo se refiere a todas las interpretaciones del hombre y del mundo que sostienen que la materia es el componente último de la realidad. Todos los aspectos de la realidad que el lenguaje y la filosofía consideran que no son de naturaleza material, ahora se reducen a la materia y a las leyes que la rigen.

> Se da *materialismo filosófico* cuando, al proponer una explicación última y definitiva de las cosas, se afirma el primado de la materia concibiéndola como *sustrato*, como componente primero, como fundamento último de los seres y de toda forma de existencia. En el materialismo, materia y realidad llegan a ser en definitiva sinónimos[42].

El hombre, aun teniendo un nivel de vida muy distinto del que tiene el animal y de cualquier otro ser del mundo, en último término no es sino una expresión de la materia evolutiva. La idea central del materialismo antropológico es que el hombre en su totalidad es

---

42. A. Dondeyne, *L'esistenza di Dio e il materialismo contemporaneo*, en J. de Bivort de la Saudée (ed.), *Dio, l'uomo, l'universo*, Torino 1952, 5; cf. W. Büchel, *Materia*, en H. Krings y otros (eds.), *Concetti fondamentali di filosofia* II, Brescia 1982, 1214-1225. Para el uso de «materia» en las ciencias naturales, cf. L. Gratton, art. *Materia*, en *Enciclopedia Einaudi* VIII, Torino 1979, 878-929.

expresión de las mismas fuerzas naturales que estudian las ciencias empíricas.

> Todos los sistemas materialistas coinciden en concebir al hombre como resultado de procesos y fuerzas cósmicas exactamente igual que las cosas son resultado de fuerzas y procesos cósmicos. Un materialista diría, por tanto, que el ser del hombre es ser en el mundo en el sentido de que el hombre, a la zaga de las demás cosas, es una cosa entre otras cosas, un trozo de «naturaleza», un momento de la evolución infinita del cosmos[43].

Según J.-P. Sartre,

> un efecto del materialismo es que el hombre conciba a todos los hombres, incluido él, como objetos, como una suma de reacciones determinadas que en nada se distinguen de la suma de las cualidades y fenómenos que forman una mesa, una silla o una piedra[44].

Desde una perspectiva filosófica se podría afirmar también que el materialismo filosófico reduce todas las expresiones personales a la realidad neutra e impersonal. El materialismo es el primado de lo neutro. No hay duda de que a nivel fenomenológico o de experiencia común, la conciencia, la inteligencia, la libertad, etc., no se pueden confundir con procesos fisiológicos y naturales. Pero, en el plano de las explicaciones últimas y metafísicas, el primado le corresponde a la materia neutra, impersonal y objetiva. La realidad subjetiva y personal hay que comprenderla, en definitiva, a la luz de la realidad neutra e impersonal. «El materialismo –dice E. Levinas– no está en el descubrimiento de la función primordial de la sensibilidad, sino en la primacía de lo neutro»[45]. Por eso el materialismo es, al fin y al cabo, una doctrina monista, porque se considera que la realidad neutra del mundo, que se alcanza por las ciencias, es un sistema unitario de causalidad. Esta totalidad constituiría la raíz y la explicación última de los seres individuales y también de las personas individuales con su vida de conciencia personal, de pensamiento, de libertad, de responsabilidad moral, etc.

---

43. Cf. W. Luijpen, *Existential Phenomenology*, 30.
44. J.-P. Sartre, *L'esistenzialismo è un umanesimo*, Milano ⁵1968, 69 (versión cast.: *Existencialismo es un humanismo*, Barcelona 2002).
45. E. Levinas, *Totalità e infinito. Saggio sull'esteriorità*, Milano 1980, 307 (versión cast.: *Totalidad e infinito. Ensayo sobre la exterioridad*, Salamanca ⁶2002).

2. Carácter cientificista del materialismo

La interpretación materialista del hombre va generalmente unida a la tesis de que las ciencias pueden explicar exhaustivamente la realidad. La absolutización de las ciencias positivas es el rasgo más común de todos los materialismos.

No se trata de negar que las ciencias empíricas puedan decir algo sobre todas las manifestaciones del hombre. En efecto, el hombre expresa y realiza toda la riqueza de su ser en el mundo material y como tal puede ser también objeto de consideraciones e investigaciones científicas. Sin embargo, la discusión no se centra en este punto.

La cuestión decisiva consiste más bien en que *a priori* y dogmáticamente se toma un aspecto –verdadero y real– como si fuera el todo. Se afirma *a priori* –y en esto consiste justamente el cientificismo– que no existe más realidad que la que abordan las ciencias y que no hay más verdad que la científica. La misma filosofía no sería sino la síntesis de los principios más generales y universales de las ciencias.

La crítica de las ciencias, realizada por grandes filósofos y estudiosos desde finales del siglo XIX, ha puesto de relieve muchas veces que los métodos científicos se interesan solamente por los aspectos objetivos y verificables de la realidad. De ahí que, a causa de ese método, otros muchos aspectos de la realidad queden necesariamente fuera de su perspectiva y consideración. Y esto no sólo en la realidad personal y subjetiva del hombre, sino también en la naturaleza. Las ciencias –sin menoscabo del enorme aprecio que merecen– ofrecen inevitablemente una imagen empobrecida de la realidad natural, reduciéndola a una red de relaciones causales objetivas, sin significados humanos concretos, en la medida que se prestan a la verificación experimental. El agua se convierte en H_2O, la luz y la música se quedan en vibraciones, etc. Se olvida por completo que, antes de toda investigación científica y junto a ella, la naturaleza posee un significado riquísimo para el hombre. Esto vale *a fortiori* para la riqueza subjetiva y personal del hombre, de la que las ciencias prescinden metodológicamente[46].

---

46. Cf. W. Luijpen, *Phenomenology and Atheism*, Pittsburg-Louvain 1964, 166-169.

Las ciencias no pueden pretender formular juicios metafísicos sobre la subjetividad espiritual del hombre ni aseverar radicalmente nada sobre la existencia o no existencia de Dios[47].

3. *Las contradicciones latentes*

Los materialismos que se mueven en esta órbita cientificista presentan numerosas incongruencias y algunas contradicciones latentes que han sido señaladas muchas veces, incluso por los defensores del materialismo.

Una incoherencia fundamental se manifiesta cuando se intenta concebir el lugar único del hombre en el marco de una explicación radicalmente materialista. A ningún materialista actual se le ocurre presentar al hombre como un animal más, o reducir el maravilloso edificio de las ciencias y la cultura a una especie de secreción fisiológica del cerebro. El lugar único del hombre en el universo resulta tan evidente que nadie lo puede negar en absoluto. Existen el mundo, las cosas, los medios de producción, los procesos químicos, las causalidades naturales… porque el hombre es capaz de pensar todo eso. Los árboles, los animales y las cosas no piensan en nada, no crean ciencia, no desarrollan tecnologías, no formulan ninguna clase de filosofía, ni materialista ni espiritualista. A pesar de ello, los diferentes materialismos afirman que las mismas e idénticas categorías que sirven para explicar las cosas naturales, sirven también para explicar exhaustivamente al hombre. Lo menos que puede decirse es que los filósofos materialistas formulan una teoría incoherente que es incapaz de explicar su propia existencia como filósofos. Como observa justamente W. Luijpen:

> La contradicción está en que el filósofo [materialista] acepta por un lado que las mesas, las sillas, las capas geológicas y la lluvia no pueden crear una filosofía materialista, mientras que por otro lado le gustaría poder explicar su propia existencia como filósofo materialista precisamente por las mismas categorías con las que enuncia el ser de las mesas, las sillas, las capas geológicas y la lluvia[48].

---

47. Cf. M. Plank, *Religione e scienza*, en *Scienza, filosofia, religione*, Milano 1965, 240-256.
48. Cf. Luijpen, *Phenomenology and Atheism*, 169.

La incoherencia clave está en que la teoría materialista niega y elimina constantemente la función del sujeto singular y libre, pero recurre clandestinamente a él para que funcione la explicación materialista del hombre. Para los marxistas, la historia consiste en el desarrollo determinista y necesario de la alienación y liberación progresiva del hombre. El trabajo es necesario, la división del trabajo también, las clases sociales se forman necesariamente, la lucha de clases y el empobrecimiento de las masas obreras son inevitables, y la revolución proletaria surge por necesidad y lleva necesariamente a la victoria y a la instauración del comunismo.

En todos estos procesos dialécticos, el papel del sujeto singular, de su iniciativa y de su libertad resulta insignificante, incluso nulo. Sus ideas y convicciones no serían sino el reflejo de las circunstancias económicas concretas en las que le toca vivir. A pesar de esto, Marx protesta violentamente contra la injusticia y la alienación en que se encuentra la clase obrera. Protestar es afirmar y proclamar que las cosas no deben ser así. Ahora bien, si Marx puede protestar y juzgar, es porque puede evaluar personalmente las situaciones, y no en virtud de un reflejo determinista. Su juicio revela una verdad trascendente. Pero si se toma a la letra el sistema materialista, no queda ningún espacio para el papel profético de Marx ni para su sentido moral de la justicia[49].

La incoherencia latente aparece también en el tema del trabajo concebido como autocreación del hombre por el hombre. Es una tesis fundamental del materialismo marxista. Marx afirma que la realidad, es decir, los medios de producción y las relaciones de trabajo, determina la conciencia. Todo el edificio superior de la cultura estaría determinado por esta base material. Pero es evidente que los medios de producción no existen sin la presencia específica del hombre en el mundo. Los medios de producción existen porque el hombre individual tiene una conciencia libre que domina potencialmente el mundo, lo conoce, toma iniciativas y crea los instrumentos necesarios. Un campo es un campo porque el hombre toma la iniciativa de cultivar la tierra. Una mina es una mina porque los minerales forman parte de un proyecto humano y porque se crean los instrumentos necesarios para extraer el mineral. Es decir, si existen los medios de producción se debe solamente a que exis-

---

49. *Ibid.*, 132-138.

te una conciencia y una iniciativa que no son, en definitiva, el reflejo del nivel económico o de la estructura concreta del trabajo. Es preciso reconocer en el hombre una conciencia originaria que no se identifica con las formas de conciencia de que habla Karl Marx[50].

IV. DIMENSIONES FUNDAMENTALES DEL SER EN EL MUNDO

Desde Edmund Husserl y también en la filosofía de la existencia se trata de reivindicar, frente al objetivismo de las ciencias, la enorme importancia del mundo vital o cultural en que el ser humano llega a la conciencia de sí mismo y que constituye el horizonte permanente desde el que vive su relación con la realidad.

1. *El mundo como dimensión de la existencia humana*

Con E. Husserl (1859-1938) se llega a una profunda crítica del enfoque objetivista del mundo que caracteriza a las ciencias de la naturaleza. La idea fundamental de mundo no es esa representación que se puede alcanzar mediante las ciencias positivas. Desde la perspectiva filosófica el mundo es el contexto u horizonte, previo a toda actitud científica, donde cada sujeto humano se halla ya inserto y profundamente modelado cuando toma conciencia de sí mismo. Este «mundo vital» (*Lebenswelt*) o mundo propio donde cada uno vive es la experiencia directa, es decir, inmediatamente evidente, de las personas y de las cosas confirmada por el actuar práctico[51].

Cada ser humano vive en un mundo propio, distinto del de los demás. Un mundo que ha construido a lo largo de su vida a base de innumerables experiencias en su contacto con la realidad de las cosas y las personas. Cada uno tiene su particular historia, sus concretas actividades y una selección propia de elementos del gran patrimonio cultural.

Este mundo personal forma parte del propio yo. Sin este mundo resultaría imposible percibir la propia identidad. Para subrayar

---

50. *Ibid.*, 136.
51. Cf. H. Spiegelberg, *The Phenomenological Movement*, The Hague 1960, 159-162.

esta idea se afirma que la conciencia tiene una dimensión mundana, es decir, que ser en el mundo es constitutivo del ser humano.

Pero los múltiples mundos individuales no son guetos aislados. Si se consideran las semejanzas que presentan, cabe hablar de mundo del muchacho, mundo del campesino, mundo del estudiante, mundo del científico y así sucesivamente.

Es muy importante no perder de vista que la construcción del mundo vital o personal está muy determinada por esquemas sociales y culturales. En realidad, a la conciencia de sí mismo y a la construcción de un mundo propio se llega en el marco de un mundo cultural, a menudo bastante diferente de otros mundos culturales.

El mundo vital es anterior a todas las interpretaciones científicas y constituye el ambiente y el horizonte desde donde se realizan las interpretaciones científicas. En comparación con el mundo científico, el mundo vital es subjetivo, relativo, está ligado a la cultura y al tiempo. Existen, pues, por definición muchos mundos vitales. Algunos de ellos no han sido elaborados científicamente. Muchos de sus elementos pueden ser abordados y corregidos por la reflexión científica. Nunca se podrá recuperar por completo la enorme riqueza del mundo vital para configurarla científicamente. Ninguna ciencia podrá sustituir jamás este mundo vivido[52].

Martin Heidegger toma la idea de mundo en el sentido de mundo vital (*Lebenswelt*). Rechaza el planteamiento de Descartes y del racionalismo, que ve en la *extensión* la idea básica de mundo[53]. Insiste en que la conciencia humana no es una conciencia cerrada ni extraña al mundo, sino todo lo contrario, y se debe definir sobre todo como relación con el mundo en que vivimos. Por su estatuto ontológico, la conciencia es referencia al mundo vital (la idea de la «intencionalidad» de la conciencia). Ser en el mundo es la característica más radical de la conciencia[54].

En su libro *Ser y tiempo* (1927), Heidegger describe las características fundamentales o dimensiones constitutivas de la existencia humana en cuanto ser en el mundo («in-der-Welt-sein»). Las llama «existentialia» y las principales son: el estar orientado hacia

---

52. Cf. T. de Boer, *The Development of Husserl's Thought*, The Hague 1978.
53. Cf. M. Heidegger, *Essere e tempo*, Milano 1953, par. 12-13, p. 65-75 (versión cast.: *Ser y tiempo*, Madrid 2003).
54. *Ibid.*; cf. W. Luijpen, *Existential Phenomenology*, 54-61.

el mundo, el estar en el mundo (caracterizado por la preocupación), el ser con los otros (que se caracteriza por el cuidado, pero también por la mentalidad de masa y la mediocridad), la posibilidad de comprender el propio lugar, la posibilidad de realizarse y proyectarse, y la razón o posibilidad fundamental de articular y de ordenar. La existencia puede ser auténtica o inauténtica. Globalmente y en su conjunto, la existencia humana se define como preocupación, como angustia y, finalmente, como angustia de la muerte o ser para la muerte («Sein zum Tode»)[55].

2. *Aspectos fundamentales del ser en el mundo*

En las antropologías de corte personalista se tiende generalmente a hacer una síntesis de los elementos válidos de las distintas concepciones del mundo y, en particular, a una síntesis entre el enfoque que se inspira sobre todo en las ciencias modernas y el que propone la fenomenología existencial.

a) *El vínculo vital con el cosmos, la naturaleza y la vida*

La imagen objetiva del mundo que se inspira en las ciencias empíricas, aunque es inaceptable globalmente como expresión de la idea de «mundo», contiene algunos elementos verdaderos sobre el mundo humano. Mediante su existencia corpórea, el ser humano se encuentra indudablemente inserto en el mundo físico y está sometido a todas las leyes y estructuras que lo rigen. La existencia participa de la multiplicidad, extensión, causalidad, espacio y tiempo. El hombre forma parte también profundamente de la realidad de la naturaleza y de la vida.

La corporeidad del hombre implica también pertenecer a ese gran mundo biológico y evolutivo, tal como es investigado hoy por las ciencias empíricas. Esto supone un gran condicionamiento de la existencia humana.

Se trata ciertamente de un solo aspecto que no puede pretender convertirse en la expresión exhaustiva del mundo humano. Si se

---

55. Cf. H. Spiegelberg, *The Phenomenological Movement*, 326-339.

mira sólo el mundo a través de los esquemas objetivantes de las ciencias empíricas, no se habla adecuadamente de lo que es el mundo para el ser humano individual. El mundo real y concreto en el que viven los seres humanos no coincide con el mundo objetivo de las ciencias, donde no hay sitio para el niño, para la sonrisa, para la poesía, para contemplar la naturaleza, para la religión, para la reflexión científica, para la incertidumbre, la angustia, la esperanza...

b) *El mundo como mundo vital*

La fenomenología resulta muy limitada como aproximación filosófica a la realidad. Pero no parece que le falte razón cuando insiste en que el mundo real y concreto del hombre no se puede pensar sin incluir en él la relación con la subjetividad humana. La persona humana individual no se puede comprender exclusivamente desde sus relaciones con la totalidad material y orgánica. Para comprender el mundo del hombre es preciso tener en cuenta también su biografía personal, su mundo vital, que predetermina cualquier otra aproximación a las distintas realidades del mundo.

c) *El mundo como sociedad y cultura*

El mundo del hombre también está muy determinado por el contexto social y cultural en que está inserto el ser humano. Nuestro modo de pensar (las categorías intelectuales) y de valorar la realidad (las escalas de valores), nuestras formas de obrar y de sentir están profundamente marcadas por la sociedad y la cultura.

La asimilación de este mundo social y cultural no es sólo pasiva ni tiene un carácter determinista. Desde el principio es selectiva y activa, y está regida por sensibilidades y preferencias personales. En este sentido, el sujeto o el mundo del sujeto no es jamás el resultado o suma de sus relaciones sociales y de la cultura donde crece asimilando sus aspectos principales.

d) *El mundo como lenguaje*

Para el sujeto humano ser en el mundo equivale a insertarse dentro de un sistema simbólico. El comportamiento simbólico es lo que principalmente lo distingue de los demás seres, incluidos los animales.

El animal se rige sobre todo por el comportamiento instintivo (estructuras comportamentales muy predeterminadas y sólo escasamente fruto de la adaptación y del aprendizaje). El comportamiento de los animales superiores es sensible a algunas «señales», es decir, su comportamiento no está pura y simplemente predeterminado, sino que responde eficazmente según la señal que se utilice (recuérdense los famosos experimentos sobre el reflejo condicionado).

El lenguaje –y todas las lenguas particulares– constituye un sistema extraordinariamente complejo de signos simbólicos. Y lo que caracteriza a los signos simbólicos es que hacen presente el significado de una realidad ausente.

El desarrollo del lenguaje es lo que ha hecho posible que el mundo tenga un carácter humano y se convierta en «mundo», esto es, una realidad que recibe un nombre y empieza a formar parte de un conjunto ordenado. La lengua es el primer y fundamental espacio de la humanización del hombre. Por la lengua, el individuo se humaniza, se vuelve humano, se comporta humanamente. Ya hemos llamado la atención sobre el hecho de que la palabra es el camino hacia la humanización. La palabra es lo que constituye en primerísimo lugar la realidad como «mundo», es decir, como unidad ordenada y significativa de seres.

e) *Homo faber*

Pertenecer al mundo es interactuar operativamente con las personas y las cosas del entorno. Es básicamente tener la capacidad de transformar el mundo mediante el trabajo y la técnica.

El sujeto, junto con los demás sujetos (es decir, con los otros), se encuentra en condiciones de configurar de manera más plenamente humana el ambiente en el que vive. Karl Marx estudió con profundidad este tema.

f) *El mundo como historia*

La pertenencia del sujeto al mundo se manifiesta sobre todo en su dimensión histórica. Cada persona se halla inserta en un punto concreto del desarrollo histórico, y ello determina y configura profundamente el enfoque y la interpretación de la existencia humana. Lo que hacemos y pensamos como seres humanos depende en gran medida de lo que otros han pensado y hecho a lo largo de los miles de años de la historia humana. Por mucho que tendamos hacia una verdad permanente e inmutable, lo cierto es que no se puede evitar que todo lo que realizamos esté marcado por el momento histórico en que se sitúa y lleva a cabo.

Digamos para resumir que, desde el punto de vista antropológico, la idea de mundo debe respetar por igual dos aspectos inseparables: la comunión con otros seres humanos que quieren ser reconocidos en este mundo, y la pertenencia e inserción en un todo natural y material que se rige con leyes propias. La expresión filosófica «ser en el mundo», entendida como característica de la existencia humana, se refiere a la inserción en una comunidad humana con un determinado nivel de desarrollo histórico y cultural. Podríamos decir también: el mundo humano es el espacio histórico y cultural en que el hombre, junto con otros, trata de realizar su existencia creando un mundo más humano.

El sentido de las cosas humanas no se puede separar de las relaciones con otros seres humanos que piden que se les reconozca y se les promueva. La naturaleza y el mundo material se presentan como «posibilidades», es decir, se prestan a que se les utilice para responder a la llamada del otro. La misma objetividad de las ciencias y de la tecnología puede ser integrada en la perspectiva del reconocimiento del hombre por el hombre.

Cada uno está inserto en este mundo humano mediante su cuerpo. La muerte separa radical e irreparablemente de la presencia en el mundo[56].

56. En muchos pasajes del Nuevo Testamento el término «mundo» tiene un significado ético-religioso, refiriéndose al mundo de las personas y específicamente al enfoque fundamental de la vida. Es un término muy esquemático para evocar todo tipo de enfoque vital según criterios exclusivamente horizontales o puramente humanos, no referidos explícitamente a Dios. Cf. J. B. Metz, *Teología del mundo*, Salamanca ²1971; G. Haffner, art. *Mondo*, en K. Rahner (ed.), *Enciclopedia teologica Sacramentum mundi* V, Brescia 1976, 467-482 (versión cast.: *Sacramentum mundi*, Barcelona 1972-1976, 6 vols.).

V. El hombre como espíritu

«Espíritu» es un término cambiante y complejo que históricamente ha recibido distintos sentidos. Se ha utilizado para traducir conceptos no homogéneos, como *mens*, *verbum*, *pneuma*, *animus*, *genius*, *intellectus*, *ratio*, etc., y para indicar diferentes características y dimensiones de la existencia humana, como inspiración, relación con Dios, sujeto personal único, dimensión cultural, sentido del humor y otras[57]. Por esta razón hemos evitado hasta ahora usar esta palabra. Pero como una larga tradición vincula este término a las interpretaciones teológicas y filosóficas del hombre, conviene que digamos algo sobre él.

1. *Algunos significados del término «espíritu»*

No vamos a reconstruir la historia compleja y difícil de este término, pero recordaremos algunos de sus significados.

En el mundo griego, el término *pneuma* (espíritu) posee ante todo un significado biológico material: aire en movimiento, hálito, aliento vital. No evoca, pues, en primer lugar una realidad inmaterial contrapuesta a la materia. Es bien sabido que Aristóteles utiliza el concepto «materia» para explicar filosóficamente los distintos seres reales con que nos encontramos en la experiencia. Sólo se hablaba de materia en referencia a la forma. Pero la materia no existe en estado puro, separada de una determinada forma[58]. Para Aristóteles, el concepto *nous* (mente, intelecto) es el más próximo al término espíritu tal como se utiliza en la filosofía moderna.

El significado occidental del término espíritu, sobre todo en la filosofía y en la teología de matriz cristiana, se remonta fundamentalmente a Agustín de Hipona (354-430). Espíritu se refiere al sujeto humano que tiene conciencia de sí (se hace presente a sí mismo, puede volver sobre sí, entrar en sí mismo) y se contrapone a la materia y al materialismo. También está vinculado a la creación del alma por Dios y a la inmortalidad.

---

57. Cf. N. Abbagnano, *Dizionario di filosofia*, Torino 1971, 830-831; H. Buchner, art. *Spirito*, en H. Krings y otros (eds.), *Concetti fondamentali di filosofia* III, Brescia 1982, 2040-2051; L. B. Puntel, art. *Spirito*, en *Enciclopedia teologica Sacramentum Mundi* VII, Brescia 1977, 759-767.

58. Cf. P. Descoqs, *Essai critique sur l'hylemorphysme*, Paris 1924.

En la Edad Media el término espíritu indica a menudo el alma humana en cuanto ser (sujeto) no material, es decir, de distinta naturaleza a la de los demás seres materiales. Aunque de hecho está unida a un organismo (el cuerpo), el alma puede existir y tener conciencia de sí sin el cuerpo. Esta forma de hablar y concebir las cosas se remite a la gran tradición platónica sobre el alma, aunque no comparte su interpretación exageradamente dualista.

En esa misma línea, la filosofía tomista actual insiste en que el espíritu es «intrínsecamente independiente» de la materia, aunque dependiente extrínsecamente. D. Mercier define así el espíritu:

> Se denomina espiritual el sujeto capaz de existir y actuar sin depender intrínsecamente de un organismo o, en términos más generales, de la materia[59].

Y J. E. Royce sostiene algo parecido:

> En sentido estricto, lo espiritual revela una independencia intrínseca de la materia. Lo cual no excluye una dependencia extrínseca[60].

La tradición escolástica emplea generalmente esta definición de espíritu.

Los tratados de filosofía cristiana suelen dedicar muchas páginas a discutir sobre la espiritualidad del alma. Y suelen recurrir a dos tipos de argumentos. El primero, en la línea de Agustín, insiste en la conciencia de sí o presencia ante sí misma que tiene el alma, en contraposición a la «extensión» que caracteriza básicamente a todos los seres materiales. El segundo, que retoma el pensamiento de Aristóteles, subraya que, en su obrar, el entendimiento y la voluntad son intrínsecamente independientes de la materia: el entendimiento es capaz de pensar realidades inmateriales y de pensar realidades materiales de forma inmaterial (mediante conceptos); y la voluntad es capaz de querer realidades no materiales o de querer realidades materiales de forma no material[61].

---

59. D. Mercier, *Cours de philosophie* II, Louvain ¹¹1923, 246.
60. J. E. Royce, *Man and his Nature. A Philosophical Anthropology*, New York 1961, 314.
61. Cf. una síntesis de los argumentos tradicionales en J. Pham-Van-Long, *La spiritualité de l'âme*: Laval théologique et philosophique 12 (1956) 152-174.

El objetivo principal de los libros de psicología filosófica de corte escolástico no es demostrar que la persona individual es espíritu, sino que el entendimiento y la voluntad son facultades inmateriales[62]. Se insiste sobre todo en la carencia de composición hilemórfica –característica de todos los seres materiales, según Aristóteles–. En positivo puede afirmarse que el alma humana es *simplex*, es decir, que no se compone de materia y forma[63]. Por eso puede hacerse presente ante sí misma, tener conciencia de sí.

La dificultad de fondo consiste en que, en el hombre concreto, las funciones específicamente humanas dependen de hecho del funcionamiento orgánico. El organismo interviene en toda actividad humana. Y en este dato de la experiencia han insistido los distintos materialismos, que han tratado de reducir las actividades de la inteligencia y de la voluntad a fenómenos orgánicos[64].

En la Edad Moderna, Descartes defiende y exalta un intenso espiritualismo, que influirá durante mucho tiempo en el espiritualismo francés. Incluso los términos en que se ha formulado durante varios siglos la contraposición entre materia y espíritu se deben a él. Descartes reivindica vigorosamente la autonomía del espíritu. Es consciente de su nexo con el cuerpo y el mundo material, pero subraya sobre todo su autonomía radical. Incluso el concepto de materia cambia radicalmente. Para Descartes, la materia se define por la extensión (*res extensa*). «La materia, cuya naturaleza consiste solamente en ser sustancia extensa»[65].

El idealismo alemán concibe el espíritu de otro modo. El primer lugar lo ocupa, no la persona o sujeto individual, sino la ac-

---

62. Cf. G. Verbeke, *De wezensbepaling van het spirituele*: Tijdschrift voor filosofie 8 (1946) 435-464.
63. Al calificar de *simplex* al espíritu en el lenguaje aristotélico-tomista, se insiste en la carencia de composición hilemórfica. Toda la realidad material se compone de materia y forma. Otras veces se prefiere definir el espíritu subrayando la posibilidad de retornar sobre sí mismo. El espíritu es una realidad ni extensa ni dispersa, que carece de «partes extra partes» –características básicas de la materia– y justamente por eso puede reflexionar y retornar sobre sí mismo. Cf. J. Donceel, *Philosophical Anthropology*, New York 1967, 448.
64. Cf. R. J. Bernstein, *The Challenge of Scientific Materialism*: International Philosophical Quarterly 8 (1968) 252-275; K. V. Wilkes, *Mind and Body: Some Forms of Reductionism*, en G. Parkinson (ed.), *An Encyclopaedia of Philosophy*, London 1988, 402-426; cf. también A. R. Lacey, *Mind and Body: Non Reductionist Theories*, en *ibid*., 402-426.
65. R. Descartes, *I principi della filosofia* II, 22, Torino 1969, 142 (versión cast.: *Los principios de la filosofía*, Madrid 1995).

tividad racional y cultural. El término espíritu se presenta a menudo como sinónimo de cultura, es decir, como el conjunto de lo que se está pensando en la humanidad o como lo que el hombre ha pensado, realizado o elaborado[66]. El espíritu se manifiesta sobre todo como creación de una cultura y como cultura realizada en el tiempo y en la historia. La expresión más genuina del espíritu-cultura es la racionalidad filosófica y la racionalidad impersonal de las ciencias.

Según Hegel, el paradigma del espíritu no es ciertamente el sujeto (*ego*) o la conciencia de sí, sino la relación histórica y cultural entre los individuos que tienen conciencia de sí.

Hegel y muchos filósofos idealistas conciben el espíritu sobre todo como una obra cultural, fruto de la actividad racional del hombre. El espíritu indica tanto la actividad creadora de cultura (racionalidad universal) como el conjunto de las realizaciones culturales[67].

H. Freyer habla del espíritu objetivo como sinónimo de cultura, concepto que comprende el conjunto de las obras del hombre. Así se distingue claramente de los fenómenos psíquicos del sujeto individual[68].

Otra forma de entender el espíritu tiene que ver sobre todo con el Romanticismo y subraya la contraposición entre espíritu y naturaleza.

L. Klages (1872-1956) insiste, por ejemplo, en un cierto antagonismo entre espíritu y naturaleza, es decir, entre cultura científica (racionalidad) y espontaneidad natural. Vida y espíritu serían dos realidades totalmente distintas, que no dependen entre sí ni se pueden reducir a una misma raíz. El espíritu se presenta más bien como un elemento negativo, porque amenaza y destruye la vitalidad, y en este sentido se convierte en cierto modo en el opositor o antagonista del alma o de las fuerzas vitales del hombre[69].

---

66. Sobre este tema, cf. M. Landmann, *Philosophische Anthropologie*, Berlin ²1964, 181-211; L. Oeing-Hahnhoff y otros, art. *Geist*, en J. Ritter (ed.), *Historisches Wörterbuch der Philosophie* III, Basel 1974, col. 154-204.
67. Cf. F. Fulda, art. *Geist*, en J. Ritter (ed.), *Historisches Wörterbuch der Philosophie* III, col. 191-199.
68. Cf. H. Freyer, *Theorie des objektiven Geistes*, Leipzig 1923, 11 y 118.
69. Cf. L. Klages, *Der Geist als Widersacher der Seele*, München ³1954, 2 vols.

2. *El espíritu como sujeto personal*

La historia moderna enseña que en el idealismo se pierde la singularidad de los sujetos. En último término, una vez eliminado el sujeto metafísico, la distancia entre el idealismo absoluto y el materialismo no resulta grande, como se percibe claramente en el materialismo de Karl Marx.

G. Madinier observa con razón:

> Si el espíritu se define por lo inteligible, debemos convenir en que la conciencia desempeña solamente un papel provisional y subalterno. A fin de cuentas, ella es sólo el lugar donde se produce lo inteligible. Pero el problema consiste precisamente en saber si lo *espiritual* debe definirse mediante lo inteligible[70].

La historia muestra otro camino para captar el espíritu, que no insiste primordialmente en la diversidad y alteridad radical del espíritu respecto a la materia. El punto clave para captar el espíritu es el encuentro con el otro, la radical alteridad del otro sujeto[71].

No hay que buscar, pues, el espíritu en el marco de las cualidades o propiedades de los seres, sino en la alteridad de los sujetos o de las personas. Lo espiritual no indica una cualidad o propiedad, sino ante todo el hecho de ser un sujeto, una persona, un yo frente a un tú. Ser alguien (sujeto, persona) no se encuadra en el orden de las cualidades y características de la realidad. Jamás se le podrá descubrir incrementando nuestros conocimientos científicos y racionales, que enumeran las distintas cualidades de los seres que nos rodean.

Para evitar posibles malentendidos, se debe tener presente que el pensamiento, la voluntad y la libertad al fin y al cabo no existen. Son abstracciones. Lo que existe es un sujeto humano concreto e inconfundible que piensa, quiere, ama, etc. Pensar, amar, querer… son modos de ser del sujeto personal. El problema del espíritu no tiene que ver en primer lugar con la inmaterialidad de la facultad intelectiva y volitiva, sino con la alteridad y carácter único de la persona.

En la intersubjetividad de las personas es donde se manifiesta con más claridad la naturaleza del espíritu y donde se revela más

---

70. G. Madinier, *Conscience et amour*, 94.
71. Cf. *ibid.*, 95-97.

concretamente que no es posible reducirlo a una propiedad o cualidad de la materia evolutiva. La certeza del otro –como ya hemos visto en el primer capítulo– es un dato inmediato y no el resultado de un razonamiento filosófico. El otro se presenta ante todo como otro sujeto único que no se identifica conmigo y que no se puede cambiar por ninguna otra persona.

Por tanto, la existencia del otro sujeto constituye la verdadera trascendencia metafísica donde el *cogito* está totalmente abierto al otro, y ante él se descubre como un ser singular, limitado, único, inconfundible y ontológicamente irreductible a otros sujetos.

La multiplicidad innegable de los sujetos personales es la auténtica razón por la que todo intento de interpretación monista debe ser abandonada y por la que se afirma que el espíritu no se puede reducir a la materia. La multiplicidad de los sujetos no niega la totalidad de la materia, a la que se remiten las ciencias, sino que contesta sus pretensiones metafísicas. Ni el filósofo ni el científico pueden aceptar un razonamiento que prescinda de la totalidad (causal, científica, evolutiva…) en el mundo, convirtiéndolo en una afirmación metafísica sobre la totalidad ontológica o monismo ontológico, es decir, en una afirmación de que toda la realidad es materia (materialismo). La multiplicidad ontológica de los sujetos se impone con absoluta inmediatez. Por eso las explicaciones científicas, incluidas las evolucionistas, aunque puedan revelar dimensiones profundas del hombre, no pueden eludir el misterio de la unicidad de los sujetos personales, o sea, no pueden negar el misterio del espíritu.

La esencia del espíritu se ha de buscar, pues, en el hecho de ser con otros sujetos, en comunión con otros sujetos en el mundo. No mónadas metidas en una cápsula, ni espíritu universal, ni una totalidad causal evolutiva, sino una sociedad u orden de sujetos irreductibles, pero orientados esencialmente unos hacia otros. Decía G. Madinier que «el espíritu es sociedad y amor, es decir, realización perfecta de la sociedad absoluta»[72].

Dentro de este marco fundamental se pueden situar todas las reflexiones tradicionales sobre el carácter espiritual de la inteligencia y de la voluntad. Y como el espíritu no es una característica o cualidad cualquiera, sino el sujeto, se le deberá identificar a través de

---

72. *Ibid.*, 97.

su presencia activa en el mundo, a través de la llamada hacia el otro, de la respuesta, la comunión, el amor, el conflicto, el pensamiento, la voluntad, la opción libre y tantas otras cosas.

En esta perspectiva se recupera la importancia del *ego* para consigo mismo: conocimiento de sí, autoconciencia, autoimplicación en la acción, etc[73].

La afirmación del hombre como espíritu, en los términos en que la hemos expuesto en este capítulo, queda esencialmente abierta. Por una parte requiere un análisis más atento de la inteligencia y de la libertad, cuestiones que veremos en los capítulos siguientes. Y por otra, la afirmación de la espiritualidad permanece también abierta, porque no explica la unicidad metafísica de los sujetos individuales. Reconocer que todo sujeto existe como sujeto irreducible e inalienable significa afirmar un misterio.

Más adelante estudiaremos muchos problemas que han quedado abiertos. Particularmente, tendremos que decir algo sobre el siguiente interrogante: ¿trasciende la muerte la identidad del sujeto? Y en la hipótesis de que no la trascienda, ¿se podría mantener todavía la distinción última entre materia y espíritu? Permanece también abierta la pregunta que no suele abordarse en antropología: a esta persona, en cuanto irreductible al dinamismo de la materia evolutiva y genética, ¿de dónde le viene su origen como sujeto?; ¿cuál es el fundamento último (metafísico) de las dimensiones en que se expresa el espíritu: valores, verdad, esperanza, amor, etc.?; ¿tiene la existencia humana un sentido último, dado que la muerte elimina inexorablemente los vínculos con los demás en el mundo?

---

73. Cf. J. Donceel, *Philosophical Anthropology*, 448-450.

II
La existencia humana como llamada y tarea

Todas las antropologías modernas están convencidas de que el hombre aún no es un ser ya terminado. A nivel personal e histórico todavía está por realizar en un sentido muy amplio. Todo ser humano tiene primero que ser hombre, crecer luego en humanidad y aproximarse cada vez más a las posibilidades de algún modo prefiguradas en sí mismo.

Según un relato antiguo, recogido por Simone de Beauvoir, el filósofo Cineas preguntó a Pirro:

Cuando hayas conquistado Grecia, ¿qué vas a hacer? –¡Conquistaré África! –¿Y luego? –¡Conquistaré Asia! –¿Y luego? –¡Conquistaré la India! –¿Y luego?, siguió preguntando Eneas. –Luego descansaré de mis esfuerzos. –¿Y por qué, repuso Eneas, no empiezas ya a descansar ahora?[1].

Se toca aquí el misterio del hombre, la imposibilidad de que descanse. Hay en él un ardor secreto que lo impulsa hacia otra cosa, hacia lo nuevo. Ser hombre es no estarse quieto, no descansar, tener algo que hacer, estar en busca de… Por eso, se vive la existencia humana como quehacer, como posibilidad de realizarse, como vocación que cumplir, como llamada a responder. Es un don y una tarea (*Gabe und Aufgabe*).

Las cosas naturales, a diferencia del hombre, están simplemente ahí, fijadas en los esquemas del instinto y del determinismo. Parece como si realizaran espontánea y automáticamente su existencia. No tienen perspectivas, ni proyectos, ni esperanzas.

El hombre, sin embargo, sólo vive humanamente a través de proyectos, perspectivas y esperanzas. Por eso hay una pregunta clave: ¿qué hay que hacer para realizar la propia existencia?

1. S. de Beauvoir, *Pyrrhus et Cinéas*, Paris 1944.

La fenomenología de la existencia concibe sobre todo al hombre como un ser de posibilidades, como un sujeto que ha de realizarse por completo, que tiene que ser. Los caminos de la elección o de la orientación pueden ser muchos, pero no es posible eludir radicalmente la necesidad de elegir.

Más concretamente, la existencia humana no se presenta en primer lugar como posibilidad o tarea, sino como llamada. Para ser más exactos, hay que decir que se encuentra bajo una llamada que es sobre todo la llamada del otro que quiere ser reconocido como alguien. Ante esta llamada, que contiene indudablemente un aspecto de absoluto, la existencia humana se presenta también como tarea. Puede responder con amor, libertad y justicia a la llamada del otro y al misterio que esconde. Por tanto, la existencia humana puede verse, en primer lugar, como un impulso ciego –según el modelo del instinto–, como una especie de fuerza que arrastra al hombre y no le deja en paz. Tampoco es un «deber» despersonalizado al estilo de la moral kantiana. Es estar constitutivamente ante una llamada que parece inagotable y que abre un futuro ilimitado.

En las filosofías humanistas, todavía muy difundidas, aparece este mismo tema bajo el título de libertad. La característica fundamental y la meta prioritaria de la existencia es liberar al hombre de toda esclavitud para vivir totalmente bajo el signo de la libertad de pensamiento y de valores. La tarea suprema del hombre consiste en buscar y realizar una libertad perfecta para todos los hombres.

Hasta las filosofías del absurdo ilustran negativamente esta llamada existencial. El absurdo consiste justamente en que es imposible responder a la llamada existencial, realizarla plenamente. El hombre es una pasión inútil, una empresa imposible, una libertad absoluta. Pero incluso cuando esa empresa parece imposible y no hay indicios de éxito definitivo, el hombre se resiste a creerlo y sigue trabajando por liberarse. Es lo que dice Simone de Beauvoir:

> Mientras viva, Cineas me perseguirá inútilmente con su «¿Y luego? ¿Para qué sirve?». Pero, a pesar de todo, el corazón sigue latiendo, se tiende la mano, surgen nuevos proyectos y me empujan hacia adelante. Algunos sabios han querido ver en esta obstinación el signo de que el hombre está irremediablemente loco. Pero, ¿es que una perversión tan esencial se puede seguir llamando perversión?, ¿dónde encontraremos la verdad del hombre, sino en él mismo? La reflexión no podrá detener el impulso de nuestra esponta-

neidad. Pero incluso la reflexión es espontánea. El hombre planta, construye, quiere, ama. Y siempre habrá un «¿Y luego?»[2].

Por consiguiente, el hombre aparece como un ser orientado básicamente hacia el futuro, que se mueve por una llamada: es un ser de esperanza incluso donde los razonamientos quieren convencerle de que el futuro es ilusorio e imposible. El hombre está por hacer. El ser humano está en camino, es *homo viator*.

---

2. *Ibid.*, 11.

4
EL MISTERIO DEL CONOCIMIENTO Y DE LA VERDAD

Dondequiera que aparece el hombre tiene lugar el hecho cotidiano y a la vez misterioso del conocimiento y de la verdad. Una de la notas que caracteriza la historia del hombre es su pretensión constante de decir qué son las cosas. En su contacto con el hombre, las cosas reciben un nombre.

La pretensión de desvelar la naturaleza de la realidad permite también acercarse más al otro. Por el conocimiento y la palabra es posible hacer un discurso humano, reconocer al otro y promoverlo en su humanidad.

> Promover la verdad mediante la ciencia, la técnica, la poesía y el pensamiento no significa solamente que se puede entender mejor el mundo, sino sobre todo que es posible entablar un diálogo, enriquecerse con la experiencia de los otros, comunicarse con ellos. A medida que el mundo es cada vez más *de todos nosotros* se instaura un *discurso comprensivo entre los hombres* a través de la palabra significativa y reveladora[3].

No se puede concebir el conocimiento humano como una forma especial de actividad junto a otras de las que se distingue perfectamente, como trabajar la tierra, conducir un automóvil o trabajar manualmente. La compleja relación del sujeto humano con la realidad se caracteriza por el conocimiento, pues no en vano el conocimiento está presente, con más o menos intensidad, en todas las formas de interacción humana con la realidad. El conocimiento está presente

> en toda la vida humana: en la forma de comportarnos prácticamente, de tomar decisiones y de actuar. Aunque el conocimiento es un

---

3. A. Dondeyne, *God in het leven van de moderne mens*, Antwerpen [4]1970, 33.

elemento parcial del comportamiento humano en su conjunto, es el elemento primero y fundamental en el sentido de que es anterior a todos los demás modos en que el hombre se realiza a sí mismo, y penetra en ellos indicando su dirección[4].

El conocimiento humano no se encuentra nunca en estado puro, es decir, separado de la voluntad, de los valores, de los sentimientos, del afecto, de las necesidades vitales ni de las actividades humanas. El conocimiento es un aspecto y una modalidad de la interacción humana con la realidad y determina en gran medida su carácter «humano».

El estudio del conocimiento humano es objeto de muchas disciplinas. La psicología del conocimiento –ciencia empírica– estudia las leyes de su crecimiento en el sujeto humano. La sociología del conocimiento estudia los factores sociales y culturales que influyen en su configuración. La filosofía del conocimiento –crítica del conocimiento, epistemología– estudia la validez, el alcance y los límites del conocimiento humano para establecer el valor de su verdad. La lógica –antigua disciplina filosófica– estudia las leyes que el pensamiento debe observar para ser válido. La filosofía de la ciencia estudia específicamente la naturaleza y validez de las distintas ciencias: ciencias naturales, ciencias del hombre, etc.

El cometido de la antropología filosófica ante el conocimiento es de carácter general. La antropología filosófica debe estudiar el problema del conocimiento y de la verdad como dimensiones de la existencia humana. Debe aclarar qué significa ser en el mundo mediante el conocimiento y la verdad, cuál es la naturaleza de la verdad humana, qué suponen el conocimiento y la verdad en la realización de la existencia humana. Ha de responder sustancialmente, en definitiva, a las siguientes preguntas:

1. ¿Cuáles son los rasgos esenciales de ese modo peculiar de ser del hombre que llamamos conocimiento y verdad?

2. ¿Cuáles son las formas fundamentales de la verdad humana?

3. ¿Cómo se presenta el carácter esencialmente inacabado de la verdad humana y qué puede significar esta verdad en la realización del ser humano?

---

4. E. Coreth, *Antropologia filosofica*, Brescia 1978, 78.

I. Naturaleza del conocimiento humano

Todo el mundo sabe por propia experiencia qué significa «conocer». Pero, a pesar de ello, es muy difícil describir correctamente este modo de ser tan peculiar del hombre.

La primera dificultad consiste en que conocer no es algo que el hombre «tenga», como tiene un traje, una casa o una máquina de escribir. Los conocimientos no son «cosas» o realidades objetivas que se pueden poner ante los ojos para estudiarlas y observarlas objetivamente. Al contrario, conocer es un modo de ser, el modo específico en que el hombre está presente en la realidad. Por eso no sorprende en absoluto que el intento de explicar la naturaleza del conocer choque con las mismas dificultades que ya señalamos a propósito del conocimiento del hombre como tal.

Hay una segunda dificultad consistente en que toda pretensión de dar una verdadera y propia definición parece estar condenada al fracaso. Y ello por una sencilla razón: todas las definiciones presuponen ya de algún modo que todo el mundo sabe previamente, por propia experiencia, qué es conocer. En efecto, cuando se dice que conocer es «comprender las cosas», «decir qué son las cosas», «caer en la cuenta de la realidad» o «captar la esencia de las cosas», lo que se hace en el fondo es remitir siempre a la experiencia por la que todos saben ya qué es «comprender», «caer en la cuenta», etc.

La tercera dificultad radica en que conocer es un fenómeno muy complejo y diversificado. El saber está repartido entre muchas ciencias, cada una con su propio método, a veces muy distinto del de las demás. El proceso cognoscitivo revela distintos aspectos: percepción, reflexión, experiencia, juicio, intuición, abstracción... El conocer se ocupa de cosas muy concretas y también de realidades abstractas y teóricas: a priori y a posteriori, empírico y metaempírico, particular y universal, físico y metafísico.

Ante la complejidad de aspectos que caracterizan el conocimiento, acecha constantemente el peligro de considerar solamente una parte de la complejidad real del conocimiento, de reducir los múltiples aspectos a uno sólo, teniéndolo por fuente de todos los demás: a la percepción sensible, al concepto abstracto... Incluso en las distintas ciencias se corre el peligro de reducir la multiplicidad a una forma especial de conocimiento que se presenta como fuente o prototipo de todos los demás. Por ejemplo, las ciencias naturales.

1. *Observaciones generales sobre el conocimiento, la verdad y la ciencia*

Todo el mundo sabe, por experiencia propia, qué significa «conocimiento». Podríamos definirlo diciendo que es ese modo de ser misterioso y particular que cada uno conoce por experiencia y que hace que tenga una idea o representación consciente de la realidad. En sentido tradicional, conocer significa «tener presente en el espíritu un determinado objeto de pensamiento verdadero o real»[5]. Para W. Brugger,

> conocimiento es el proceso vital que todo hombre percibe por su conciencia, por el cual el que conoce –el sujeto– tiene en sí la realidad conocida –objeto–, pero de tal modo que en esta unidad activa consigo mismo el sujeto se contrapone al mismo tiempo a sí[6].

El concepto clásico de «verdad» subraya específicamente la correspondencia entre lo que está en la conciencia y lo que está objetivamente en la realidad: *adaequatio intellectus et rei*. Esta *adaequatio* no significa que se tenga un conocimiento exhaustivo del objeto, sino solamente que hay correspondencia entre lo que se atribuye a una realidad por un sujeto cognoscente y esa misma realidad. La verdad tiene que ver aquí en primer lugar con el juicio intelectivo.

A primera vista se podría esperar una total superposición de los conceptos conocimiento y verdad: un conocimiento solamente es tal en cuanto capta objetivamente la verdad. Si no se habla de conocimiento presunto, de error o de ignorancia. Parece que la verdad es la cualidad fundante o constitutiva del conocimiento.

La distinción y la distancia entre conocimiento y verdad expresa, en realidad, un hecho normal y cotidiano, e indica la situación real del conocimiento en el hombre. La experiencia documenta indiscutiblemente que es frecuente la no correspondencia entre las representaciones conscientes de la realidad –nuestros conocimientos– y esa misma realidad. Esto se debe a que la mayoría de las ideas y conocimientos de la realidad que tenemos en la conciencia

---

5. A. Lalande, *Dizionario critico della filosofia*, Milano 1971, 157.
6. W. Brugger, art. *Erkenntnis*, en Id. (ed.), *Philosophisches Wörterbuch*, Freiburg [13]1967, 88. Cf. P. Prini, art. *Conoscenza*, en *Enciclopedia filosofica* II, Firenze 1982, 450-454.

no son fruto tanto de la actividad cognoscitiva personal –conquista personal desde la experiencia del contacto vital con la realidad– ni resultado de sólidas investigaciones científicas, sino representaciones y esquemas representativos transmitidos por la lengua, la cultura, la socialización espontánea y la enseñanza escolar. Lo que absorvemos como bagaje cultural y cognoscitivo contiene muchas representaciones más bien aproximativas y otras tantas falsas y carentes de fundamento. En él hay muchos preconceptos y prejuicios que requieren que pase mucho tiempo antes de que se reconozcan como tales. Hay también un llamativo contraste entre nuestras representaciones simplificadoras y la formidable complejidad de lo real. Baste pensar en la teoría corpuscular a la que se acudía para explicar todo el reino de lo vivo.

En este contexto, la verdad es una meta hacia la que tiende la actividad cognoscitiva: tener representaciones más adecuadas de la realidad. La verdad revela una característica que el conocimiento humano debiera expresar en sumo grado. La verdad ideal, que realiza superlativamente la idea de verdad, es la que no deja el más mínimo espacio a la duda y al error. ¿Pero se puede alcanzar humanamente esta verdad ideal respecto a cualquier fragmento de la realidad?

El camino habitual por el que el hombre intenta disminuir la distancia entre nuestros conocimientos y la verdad es la ciencia o conocimiento científico.

La idea de ciencia o de conocimiento científico va unida generalmente a la idea de solidez y verificación crítica de los conocimientos. Expresa, pues, una cualidad hacia la que tiende dinámicamente el conocimiento del hombre histórico inserto en un determinado tiempo y en una determinada cultura. Es aceptable la definición descriptiva que da de la ciencia el diccionario de A. Lalande:

> Conjunto de conocimientos e investigaciones con suficiente grado de unidad y generalidad, susceptibles de conducir a los hombres que se dedican a ellas a conclusiones concordantes, que no son el resultado de convenciones arbitrarias ni de los gustos o de los intereses individuales comunes a todos ellos, sino de relaciones objetivas que se van descubriendo poco a poco y que son confirmadas por métodos definidos de verificación[7].

---

7. A. Lalande, *Dizionario critico*, 776.

Las condiciones mínimas para poder hablar de conocimiento científico comportan al menos tres exigencias: 1) Ordenar y unificar la multiplicidad de conocimientos sobre un determinado ámbito u objeto; 2) verificar la solidez de los conocimientos de acuerdo con un método prefijado –según sea el objeto a estudiar–; 3) someter los conocimientos al juicio crítico de otras personas que estudian el mismo tema y encontrar juicios concordantes sobre la validez de los métodos adoptados y de los resultados conseguidos[8].

2. *Conocimiento sensitivo y conocimiento intelectivo*

La distinción entre conocimiento sensitivo y conocimiento intelectivo es muy antigua y se basa en la sencilla constatación de que la realidad que se capta por los distintos sentidos no es captada meramente en su concreción radical de tiempo y espacio, sino también bajo el perfil de un concepto o de un significado que trasciende de algún modo la concreción. Por ejemplo, ver esta casa concreta y reconocerla como una casa.

En cuanto al conocimiento sensitivo se insiste en que el acto de conocimiento tiene un componente o dimensión sensitiva o corpórea. Respecto al conocimiento intelectivo se subraya que el propio conocimiento humano racionaliza y conceptualiza la realidad captada por los sentidos.

En la Edad Moderna se amplificó enormemente el problema de la relación entre el conocimiento sensitivo y el conocimiento intelectivo. Y ello porque se situó en el marco de una concepción dualista del hombre y, por tanto, equivocada. Desde esa perspectiva es inevitable que el conocimiento sensitivo y el conocimiento racional se consideren dos formas de conocimiento muy distintas y en cierto modo autónomas. El conocimiento sensitivo se concibe como un proceso natural que no está penetrado por la luz de la inteligencia. El conocimiento racional se concibe como una actividad espiritual no afectada por elementos materiales o corpóreos. El conocimiento sensitivo se considera muy idéntico en el hombre y en el animal,

---

8. Para las ciencias, cf. J. Ladrière, art. *Sciences*. B. *Sciences et discours rationnel*, en *Encyclopaedia Universalis*, Paris 1985, 551-555; M. de Diéguez, *Sciences*. C. *Sciences et philosophie*, en *ibid.*, 565-570.

mientras que el conocimiento intelectivo se presenta como un privilegio del hombre.

La interpretación racionalista del conocimiento tendía a reducir el conocimiento sensitivo a puros estímulos fisiológicos sin especial relevancia humana. El empirismo otorgaba un papel absolutamente privilegiado a la actividad de los sentidos y trataba de clarificar el conocimiento y la verdad a partir de impresiones sensitivas. I. Kant aclaró definitivamente que por la vía del empirismo es imposible explicar el conocimiento humano y las ciencias modernas. De la sola actividad de los sentidos –ver, oír, palpar– no nace la ciencia moderna[9].

Pero, la realidad del conocimiento humano es distinta. En el hombre no hay un conocimiento sensitivo igual al del animal. Además, ¿alguien sabe qué es el conocimiento sensitivo para el animal? En el hombre no hay un conocimiento puramente intelectivo independiente del cuerpo. Cuando el hombre ve y siente, no ve o siente exclusivamente cosas materiales y espaciales carentes de significado humano, sino que percibe un mundo humano, organizado u organizable de acuerdo con categorías racionales. Cuando reflexiona o razona no se mueve en un ámbito de puras ideas, sino que está en lo concreto del mundo. Formulando conceptos y juicios, y sobre todo elaborando conocimientos científicos, intenta entender algo del mundo. Conocimiento sensitivo y conocimiento racional no representan, pues, dos mundos autónomos de conocimiento sino exclusivamente aspectos, verdaderos y reales, del único conocimiento humano.

Por consiguiente, en el único conocimiento humano hay que distinguir dos polos diferentes. Uno es la presencia de cosas materiales y de realidades sensitivas individuales, plenamente inmersas en el espacio y en el tiempo, en continuo movimiento. El otro es la

---

9. La idea del conocimiento en la prolongación del instinto fue muy desarrollada por H. Bergson, *L'evoluzione creatrice*, Firenze 1951, 127-128 (versión cast.: *La evolución creadora*, Madrid 1985). Esta idea es también fundamental en la antropología de A. Gehlen, *El hombre: su naturaleza y su lugar en el mundo*, Salamanca [2]1987. En la tradición escolástica todo el problema de la vida sensitiva del hombre se estudiaba bajo el epígrafe «vida sensitiva del animal» (cf. P. Siwek, *Psicologia Metaphysica*, Roma [6]1962, 169ss). No hay ninguna duda de que la vida sensitiva del hombre y de los animales tienen muchos aspectos comunes. En cualquier caso, para conocer la naturaleza del ver, del oír y del sentir del animal hay que partir más bien del conocimiento sensitivo del hombre, intentando poner entre paréntesis la aportación intelectual y volitiva.

comprensión de la realidad por encima de las cosas mudables en que nos encontramos con ella. Por ejemplo, veo esta casa y sé que es sólo esta casa porque en el fondo la comprendo como casa y, por tanto, como una de las muchas realizaciones de la misma idea.

El conocimiento humano consiste en la tensión entre estos dos aspectos que siempre están presentes a la vez, aunque puede variar mucho la preponderancia de uno o del otro. La atención o la intención pueden dirigirse preferentemente hacia la observación sensitiva o detenerse sobre todo en el aspecto racional.

Concretamente, en el hombre todo conocimiento sensitivo está impregnado de racionalidad o ideas intelectuales. Ni es el ojo el que ve ni el oído el que oye. El que ve y oye es el sujeto humano. En el contacto empírico con el mundo, el sujeto cognoscente lleva consigo el conjunto de sus ideas, representaciones, significados y valoraciones. Por eso encuentra un mundo ordenado y revestido de significados humanos. Se ven las cosas como posibles instrumentos, máquinas, casas, material de construcción, jardines, calles, etc.

Entre el conocimiento sensitivo y el conocimiento racional hay, pues, una importante distinción, pero no separación. Hay unidad, pero no identificación.

3. *Palabra y praxis*

Sobre la relación entre palabra y pensamiento ya hemos hablado brevemente al tratar de la intersubjetividad. Pero es preciso integrarla con el hecho de que en la realidad del pensamiento humano interviene también mucho la acción o la praxis –en sentido amplio–, es decir, la relación operativa con la realidad.

Muchos conceptos no expresan una naturaleza eterna de las cosas, sino que indican sobre todo una relación concreta y operativa con ellas. Decir que una cosa es esto o aquello... manifiesta a menudo el modo en que se utiliza. Esto vale especialmente para los conocimientos sobre el mundo material en el que hay que realizarse junto con otros.

En sentido particular, el progreso de las ciencias empíricas depende cada vez más de la creación de una tecnología sofisticada.

En sentido general, el desarrollo del pensamiento o el progreso de la verdad dependen estrechamente de una transformación progresiva del mundo en función de los conocimientos adquiridos. Un nuevo comportamiento práctico ante la naturaleza favorece otras observaciones y otras formas de interrogar a la realidad. Camino obligado del pensamiento es el obrar y el actuar del hombre, creando una cultura concreta.

Pero esto no significa que la praxis constituya o determine la verdad tal como lo entiende el pragmatismo. Al contrario, de lo que se trata es de que la verdad no se puede lograr al margen de una praxis concreta en el sentido amplio del término. Existen muchas verdades que es preciso vivir y practicar para ver sus implicaciones reales y para hacerlas progresar, especialmente cuando se trata de verdades sociales, éticas y religiosas. Es preciso vivir nuevas formas de vida social para darse cuenta de que caben otras relaciones sociales. La mayoría de las veces son los cambios concretos los que llevan a conocer la existencia de otras ideas sobre la realidad social. Hay muchas verdades religiosas que no se pueden conocer a fondo sin una praxis que las asuma. La obra o la praxis es, pues, un «lugar» donde la verdad halla posibilidades de desarrollo y expansión.

4. *Experiencia y pensamiento conceptual*

El conocimiento humano concreto es una unidad inseparable de experiencia y pensamiento conceptual. Recurriendo a una fórmula sintética –las fórmulas son siempre muy inadecuadas– podríamos decir que *conocer es una actividad humana por la que el sujeto consciente trata de enunciar e interpretar su experiencia de la realidad.*

El concepto de experiencia es uno de los más problemáticos de la filosofía moderna. La cuestión de la relación entre experiencia y pensamiento intelectual es, desde Descartes, uno de los más discutidos en la filosofía moderna.

Esta cuestión presenta aspectos paradójicos. Por un lado, toda la filosofía moderna parece insistir en la importancia de la experiencia, sobre todo en su versión científica –experimental–. Por otro, la filosofía contemporánea reivindica la importancia de la experiencia y critica la monocultura de la racionalidad científica. Con el término «experiencia» se quiere afirmar la importancia radical y decisiva de un inmenso mundo de realidad y de relaciones vitales al que no llega la racionalidad de las ciencias, y que por ello mismo corre el riesgo de que no se reconozca su importancia para la realización del hombre.

a) *La gran complejidad de la experiencia humana*

El racionalismo no negó radicalmente la experiencia, sino que la redujo a estímulos materiales o sensitivos, a pura pasividad, a un cúmulo de influjos.

La experiencia humana es, en realidad, todo el contacto directo con la realidad, todo lo vivido, en el que participan no sólo los sentidos, sino también la inteligencia, la voluntad, la afectividad y las relaciones operativas. La experiencia es contacto «humano» con la realidad. Por eso la experiencia tiene una dimensión cognoscitiva, otra afectiva y otra operativa. La experiencia descubre un mundo de significados, de valores, de relaciones operativas en las que el hombre está inserto. La experiencia humana es a la vez, e inseparablemente, contacto e interpretación.

b) *Algunas características de la experiencia*

Precisemos brevemente la dimensión de la experiencia, señalando algunas características que sirven para todas y cada una de sus formas[10].

Influenciados por la fenomenología y la filosofía de la existencia, muchos pensadores modernos han criticado a fondo el pensamiento racionalista y más específicamente la autosuficiencia de las ciencias naturales. M. Heidegger, K. Jaspers, G. Marcel, M. Merleau-Ponty y otros han rechazado vigorosamente la autosuficiencia del pensamiento conceptual. Conocer es, en definitiva, contacto concreto e inmediato con la realidad. Estas filosofías tratan de recuperar lo más posible todas las dimensiones de la experiencia.

El contacto con la realidad, que es un elemento constitutivo de la experiencia, a veces se le considera un momento prerreflexivo o

---

10. Sobre los distintos significados de experiencia, ver A. Kessler y otros, art. *Esperienza*, en H. Krinos y otros (eds.), *Concetti fondamentali di filosofia* I, Brescia 1981, 667-691. Existe un exhaustivo estudio en A. Félicé-A. de Conink, *Cours de métaphysique* I. *Point de départ et d'appui*, Louvain 1971, 164-193.

conocimiento prerreflexivo. Pero esta terminología es algo equívoca. A. Félicé ha hablado de conocimiento inicial[11]. No se trata del comienzo cronológico de la experiencia –por ejemplo, en el niño–, sino de la fuente del conocimiento, del ámbito experiencial donde radica todo el conocimiento.

Bajo el influjo de la fenomenología se ha hablado mucho del carácter «intencional» del no conocimiento, con objeto de subrayar que los conceptos y las palabras no tienen valor en sí mismas, sino que remiten esencialmente a la experiencia[12].

Según una amplia tradición antropológica, el contacto directo y vital con la realidad se puede expresar mediante el término experiencia. Pero para mantener este uso es indispensable liberarlo de la interpretación restrictiva que le dan tanto el racionalismo como el empirismo. De todos modos, respecto de la experiencia, es conveniente distinguir entre un significado pobre y otro rico.

El significado pobre se reduce al contacto sensitivo con la realidad. Es un aspecto real de la experiencia y una condición indispensable de toda actividad consciente y cognoscitiva. De todos modos es inaceptable que, a la zaga del empirismo, se conciba esta experiencia sensitiva como una pura y simple diversidad desordenada de estímulos físicos.

El significado más rico se ha centrado en referencia a la filosofía de la existencia. Experiencia es toda presencia concreta del hombre en su contacto con la realidad. No comprende solamente todo el mundo sensitivo, sino también el encuentro con los otros, la libertad, la fraternidad, el amor, la esperanza, las huellas de trascendencia. Se trata, pues, de un concepto muy amplio. Esa amplitud no puede delimitarse a priori, sino que ha de reconocerse mediante una reflexión crítica sobre los datos efectivos de la experiencia humana.

El objeto específico de la actividad cognoscitiva denominada experiencia es lo real, o sea, toda la realidad en la que el hombre está presente en concreto o puede estarlo. Para no restringir arbitrariamente el ámbito de lo real, la filosofía tradicional habla del

---

11. Cf. A. Félicé-A. de Coninck, *Cours de métaphysique*, 164ss.
12. Término escolástico tradicional puesto en circulación por E. Brentano y sobre todo por E. Husserl (*Logische Untersuchungen* XII, Halle a.S. 1901, 346ss). A. Dondeyne (*Foi chrétienne et pensée contemporaine*, Louvain ³1961, 25) define así la intencionalidad: «La consciencia es esencialmente intencional. Esto significa que ella, de principio a fin, es antes que nada ser en el mundo, mirada sobre el mundo, relación activa con lo que es distinto de la consciencia».

ser como objeto de la experiencia[13]. El ser comprende los seres individuales, su distinción y lo que los une y trasciende.

Digamos de paso que nuestra experiencia de la realidad no es nunca la experiencia de un individuo aislado y solitario. Todo sujeto cognoscente es miembro de un grupo humano y se encuentra con la realidad desde el marco cultural en que está inserto. La lengua y todos los demás datos culturales que se asimilan en el ambiente en que se nace y se vive, contienen ya una interpretación básica del mundo y de la realidad. Por consiguiente, la experiencia del mundo no es nunca un puro y simple contacto, ni una experiencia meramente privada e individual, sino social y cultural.

La experiencia es una realidad viva y dinámica que no deja de crecer y progresar. La presencia concreta en la realidad es una tarea que se lleva a cabo en el tiempo y en el espacio. Por eso la experiencia de la humanidad se enriquece constantemente. Siempre se pueden encontrar aspectos nuevos y diversos de la realidad. La experiencia es fuente inagotable de conocimiento.

5. *Características del conocimiento intelectivo*

Sobre el mero contacto con la realidad no se pueden decir directamente muchas cosas. Todo lo que se puede decir es mediante conceptos y palabras que usamos para interpretar la experiencia. En el conocimiento conceptual la experiencia se encuentra a sí misma.

a) *Pensamiento conceptual o predicativo*

La inteligencia expresa el contacto con la realidad mediante «conceptos» o «ideas». El concepto expresa lo que se entiende y se sirve de palabras. Estas no coinciden necesariamente con el concepto, porque un mismo concepto se puede expresar con palabras distintas.

La «idea» o concepto expresa la posibilidad de ver muchas cosas bajo un mismo perfil o una misma formalidad. Por ejemplo, a las diversas construcciones de una ciudad se les puede aplicar el denominador común de «casas» o «edificios».

13. Cf. A. Dondeyne, *Foi chrétienne et pensée contemporaine*, 152.

Por eso, desde los filósofos griegos se dice que el conocimiento conceptual es «abstracto», porque no considera –abstrae– las circunstancias de tiempo y lugar y sólo tiene en cuenta las formalidades comunes o generalizables.

El carácter «abstracto» explica también la «universalidad» de los conceptos. Con esto queremos decir concretamente que el concepto se puede aplicar a diversos individuos sin límite alguno.

El conocimiento intelectivo no está encerrado en los límites de sensibilidad de cada órgano. El interés cognoscitivo no tiene límites y abarca potencialmente a todo el ser. En algunas esferas, como el mundo empírico, a las relaciones con los demás y a los juicios de valor se les presta una atención especial. Pero, en principio, el interés intelectual no se limita a estos aspectos. Además, la inteligencia no se reduce al conocimiento de las cosas directamente presentes a los sentidos. Al captar la realidad desde el perfil del concepto universal, el conocimiento intelectivo supera esencialmente los límites del individuo. No se queda pues ni en el perfil ni en la superficie, sino que intenta captar las cosas en sus dimensiones más generales y comunes.

Los conceptos desempeñan también una labor unificadora y ordenadora respecto al mundo. Los diferentes conceptos permiten ordenar y comprender la experiencia humana. Mediante estos conceptos comunes el mundo es cada vez más ordenado y más accesible a todos.

La labor unificadora de los conceptos tiene que ver con la palabra. No existe ningún concepto sin alguna forma de palabra. El concepto se puede comunicar mediante la palabra –comunicabilidad–. En cierto sentido puede decirse que un concepto es realmente tal cuando se logra expresar claramente mediante la palabra y por tanto comunicar. La enorme ventaja de esto es que se pueden transmitir grandes cantidades de conocimientos sin necesidad de tener que alcanzarlos a través de la experiencia. La enseñanza escolar se basa en parte en esta realidad.

b) *Conocimiento a nivel de juicio*

Los conceptos pueden ejercer plenamente su función ordenadora en la formulación de juicios: comparar, distinguir, analizar, sintetizar, relacionar, etc. Los juicios tratan de crear un discurso coherente y lógico donde se delinean los aspectos fundamentales de la realidad.

El juicio intelectivo intenta decir qué es la realidad. Por eso se habla tradicionalmente de *adaequatio intellectus et rei* (conformidad entre el juicio y la realidad).

Cuando el juicio dice de algo que es esto o aquello no debemos pensar que expresa exhaustivamente la realidad, pues se trata siempre y solamente de aspectos que están presentes en ella. Se necesitan muchísimos juicios para poder tener una idea más o menos adecuada de cualquier realidad. Pero, en principio, la cantidad de juicios y afirmaciones posibles es ilimitada.

El juicio intelectivo intenta también un examen crítico y riguroso de las propias afirmaciones. Cuando ese examen de las afirmaciones y conocimientos se hace métódica y ordenadamente, se habla de conocimiento científico. Los conocimientos científicos tienen una enorme importancia para la realización de la existencia humana.

Pero es preciso no olvidar que siempre habrá una distancia enorme entre el conocimiento precientífico y el científico. Los conocimientos científicos sólo representan una pequeña porción de la inmensa riqueza contenida en la experiencia vivida. Además, los conocimientos científicos han originado un cúmulo de conocimientos que jamás se hubieran podido adquirir sólo mediante la experiencia vivida o precientífica.

c) *Conocimiento nocional y conocimiento real*

Para permanecer en la verdad, el pensamiento conceptual necesita volver constantemente a la matriz experiencial. Los nuevos logros del conocimiento científico deben contribuir a observar la realidad con más cuidado y profundidad, pues de otro modo el conocimiento teórico corre el peligro de actuar por su cuenta.

Se habla normalmente de conocimiento nocional para indicar un conocimiento que aún no ha entrado en contacto con la realidad o que está demasiado lejos de la complejidad y concreción de lo real[14].

14. Sobre la diferencia entre pensamiento nocional y pensamiento real, cf. J. H. Newman, *Grammatica dell'assenso*, Milano 1980, 23-59.

En las escuelas, por ejemplo, se pueden asimilar en poco tiempo enormes cantidades de nociones y conocimientos ordenados sin haber visto de cerca las realidades a las que se refieren. Se puede estudiar medicina sin haber practicado en los hospitales con enfermos. O estudiar ciencias de la educación sin haber hecho ninguna práctica de enseñanza o educación en grupos concretos de jóvenes. Este modo de transmitir conocimientos tiene la ventaja de que se pueden aprender en poco tiempo los conocimientos que se tardaron muchos siglos en lograr. Por eso este esquema se aplica en todo el mundo.

El lado negativo de este procedimiento de transmisión de conocimientos es que genera cierto alejamiento de la realidad concreta y un excesivo esquematismo en los juicios.

Aunque el conocimiento conceptual es importante nunca podrá sustituir al conocimiento concreto de la experiencia y de la praxis vital, como pueden ser las prácticas hospitalarias o las prácticas en la escuela o en el laboratorio.

6. *El conocimiento como «lumen naturale»*

El fascinante mundo de la verdad y la gran aventura por conquistarla es muy distinto del mundo metafísico de las ideas puras y espirituales propuesto por Platón. No es que haya que concebir la conquista de la verdad como una especie de iluminación interior, como decía Agustín, pero la realidad del conocimiento humano se comprende aún menos recurriendo a las ideas innatas de Descartes.

Con todo, lo que estos esquemas de pensamiento han querido subrayar, utilizando quizás fórmulas muy criticables, es que el conocimiento humano no se puede reducir a nuestra iniciativa iluminadora, esto es, a los esquemas que aplicamos a la realidad.

El fundamento de la verdad humana, lo que hace posible la experiencia y su múltiple elaboración en conceptos y conocimientos científicos es la existencia del sujeto humano. El sujeto personal existe como «lumen»; la inteligencia es, desde el principio, «lumen naturale»[15].

La concepción del conocimiento como «lumen naturale» viene de muy lejos. La encontramos ya en la filosofía de Aristóteles al hablar del *nous*: mente, inteligencia.

---

15. Cf. A. Félicé-A. de Coninck, *Cours de métaphysique*, 164ss.

Este tema lo retoman básicamente santo Tomás de Aquino y la filosofía medieval. Se habla de *prima intelligibilia* sobre todo respecto a la apertura a la realidad concreta. Estos «prima intelligibilia» no son ni ideas innatas ni conceptos provenientes de la experiencia sensible. Lo que se quiere decir es que, por su naturaleza y constitución, la inteligencia humana se encuentra con la realidad bajo el perfil del ser, de la verdad, de la bondad y de la belleza.

Conviene caer en la cuenta de que esta concepción es muy distinta del modo de proceder de las ciencias empíricas que interrogan a la realidad desde esquemas previamente confeccionados –cuantificados– buscando su confirmación a través de la experimentación. Se trata de esquemas humanos que se proyectan sobre la realidad. En el caso de la inteligencia humana como *lumen naturale* es la propia realidad la que se manifiesta en una determinada perspectiva, que es también constitutiva de la misma inteligencia humana.

Por consiguiente, la verdad de nuestros juicios (*adaequatio intellectus et rei*) presupone una forma más profunda de verdad. Heidegger la ha definido con la palabra griega «aletheia»: no estar escondido, verdad[16]. Indica que la realidad concreta «no está escondida». Es decir, el sujeto cognoscente es una luz en la que la realidad sale de su escondite.

El conocimiento humano es, pues, en primer lugar y en su fundamento último apertura o sensibilidad al misterio. Es el lugar donde el ser concreto es reconocido por lo que es. El conocimiento se somete al ser, reconoce su verdad e intenta conformarse con lo que es la realidad. Heidegger ha dicho poéticamente que el hombre es el guardián del ser[17].

Desde esta perspectiva no debemos concebir la inteligencia como una potente lámpara que ilumina las cosas que están en el vacío. No hay que decir sólo, por tanto, que la inteligencia ilumina las cosas, sino también que la inteligencia está en la luz del ser. Por eso, en el segundo periodo de su vida, Heidegger no habla sólo de existencia, sino también de «Ex-sistens» para subrayar que la inteligencia está en la luz del ser[18].

---

16. Cf. M. Heidegger, *Essere e tempo*, Milano 1953, 232-243 (versión cast.: *Ser y tiempo*, Madrid 2003); cf. también sobre este tema O. Pöggeler, *Der Denkweg Martin Heideggers*, Pfullingen 1963, cap. 5.
17. Cf. M. Heidegger, *Über den Humanismus*, Frankfurt 1947, 19.
18. *Ibid.*, 15.

El reconocimiento del ser, que se revela y manifiesta con fuerza propia es el aspecto de absoluto que caracteriza la existencia humana. Conocer verdaderamente es expresar con fidelidad lo que «es», o sea, la realidad que se impone incondicionalmente a mi existencia.

El aspecto de absoluto se impone sobre todo a nivel de juicio. Afirmar que una realidad «es» no será un juicio válido solamente para cada individuo o para aquí y ahora, sino que ha de valer incondicionalmente para todo tiempo y espacio. Esto pertenece a la esencia misma de la verdad.

II. Formas fundamentales de verdad

A lo largo del siglo XX se ha visto cada vez más claro que existen dos grandes tipos o familias de verdad. A la primera la podríamos denominar verdad de las ciencias modernas; la segunda es la que revela el sentido del hombre y la realidad. Se trata de una doble verdad básica para la antropología y la realización del hombre en la historia. Ambas formas son irreductibles entre sí e indispensables para que el hombre se realice como ser humano.

1. *La racionalidad de las ciencias modernas*

Desde el principio de la Edad Moderna, sobre todo a partir de Galileo (1564-1642), la reflexión sobre el conocimiento humano está profundamente dominada por las ciencias modernas. Esta forma de conocimiento o de racionalidad ha tenido un desarrollo gigantesco y, mediante la tecnología, ha otorgado al hombre un poder inmenso en vastos ámbitos de su existencia material y social.

Sobre todo en el siglo XIX, para muchos la ciencia empírica era el único conocimiento digno de este nombre y la única verdad sólida e incontestable de que el hombre dispone. La consecuencia fue una cierta devaluación de todas las formas de conocimiento al margen de las ciencias empíricas como la filosofía, la poesía, el arte, la historia, o innumerables formas de interacción vital con los demás y con la realidad, por citar algunas.

a) *La concepción inicial de la naturaleza en las ciencias modernas*

No podemos ofrecer aquí la historia de las distintas definiciones de la ciencia moderna. Nos limitaremos a recordar algunos puntos de referencia.

Francis Bacon (1561-1626), en su obra de 1620 *Novum Organum* va a ser uno de los primeros en intentar definir la nueva ciencia que se está consolidando. Frente al método que utiliza la abstracción, Bacon dice que es preciso proceder por inducción a partir de una observación atenta y ordenada de la realidad. Así se puede conocer la relación entre causa y efecto. El hombre no puede imponer sus ideas a la naturaleza, sino que debe dejarse enseñar por ella. También dice que la ciencia es poder: «El saber y el poder del hombre tienen los mismos límites, porque el desconocimiento de la causa sustrae a nuestro poder el efecto»[19].

Las ideas de Bacon serán matizadas en el empirismo de J. Locke, D. Hume y J. Stuart Mill.

A Descartes le preocupaba sobre todo ofrecer un nuevo fundamento a la nueva ciencia de la naturaleza –en concreto a la nueva física de Galileo–. Es significativo a este respecto el subtítulo del célebre *Discurso del método* (1637): «Para conducir correctamente la propia razón y buscar la verdad en las ciencias»[20].

Descartes estaba convencido de que la nueva ciencia consiste esencialmente en la aplicación de las matemáticas a los aspectos cuantitativos de la realidad. El punto de apoyo de la elaboración científica está, por tanto, en la *ratio* y no en primer lugar en la percepción de las cosas sensitivas. La filosofía que Descartes intenta crear para fundamentar el carácter científico de las ciencias debe ser una filosofía de ideas claras y distintas, simples e imposibles de reducir más. Descartes expone claramente este principio:

> No aceptar nunca como verdad nada que no reconociera con evidencia como tal…; no comprender, en mis juicios, nada más que lo que se presentara tan clara y distintamente a mi espíritu, que no me dejara ninguna posibilidad de duda[21].

---

19. F. Bacon, *Novum Organum*, Milano 1941, 10 (versión cast.: *Novum Organum*, Barcelona 2003).

20. R. Descartes, *Discorso del Método*, Torino 1978 (versión cast.: *Discurso del método. Meditaciones metafísicas*, Madrid 2002).

21. *Ibid.*, 45.

Hay que ser conscientes de la radicalidad de estas afirmaciones de Descartes. La esencia de la realidad se reduce a lo que se deja captar en las ideas claras y distintas. Aplicando este principio a la realidad material y natural, Descartes piensa que la idea clara y distinta por excelencia es la idea de extensión. El conocimiento objetivo se reduce, pues, a lo cuantificable.

Es indudable que Descartes conoce otras formas de conocimiento como la experiencia o la intuición. Pero son secundarias, menos importantes y dependen de esta forma privilegiada que es el pensamiento racional y científico.

b) *Las ciencias modernas desde una perspectiva contemporánea*

Hoy ya no se suele definir a las ciencias modernas como ciencias inductivas. Su papel principal ya no es preferentemente la observación de la realidad por los sentidos –algo que ya se hacía en la Edad Media– recogiendo muchos datos, a partir de los cuales y por vía de inducción se trataba de lograr o conseguir una ley general. Este planteamiento no es equivocado, pero la historia ha demostrado que las ciencias naturales lograron su verdadero crecimiento y su gigantesco desarrollo justamente cuando se superó ese planteamiento.

El concepto clave de las ciencias modernas es la relación entre teoría y experiencia: abordar la realidad con un modelo –matemático– preconcebido y experimentar para comprobar si los resultados coinciden con el modelo teórico. Por tanto, lo propio de la ciencia moderna no es la inducción sino la experimentación.

A. van Melsen, conocido filósofo de la ciencia, insiste en que la característica de las ciencias modernas es la relación entre teoría y experimento. Las teorías científicas ya no se pueden lograr desde la observación ordinaria y la abstracción inductiva, sino solamente desde unos datos experimentales sofisticados.

> Estos datos experimentales como tales no se pueden hallar en la experiencia. Sólo se pueden obtener basándose en unas teorías fecundas. La interdependencia mutua entre teoría y experimentación ya no es un problema cuando la ciencia de la naturaleza ha alcanzado un determinado grado de desarrollo, es decir, cuando

se tiene a disposición un número suficiente de teorías y de datos experimentales[22].

Según K. Popper, el método de las ciencias modernas consiste en buscar la máxima correspondencia entre teoría y experimentación. Para que un sistema pueda considerarse empírico o científico «debe poder ser refutado por la experiencia»[23]. Se trata del conocido principio de falsificabilidad.

Hasta este preciso momento hemos hablado en general de ciencias modernas como si fueran un bloque único. Pero, en realidad, el desarrollo de las ciencias en el siglo XX nos ofrece una imagen mucho más variada.

c) *Dos familias distintas de racionalidad empírica*

Las ciencias modernas se dividen hoy en dos grandes familias: las ciencias naturales y las ciencias humanas.

Actualmente se reconoce que las ciencias humanas constituyen una forma particular de racionalidad empírica distinta de las ciencias de la naturaleza e irreductible a ellas. Elaborar esta forma de racionalidad empírica ha sido una empresa muy laboriosa. Casi hasta el principio del siglo XX se encumbraban los métodos de las ciencias naturales. Era muy difícil liberarse del preconcepto de que los métodos de la física se pueden transferir como tales a las realidades humanas.

La configuración de las ciencias humanas –dejando a un lado las notables diferencias metodológicas inherentes a ellas– constituye un tipo de racionalidad que es seriamente empírica –métodos estadísticos y experimentales– y al mismo tiempo hace algunos planteamientos que son característicos del método hermenéutico[24].

---

22. Cf. K. Popper, *Logica della scoperta scientifica*, Torino 1970, 22 (versión cast.: *La lógica de la investigación científica*, Madrid 1985); cf. H. van Laer, *Philosophy of Science* (2 vols.), Pittsburgh 1956-1962.
23. A. Comte, *Corso di filosofia positiva*, Padova 1947 (versión cast.: *Curso de filosofía positiva. Discurso sobre el espíritu positivo*, Barcelona 2003).
24. H. Bergson, *Ensayo sobre los datos inmediatos de la conciencia*, Salamanca 1999.

d) *¿Tienen las ciencias empíricas el monopolio de la verdad?*

En su versión del siglo XVIII, el positivismo ya ha muerto y ha sido superado. Pero nos vamos a referir brevemente a él para ilustrar un sentimiento que ha estado muy presente en la Edad Moderna y que todavía funciona en cierto modo como presupuesto colectivo de la cultura occidental.

La tesis de fondo del positivismo es que la única verdad humana digna de este nombre es la de las ciencias positivas.

Augusto Comte (1798-1857) afirmaba que el espíritu humano pasa por tres estadios de desarrollo. El primer estadio es el teológico, que es teocrático y militar, y está regido por sacerdotes y jefes militares. Cree que todos los fenómenos naturales son sagrados, dependientes de un Dios creador e interpretados como intervenciones de fuerzas sobrenaturales. El segundo es el metafísico y está regido por la filosofía y el derecho. Todos los fenómenos se interpretan a partir de causas, ideas y fuerzas abstractas. El tercer estadio, el estadio final y definitivo, es el regido por las ciencias positivas, que se limitan a observar los fenómenos tratando de descubrir sus nexos causales y de formularlos en leyes científicas. La ciencia es la única que da poder al hombre y le permite cambiar las condiciones de la existencia[25].

Descartes y muchos después de él defendieron que la filosofía y las matemáticas son el fundamento de las ciencias empíricas. Comte invierte esta afirmación y asegura que la filosofía puede eventualmente tener un significado basándose en las ciencias positivas. Divisaba una nueva civilización totalmente regida por el predominio de las ciencias modernas y por la racionalidad científica. El marxismo mantuvo durante mucho tiempo estas mismas ideas.

2. *La verdad como búsqueda del sentido de la realidad*

El hombre no vive sólo de pan. Para realizar su humanidad no le bastarán las ciencias modernas ni la tecnología que cambia el entorno y las condiciones de vida.

---

25. Cf. G. Marcel, *Position et approches concrètes du mystère ontologique*, Paris 1949, 88-91.

Para comprender el misterio de la verdad de la existencia humana es preciso mirar muy atentamente a ese otro tipo de verdad que no da ningún poder al hombre y que no se mueve en el reino de la utilidad. Esa verdad que, con paciencia infinita e intentos permanentes, trata de captar el sentido del hombre y del universo. La poesía, el arte, la narrativa, la filosofía, la religión, la ética, la teología, la mística y tantas otras intentan expresar la vertiente humana de la realidad.

La trágica historia del siglo XX es una buena muestra de cuántas personas han aceptado la discriminación, la prisión, el exilio y la muerte para defender la libertad de buscar y manifestar la verdad y para salvaguardar el sentido del hombre y de lo humano contra el monopolio político de la verdad única del régimen de turno. Toda esta inmensa esfera de verdad «inútil» e «impotente» es absolutamente indispensable para vivir humanamente. Ningún progreso científico ni tecnológico ha podido eliminar la búsqueda de esta verdad que trata de descubrir trabajosamente el sentido del ser humano y de toda la tarea histórica del hombre.

Henry Bergson (1859-1941) ha descrito estos dos modos de pensar. Por una parte el pensamiento objetivo, que interroga a la realidad desde esquemas precisos y fija en fotogramas estáticos lo que en realidad es dinámico y evolutivo. Es la inteligencia puesta al servicio del poder y del dominio, que se manifiesta sobre todo en el pensamiento científico y técnico. Por otra parte, el pensamiento intuitivo reconoce el misterio de la realidad en su concreción y redescubre la libertad y la espiritualidad del hombre, a la vez que el misterio ontológico[26].

Gabriel Marcel ha abordado a fondo la distinción entre problema y misterio y, por tanto, entre las dos formas correspondientes de pensamiento. El pensamiento objetivo y causal –ciencias empíricas– estudia la realidad como problema. El pensamiento existencial reconoce el misterio del ser en el que está personalmente implicado. Esta clase de pensamiento reflexiona críticamente sobre lo que en la existencia tiene carácter indubitable[27].

En esta misma línea se mueven también Karl Jaspers y Martin Heidegger y, en general, todas las antropologías personalistas.

---

26. Por ejemplo, K. Jaspers, *La fede filosofica*, Torino 1973.
27. Cf. H.-G. Gadamer, *Verdad y método*, Salamanca ^{10}2003.

Para distinguir esta clase de verdad de las formas de racionalidad empírica, se recurre a veces al término «fe»[28], que en este caso no se entiende en sentido religioso, sino en sentido muy amplio, es decir, como asentimiento al sentido de la realidad que se revela con fuerza propia, como reconocimiento del misterio de la realidad en la que uno está personalmente implicado. Por ejemplo, la relación yo-tú y todo lo que significa: libertad, fe, consenso, etc. El término «fe» indica, pues, el reconocimiento de lo que se impone por su propia fuerza y evidencia, algo a lo que no puedo tratar como un simple objeto sin traicionarlo esencialmente.

En los ámbitos de corte positivista, a esta clase de verdad se la suele relegar a la esfera de lo privado y de lo subjetivo, y no es raro que se la desprecie.

Sin embargo, muchas verdades de este orden no carecen de racionalidad crítica. Pero, a diferencia de las formas anteriores de racionalidad empírica, jamás pone entre paréntesis la referencia al sujeto y a sus problemas fundamentales. Al contrario, la referencia al sujeto humano y a la tradición sociocultural es constitutivo de esa verdad.

El acceso a ella se realiza en gran parte mediante un proceso hermenéutico, a saber, introducirse en una tradición, hacer un acto fundamental de confianza en ella, confrontarse en un diálogo crítico con una tradición cultural y humana.

Hay, pues, dos clases de pensamiento. Un pensamiento objetivante, orientado fundamentalmente hacia las cosas, que trata de explicar sus diversos aspectos y concatenaciones con objeto de dominarlas, de reducirlas a pura posesión. Y también un pensamiento acogedor, re-conocedor, orientado hacia las personas y hacia el misterio del ser que se revela en ellas. Estas dos clases de pensamiento se pueden concretar todavía más.

El hombre que vive en el mundo necesita indudablemente conocer determinados mecanismos de la naturaleza y de la sociedad. Con el progreso del conocimiento, el poder del hombre logra afirmarse más. La meta terminal de este pensamiento –que jamás se alcanzará– sería explicar total y radicalmente el universo material y cultural.

---

28. M. Heidegger, *Über den Humanismus*, 12-13.

Pero cuando esta clase de conocimiento y de verdad pretende constituirse en monopolio, se posiciona contra el hombre. El hombre de la civilización científica y tecnológica, el hombre de la cultura de masas, es un hombre en cierto modo minusvalorado y paralizado. Y ello porque en él hay grandes horizontes con escasas perspectivas como la filosofía, la poesía, el arte, la literatura, la religión y muchos otros.

Ya hemos dicho que Emmanuel Levinas llama a este pensamiento «pensamiento egológico» o pura y simplemente «egología». Esta clase de pensamiento y de verdad pretende conocerlo todo y someterlo al dominio de la razón. A grandes rasgos, sería el pensamiento ideal de conocimiento predominante en Europa desde Descartes. Levinas le achaca una gran responsabilidad en el estallido de las dos guerras mundiales, en la aparición del colonialismo y en la muerte de millones de seres humanos inocentes. Según Martin Heidegger, el pensamiento objetivo y dominador no tiene que ver solamente con las ciencias empíricas, sino también con las filosofías occidentales modernas. Lo llama también pensamiento metafísico e insiste en que se le abandone de una vez.

La segunda clase de pensamiento y de verdad es de algún modo contraria a la anterior. Es el pensamiento acogedor, que venera el misterio del ser, lo reconoce, está abierto a su llamada y lo acepta agradecido. Se quiere conocer, pero no para dominar sino para amar, para dejar ser, para adorar. La verdad ya no surge de aplicar los esquemas racionales a la realidad experiencial, sino que se anuncia por sí sola poniendo patas arriba los esquemas racionales. Es una verdad que exige escucha y acogida.

Esta verdad es una verdad «inútil» porque no está en absoluto al servicio de la transformación tecnológica del mundo y no aporta ventajas económicas. No «explica» nada y no permite dominar nada. Sólo indica el sentido que la realidad tiene o puede tener para el hombre. Es una verdad que trata de nombrar la realidad, que la custodia y la respeta. Es pobre e inútil, pero indispensable, porque permite dar un sentido a la existencia humana y también a todo lo demás.

Estas dos formas de pensamiento y de verdad deben coexistir y complementarse. Sin embargo, en cierto sentido, la primacía le corresponde al pensamiento existencial y metafísico.

III. Grandeza e insuficiencia de la verdad humana

No sólo nuestros conocimientos científicos son incompletos. En realidad, todo el panorama de la verdad humana es incompleto y limitado. Las fronteras del conocimiento humano se pueden desplazar con facilidad, pero nunca eliminar.

En los filósofos se observan desde siempre dos tendencias respecto a la verdad humana –verdad como conjunto de todas las formas de conocimiento–. En primer lugar la tendencia a ver sobre todo el aspecto absoluto que se manifiesta en toda verdad. En este caso se tiende a minimizar el fraccionamiento de la verdad, los errores, la búsqueda incesante y dolorosa de briznas de verdad. Y en segundo lugar las antropologías que no ven más que el carácter histórico y relativo de la verdad. No se niega que haya progresado, pero se trata de un progreso que nunca suprime la barrera de lo provisional y relativo. Esta tendencia es la que predomina en las antropologías y filosofías contemporáneas. Pero existen también muchos que adoptan una postura ambivalente. Por un lado rechazan la absolutización de la verdad de las ciencias, pero por otro son muy escépticos con todo lo relacionado con la metafísica y el conocimiento de Dios.

La situación real de la verdad humana está tensa, a medio camino entre lo absoluto y lo relativo, en una incesante búsqueda histórica que hace que la verdad humana crezca y progrese. Su insuficiencia se revela sobre todo en la limitación y parcialidad de todo interrogante científico y en la multiplicidad y fraccionamiento insuperables de la verdad. Reconocer esta insuficiencia no significa, sin embargo, que en cuanto a la situación de la verdad humana haya que caer en el relativismo filosófico.

1. *Carácter parcial y limitado de los interrogantes científicos*

El carácter limitado de la verdad humana se advierte sobre todo al comprobar que todos nuestros interrogantes, sean cuales fueren, tocan solamente determinados aspectos de la realidad. Ante cualquier realidad y ante cualquier aspecto de ella siempre cabe formular otros interrogantes más específicos y apropiados respecto a los que predominan en el conocimiento científico del momento. En ninguna dirección del mundo microscópico ni del mundo macroscópico se advierte límite alguno. La complejidad infinita de cualquier fenómeno se encarga de contradecir ya mismo todo intento previo de explicarlo total y exhaustivamente. No lo sabemos todo de nada.

Todos los interrogantes sobre conocimiento y verdad están marcados por la cultura, por la sociedad y por la tradición científica en que están insertos. La cultura y la tradición suministran los interrogantes de fondo y a menudo también los mismos motivos de interés y de investigación en algún campo. Todo esto es un marco de aproximación a la verdad que no se puede superar radicalmente y que es muy difícil de transformar, aunque sólo sea parcialmente, en el curso de una existencia humana o de una generación. En cierto sentido, el contexto social y cultural ejerce una presión enorme contra toda forma de verdad alternativa y diversa. La historia nos ofrece ejemplos muy elocuentes como el tormentoso paso de las viejas formas de Estado –*ancien régime*– a la democracia moderna o la transición de las viejas concepciones de la propiedad privada a las modernas concepciones de la justicia social.

Además, incluso en el plano estrictamente científico, en muchos casos es difícil reconocer la limitación y parcialidad de los interrogantes ante la realidad. Somos, en cierto modo, esclavos de algunas preconcepciones que parecen evidentes, cuando en realidad son profundamente limitadas. Los ejemplos más claros de esta condición de la verdad humana nos los proporciona el progreso de las ciencias en distintos campos. Baste pensar en el *impasse* de la física moderna al no lograr relativizar el principio de la causalidad física y reconocer el carácter estadístico de las leyes de la naturaleza.

Las interpretaciones falsas de la realidad no se descubren solamente mediante una reflexión filosófica crítica y metódica. La verdad está siempre al servicio de la vida y la vida se construye siempre según la interpretación dominante en una sociedad. Por eso sucede tan a menudo que la experiencia vital desenmascara el error o la presunta verdad. La propia vida, al verse atrofiada, alienada y humillada, llega un momento en que protesta contra el predominio de las verdades unilaterales. El sufrimiento, el mal y la infelicidad que proceden de un determinado enfoque de la vida y del mundo son capaces de dar la vuelta a muchas teorías y filosofías. Ahí están, por ejemplo, las guerras mundiales, que han acabado con el ingenuo mito del progreso mucho antes que las críticas de los teólogos y filósofos.

En concreto, toda verdad humana, toda ciencia tiene una historia y escribe necesariamente una historia. Toda ciencia está implicada en una aventura histórica que no consiste exclusivamente en el aumento cuantitativo de verdades, sino también en cambios cualitativos. La verdad humana consiste en lograr verdades a partir de un determinado punto de vista espacial, temporal, cultural y social.

Así, el logro científico de la verdad con métodos críticos es una tarea sin fin. Por mucho que el hombre se empeñe, jamás se podrán agotar todos los puntos de vista. Y eso porque toda aclaración parcial abre nuevos e insospechados aspectos de la realidad.

Las ciencias del hombre responden a la misma lógica de insuficiencia y de posibilidad básica de perfeccionamiento. Por ejemplo, todos los métodos utilizados por la psicología empírica en el siglo XIX –introspección, behaviorismo, etc.– ya han sido abandonados.

La antropología filosófica y todo el campo de la filosofía no son una excepción. La filosofía progresa descubriendo poco a poco los preconceptos y prejuicios carentes de fundamento y el carácter unilateral de ciertos planteamientos. Desaparecen unas filosofías y nacen otras. La filosofía auténtica se siente fascinada por algún aspecto de la verdad que otros han descuidado o no han visto lo suficiente. Nadie podrá impedir que mañana se impongan otras filosofías, que harán ver la gran cantidad de preconceptos y prejuicios que rigen hoy nuestra interpretación filosófica de la realidad.

Pero en las ciencias el cambio no es sólo cuantitativo, es decir, no sólo aumentan en conocimientos. El progreso es también cualitativo. Todo nuevo descubrimiento y toda nueva respuesta modifican los conocimientos anteriores y los sitúa de modo diverso. Los conocimientos no se obtienen como los libros de una biblioteca y no se ponen unos sobre otros como los ladrillos cuando se construye una casa. Los nuevos descubrimientos obligan a reescribir los libros y no basta con redactar suplementos como hacen las grandes enciclopedias cada cierto tiempo.

Hay momentos de la historia en que las premisas y los planteamientos metodológicos de algunas ciencias cambian profundamente. Es lo que pasó en la física clásica fundada por Newton. Y lo que volvió a suceder con la teoría de la relatividad. En psicología, la refundación ha sido múltiple: introspección, behaviorismo, psicología profunda…

Es decir, la verdad humana no es una posesión tranquila y pacífica que se puede conservar inalterable tras haberla logrado, como se guarda el oro en una caja blindada de un banco.

La verdad humana va envuelta en palabras históricas que pertenecen a una lengua y a una cultura determinadas. Ahora bien, las palabras, las lenguas y las culturas cambian. Con el progreso de la historia nacen nuevas experiencias. Por consiguiente, es necesario un esfuerzo continuo e ininterrumpido para interpretar y traducir las verdades ya adquiridas. La verdad de la Biblia, por ejemplo, exige grandes esfuerzos de lectura e interpretación porque se formuló en un contexto cultural muy distinto del actual, en el que hay una serie de elementos que no entendemos o que ya han desaparecido irremediablemente. Otro ejemplo: las formulaciones dogmáticas en la doctrina de la Iglesia no son inmunes a la gran ley histórica de la verdad humana. Es preciso hacer un esfuerzo constante de interpretación de lo que ya se ha dicho y definido.

La verdad humana a todos los niveles se presenta como una tarea que el hombre jamás terminará. Las distintas ciencias empíricas, las numerosas filosofías y teologías son y serán siempre incompletas. Podrán progresar en todos los ámbitos, profundizar en el suyo propio, explicitar y clarificar más la interpretación de la realidad, eliminar preconceptos y falsas interpretaciones.

2. *Carácter múltiple de la verdad*

El carácter finito e incompleto de la verdad humana se advierte, no en último lugar, en que está fraccionada y dividida en multitud de ciencias y lenguajes. Esta multiplicidad no parece ser algo transitorio que se superará a medida que avancen las ciencias, sino que es condición permanente de la verdad humana.

El carácter múltiple de la verdad no se vive como un hecho neutro que no plantea problemas, sino que suscita una gran tensión. Y ello porque el fraccionamiento y la multiplicidad de la verdad choca contra la exigencia de unidad que es inherente a la verdad. La verdad exige siempre universalidad y por tanto unidad. Por eso tanto los científicos como los filósofos han soñado siempre con una visión en que puedan confluir todas las verdades parciales sin contrastes ni oposiciones reales. Pero esta visión unitaria parece imposible de lograr. Tras siglos de choques dolorosos, los científicos coexisten hoy sin agresividad. Pero las personas que tienen que moverse necesariamente en diversos ámbitos de verdad, se sienten interpeladas por el problema de su fraccionamiento.

a) *Sectores fundamentales de la verdad humana*

Las diversas formas de verdad se pueden reagrupar en grandes bloques que tienen algo en común y que, al mismo tiempo, representan fronteras que no se pueden cancelar ni superar sin más. Se suelen distinguir los siguientes: 1) el conocimiento precientífico; 2) las ciencias empíricas; 3) la reflexión filosófica; 4) la verdad religiosa y teológica. Expondremos brevemente cada uno de ellos.

1. Verdad precientífica

Ante la expansión gigantesca de las ciencias empíricas cabría pensar que la verdad precientífica no tiene ninguna importancia. Pero eso es una ilusión, porque el mundo de la experiencia vital existe desde siempre y sigue siendo el gran ámbito donde todo lo real se puede vivir humanamente.

Todos los hombres de ciencia conviven diariamente con una cantidad impresionante de conocimientos no científicos: el pequeño mundo de la casa, los niños, el jardín, las costumbres del perro, el perfume de los prados, las reacciones de la gente del barrio, el humor y los intereses de sus subordinados, etc. Hay padres que no han visto nunca un libro de psicología y saben educar perfectamente a sus hijos –cosa que los profesores de pedagogía no siempre logran–. Shakespeare conocía la psicología de los celos y de los instintos humanos.

El arte, la literatura, la poesía y el teatro, por ejemplo, pueden revelar qué es el hombre con una profundidad y concreción a las que no llegan ni la filosofía ni la religión. Estos aspectos de la cultura revelan una inmensa verdad del hombre.

En el imponente mundo de la verdad no científica se pueden hacer muchas distinciones y subdistinciones. Pensemos solamente en los géneros literarios, en el lenguaje del cine y en las numerosas formas de conocimiento científico.

2. Verdad científica

Bajo este nombre se agrupan todas las formas de conocimiento adquiridas con principios metódicos apropiados y en cierto modo empíricos. En esto se distinguen las ciencias de la filosofía y de la teología.

Las ciencias empíricas se distinguen en general por el principio de objetividad y verificabilidad, es decir, porque constatan los hechos, buscan nexos y los verifican, y todo ello con un método riguroso. Para obtener resultados, las ciencias empíricas ponen entre paréntesis todos los aspectos subjetivos. Se atienen rigurosamente al lenguaje objetivo y verificable que tiende a una formulación matemática. Las ciencias son hoy un conjunto de disciplinas difíciles de unir entre sí. Los mayores grupos están constituidos por las ciencias naturales y las ciencias humanas.

En el siglo XX se ha consolidado la convicción de que todos los sectores de la realidad necesitan de métodos científicos apropiados. Los fenómenos psíquicos no se pueden estudiar con los mismos métodos que triunfan en física. La economía, la psicología y las demás disciplinas se crean esquemas propios, a menudo muy diferentes de los de las ciencias naturales. No se puede afirmar que un método científico sea absolutamente superior a los demás. Lo único que hay son distintos métodos científicos que hay que analizar según el objeto a estudiar.

3. Verdad filosófica

La verdad filosófica se caracteriza porque no interroga a la realidad con esquemas objetivos y verificables que no tienen en cuenta muchos aspectos como la dimensión espiritual, la libertad, la existencia de Dios, etc. Lo que pretende es expresar la realidad en toda su amplitud, prestando especial atención a los significados y finalidades.

La filosofía, como cualquier otra verdad humana, es una forma restringida de aproximarse a la realidad. Su metodología reflexiva e interpretativa no hace superflua la verdad precientífica y tampoco la aproximación científica. Al contrario, la filosofía aprende mucho de otras aproximaciones a la realidad que hacen aflorar aspectos que de otro modo no se lograrían. La antropología filosófica, por ejemplo, hoy no puede ignorar las ciencias del hombre.

4. Verdad religiosa

Las verdades religiosas y teológicas son una esfera relativamente autónoma respecto a los sectores anteriores. En las religiones que admiten una revelación divina, los conocimientos no se pueden reducir sencillamente a la experiencia vital y no se pueden recabar meramente de la reflexión filosófica o de la investigación científica. La verdad religiosa tiene mucho en común con la filosofía en el sentido de que el significado último de la realidad y del hombre ocupa el centro: la libertad, la culpa, la historia, la muerte, la felicidad, el mal...

b) *La raíz del carácter múltiple de la verdad*

Desde un primer nivel, la multiplicidad del saber se debe a que cada ciencia se circunscribe a un sector específico de la realidad interrogándolo de acuerdo con un esquema metodológico preciso. La terminología clásica hablaba de objeto material y de objeto formal. Esto introduce ya una enorme diversificación en las ciencias y en los conocimientos en general.

A nivel más profundo, la diversidad de las ciencias se debe a las orientaciones de fondo que contiene la existencia humana.

Hay que tener siempre presente la doble figura de la verdad, a saber, la conquista racional y tecnológica de la realidad y la acogida respetuosa del misterio.

3. *Insuficiencia no significa relativismo*

Ya hemos dicho que la verdad humana es histórica y relativa, pero eso no significa que haya que asumir la tesis del relativismo filosófico. Ser sensibles al carácter situacional, relativo e histórico de la verdad no implica que haya que negar que en toda verdad también existe una dimensión o aspecto absoluto. Se ha insistido en la relatividad e historicidad del conocimiento como reacción ante las filosofías que ven el conocimiento exclusivamente desde la perspectiva de lo absoluto y de lo eterno. La verdad humana concreta presenta a la vez aspectos de historicidad y aspectos de absoluto.

Cuando se absolutiza la relatividad y la insuficiencia, estamos ante el relativismo o el historicismo. Se niega la dimensión de absoluto. Según el historicismo, la verdad pertenece a una época y sólo tiene sentido en el contexto de esa época.

Para interpretar correctamente el carácter histórico de la verdad hay que decir que todos los aspectos de la verdad pueden recuperarse en otra época y en otro contexto histórico sin que jamás sean superados por completo. Lo histórico presenta siempre aspectos superados. Pero, en la medida en que contiene aspectos de verdad, sigue siendo válido en otras épocas.

Pongamos un ejemplo. En la agricultura arcaica se quemaba la hierba, no sólo para limpiar el terreno, sino también para que crecieran mejor las plantas. Estos métodos ya han sido absolutamente superados. ¿Pero acaso son falsos por eso? Por supuesto que no, aunque hoy ya nadie los utiliza. Sin embargo, los nuevos sistemas de abono han recuperado y asumido su verdad parcial.

Como seres humanos no estamos, pues, en posesión de una verdad absoluta, plenamente exenta de la relatividad de los puntos de vista históricos y sociales. Todo conocimiento lo es siempre de personas históricas, de posibilidades muy limitadas, pero maravillosamente dispuestas a captar aspectos de verdad. Todo lo absoluto es captado desde un punto de vista histórico y cambiante.

Para un ser humano que vive en la historia, los aspectos de absoluto que se captan en la verdad son extraordinariamente valiosos aunque sólo se conquisten parcialmente. No sacan al hombre de la historia, pero le permiten constatar lo relativos que son sus puntos de vista y los límites de su problemática. Desde esta base se pueden formular distintos interrogantes, estudiar otros aspectos de la realidad y profundizar en cualquier dirección.

La tensión entre los polos positivo y negativo de la única verdad humana es justamente lo que hace progresar sin descanso el conocimiento e impide quedarse tranquilos en la relatividad de los conocimientos ya adquiridos.

5
ACCIÓN HUMANA, VALORES Y LIBERTAD

La búsqueda de la verdad no se puede separar de la realización del hombre por su acción en el mundo. Más aún, forma parte del permanente intento de realizar su existencia, que caracteriza a todo ser humano.

El obrar humano tiene una fisonomía que lo distingue fundamentalmente de los dinamismos preconstituidos o instintivos que rigen los variados comportamientos del mundo animal y de las fuerzas causales que impregnan todos los aspectos de la naturaleza. El hombre no obra a ciegas, sino que es capaz de fijar previa y conscientemente las intenciones y finalidades de sus acciones y tratar de conseguirlas superando todas las dificultades y obstáculos que se le presenten. El hombre puede aspirar a cualquier cosa, tiene voluntad.

Lo que el hombre intenta lograr con su actuación se suele denominar «valor» o «reino de valores». Por tanto, para comprender el obrar humano es preciso reflexionar sobre los valores y su estructura.

Generalmente se llama «libertad» al conjunto de este obrar humano. La libertad es, a la vez, la fuente de ese obrar y la meta a alcanzar en el plano individual y social. La libertad es un aspecto constitutivo de la realización del ser humano.

En este capítulo abordaremos los siguientes temas: 1) obrar humano y voluntad; 2) la llamada de los valores; y 3) la libertad en la existencia humana.

I. Acción humana y voluntad

1. *La acción humana*

A la observación filosófica le ha impresionado siempre que el hombre, a diferencia de los animales, no esté totalmente inmerso en acciones predeterminadas y en comportamientos estereotipados. Al menos en cierta medida –que varía según los sujetos– el hombre está capacitado para tomar las riendas de su existencia fijando las metas humanas a conseguir. Por consiguiente, el obrar humano no es mero resultado de una serie de factores internos y externos que lo determinan, sino que en él hay algo nuevo y original que no depende totalmente de los factores que influyen en él. En todo obrar humano, aunque determinado también por elementos biológicos, animales, naturales e inconscientes hay un factor personal. Bajo el influjo de este «obrar humano» el mundo no sólo asume un rostro cultural y humano, sino que también la existencia humana se encamina hacia una mayor libertad. El mundo no es una realidad que está ahí sólo para ser conocida y contemplada, sino también para ser humanizada, en el sentido de humanizar también al hombre.

¿Qué es lo que significa entonces «obrar humanamente»? Todo el mundo cree saberlo, pero no es fácil decirlo con palabras expresas y precisas. Podría decirse, en general, que el hombre obra «humanamente» cuando es consciente de lo que hace. Obrar humanamente y obrar libremente tienen mucho en común. En este sentido parece todavía válida la siguiente definición de A. Dondeyne:

> ¿Qué es entonces el comportamiento voluntario libre? Todo el mundo piensa que obrar libremente es obrar sabiendo lo que se hace y por qué se hace; es percibir o dar un *sentido* a la vida y asumirlo personalmente. Pues bien, nuestras acciones adquieren un *sentido* en cuanto encarnan unos valores o contribuyen a promover unos valores en el mundo. Se puede decir, por tanto, que el comportamiento voluntario libre es, en el fondo, un juicio de valor, reflejo y eficaz, que se encarna en una acción concreta[1].

---

1. A. Dondeyne, *Liberté et vérité. Étude philosophique*, en Id., *Liberté et vérité*, Louvain 1954, 45.

2. *La voluntad*

Obrar humanamente no es sólo pensar que un valor vale. Es también «ponerse al servicio de ese valor, promoverlo para mí y para los demás con *gestos concretos y eficaces*, dando así al mismo tiempo un sentido a la vida y apropiándose de ese sentido»[2].

El obrar humano no es, pues, sólo una actividad puramente espiritual que tiene lugar en el interior de una conciencia cerrada. Al contrario, es el compromiso de dar forma a un valor concreto en el encuentro con los demás en el mundo. Querer algo, obrar humanamente, es tratar de realizar concretamente un valor.

El término «voluntad» se utiliza normalmente para expresar la capacidad de obrar humanamente. La voluntad es la capacidad de dar un sentido o significado a la propia actividad e incluso a toda la existencia humana. Es también la capacidad de proseguir el logro de las metas superando dificultades y obstáculos. A. Lalande explica este segundo sentido de «voluntad» en estos términos:

> Cualidad del carácter que consiste en la mayor o menor fuerza con la que una tendencia, con la que el sujeto se identifica conscientemente, se mantiene y es eficaz a pesar de la oposición de otras tendencias respecto a las cuales se considera pasivo[3].

Esto no significa –como explicaremos más adelante– que la actividad humana concreta sólo sea movida y animada por valores claramente percibidos por la razón. Pero sólo será específicamente «humana» en la medida en que encarne y realice, junto con algunos aspectos de necesidad y de situación, valores humanos percibidos y aceptados como tales.

En la acción humana se pueden distinguir diversos aspectos o momentos: motivación, decisión y ejecución. Pero estos aspectos son inseparables y sólo se comprenden dentro de una misma acción[4].

2. *Ibid.*
3. A. Lalande, *Dizionario critico della filosofia*, Milano 1971, 1006.
4. La indicación de estos tres aspectos se emplea a menudo como definición de libertad. «Forma de actividad personal que comporta, en su imagen completa, la representación del acto a producir, una interrupción momentánea de la propensión a este acto, el juicio sobre las razones para hacerlo o no hacerlo, la sensación del valor de estas razones, la decisión de obrar como ellas indican y el final en la ejecución o en la abstención definitiva»: A. Lalande, *Dizionario critico della filosofia*, 1006.

La interpretación filosófica subraya dos temas en torno a los cuales giran de algún modo los demás aspectos del obrar humano. El primero tiene que ver con los valores que caracterizan todo obrar humano. El segundo es la capacidad humana de encarnar los valores en su obrar y, por tanto, de actuar con libertad.

La problemática del obrar humano es enormemente vasta y compleja, en la que inciden problemas psicológicos, sociológicos y culturales a menudo muy importantes.

II. La llamada de los valores

1. *Definición general de los valores humanos*

Si obrar humanamente consiste generalmente en asumir concreta y activamente valores, es preciso examinar más de cerca el término valor[5].

«Valor» es un término que se emplea para indicar las cosas –materiales, instituciones, profesiones, derechos civiles, etc.– en la medida en que permiten realizar cualquier dimensión humana. Por consiguiente, los valores no son cosas ni características de las cosas, pero las cosas del mundo se presentan a la luz de valores o se revisten de valor en muchas formas y medidas. Los valores se han de situar, pues, en la relación cualitativa entre las cosas y la persona humana que tiende a la realización de su existencia. Podríamos decir que *valor es todo lo que se cree relevante para realizar la existencia humana, todo lo que permite dar un significado a la existencia humana*[6].

Esta idea general incluye algunas características diferentes entre sí, si se quiere captar la complejidad del fenómeno «valor». Estas características tienen que ver con los siguientes aspectos: a) la tensión dialéctica entre las cosas portadoras de valores y el sujeto humano del que depende el valor de las cosas; b) la dimensión in-

---

5. Cf. A. Guzzo-V. Mathieu, art. *Valore*, en *Enciclopedia filosofica* VI, Firenze 1982, col. 579-591.
6. La definición de valor ha de incluir necesariamente una referencia a la experiencia humana, es decir, a una experiencia cuyo significado se supone que todo el mundo capta. Los significados del término son muchos, y a menudo, fluctuantes. Cf. A. Lalande, *Dizionario critico della filosofia*, 976-979.

terpersonal de los valores; y 3) el aspecto absoluto que emerge sobre todo en algunos valores.

a) *Tensión dialéctica entre los aspectos objetivo y subjetivo*

Ya la filosofía medieval distingue entre las cosas materiales portadoras de valores –*bona*, bienes– y la cualidad de valor de que están revestidas esas cosas –*ratio bonitatis*, significado, sentido, valor–. El valor es lo que hace que algo aparezca como un bien.

Para ser concretos y reales, es preciso que los valores se realicen en el mundo concreto. Los valores no existen si no se expresan de algún modo en el mundo visible, confiriendo así al mundo una dimensión cultural y humana. Los valores artísticos, por ejemplo, existen en la creación de obras artísticas, poéticas, literarias, cinematográficas, etc. Los valores humanos se dan en la calidad de las relaciones entre seres humanos y no pueden existir sin la creación de normas, leyes, estructuras, etc. Todo esto resulta bastante obvio para quien acepte la condición encarnada del hombre y la estructura intencional de la conciencia.

Pero hay que entenderlo correctamente. Aunque los valores se atribuyan a las cosas, no son en primer lugar estructuras o propiedades de las cosas, inherentes a ellas al margen del hombre que tiene que realizar su propia existencia. Los valores no existen sin el hombre. La fuente de los valores es el hombre concreto que vive con los otros en el mundo para realizar su existencia. Las cosas asumen valores en la medida en que se insertan en el proceso de realización o humanización del hombre.

Ya hemos hablado de esta base antropológica de los valores al tratar del significado «humano» del cuerpo y del significado general del mundo. Allí subrayamos que a las cosas materiales se les da significado porque se incorporan en la existencia personal. E incluso en el contexto de la intersubjetividad se ha observado que el significado de las cosas se fija y se revela en la comunión con los demás en el mundo.

El problema cambia cuando se pregunta: ¿qué hay que hacer concretamente para realizar la existencia humana con otros en el mundo? Es decir, ¿qué valores son necesarios o útiles para que el hombre se realice? La respuesta a esta pregunta no está inscrita como tal ni en las cosas ni en las estructuras que las rigen. No se puede conocer limitándose a observar las características y las estructuras de las cosas de este mundo. Los valores surgen del modo específico en que el hombre actúa y se afirma en el mundo. No son algo natural, como los árboles en los montes, el agua en el mar o el hielo en los polos. Respetando las leyes objetivas que rigen las cosas, el hombre mismo debe diseñar las vías concretas de humanización, fijar los valores y determinar la jerarquía que hay entre ellos.

Esta inmensa tarea va acompañada de la creación de un mundo cultural de bienes materiales, técnica, ciencia, arte, derecho, reflexión sobre el sentido de la existencia y de búsqueda de su origen último y de su destino final.

b) *La dimensión intersubjetiva de los valores*

Los valores no son nunca creaciones fijadas arbitrariamente por cada sujeto. De cualquier forma, son siempre valores para nosotros. Es decir, los valores tienen que ver con otras personas y se inscriben en una cultura.

Esta afirmación parece bastante transparente por lo que se refiere a la dimensión cultural de los valores. En la civilización moderna, por ejemplo, el automóvil es un valor, pero no lo es para los indígenas que viven en las florestas del Brasil donde no hay ni carreteras ni gasolina. Que algo tenga valor y se pueda utilizar para que las personas se realicen depende también de que pueda funcionar en un conjunto cultural, donde los valores dependen mucho unos de otros.

Pero la dimensión intersubjetiva de los valores no se puede reducir exclusivamente al factor cultural. Los valores «valen», es decir, influyen en mí, apelan a mí, se me imponen en este mundo, y ello fundamentalmente porque así es posible reconocer a los demás. Todos los valores están codeterminados porque me permiten reconocer y promover al otro y responder a la llamada del otro que es indigente, pobre, huérfano, extranjero o exiliado.

El pan, el agua, los campos, un parque natural, una montaña, incluso cuando yo no siento necesidad de ellos, son, sin embargo, auténticos valores porque permiten dar de comer al que tiene hambre, de beber al que tiene sed, y relajamiento y distensión a quienes los buscan. Es decir, los valores no se sitúan primera y exclusivamente en el plano del tener y del poseer, sino también en el plano del dar y del reconocer a los demás. De hecho, las categorías del tener y del poseer no se refieren solamente a una relación entre yo y las cosas, sino sobre todo a una relación entre yo y los demás.

El aspecto intersubjetivo de los valores se expresa también de otra manera. El valor implica de algún modo la necesidad de comunicarse. Los antiguos decían: *bonum est diffusivum sui*. R. le Senne (1882-1954) habla del carácter contagioso de los valores[7]. Esto significa que es imposible apreciar a fondo un valor sin pensar que pueda serlo también para los demás, es decir, sin ofrecérselo también a los otros como un verdadero y auténtico valor.

El carácter intersubjetivo del valor halla su expresión más plena en la voluntad de amar. Si es verdad que los valores tienen su origen, en definitiva, en la persona humana, esta debe ser el valor por excelencia. Por eso no se puede vivir la propia vida como valor supremo sin la voluntad impulsiva de ser alguien ante los demás, es decir, sin necesidad de amar a alguien. Por eso, el carácter interpersonal de los valores se traducirá de algún modo en la pregunta: ¿Puedo amarte?, ¿puedo ser alguien ante ti? El día en que un ser humano se convenza de que su existencia no puede ser un valor para nadie, ese día todo se queda sin valor, todo se vuelve absurdo.

Resumiendo, es preciso decir que la voluntad no se mueve por valores abstractos y desencarnados, sino por una serie de llamadas concretas, exigentes y oblativas que invitan al hombre a salir de sí para reconocer al otro, y le permiten hacerlo. La fuente de los valores no es el hombre abstracto ni la naturaleza humana abstracta, sino el hombre concreto y encarnado en comunión con otros seres humanos en el mundo.

Estas ideas parecen chocar con el viejo ideal griego de la *eudaimonía*, que ve en la felicidad individual el motivo y el fin primario del obrar humano –y de la ética–[8]. Esta felicidad se consigue por la actuación libre y armónica de todas las dimensiones y posibilidades del hombre. Podríamos decir prácticamente lo mismo de la idea moderna de autorrealización.

---

7. Cf. R. le Senne, *Ostacolo e valore*, Brescia 1950, 120.
8. Cf. A. Lalande, *Dizionario critico*, 296-297; K. Hammacher, art. *Felicità*, en H. Krings y otros (eds.), *Concetti fondamentali di filosofia* I, Brescia 1981, 759-768.

Si las expresiones *eudaimonía*, felicidad y autorrealización se utilizan desde una perspectiva prefilosófica, no son muy criticables, ya que se trata de conceptos más bien indeterminados y vagos.

Pero si se utilizan desde una vertiente filosófica, entonces sugieren una interpretación muy individualista del hombre, difícil de conciliar con la orientación fundamental hacia los demás. Rozan, además, una interpretación naturalista del hombre. La *eudaimonía* y la autorrealización presuponen un conjunto de posibilidades humanas predeterminadas que es preciso actualizar armónicamente. En el fondo, se concibe al hombre según el modelo de los organismos inferiores a él. Los seres de la naturaleza tienen una serie de posibilidades naturales predeterminadas y sustancialmente idénticas para todos los individuos de la especie, y se realizan realizando esas posibilidades.

Pero esta concepción del hombre, que reapareció en la antropología occidental a partir del Renacimiento, contrasta con la dimensión interpersonal. Ya hemos dicho que la llamada de los valores es inseparable del otro. Por eso trasciende radicalmente el concepto de naturaleza y la realización de posibilidades naturales.

La antropología cristiana se ha opuesto siempre a las filosofías que quieren recluir al hombre en un destino individual y natural. Constitutivamente, el hombre está en comunión con otros seres humanos. La vocación fundamental del hombre a la comunión con Dios, aunque no está escrita en las posibilidades naturales del sujeto ni de la humanidad histórica, tiene que ver con todo ser humano histórico[9].

c) *El componente absoluto en la llamada de los valores*

Si bien los valores no surgen de las cosas ni de las estructuras biológicas, sino del sujeto personal en cuanto orientado hacia los demás en el mundo, esto no significa que el valor sea una determinación o elección arbitraria.

En todas las antropologías, por distintas que sean, se está de acuerdo en que hay algunas realidades que son «humanas» y otras

---

9. Cf. J.-H. Walgrave, *Cosmos, personne et societé*, Paris 1968, 59-75.

que no lo son. Y eso no depende de la pura arbitrariedad. No parece, pues, posible que se puedan pensar los valores sin reconocer que poseen una dimensión absoluta que trasciende los individuos, las sociedades y las culturas, y que constituye una especie de norma para el obrar y para cada uno de los valores[10].

La dimensión absoluta se ve más claramente en la apelación del prójimo. La exigencia de reconocimiento revela un carácter transindividual y absoluto respecto a la elección libre del hombre. Los valores no valen como mero hecho contingente e histórico, es decir, porque alguien necesita de hecho pan, bienes, justicia o ciencia. No son como la ley de la oferta y la demanda en la economía de mercado. Aunque el prójimo no pida personalmente lo que necesita para que se le reconozca, bien porque no está en condiciones de pedir, bien porque no es consciente de la situación alienante en que se encuentra, la apelación está ahí y se deja sentir con idéntica exigencia implacable. La existencia es por sí misma apelación. La propia situación es justa o injusta, digna o indigna, alienada o libre. La presencia del hombre en el mundo, esté donde esté, determina que algunas situaciones del hombre son dignas y otras no. Y esto no depende solamente de una opción cultural.

La dimensión absoluta que se revela en los valores tiene que ver con el conocimiento y con el valor de los mismos. Ambos aspectos son correlativos y es difícil hablar de uno sin referirse también al otro.

Vamos a ver, ¿por qué el hombre vive su relación con la realidad bajo el signo de los valores? Esta pregunta es parecida a la que ya planteamos sobre el *lumen naturale* de la inteligencia. Y la respuesta es también parecida. Se trata de un dato originario, irreductible a cualquier otro dato de la realidad humana. Y, al mismo tiempo, es un dato que ilumina todo el ámbito del obrar humano.

Para explicar esta apertura originaria a los valores, podríamos decir que la existencia concreta es, por su naturaleza y constitución, un juicio de valor. Este juicio de valor no es una valoración teórica sobre los objetos y las realidades de este mundo, sino una cualidad fundamental de la existencia humana. Podríamos decir incluso que es una «sensibilidad» fundamental ante los valores. Gracias a esta sensibilidad o cualidad fundamental se formulan después los numerosos juicios concretos sobre cada valor.

---

10. Cf. R. le Senne, *Ostacolo e valore*, 117.

Digámoslo aún más sencillamente. Todo ser humano está dotado naturalmente para juzgar las cosas y la realidad teniendo en cuenta la realización del hombre. No es una capacidad que se adquiera a lo largo de la vida, sino que se da en cierto modo con la existencia humana. No depende ni de una cultura concreta ni de una determinada religión. Ni siquiera es destruida por las filosofías que defienden que todo es absolutamente absurdo. Donde el hombre aparece se impone una evidencia indiscutible, a saber, que hay algo que tiene sentido y valor, que hay acciones que contribuyen a la realización del hombre y otras que son incompatibles con ella.

2. *La «naturaleza» de las cosas como marco objetivo de los valores*

El que todos los valores surjan en primer lugar del hombre, en su interacción con las personas y en la realidad del mundo, no siempre se ha percibido suficientemente. Algunas antropologías adoptan la posición que ve los valores inscritos en la naturaleza de las cosas.

En la filosofía medieval, sobre todo en la escolástica, se advierte una tendencia a situar los valores en un orden natural y predeterminado que se expresa en las finalidades objetivas y en las estructuras naturales de las cosas[11]. Para obrar humanamente y, por tanto, para descubrir y asumir auténticos valores humanos, es preciso seguir ante todo el ritmo del orden natural de las cosas y de las leyes que las rigen. El cuadro de los valores no sólo se refleja de algún modo en las cosas, como pensaba Platón, sino que está encarnado en las mismas cosas. Para descubrir objetivamente los valores bastaría con analizar atentamente las cosas y sus estructuras físicas, fisiológicas, biológicas, psicológicas, etc.

No es difícil ver que tras este modo de pensar se perfila la idea de creación. Esto se traduce en dos características:

Por un lado se insistirá en la bondad objetiva y trascendental que hay en todas las realidades creadas. Desde este punto de vista

---

11. Cf. G. Verbeke, *Le développement vie volitive d'après saint Thomas*: Revue philosophique de Louvain 56 (1958) 5-34. Sobre los intrincados problemas de la relación inteligencia-voluntad en la escolástica, cf. J. Lebacqz, *Libre arbitre et jugement*, Paris 1960.

se puede decir que las cosas sólo son buenas porque son buscadas por el hombre. Se debe decir también que son buscadas por el hombre debido a la bondad inherente a las cosas. Toda la realidad, y cualquiera de sus aspectos, se presenta, pues, bajo el perfil de la bondad y del valor. Toda realidad puede tener valor para el hombre. Pero la bondad trascendental –metafísica– de las cosas no parece contribuir mucho a clarificar el problema de los valores.

Por otro lado, se da por descontado que el mundo, creado y preordenado por Dios, debería expresar y reflejar la idea que ha presidido su creación. Se habla de la «naturaleza» de las cosas y, en particular, de la «naturaleza humana», pero a renglón seguido también de la «ley natural». Por tanto, las cosas debieran tener en sí mismas –antes y al margen del hombre– algunas finalidades particulares, coordinadas y armonizadas con necesidades humanas concretas. Los valores estarían inscritos de algún modo en las cosas como una especie de «etiquetas» o «indicaciones de uso» fácilmente reconocibles por todos[12].

Esta aproximación al problema de los valores carece de suficiente sensibilidad histórica. Al no conocer la enorme diversidad de las culturas y sus continuas transformaciones, era fácil absolutizar el sistema de valores en que se vivía, sin darse cuenta de que, en muchos aspectos, era sólo la expresión de una cultura concreta en un determinado momento histórico.

Es indudable que esta aproximación capta un aspecto real de los valores e insiste demasiado en él, siendo más bien insensible a otros aspectos no menos reales. Tanto en el hombre como en la naturaleza hay estructuras complejas y delicadas en su equilibrio. No hay libertad ni valor que se pueda realizar –como subrayaremos más adelante– sin tener en cuenta las estructuras que existen en la naturaleza y en el hombre. En un mundo concreto no se puede hacer cualquier cosa para que se realice el hombre. Con un árbol es imposible escribir una página de filosofía. Con la arena del desierto no se da de comer a niños con hambre. Con una mala legislación, que pone los bienes de la tierra en manos de los ricos, es imposible traer justicia e igualdad. No se puede ser feliz en el matrimonio si se ignora que la mujer quiere ser madre y educar a sus hijos.

---

12. Cf. J.-P. Sartre, *L'esistenzialismo è un umanesimo*, Milano [5]1968, 79-81 (versión cast.: *Existencialismo es un humanismo*, Barcelona 2002).

Pero, además, hay otro dato que no deja de sorprender al hombre, a saber, que el mundo material es un vehículo para la realización humana. Se presta a ser transformado y revestido de valores humanos. Hay una especie de connaturalidad entre el hombre y el mundo natural. La realización de los valores estará siempre en tensión entre el sujeto, fuente última de los valores, y un mundo que permite la realización de los mismos. El propio hombre deberá inventar que es lo que hay que hacer para ser plenamente hombre, pero no lo podrá hacer sin respetar las estructuras naturales.

3. *Las necesidades fisiológicas y psicológicas como fuente de valores*

Hay una pregunta que se suele hacer en torno a los valores: ¿pueden o deben definirse los valores en relación con las necesidades y deseos del hombre?

Esta formulación del problema está muy influida por la psicología moderna. Un ejemplo típico es el de la psicología de A. Maslow[13]. Pero todas las psicologías que intentan comprender al hombre desde la base biológica y animal plantean el problema desde esta perspectiva. El estudio de las necesidades y de los deseos se considera clave para captar toda la complejidad del comportamiento humano.

Ahora bien, en cuanto ser «humano» que quiere ser alguien ante los demás en la verdad y en el amor, la persona se sitúa infinitamente por encima de las estructuras animales. El mismo A. Maslow se ha visto obligado a calificar algunos valores como «meta-necesidades»[14]. Por consiguiente, valor no es sólo lo que permite satisfacer una necesidad o un deseo, sino todo lo que hace que el hombre realice su existencia y le dé un sentido.

4. *Un mundo ideal y objetivo de valores*

M. Scheler y N. Hartmann son muy distintos entre sí, pero mantienen una postura que insiste mucho en el carácter objetivo e

13. Cf. B. Engler, *Personality Theories*, Boston 1979, 334-336.
14. Cf. A. Maslow, *Motivazione e personalità*, Roma 1973, 247-292; Id., *Verso una psicologia dell'essere*, Roma 1971, 151-188.

inmutable de los valores. Estas filosofías tienden a exagerar el orden absoluto y trascendente de los valores.

La esencia del hombre no sólo es la medida de todos los valores. ¿Qué hay que hacer para ser fieles a la esencia del hombre? La respuesta a esta pregunta parece estar ya inscrita y establecida en un mundo ideal de valores que el hombre puede contemplar o intuir por vía emotiva.

Los valores, dice Max Scheler (1874-1928) no se encuentran en las cosas y no se pueden conocer por vía racional analizando las propiedades de las cosas. Tampoco son creados por el hombre. Existe un reino objetivo de los valores, independiente del hombre, que es directa y claramente accesible mediante un sentir intencional. Por consiguiente, los valores se «intuyen» o descubren. Son como las estrellas, que se van descubriendo poco a poco a medida que avanza el progreso. Por eso los valores no son viejos ni nuevos, sino que tienen un alcance absoluto y trascendente[15]. Esta tesis de Scheler tuvo un eco enorme, sobre todo en una época –después de la Primera Guerra mundial– en que parecía que se desmoronaban todos los valores tradicionales y en la que Nietzsche había proclamado el nihilismo total.

Según M. Scheler, el conocimiento de los valores pasa por el sentir o el intuir. Tiene un carácter absolutamente objetivo similar al del conocimiento teórico. Por consiguiente, existen valores objetivos y existe un conocimiento objetivo de los valores[16].

N. Hartmann (1882-1950) tiene unas ideas muy parecidas. Según él, existe también un mundo autónomo de valores que trasciende la realidad y la conciencia. Pero esto no significa que se trate de entidades espirituales contempladas por el espíritu. Significa que su validez no depende de una decisión o de un acto creativo del sujeto, sino que este debe someterse al valer –gelten– de los valores[17].

No nos extenderemos más sobre estas filosofías porque en buena parte son exposiciones sobre los valores éticos y sobre el fundamento de la ética.

---

15. Cf. C. Rossi, *Figure e dottrine della filosofia dei valori*, Napoli 1975, 245-260.
16. Cf. M. Scheler, *Il formalismo nell'etica e l'etica materiale dei valori*, Milano 1944, 63-78.
17. Cf. N. Hartmann, *Etica* (3 vols.), Napoli 1969-1970. Sobre la posición de N. Hartmann, cf. C. Rossi, *Figure e dottrine della filosofia dei valori*, 261-276.

5. Jean Paul Sartre o la subjetividad radical de los valores

Friedrich Nietzsche (1844-1900) representa una primera forma de relativización de los valores. Su obra principal iba a ser *La voluntad de poder. Ensayo de un replanteamiento de todos los valores*, pero sólo se publicaron algunos apuntes redaccionales y algunos aforismos (1906). Nietzsche insiste en la enorme importancia de los valores en cualquier concepción de la vida. Desde su perspectiva atea quiere que se repiensen y se les dé la vuelta a todos los valores. Los valores son más bien exigencias fisiológicas para mantener un determinado tipo de vida. El superhombre –Übermensch– representa los valores superiores[18].

J.-P. Sartre representa la postura subjetivista respecto a los valores. Su tesis puede resumirse diciendo que no existe ninguna naturaleza humana que preceda a la existencia y que pueda funcionar como norma o criterio del obrar. La existencia precede a la esencia humana. El hombre debe devenir su propia existencia. ¿Qué es el sujeto individual? En definitiva es sólo y exclusivamente lo que hace de sí mismo, es decir, producto de su libertad[19].

Para Sartre es evidente que a priori «no hay naturaleza humana, pues no hay un Dios que la conciba»[20]. Todo depende única y exclusivamente de la libertad de cada uno. Por sí misma, la vida no tiene ni sentido ni valor alguno. Le corresponde al hombre darle un sentido a su existencia: «la vida no tiene sentido a priori. Antes de vivir la vida, esta no es nada; que tenga sentido es cosa vuestra, pues el valor no es, sino el sentido que escogéis»[21].

El sujeto individual es, pues, el único responsable absoluto de los valores que propone y elige:

> Pero si es verdad que la existencia precede a la esencia, el hombre es responsable de lo que es. De ahí que el primer paso del existencialismo sea hacer que todo hombre tome posesión de lo que es y que recaiga sobre él toda la responsabilidad de su existencia[22].

---

18. Cf. B. Welte, *Il superuomo di Nietzsche: ambigua doppiezza*, en G. Penso (ed.), *Friedrich Nietzsche e il destino dell'uomo*, Roma 1982, 23-42.
19. Cf. J.-P. Sartre, *L'esistenzialismo è un umanesimo*, 33-35.
20. *Ibid.*, 35.
21. *Ibid.*, 88-89.
22. *Ibid.*, 36.

No es totalmente criticable todo lo que Sartre ha querido decir. Como muchos pensadores del siglo XX, Sartre reacciona frente a una concepción naturalista del hombre, es decir, contra una antropología que sitúa los valores en las estructuras predeterminadas de la naturaleza –en el sentido de naturaleza infrahumana–. No cabe ninguna duda de que esta interpretación naturalista no se puede conciliar con la libertad y la creatividad del hombre, sobre todo en el terreno de los valores[23]. Como muchos otros, Sartre quiere reivindicar que la humanidad del hombre se despliega en la esfera cultural e histórica, donde el hombre trasciende absolutamente la naturaleza y las estructuras vitales, viviendo en el reino de la libertad.

Aunque rechaza radicalmente la idea de naturaleza humana, Sartre habla de condición humana[24]. Si el hombre quiere obrar humanamente no puede hacer pura y simplemente lo que se le ocurre. Es decir, lo que determina el carácter «humano» del obrar no depende del puro arbitrio del sujeto.

La interpretación ulterior de Sartre es problemática. El carácter «humano» del obrar depende totalmente de que el obrar humano sea libre. Hay que actuar con absoluta libertad. El criterio de todo valor es que sea libre. La propia libertad no es un invento del hombre. El hombre ha sido arrojado a la existencia como ser libre. No ha podido elegir ser o no ser, ser libre o no serlo[25].

Esta posición de Sartre es insostenible. Para actuar humanamente es preciso actuar con plena libertad. Pero esta libertad absolutamente autónoma, no ligada a ninguna naturaleza y a ninguna instancia humana, casi divina y absoluta, es en definitiva absurda y está vacía.

6. *Lo objetivo y lo subjetivo en los valores*

De lo que acabamos de decir se deducen dos observaciones importantes, dos instancias mayores que pueden reclamar nuestra atención.

---

23. Cf. W. Luijpen, *Phenomenology and Atheism*, Pittsburgh-Louvain 1964, 232-233.
24. Cf. J.-P. Sartre, *L'esistenzialismo è un umanesimo*, 71-72.
25. Id., *L'essere e il nulla*, Milano ⁴1972, 526-668 (versión cast.: *El ser y la nada*, Barcelona 1993).

La primera es que el hombre no establece arbitrariamente el contenido de los valores. Los valores valen por sí mismos y se imponen al hombre, que debe someterse a ellos. Tiene, pues, valor trascendente y absoluto, pues valen siempre y en todas partes porque revelan la esencia del hombre que es idéntica por encima de los cambios históricos. Los grandes valores vitales, estéticos, morales y religiosos se desarrollarán por todas partes, aunque de manera desigual.

La segunda es el carácter ideal de los valores. Los valores parecen eludir un contenido determinado y concreto, ya que permiten juzgar todas las realizaciones concretas del valor. Pues todos los actos de justicia, de paz y de respeto, y también todos los fenómenos artísticos y bellos parecen estar muy lejos de lo que es la paz perfecta, el respeto total, la justicia consumada y la belleza absoluta.

Pero los valores ideales no se hallan en un cielo abstracto. Para contemplar los valores ideales no hay por qué tener un conocimiento alejado de la vida. En cuanto fuente y realizador de valores, el hombre está ligado esencialmente a su ser, a eso que se llama *humanum*[26]. Fijar en qué consiste lo *humanum* no es cosa del individuo ni depende de la voluntad colectiva de un pueblo o de una cultura, sino que se revela como algo a lo que cada uno debe someterse con total fidelidad. Su carácter absoluto se manifiesta más en concreto en la llamada al reconocimiento del otro, pero no se identifica con esta llamada. La esencia previa a toda llamada y a toda cultura es lo que debe medir y valorar el carácter humano de toda civilización y de toda actividad.

Llegados a este punto, el filósofo no puede perder de vista una realidad muy concreta e incontestable desde el punto de vista histórico. En todas las épocas ha habido seres humanos que han afrontado el exilio, la prisión, el sufrimiento y la muerte con tal de proclamar las exigencias soberanas de lo *humanum*. Desobedecer sus exigencias significaría ser infieles a la propia esencia humana. Desde Sócrates hasta Jesucristo y a lo largo de toda la historia ha habido mártires que han dado testimonio del carácter absoluto de lo humano y de la trascendencia de la llamada que resuena desde la voz del otro, en busca de reconocimiento y amor.

---

26. Cf. W. Luijpen, *Phenomenology and Atheism*, 201-202.

Todo esto dista mucho de una idea naturalista de la naturaleza humana. Lo *humanum* no es una idea clara y distinta de la que se pueda sacar mediante silogismos los contenidos de los valores. El hombre concreto que vive en la historia y con otros en el mundo es el que poco a poco va tomando conciencia de las implicaciones de lo *humanum*. A veces pasan siglos antes de caer en la cuenta del carácter antihumano de algunas situaciones. Pasaron muchos siglos antes de constar que la esclavitud era indigna del hombre, que la mujer no debe vivir en una situación de inferioridad social y humana, que el colonialismo es inadmisible o que el problema del tercer mundo no es un asunto de caridad, sino de justicia.

Lo *humanum* no se descubre desde una mesa ni leyendo libros de filosofía. La mayoría de las veces el camino del conocimiento tiene un trazado negativo, el trazado del sufrimiento, del dolor, de la humillación, del desamparo ante la humillación del hombre. Todo esto nos conduce a una extraña paradoja sobre la que volveremos más adelante y que consiste en que lo *humanum* se revela a la vez como insuficiente e imposible de realizar. Habrá que preguntarse también hasta qué punto lo *humanum* se pueda realizar por las solas fuerzas humanas.

Después de hablar de la dimensión de absoluto que se revela en los valores, cabe preguntarse si aún tiene sentido hablar de creación de valores.

Si la «creación de valores» se entiende en sentido verdadero y propio, no se ve cómo puede llevarse a cabo. A los valores hay que someterse porque el valor es de algún modo previo a la existencia del individuo y es transpersonal.

En sentido amplio se puede hablar de creación de valores. La tarea específica del hombre en el mundo consiste en elaborar creativamente un orden de valores que permita reconocer verdaderamente al hombre. Le corresponde al hombre inventar lo necesario para realizar el valor fundamental que es él mismo en sus dimensiones constitutivas. En cada circunstancia y en cada cultura habrá que inventar lo necesario para vivir, profundizar y promover la justicia. La exigencia de justicia está ya implícitamente presente en la relación originaria del *ego* con los otros en el mundo. Pero de esto nada se puede deducir. Es preciso crear e inventar las implicaciones de esta idea. Cuando se vive y se practica un valor en la historia concreta es posible ir descubriendo ulteriores implicaciones.

Elaborar los mejores y más auténticos valores constituye la gran misión histórica del hombre, misión a la que podrá ser más o menos fiel, pero que no podrá traicionar totalmente[27].

Este sería el momento de reiterar lo que hemos dicho sobre la historicidad de la verdad. Digamos en particular que los valores no crecen cuantitativa, sino cualitativamente. No se trata de añadir nuevos valores a los ya existentes, sino de retomar y valorar mejor los que ya tenemos, en diálogo fecundo con el pasado y muy abiertos al futuro.

7. Esferas de valores

Los valores son infinitamente variados y tienen rasgos relativos e históricos. Pero no son una amalgama caótica, sino que constituyen de algún modo un mundo diversificado y estructurado.

¿Podemos hablar de escalas de valores?, ¿cuál es el criterio que nos permite ordenarlos?

Más que constituir una escala en sentido estricto, los valores parecen pertenecer a determinadas esferas o ámbitos. Las esferas polarizan de algún modo las dimensiones fundamentales de la existencia: valores del cuerpo, del espíritu, valores éticos y religiosos. Y cada esfera es susceptible de una estructuración ulterior.

Pero es difícil fijar un criterio objetivo de precedencia entre los valores que nos permita decir cuáles son superiores y cuáles inferiores, pues es fácil caer en el subjetivismo y en la unilateralidad. ¿Qué vale más, una obra de arte o una celebración litúrgica, un libro de filosofía sobre el amor o un ordenador?

Pero si hay que tener algún criterio, sólo puede ser este: el nexo más o menos íntimo entre la realización de la persona humana y una determinada esfera de valores. Es obvio que se trata de un criterio muy elástico que permite escalas de valores bastante diferentes entre sí. De hecho es imposible encontrar en los libros de antropología filosófica una visión unitaria sobre este tema.

Sin embargo, hay cierta convergencia en torno a grandes grupos de valores: valores vitales, valores del espíritu, valores de la

---

27. Cf. A. Wyllemnan, *L'élaboration des valeurs morales*: Revue philosophique de Louvain 48 (1950) 243-244.

persona, valores religiosos. La persona humana es la síntesis de todos los valores; más aún, es el valor supremo[28].

Valores vitales o corpóreos son todos los valores que responden de algún modo a necesidades primarias del cuerpo como comer, beber o dormir. Y también a necesidades secundarias como tener una casa, una máquina de escribir o un jabón. El progreso cultural ha diversificado enormemente las necesidades naturales del hombre. La cultura occidental ha creado muchas necesidades nuevas y artificiales. Es imposible trazar una frontera rigurosa entre lo que son necesidades naturales y lo que es revestimiento cultural. El hombre ha empleado a menudo sus mejores energías científicas y tecnológicas para aumentar estos valores vitales y corporales.

Los *valores del espíritu* responden sobre todo a las necesidades o posibilidades del espíritu –y del corazón–. Es el mundo de la cultura en sentido estricto: arte, ciencias, derecho, filosofía, teología… Se distinguen de los anteriores porque estos valores no siempre son estrictamente necesarios para vivir, aunque sí para vivir bien, para que el hombre viva más dignamente. Son valores que nos vinculan más profundamente a los demás[29].

Los *valores de la persona o valores éticos* se distinguen de los grupos anteriores en que se refieren expresamente al conjunto de la persona o a la persona en cuanto tal[30]. Los valores éticos no tienen objetos particulares que respondan a una esfera concreta de actividad. No se puede dedicar tiempo a actividades éticas. Los valores éticos manifiestan la referencia de los demás valores al reconocimiento de la persona –de cualquier persona–. Por eso se habla del carácter formal de los valores éticos.

---

28. Cf. A. Dondeyne, *Foi chrétienne et pensée contemporaine*, Louvain ³1961, 192-201; A. Wylleman, *L'élaboration des valeurs morales*, 239-246.
29. «Observamos, además, que el valor de una cultura, de un modo de pensar y de un gusto estético depende también de que nos vincula a los demás mucho más que la mera comunidad de exigencias vitales. Una cultura promueve la libertad de cada uno de sus integrantes sin quitar a unos lo que da a los otros»: A. Wylleman, *L'élaboration des valeurs morales*, 241.
30. *Ibid.*, 241: «Los *valores morales* son aquellos de que se reviste nuestro comportamiento cuando reconoce concreta y eficazmente la dignidad propia de toda existencia humana en cuanto tal».

En los valores éticos a veces se distinguen:

–Valores relacionados con la vida y la muerte, que constituyen la base de la convivencia humana. Reconocer al otro como persona implica, en primer lugar, respetar su vida, su salud y algunas necesidades elementales que tienen que ver con el sustento y la vivienda.

–Valores relacionados con la verdad y la libertad, que constituyen el gran patrimonio de la verdad científica, religiosa y ética, así como del clima de verdad y sinceridad que debe reinar en las relaciones humanas.

–Valores relacionados con la promoción de las personas en el amor y en la benevolencia. Se trata de valores que tienen que ver directamente con las personas como personas, por ejemplo, la amistad, el amor o el matrimonio.

Los *valores religiosos* se distinguen a menudo de los éticos porque se refieren a las relaciones con Dios y a las manifestaciones cultuales y comunitarias de estas relaciones. No pretenden reconocer en primer lugar a las personas. El objetivo de los valores religiosos no es «hacer que el mundo sea más cercano y familiar, sino acercarnos más a Dios y familiarizarnos con él trascendiendo el mundo»[31].

La persona es el valor supremo. No la persona en abstracto, sino la persona concreta que se relaciona con los demás en el mundo. Las realidades mundanas son valores en cuanto permiten reconocer y promover a la persona humana. Y eso trasciende con mucho los valores de lo útil.

La persona no es un medio porque su valor no depende de hallarse inserta en un determinado orden mundano o cultural. La persona es el origen del ámbito de los medios y de los fines. Pero ella misma no es ni medio ni fin.

¿Habremos de concluir que el hombre tiene en sí la fuente definitiva de los valores o que puede hallar en sí mismo todo lo que necesita para realizar el sentido último de su existencia? Estas conclusiones no están en la persona. A este respecto no podemos decir que el hombre disponga del sentido último de su existencia. Afirmar que al hombre no se le puede considerar un medio en sentido absoluto no significa que sea autosuficiente para alcanzar el sentido último de su existencia.

---

31. A. Dondeyne, *Foi chrétienne et pensée contemporaine*, 199.

La orientación de la búsqueda procede de que la persona humana no tiene el sentido de la vida sólo en sí misma. El sentido depende totalmente de la relación con los demás, con el Tú. El fin del hombre debe consistir en estar, de algún modo, en una relación con otro Tú. Pero esto lo dejamos abierto por ahora.

8. *Tensión entre las esferas de valores*

Para los valores sirve también, a grandes rasgos, lo que ya hemos dicho sobre las esferas de verdad, a saber, que las grandes esferas de valores se caracterizan por una relativa autonomía y por una interdependencia real. Se trata de un problema muy vivo en la cultura contemporánea.

Aunque los valores existen como tales por referirse a la persona humana, sin embargo tienen objetos diversos y responden a distintas intencionalidades del sujeto humano. Los valores materiales y corporales responden sobre todo a la intención de lo útil; los valores artísticos pertenecen al orden del lenguaje y de la expresión; la intención específica de los valores éticos es reconocer y promover a las personas en el mundo; los valores religiosos expresan el sentido último del hombre, su razón de vivir y de esperar.

Por un lado se puede insistir en la relativa autonomía de las esferas de valores. Ni los bienes de consumo ni el desarrollo científico y tecnológico van necesariamente de la mano de una elevada producción artística o de un profundo sentido religioso. Hay épocas relativamente pobres que manifiestan un arte de gran altura. Incluso en sociedades científica y tecnológicamente poco desarrolladas puede haber un alto sentido de la personalidad. Un creyente no tiene por qué ser éticamente más sensible en todos los ámbitos de la existencia, como lo muestra la misma Biblia. Ha habido gente no creyente con gran sensibilidad hacia valores éticos como la justicia, la igualdad o la democracia, que muchos creyentes no han sabido captar oportunamente.

Se puede insistir en la interdependencia de las esferas de valores. Cuando hay mucha pobreza es imposible que se desarrolle la cultura científica, artística o literaria. Antes que estudiar hay que comer. Pero, además, no es posible lograr en este mundo cierto grado de bienestar sin un determinado nivel de formación y de cultura científica. Es imposible reconocer moralmente a las personas si no se dispone de medios materiales y de cultura suficiente. Los valores religiosos exigen el reconocimiento efectivo del hombre por el hombre. Es imposible amar a Dios y no amar al prójimo.

La interdependencia y la relativa autonomía de las esferas de valores implica que se desarrollen de forma desigual y que haya distintos acentos. Las escalas de valores son diferentes en las distintas culturas. La cultura europea del siglo XX ha desarrollado enormemente los valores corporales y materiales y ha dado mucha importancia a la participación de todos en la cultura. A algunos sectores de valores como los que tienen que ver con la libertad y la justicia se les ha prestado una atención especial. Y también a los derechos fundamentales del hombre. Otros valores se han desarrollado menos, por ejemplo los valores estrictamente interpersonales, los valores estéticos y religiosos. En cambio, estos valores son más considerados en otras culturas no europeas.

Es difícil decir si una determinada escala de valores, en su peculiar configuración cultural e histórica, es absolutamente superior a otra. No lo puede pretender globalmente la cultura occidental, pero tampoco las culturas arcaicas de África.

En todas las culturas hay valores que pueden enriquecer y completar la escala de valores de las demás.

Teóricamente nunca se llegará a unificar las escalas de valores. Pero, en la práctica, es preciso reconocer el pluralismo insuperable de las escalas de valores y su posibilidad de realizar de forma distinta a la persona humana.

Toda persona humana debe buscar una síntesis entre las diversas esferas en sus opciones prácticas vitales. El inevitable pluralismo es un modo de neutralizar el carácter unilateral de las opciones parciales.

III. La libertad en la existencia humana

El obrar humano no sólo se caracteriza por una serie de valores, sino también porque estos valores se asumen a la hora de obrar. Este segundo aspecto se suele llamar obrar personal o libre. La libertad y los valores son componentes inseparables de la única acción humana.

La palabra libertad es muy importante para el hombre de hoy. En cierto modo es la suprema aspiración del hombre, la meta de sus esfuerzos individuales y colectivos, bien como libertad de pensamiento y movimiento, bien como libertad para la mujer, bien como libertad para los pueblos del tercer mundo, etc. Es decir, parece que la libertad tiene mucho que ver con la realización plena del hombre. Es una palabra que evoca estar libre de muchas esclavitudes y alienaciones y, a la vez, el hecho de poder ser uno mismo.

El discurso filosófico sobre la libertad debe tratar de ir unido lo más posible a la «libertad humana» sin perderse en especulaciones abstractas sobre la libertad absoluta. Por eso conviene examinar más de cerca las articulaciones fundamentales de la libertad humana[32].

1. *Observaciones generales sobre la libertad humana*

a) *Libertad significa obrar con responsabilidad*

Decir que el hombre es un ser libre significa, en primer lugar, afirmar que en el ser humano hay una raíz o semilla de libertad, una capacidad fundamental para tomar las riendas del propio obrar, de forma que se pueda llamar «mío», «tuyo» o «suyo».

A esta semilla de libertad los antiguos filósofos la llamaban «liberum arbitrium». Es la misma característica de la existencia humana que hoy se evoca y denomina con el término libertad[33].

En sentido negativo, esta libertad se opone al comportamiento no consciente –por ejemplo, del animal–, a la locura y a la irresponsabilidad física o moral. Aun estando muy ligada y sometida al mundo y a los demás, la persona humana no está totalmente condicionada por las fuerzas deterministas de la naturaleza, ni totalmente sometida a la tiranía del Estado, de la sociedad o de los demás en

---

32. Para los principales significados de la palabra libertad, ver A. Dondeyne, *Liberté et vérité*, 43ss; M. Müller, art. *Freiheit*, en K. Rahner (ed.), *Sacramentum mundi* II, Freiburg 1968, col. 77-95 (versión cast.: *Sacramentum mundi* [6 vols.], Barcelona 1972-1976); H. Krings, art. *Libertà*, en Id., y otros (eds.), *Concetti fondamentali di filosofia* II, Brescia 1982, 1153-1172.

33. Tomás de Aquino, *S. Th.* I, q. 83, a. 4: «Liberum arbitrium» indica generalmente la libertad de elección –elegir o no elegir, escoger entre distintas realidades–. Ilumina la libertad en función del objeto y no del sujeto.

general, sino que interviene esencial y concretamente en la determinación de su propio obrar.

Desde el punto de vista positivo, esta libertad significa la capacidad de obrar «scienter et volenter» como se decía en otro tiempo, es decir, sabiendo lo que se hace y por qué se hace. Decir que el hombre es libre significa, pues, decir que es capaz de obrar responsablemente.

A. Lalande define así la libertad:

> Estado del ser que, tanto si hace el bien como si hace el mal, se decide después de reflexionar, con conocimiento de causa, esto es, sabiendo lo que se hace y por qué se hace, y que sólo actúa en conformidad con razones que aprueba[34].

Este principio de libertad o dominio sobre el propio obrar es el motor fundamental de la liberación humana. El hombre concreto e histórico puede contribuir a que se realice la existencia personal y social liberándola de muchas esclavitudes y alienaciones a las que está sometida. Se trata, pues, de una libertad que no es fin en sí misma. Tiende a la realización y liberación del hombre, es decir, a la libertad madura y adulta, que no puede ser sino en comunión con los demás y con el mundo.

Esta posibilidad de dominar de algún modo el propio obrar no se puede interpretar naturalísticamente como si se tratara de una posibilidad que se realiza automáticamente en los individuos cuando han alcanzado un determinado nivel de desarrollo fisiológico. El poder del hombre sobre su obrar no es producto del desarrollo fisiológico y biológico, sino que depende mucho de la palabra y del amor de los demás, que hacen que un ser humano sea él mismo. Por consiguiente, el obrar humano en las personas físicamente adultas puede presentar grados muy distintos de libertad y puede llamarse «obrar humano» en diversas medidas, que varían de unas personas a otras y de unas culturas a otras.

---

34. A. Lalande, *Dizionario critico*, 470. La fórmula es susceptible de un significado restringido cuando indica que hay libertad en la medida en que se dan estas condiciones –en un acto concreto, la medida de libertad puede ser muy limitada–. Y es susceptible de un significado amplio cuando indica la madurez adulta, es decir, un alto grado de libertad.

b) *Libertad como madurez humana*

La meta que el hombre debe alcanzar en su vida personal también se llama libertad, libertad realizada o libertad lograda. En este caso, libertad tiene que ver con el estado del hombre que se ha liberado en gran parte de las distintas alienaciones y domina su existencia y su obrar hasta el punto de poder decir que es realmente libre. Libertad es aquí, pues, sinónimo de madurez, de estado adulto, de mayoría de edad, de hombre que es auténticamente él mismo, de hombre que no está bajo tutela.

En la historia de la antropología se habla a menudo de libertad de sabiduría –que no hay que confundir con la libertad de los estoicos ni con la libertad racional de Spinoza–. También se utiliza el término «libertas» –san Agustín– para distinguirla del «liberum arbitrium». En la religión cristiana, la libertad madura se define como «libertad de los hijos de Dios»[35].

La madurez se logra en distintos ámbitos de la vida. El hombre se hace adulto respecto del maestro cuando conoce los secretos del oficio y lo domina de algún modo. El hombre es libre ante Dios cuando es religioso, no por miedo al castigo ni para conseguir ventajas materiales, sino por convicción, por amor y en una cercanía confiada con Dios.

Negativamente, esta libertad indica liberación de los principales estados de alienación como la superstición, el miedo, el sometimiento social, político, económico y jurídico, el dominio de las pasiones o los vínculos inmaduros con los padres u otras personas.

Positivamente se considera libre el que se posee a sí mismo y fija las directrices de su existencia sin ninguna presión externa, sino en razón de opciones personales meditadas.

No es difícil ver que la libertad madura jamás se realiza por completo. Tampoco es fácil describir correctamente ni su contenido ni sus límites. Como todos los ideales, queda en cierto modo abierta.

El desarrollo de la libertad es discontinuo, según los ámbitos a que se refiera. Tener libertad, tanto a nivel individual como histó-

---

35. Cf. Rom 8, 15. La libertad de los hijos de Dios es una idea clave del mensaje cristiano. Es fruto de la redención realizada por Cristo y por el Espíritu de Dios, en la medida en que se da a los cristianos y es acogida por ellos. Significa liberación del dominio del pecado, de la ley exterior y de la muerte. Y también una vida abierta al amor de Dios y del prójimo. El amor es una expresión significativa de ella.

rico y social, no es nunca una posesión definitiva. La libertad madura sólo existe gracias a una conquista incómoda y dura. Para conservarla e incrementarla hay que sostenerla sin cesar mediante el esfuerzo continuo de los individuos y de los grupos humanos. No hay ninguna estructura que garantice el logro y el mantenimiento de la libertad madura. Hay que conquistarla en la aventura humana junto con los demás en el mundo.

c) *Libertad como conjunto de condiciones de libertad*

Un tercer significado de la palabra libertad se refiere al conjunto de las libertades sociológicas, que también se llaman sencillamente «las libertades»[36].

Estas «libertades» son el conjunto de las condiciones concretas que permiten ejercitar y realizar la propia libertad en una determinada sociedad o cultura. Se habla de un Estado libre cuando el Estado garantiza a todos el ejercicio de los derechos o libertades fundamentales del hombre y cuando se respetan en él las libertades y se dispone de los medios materiales que hacen posible vivir en libertad.

Esta libertad hay que entenderla bien. No se trata meramente de una serie de condiciones externas favorables o no a la libertad, sin las que la libertad personal podría ser igualmente ella misma. Lo que se quiere decir es que realizar la libertad personal depende en gran parte de que se den concretamente estas condiciones –sociales, políticas, culturales– de libertad.

Por consiguiente, el esfuerzo personal y colectivo para realizar la libertad de los seres humanos individuales exige necesariamente que se creen las condiciones materiales y sociales para ser libres, a saber, un ordenamiento jurídico y político que garantice realmente a todos el ejercicio de las libertades personales, un mínimo de medios materiales, de instrucción para todos, de trabajo y de respeto personal.

Es preciso llamar también la atención sobre el hecho de que la existencia de las condiciones materiales y sociales de la liberación nunca se traduce automáticamente en una libertad efectiva de las

---

36. Cf. R. Aron, *Essai sur les libertés*, Paris 1965.

personas que viven en estas condiciones. Son posibilidades de liberación que hay que asumir.

Hoy se reconoce en todo el mundo que las libertades fundamentales son la base mínima indispensable para promover y garantizar la libertad efectiva del hombre. Se formularon por primera vez en la Revolución francesa (1789) y hoy han encontrado una formulación concreta en la Declaración universal de los derechos del hombre de las Naciones Unidas (1948). Pero, a pesar de su reconocimiento teórico y de su base jurídica, estos derechos fundamentales son violados gravemente con frecuencia.

2. *La raíz de la libertad humana*

La distinción esencial entre las tres dimensiones de la libertad permite vislumbrar enseguida lo superficial que es reducir el problema de la libertad humana a una simple alternativa: ¿soy libre o no lo soy? En este tema todas los respuestas son posibles y permanecen abiertas. El sí y el no pueden coexistir en distinta medida según la dimensión que se considere. Aunque el principio de la libertad (*liberum arbitrium*) se afirma en cada uno de los seres humanos, esto no quiere decir que se realice y madure en todos ni que las circunstancias económicas, políticas o sociales sean signo de una gran libertad. De todos modos no corresponde al filósofo decir cuál es el grado de libertad con que actúa una determinada persona en las decisiones que toma.

Aunque actualmente se insiste sobre todo en las libertades sociales, la antropología filosófica no puede descuidar la raíz de libertad que existe en todo ser humano y que está llamada a crecer hacia una libertad madura o sabia.

¿Se puede demostrar la libertad?, ¿hay pruebas indiscutibles de que hay en el hombre un principio o raíz de libertad?

Como sucede con todas las dimensiones constitutivas del hombre –*ego*, intersubjetividad, verdad, valores– no se trata de «demostrar» en sentido propio y verdadero. Lo que el filósofo debe hacer es mostrar que el principio de la libertad es un factor estructural de la existencia humana y que no se puede negar sin negar al mismo tiempo, y radicalmente, la propia existencia.

Además, es imposible «demostrar» la libertad porque todo intento de hacerlo presupone lo que se quiere demostrar. En efecto, ese intento supone que se dirige a alguien capaz de comprender, de realizar un acto personal, de actuar personalmente. A un árbol o a un perro no se le demuestra nada. Los filósofos están convencidos, en general, que precisamente la «libertad es un hecho, el más evidente de los hechos que se constatan»[37].

Hay una amplia tradición que reconoce la libertad sobre todo en el plano del obrar, es decir, siendo más exactos, como una propiedad del obrar humano. La libertad pertenece estructuralmente al obrar «humano» y se identifica con él. En efecto, el obrar «humano» se efectúa a la luz del conocimiento. El conocimiento es también conocimiento del sentido y del valor de las cosas. Decían los antiguos filósofos: *Totius libertatis radix in ratione constituta est*[38].

Pero sería un error reducir la libertad exclusivamente a una propiedad del obrar, como también sería discutible reducir el pensamiento a una propiedad de la palabra. La auténtica raíz de la libertad está en la subjetividad del hombre. El sujeto en cuanto inteligencia (*lumen naturale*) puede distanciarse de las cosas, puede conocerlas en su objetividad y expresarlas con palabras y con el discurso. En cuanto *lumen naturale* el sujeto es también capaz de conocer los valores, los bienes, y las exigencias inderogables del reconocimiento de los demás seres humanos en el mundo[39].

Volviendo al tema de la autonomía y de la subjetividad de la persona, conviene tener muy claro que no se trata de la libertad en sentido absoluto ni de la libertad de un espíritu exiliado en el cuerpo, como pensaba el dualismo. El discurso sobre la libertad tiene que ver con el hombre concreto, unido profundamente al cuerpo. Es la libertad de un ser encarnado, una libertad sometida a determinismos naturales, a las leyes y pulsiones del organismo, al peso de las estructuras sociales y culturales y a otras libertades que con frecuencia se interfieren en los proyectos. La libertad humana es una libertad real, pero limitada y restringida.

El principio de la libertad pertenece indiscutiblemente a la existencia humana. Pero es difícil dar un juicio sobre el grado real de

---

37. H. Bergson, *Ensayo sobre los datos inmediatos de la conciencia*, Salamanca 1999, 159-160. K. Jaspers, *Filosofia* II, Milano 1978, 173-176.

38. Tomás de Aquino, *De veritate*, q. 22, a. 5. Para una crítica de los aspectos cosmológicos de la libertad en el tomismo, cf. P. Ricoeur, *Philosophie de la volonté* I. *Le volontaire et l'involontaire*, Paris 1964, 180-186.

39. Cf. W. Luijpen, *Existential Phenomenology*, Pittsburgh-Louvain 1969, 187-191; A. de Waelhens, *Phénoménologie et vérité*, Louvain ³1969, 88-100.

libertad presente en cada acción. Tener subjetivamente la impresión de que se actúa con libertad no garantiza necesariamente que haya realmente libertad. Es difícil saber cuáles son los móviles reales de una acción o de una opción. Es posible, por ejemplo, que un chico de dieciséis años diga que se casa con absoluta libertad, y que él mismo sostenga a los veinticinco años que lo hizo sin saber casi lo que hacía y que apenas se dio cuenta de lo que estaba haciendo.

3. *La dimensión interpersonal de la libertad*

Para comprender mejor el sentido y la estructura de la libertad humana es indispensable referirse a la estructura intersubjetiva de la persona. Que la libertad de la persona individual remita a la libertad de otros sujetos, se encuentre ante otras libertades y tenga que habérselas con ellas, no es un dato casual y accesorio, sino un aspecto constitutivo de sí misma. Frente a una determinada preconcepción muy difundida, la libertad personal no consiste primera y sustancialmente en que el obrar no esté radicalmente determinado por las fuerzas naturales y biológicas. Antes de pensar la libertad personal en su diferencia radical respecto a esas fuerzas, conviene pensarla en su relación con otros sujetos humanos. La libertad del sujeto es presencia ante otro sujeto, capacidad de responder a la llamada del otro. Es encuentro con otras libertades en el mundo.

a) *Libertad y dimensión ética*

Se ha hablado mucho del conflicto entre libertad y moral, algo muy difundido entre la gente.
E. Levinas insiste mucho en que la libertad es ante todo la capacidad de escuchar la llamada del otro y de responder a él. La responsabilidad ética no es una dimensión que delimita *post factum* el ejercicio de una libertad individual ya totalmente constituida. Ya desde el principio, la libertad se desenvuelve en el contexto de la llamada que le hace el otro. Y alcanza la madurez humana cuando la concentración individualista en el propio yo es cuestionada radicalmente por el encuentro y la llamada del otro, que exige que se le

reconozca como ser humano en este mundo. El signo y la medida de que una libertad está madura es justamente su capacidad para escuchar la llamada del otro y responder a ella. Desde el momento en que el otro aparece como otro –indigente, huérfano, viuda o emigrante– la libertad está marcada radicalmente por la dimensión ética. Y si, en definitiva, la libertad no se puede reducir a la ética, la dimensión ética es un elemento esencialmente constitutivo de la misma[40].

W. Luijpen ha contribuido también a clarificar el tema. Contraponer moral y libertad supone, en buena medida, crear un falso problema, pues esa contraposición es fruto de dos preconceptos: la idea de una libertad individualista y casi exclusivamente espiritual, aislada de los demás y del mundo; y también una concepción de la ética que la identifica en gran medida con las leyes existentes. Pero cuando la moral y la libertad se entienden de verdad, tal como son, ese conflicto desaparece casi por completo. La libertad auténtica, al estar constitutivamente orientada al reconocimiento de los demás en el mundo, se expresa necesariamente según normas éticas[41].

Es indudable que entre libertad y moral –más concretamente, entre libertad y leyes (morales)– puede haber conflictos en el ámbito histórico concreto. Eso sucede sobre todo cuando por comportamiento moral se entiende la observancia de un código específico de preceptos y normas existentes en una determinada sociedad. Al cambiar la cultura es inevitable que las leyes y normas de un grupo humano no sean ya totalmente adecuadas. De ahí que, en la historia de la humanidad, desde Sócrates y desde Jesucristo hasta hoy, la libertad haya criticado siempre los límites y la insuficiencia de las leyes y estructuras existentes en aras de un reconocimiento ético más auténtico. Digamos de paso que muchas veces las estructuras conservadoras de la sociedad tratan de atrincherarse tras las leyes y estructuras existentes para combatir la inquieta aventura de la libertad humana.

Queda claro, pues, que el núcleo de la relación entre libertad y ética no es la posible contraposición entre libertad y leyes morales. La contraposición tiene sólo que ver con la inevitable distancia entre la exigencia ética fundamental –de reconocer al pró-

---

40. Cf. E. Levinas, *Totalidad e infinito*, Salamanca ⁶2002, 101.
41. Cf. W. Luijpen, *Existential Phenomenology*, 205-224.

jimo–, constante característica de la libertad humana, y las normas o leyes éticas concretas que intentan traducir este reconocimiento ético en el contexto de una determinada sociedad y de una determinada cultura.

b) *Libertad y perdón*

Algunas antropologías modernas, como la de E. Levinas, sitúan la libertad casi exclusivamente en la perspectiva de la obligación moral, corriendo así el riesgo de ser unilaterales y de empobrecerse. Por encima de la ética, la libertad humana es también capacidad de amor y de reconciliación. R. Burggraeve, gran conocedor de Levinas, ha criticado precisamente esta limitación de la visión antropológica[42].

Ya hemos dicho anteriormente que ninguna libertad humana puede alcanzar cierto nivel de madurez fuera de un contexto de amor, en la relación con un Tú. Al recibir amor de otra persona y al amar realmente a los demás, la persona es capaz de tomar posesión de su libertad. Nadie puede ser él mismo si no se compromete a reconocer y promover al otro. Es decir, la capacidad de amar es una dimensión real de la libertad. Se podría decir, en cierto sentido, que el amor es también el espacio que crea la libertad para realizarse y liberarse a sí misma.

Por consiguiente, la relación de amor con otras personas es al mismo tiempo el «signo» de una libertad madura y el «lugar» o ambiente propio donde la libertad se afirma y realiza. Hablando en términos religiosos se podría decir que el amor es, en cierto modo, un «sacramento» de la libertad. El ser humano que no logra vivir un auténtico amor no puede decir que es totalmente libre y que está plenamente realizado. Permanece encerrado en sí mismo, lejos de las maravillosas posibilidades que hay en él.

Todo esto no significa que los conflictos, e incluso el odio, no puedan surgir. Pero vivir en conflicto permanente no significa vivir alienado. En algún sentido, los conflictos son producto de la propia libertad y en buena medida de factores no libres. Son el testimonio de la finitud de la libertad humana. En algunas ocasiones, los con-

---

42. Cf. R. Burggraeve, *De vergeving als bevrijding van de ethiek*, en J. Bulckens-H. Lombaerts (eds.), *Jeugd tussen religieuze aanspreekbaarheid en levensbeschouwelijke onverschilligheid*, Leuven 1990, 105-138.

flictos pueden tener un papel en la lucha para ser más libres. Pero, en general, son la expresión de la situación alienante y de la ausencia de verdadera libertad en la que viven los hombres.

Frente a lo que afirman el intelectualismo y el racionalismo, la libertad no se puede definir solamente como coherencia en la elección. Esto sólo es verdad cuando la elección concuerda con las exigencias más profundas del ser humano y con la llamada del prójimo. O sea, es verdadera cuando se trata de una coherencia de la libertad en una opción de amor.

IV. Una libertad limitada y situada

A pesar de la grandeza y de la enorme importancia de la libertad humana, hay que ser realistas y reconocer que es una libertad limitada. Es una libertad en situación.

La libertad humana tiene que ver con el determinismo natural y los dinamismos que rigen la vida biológica y animal. Es una libertad que se desenvuelve y realiza con los demás en el mundo y por tanto está estrechamente vinculada a la sociedad y a la cultura. Esto es lo que hace posible la libertad pero también lo que la limita.

Nos fijaremos sobre todo en algunos aspectos de este problema: 1) libertad en situación; 2) el determinismo natural; 3) los dinamismos involuntarios en el hombre.

1. *Libertad en situación: observaciones generales*

Que podamos hablar de «libertad en situación» y de «libertad condicionada» tiene que ver estrictamente con que el hombre existe en el mundo como un proyecto de libertad. Un ejemplo: una piedra en la calle es un obstáculo si se quiere pasar por el lado donde está. Si un geólogo estudia lo rara que es esa piedra, es probable que se fije muy poco en su carácter de obstáculo, sino que diga que es interesante y valiosa.

Al tener que realizarse con otros en el mundo, en medio de una cultura que ya existe, la libertad humana se halla necesariamente en situación. Es una libertad mezclada con una situación de hecho, que entra en juego sobre todo en los contextos en los que el hombre quiere hacer algo nuevo y diferente.

Es totalmente imposible describir, e incluso enumerar, todos los elementos que integran la situación de hecho donde la libertad es llamada a realizarse. Nos limitaremos a hacer algunas observaciones generales.

El tiempo obliga al hombre a realizarse mediante una sucesión de actos. No se puede hacer todo en un momento, ni tener todo ya, ni hacer muchas cosas al mismo tiempo. Frente a la amplitud y magnitud del proyecto humano, la existencia es solamente un tiempo mínimo. De ahí que las posibilidades de la existencia humana sean tan restringidas.

El espacio donde hay que actuar está saturado de leyes rígidas y fuerzas naturales. El hombre no puede bilocarse. En el espacio vital circula también la libertad de los otros, con la que hay que contar necesariamente. El espacio está con frecuencia muy ocupado.

La situación corpórea, el patrimonio genérico, el temperamento, los defectos innatos o el grupo étnico pueden constituir una situación clave para realizar la libertad. Porque se nace siendo español, esquimal, inteligente, disminuido físico o psíquico, o de tantas otras infinitas maneras.

No hay duda de que los condicionamientos culturales son de los más importantes. Las posibilidades de realizarse humanamente dependen mucho de la cultura en que la persona humana se halla inserta. Véase si no la enorme diferencia en que se encuentran un muchacho brasileño y otro de la Europa occidental ante la ciencia moderna. La opinión pública o social es otro condicionamiento muy fuerte.

Las opciones o elecciones que se hacen orientan la vida en una determinada dirección. Una vez hechas las grandes opciones vitales y profesionales, la mayoría de las veces ya no se puede volver atrás. Quien ha invertido diez años de su vida en estudiar medicina, no puede decidir, de un día para otro, ejercer de ingeniero. El tiempo de la vida pasa inexorablemente. Las opciones tomadas marcan profundamente. Toda opción abre muchos caminos, pero cierra todavía más.

El subconsciente cristaliza también muchas experiencias, sobre todo las que se han vivido en la primera infancia. La psicología lo dice con mucha claridad. Los traumas sufridos en la infancia siguen influyendo enormemente en el comportamiento humano.

A continuación abordaremos tres aspectos de los más discutidos sobre la situación en torno a la libertad.

2. El determinismo de la naturaleza

El problema del determinismo natural fue una auténtica obsesión en la reflexión sobre la libertad a lo largo del siglo XIX. Se presentaba la libertad como una antítesis del determinismo, como algo incompatible con él. Hoy se reconoce que dicha antítesis era un falso problema y queda aún por explicar por qué llegó a obsesionar a tanta gente. Y es probable que esa obsesión se debiera a dos equívocos.

Uno de ellos tiene que ver con la naturaleza equívoca de la libertad. A veces se concebía y presentaba como una fuerza junto a los dinamismos causales de la naturaleza física y, por tanto como un concurrente más con las fuerzas físicas. Se perdía de vista que la libertad pertenece, en primer lugar, a la esfera de los valores y de los significados.

El otro equívoco versa sobre el significado del determinismo en física. Es indudable que la física tiene que ver con el determinismo en el mundo. La ciencia intenta justamente descubrir las relaciones deterministas que hay entre los fenómenos. Presupone metodológicamente que existen y que pueden ser investigados científicamente. No pocos científicos del siglo XIX soñaron con descubrir todo el sistema de relaciones deterministas entre los distintos fenómenos. Pero lo que era un mero presupuesto de la investigación científica en el campo de la física, se convertía con suma facilidad en una tesis filosófica, a saber, que toda la realidad puede comprenderse a partir de relaciones causales determinadas.

A este respecto suele citarse frecuentemente el siguiente texto de P.-S. Laplace (1749-1827):

> Debemos considerar el estado actual del universo como efecto de un estado anterior y como causa del estado siguiente. Supongamos que en un momento determinado una inteligencia conociera todas las fuerzas que animan a la naturaleza y la situación respectiva de los seres que la componen, y que fuera además tan amplia que pudiera analizar todos esos datos, lograría abarcar en una sola fórmula tanto los movimientos de los cuerpos más grandes como los de

los átomos más livianos. No habría nada incierto para ella, y tendría ante sus ojos tanto el futuro como el pasado[43].

No es este el momento de discutir los problemas que plantea el determinismo en el ámbito de la física. De todos modos, el hombre de ciencia debe presuponer el determinismo. No puede dar por supuesto que haya zonas o agujeros en el universo donde no rigen estas leyes. Por eso es absurdo e impensable presentar la libertad como una excepción del determinismo. Y también por eso el tema de la libertad ha sido objeto de tanta pasión.

Del determinismo como presupuesto de la física no se puede pasar a la tesis filosófica del determinismo universal. Aunque las ciencias empíricas están en su derecho al limitarse metodológicamente a los aspectos cuantificables de la realidad, eso no autoriza a nadie a concluir que la realidad se reduce a lo cuantificable y a las relaciones deterministas.

Hablando con rigor filosófico, la realidad es una condición indispensable para poder hablar de procesos causales, de leyes físicas y, en general, de determinismo. Precisamente porque el hombre es capaz de distanciarse de las cosas, puede constatar también que se dan en ellas procesos causales, vínculos deterministas, etc.[44]. En este marco, H. Bergson reivindica la libertad como dato originario, como ser propio de la conciencia humana[45]. M. Blondel piensa de forma parecida[46].

Frente al determinismo universal, constatamos que el hombre actúa en el mundo y hace cosas nuevas e inéditas que no se verificarían si él no existiera, como la civilización, la cultura, la ciencia, la física o la técnica. La transformación incesante del mundo, de la ciencia y de la cultura nos dice que no todos los fenómenos son rigurosamente determinados por fenómenos físicos anteriores, sin la intervención ordenadora del hombre.

Las intervenciones de la libertad del hombre no son una excepción al determinismo de los fenómenos físicos. Al contrario,

---

43. P.-S. Laplace, *Théorie analitique de les probabilités*, Paris ³1820, Introducción, p. 20; citado por P. Foulquié, *La volonté*, Paris 1961, 49.
44. Cf. W. Luijpen, *Existential Phenomenology*, 186-191.
45. H. Bergson, *Ensayo sobre los datos inmediatos de la conciencia*, cap. 3, 103-154.
46. Cf. M. Blondel, *L'azione. Saggio di una critica della vita e di una scienza della pratica* I, Firenze 1921, 161-212 (versión cast.: La acción: ensayo de una crítica de la vida y de una ciencia de la práctica, Madrid 1996).

se valen del funcionamiento de estas leyes y de las fuerzas mecánicas de la naturaleza. Una casa, una central eléctrica o un ferrocarril nunca funcionan al margen de las leyes deterministas. Pero sería un error tratar de explicarlas exclusivamente a partir de estas leyes. Nadie construye una casa sin tener en cuenta la ley de la gravedad. Pero la ley de la gravedad no explica la construcción de una casa. Y explica aún, mucho menos, qué significa la casa en la existencia humana.

La antítesis radical entre determinismo físico y libertad se puede criticar y parece en gran parte un falso problema.

La verdadera relación entre libertad y determinismo es una relación de posibilidades y límites. Posibilidad de vivir libremente en el mundo utilizando las leyes de la naturaleza según las leyes que las rigen. Ambas dimensiones van de la mano.

Sin el determinismo de las leyes físicas no se podría hacer nada en el mundo. La ley de la gravedad obliga a poner cimientos sólidos. Y cuando se construye una casa obliga a emplear materiales de calidad y a hacer las paredes bien rectas. Para vivir hay que comer y beber, y dormir lo suficiente. Y esto no sería posible sin el determinismo del mundo. Sin las fuerzas físicas que se comportan determinísticamente y de acuerdo con leyes estables no se podría hacer absolutamente nada. Las características fijas de los materiales hacen que se pueda construir una casa, una nave o viajar, por ejemplo. Si el papel sobre el que escribo no estuviera físicamente determinado y en un momento concreto pudiera convertirse en un río, en una nube o en una montaña, no podría escribir. Los ejemplos son infinitos. Toda la acción humana, todos los proyectos y toda la organización de un mundo más humano tiene mucho que ver con las estructuras deterministas y con el conocimiento de sus leyes. De ahí que el conocimiento científico de las estructuras físicas y fisiológicas sea una condición fundamental para que la libertad humana pueda realizarse.

Todo esto presupone no sólo que el mundo, en sus formas concretas, puede organizarse todavía más. Presupone también que el hombre tiene cierto dominio sobre las fuerzas de la naturaleza, que le permite orientarlas hacia fines específicamente humanos. El centro de este dominio es el cuerpo humano. Un simple gesto de la mano revela ya todo el misterio de la libertad y de la liberación, porque indica que el hombre se halla dinámicamente inserto en el mundo y puede orientarlo y organizarlo de cara a su liberación.

3. La situación corpórea de la libertad

Las fuerzas y estructuras del cuerpo y de la psyche representan un condicionamiento especial para la libertad humana. Pues el cuerpo humano no es sólo carne y hueso, ni un instrumento ciego y mecánico que obedece las órdenes del guía, sino que es también una sede de dinamismos involuntarios y de sentimientos, sin cuya integración no hay libertad humana que pueda realizarse. La expansión de la psicología demuestra lo importante que es esta «situación» cuando se pretende hablar del hombre concreto.

a) *Los dinamismos involuntarios*

Todo organismo tiene una serie de fuerzas dinámicas que le permiten mantenerse y multiplicarse en este mundo. Estos dinamismos animales como el hambre, la sed, la sexualidad, necesidad de espacio vital y de libertad de movimiento, necesidad de distensión y de reposo, miedo o agresividad, están también presentes en el hombre. Todo esto se vive en la forma de necesidades impelentes que mueven la acción humana y la orientan hacia determinadas metas.

Sin embargo, parece que en el hombre no hay verdaderos y propios instintos[47]. Los dinamismos involuntarios no se traducen en acciones estereotipadas según esquemas fijos y predeterminados. La forma de responder a los distintos dinamismos, deseos, impulsos y pasiones difieren de una cultura a otra, aunque hay semejanzas indiscutibles.

Después de Aristóteles y santo Tomás de Aquino, A. Gehlen y A. Portmann han estudiado precisamente esta situación especial de los dinamismos involuntarios del hombre. La falta de especificación y de comportamientos predeterminados constituye una posibilidad y al mismo tiempo una necesidad de determinación cultural[48]. Los modos

---

47. A. Lalande, *Dizionario critico*, 458, define así el instinto: «Conjunto complejo de reacciones externas, determinadas, hereditarias, comunes a todos los individuos de una misma especie, y orientadas hacia una meta de la que el ser que actúa no es generalmente consciente: nidificación, seguimiento de la presa, movimientos defensivos, etc.».
48. Cf. A. Gehlen, *El hombre: su naturaleza y su lugar en el mundo*, Salamanca ²1987, 9-97; A. Portmann, *Die Sonderstellung des Menchen*, en *Naturwissenchaft heute*, Gütersloh 1965, 219-225.

de comer, amar, defenderse, comunicarse con los demás, tener miedo o ser valientes varían según las culturas. Por consiguiente, todos los dinamismos involuntarios se revisten de un aspecto cultural. La penetración cultural es tan profunda tanto en el modo de satisfacer las necesidades como en la especificación de las mismas y de los dinamismos, que es imposible determinar exactamente qué es dinamismo voluntario y qué es encuadramiento cultural, siempre presentes en ambos. Esto explica, además, lo difícil que les resulta a los psicólogos enumerar y estructurar los diversos dinamismos involuntarios en el hombre, hasta el punto de que es imposible encontrar posturas unitarias en este terreno.

Si es esta la situación de los dinamismos involuntarios en el hombre, nos encontramos ante una doble posibilidad. Por una lado, esos dinamismos pueden ser asumidos e integrados en una realización global del hombre, revistiéndose así de «humanidad»: beber y comer como expresión de amistad y comunidad, sexualidad como lenguaje de amor, etc. O bien, por otro lado, esos dinamismos pueden verse excesivamente reprimidos, apartados o rechazados bajo la presión de la cultura o de la opinión pública. En ese caso se plantea un problema extraordinariamente complejo que ha sido identificado en el psicoanálisis, a saber, que esos mismos dinamismos siguen influyendo en el comportamiento humano, muchas veces bajo otras formas y caras, pero siempre desde el inconsciente, otorgando así al comportamiento del hombre una connotación patológica o neurótica.

b) *La negación de la libertad en el psicoanálisis*

Frente a una antropología demasiado racionalista y espiritualista, el psicoanálisis demuestra la enorme importancia de los dinamismos involuntarios en la realización del hombre.

En la educación se insistía unilateralmente en el poder volitivo del yo. Se soñaba incluso con un ser humano «perfecto» donde casi no existirían impulsos involuntarios o, al menos, no se dejarían sentir en todo su peso, lo que equivale a negar su presencia. En este mismo marco, la libertad se concibe en clave espiritualista, porque se realiza en la interioridad de la conciencia, donde no hay ni pasiones ni dinamismos involuntarios.

Esta libertad racional estaría en condiciones de negarse siempre y en cualquier circunstancia a los impulsos y dinamismos provenientes del exterior. Muchos rasgos de la antropología de Sartre van por esta línea[49].

La antropología de Freud corre el peligro de situarse en el otro extremo, en el sentido de que el sujeto humano es extraordinariamente débil frente a los dinamismos involuntarios[50].

Si prescindimos de los marcos deterministas y materialistas en que Freud presenta con frecuencia sus puntos de vista, se puede reconocer de algún modo la posibilidad de lograr una libertad humana equilibrada. Pero esto sólo es posible desde la aceptación y la integración de la existencia humana. Toda la praxis de Freud se orientaba hacia este ideal de liberación.

Esta integración no puede existir como una posesión específica y sin problemas. La integración «humana» sólo es posible en medio de una tensión y humanización permanentes. Esta tensión no es patológica –pero puede serlo cuando modifica profundamente el comportamiento personal–. El hombre logrado y equilibrado no es el que no siente el peso de los dinamismos involuntarios, sino el que los acepta y logra integrarlos en su existencia humana global.

V. LIBERTAD Y LIBERACIÓN

En el estudio sobre los valores y la libertad que hemos hecho hasta ahora, el tema de la liberación ha sido una constante. Sin embargo, es tanta su importancia para la existencia, que es preciso abordarlo explícitamente. Además, volveremos sobre él en el capítulo sobre la historicidad y la historia.

Históricamente, el concepto de liberación ha sido formulado y estudiado en el ámbito de la religión judeocristiana. Desde ahí ha

---

49. «El existencialista no cree en la fuerza de la pasión. Jamás pensará que una hermosa pasión es un torrente devastador que conduce fatalmente al hombre a ciertos actos y que, por consiguiente, es una excusa. Piensa que el hombre es responsable de su pasión»: J.-P. Sartre, *L'esistenzialismo è un umanesimo*, 47-48.
50. Cf. S. Freud, *L'Io e l'Es*, en *Opere di Freud* IX, Torino 1977, 475-520 (versión cast.: *El yo y el ello*, Madrid ¹¹1997); G. Kraus, *Blickpunkt Mensch. Menschenbilder der Gegenwart aus christlichen Sicht*, München 1983, 216-222; A. Vergote, *Psychoanalyse in contact met religie*, en A. Vergote-P. Moyaert y otros, *Psychoanalyse*, Kapellen 1988, 281-298.

saltado a las esferas profanas y seculares de la existencia y se ha revelado como una categoría estrictamente filosófica para comprender la existencia humana[51].

El término «liberación» indica la forma típica con que la libertad humana está presente en el mundo. Se habla, por ejemplo, de liberación económica, material, científica, política y moral. En todos los ámbitos de la existencia y de los valores la liberación se presenta como la tarea específica que el hombre debe llevar a cabo. Esto es lo que explica, al menos parcialmente, el gran éxito de las ideologías y de los misticismos de la liberación. Quizás nunca haya existido una época como la nuestra, tan profundamente marcada por la idea de liberación. La liberación une y divide, porque las ideas concretas, tanto sobre la liberación como sobre su recorrido, van por rutas muy distintas.

En la idea de liberación se pueden subrayar dos aspectos distintos. Por otra parte, se trata de liberarse para un valor o una relación. Por otra, se trata de eliminar las mayores alienaciones a que está sometido el hombre.

Todo ser humano tiene que liberarse para un sector de valores o relaciones. El arte o la música, por ejemplo, se presentan como valores sólo para el hombre que se ha liberado para los demás, que se ha hecho sensible para estos ámbitos. La palabra de verdad que ilumina un sector determinado es la que libera al hombre sobre todo para vivir en esa dirección. La educación es liberación no sólo en el sentido de que elimina en el niño muchas alienaciones, sino también porque capacita para vivir una vida humana adulta y madura.

Liberación es un término que se utiliza a menudo para indicar que se han superado y eliminado las mayores alienaciones que afectan al hombre en una determinada cultura y sociedad, como la alienación económica, social o religiosa. La liberación intenta también liberar aquí al hombre con vistas a unos valores verdaderos. Pero el proceso de liberación consiste en suprimir los obstáculos que impiden que el hombre sea él mismo y que acceda a los bienes de la cultura moderna.

Estos dos aspectos de la liberación van generalmente juntos. En determinados momentos históricos el acento puede recaer princi-

---

51. En muchas enciclopedias y diccionarios filosóficos, la voz «liberación» no figura entre los términos filosóficos significativos, sino que se considera sobre todo una categoría sociopolítica.

palmente en la liberación de las alienaciones políticas, sociales o religiosas, pero en otros se es más sensible a la liberación de los sujetos mediante una educación que abre a algunos valores o esferas de valores.

La idea de liberación no es una sensibilidad exclusiva de la segunda mitad del siglo XX. Al hablar de libertad siempre se ha insistido en estos dos aspectos de la liberación. La liberación encarnada sólo puede existir afirmándose a través de un proceso liberador. Por eso debe superar las viajas esclavitudes en la medida en que son reconocidas como tales y debe crear nuevas estructuras que garanticen mejor el reconocimiento y expansión de la persona humana.

La liberación del hombre puede considerarse tanto desde un punto de vista personal como desde un punto de vista social y objetivo. A nivel personal, la meta y el ideal de la liberación es conseguir la madurez, es decir, actuar las posibilidades auténticamente humanas. A nivel social y objetivo es crear las condiciones que constituyen el ámbito necesario en que se realiza la libertad humana.

1. *Aspectos materiales y sociales de la liberación*

En el mundo actual, cuando se habla de liberación se trata normalmente de liberación económica, social y política, que son condiciones fundamentales para la liberación del hombre en el mundo. El reconocimiento del hombre por el hombre no es posible si no se genera un conjunto de bienes materiales y de estructuras sociales que permitan que todos vivan una vida más digna del hombre.

No se trata aquí de meras condiciones. Los bienes materiales y las estructuras sociales y políticas no son sólo condiciones, sino sobre todo el espacio en que se vive y expresa la libertad. Son fruto de la libertad humana y al mismo tiempo del ámbito en que esta se vive y realiza. De todos modos, desde otro punto de vista se pueden llamar también condiciones, porque aunque su presencia es indispensable, nunca se traduce automáticamente en una gran libertad personal e interpersonal.

El fundamento de la liberación humana en el mundo son las cosas materiales. Para vivir humanamente y realizar la propia existencia no basta con comer, beber, vestirse y tener una vivienda, sino que también se precisan un conjunto de bienes materiales que permitan que se desarrolle la cultura.

Por otro lado, no puede haber suficientes bienes materiales si no progresan la instrucción y la ciencia. Los pobres de África o de los suburbios de muchas metrópolis no tienen suficientes posibilidades para llegar a tener un nivel de vida digno del hombre, porque carecen de lo más esencial para vivir y no pueden acceder a la formación humana y científica que es la base de una vida humana más libre. En tales circunstancias son posibles todas las formas de alienación humana y de explotación.

Las estructuras fundamentales de la vida social son también relevantes para la liberación humana. La sola producción de bienes materiales no garantiza la verdadera libertad. La expansión de la cultura no se traduce automáticamente en libertad. Se requiere una estructura social y jurídica que garantice un reparto equitativo de los bienes y el acceso de todos a la cultura y al ejercicio de los derechos fundamentales de la persona humana. Sin una adecuada estructura social y política, el pobre está a merced de los ricos y poderosos. Por eso los estados modernos tratan de crear un ordenamiento fundamental para la convivencia social que, con una reforma adecuada de las estructuras y una serie de leyes *ad hoc*, garantice el ejercicio de los derechos y libertades fundamentales del hombre. Una cosa es el reconocimiento de estos derechos e implicaciones –como la Declaración de los derechos del hombre de las Naciones Unidas– y otra muy distinta la puesta en marcha de estructuras sociales que garanticen su realización efectiva.

Se debe decir, en general, que la liberación histórica del hombre depende también de la instauración de un régimen político peculiar que permita una amplia participación de los ciudadanos en la gestión del bien común, que promueva el ejercicio de la libertad y que garantice a todos el respeto de sus opiniones. Los regímenes que restringen excesivamente el ejercicio de la libertad son regímenes dictatoriales. Los que tratan de promover la libertad política y democrática son regímenes democráticos. A medida que aumenta la cultura se siente cada vez más la necesidad de participar adecuadamente en el gobierno del Estado y de una descentralización proporcionada de los poderes. A la filosofía política le corresponde estudiar más a fondo estos problemas.

Finalmente, el ejercicio de la libertad en el mundo tiene también que ver con un clima de libertad, es decir, con una mentalidad común que aprecie la libertad como un bien en el respeto de la libertad de los demás. Las estructuras políticas y sociales a veces no pueden hacer nada si no hay una voluntad básica de libertad en el sentido de respetar las opiniones de los demás y las diferencias, de colaborar con personas que piensan distinto y practican otras religiones, y de confiar mutuamente.

Sería poco realista no aludir a la ambigüedad que caracteriza la creación de bienes y estructuras de liberación. Los bienes creados se convierten a menudo en una exigencia inderogable. La gente cree que para ser libres y «humanos» se necesita disponer cada vez más de bienes y por eso hay que trabajar cada vez más y más para producir más. Y entonces los medios inventados para liberarse pueden oprimir o servir para nuevas formas de esclavitud. Pensemos en los automóviles en las grandes ciudades, en los medios de comunicación social, en las ciencias y en la escuela. La preocupación por garantizar a todos más base para la libertad puede terminar en la creación de una burocracia gigantesca que la ahoga. El camino de la liberación es, pues, un camino lleno de ambigüedades que exige constante atención y una lucha sin tregua contra todas las formas de esclavitud y todas las alienaciones que puedan surgir.

2. *Aspectos personales de la liberación*

a) *La opción fundamental*

La realización de la libertad como tarea personal tiene siempre lugar dentro de un *proyecto fundamental* u *opción fundamental*[52]. Se trata, sobre todo, de una opción vital de cara a la realización del hombre. Es, pues, una opción que trasciende la elección de una profesión o de las acciones individuales. Esta opción coordina las acciones individuales con vistas a la realización global del hombre. El proyecto de vida es, ante todo, un proyecto práctico y vital, no formulado necesariamente en términos teóricos y hasta es posible

---

52. Cf. H. Kramer, *Die sittliche Vorentscheidung. Ihre Funktionj und ihre Bedeutung in der Moratheologie*, Wüzburg 1970 11-40; H. Reiners, *Grundintention und sittliches Tun*, Freiburg 1966.

que no sea del todo consciente. No es raro que la formulación verbal de este proyecto no se corresponda con la actuación práctica. No todos los que profesan los votos religiosos, por ejemplo, viven en la vida concreta la opción religiosa y altruista como opción fundamental de su existencia.

b) *La fidelidad*

La liberación personal implica una dimensión de libertad. Un ser encarnado, ligado constitutivamente a los demás, no puede vivir su libertad sin una proyección fundamental de amor a los demás.

La razón de fondo es que el reconocimiento del otro se verifica en un mundo en transformación continua. Nadie puede saber lo que se encontrará en la vida. El futuro al que se dirige es inasible, no se puede pronosticar. Vivir supone asumir lo que aún no existe y que podría no existir porque hay que llevarlo a la práctica. Por eso la libertad aparece como una libertad y una fidelidad creadoras[53]. Deberá inventar, en circunstancias siempre nuevas, cómo hay que reconocer y promover a las personas y en qué sentido hay que hacerlo. Pensemos, por ejemplo, en la fidelidad conyugal, en la fidelidad de los padres para con los hijos y en la fidelidad del sacerdote hacia su comunidad creyente.

La fidelidad tiene que ver con las personas antes que con las cosas. Sólo es posible unirse a las personas definitivamente y sin condiciones, no es posible hacerlo a un valor abstracto y mucho menos a una determinada institución, a una obra o a un sistema de trabajo. Dice Gabriel Marcel: «Sólo se es fiel a una persona, y no a una idea o un ideal. La fidelidad absoluta supone una persona absoluta»[54].

En efecto, los valores pueden cambiar y de hecho cambian a lo largo de la historia. La perfección de la existencia humana consiste, entre otras cosas, en superar algunos valores parciales y progresar hacia otros más perfectos. Por eso siempre es posible, con el paso del tiempo, convencerse de que cierto valor es demasiado limitado, no actual, superado, y que ya no merece la pena ponerse a

---

53. «Fidelité créatrice… fidelité qui ne sauvegarde qu'en créant»: G. Marcel, *Etre et avoir*, Paris 1935, 39 (versión cast.: *Ser y tener*, Madrid 1995).
54. *Ibid.*, 173.

su servicio. Es el caso, por ejemplo, de un político decepcionado por la política.

Uno sólo puede ligarse definitivamente a una persona. Esta ligazón no es certeza objetiva, sino fidelidad. Sólo puede ser definitiva la llamada de una persona porque sólo ella permanece ella misma a través de todos los estadios de la vida y de la diversidad de experiencias. La fidelidad en el matrimonio puede ser definitiva porque la llamada a la libertad dura hasta la muerte.

En la fidelidad se pone de manifiesto la grandeza de la libertad. La fidelidad es capaz de superar los obstáculos y de renunciar a muchos valores parciales y cambiantes con tal de ser fiel a alguien.

La fidelidad tiene que ver también con Dios, puesto que Dios es también persona.

c) *Afrontar el riesgo*

La liberación personal y social puede fallar en cualquier momento. Asumir un proyecto, vivir un ideal de libertad, promover el reconocimiento del hombre por el hombre, en una palabra, no es posible realizar la libertad del hombre sin asumir ningún riesgo.

La libertad comporta dos riesgos. Por un lado siempre es posible que alguien no esté en disposición de realizar los proyectos, la fidelidad, la creatividad que se propone. Por otro, la traición siempre es posible. «A la esencia de la libertad le corresponde el poder de traicionarse a sí misma»[55].

Todas las cosa bellas implican un riesgo y son frágiles. La fidelidad entre dos personas que se aman está expuesta a la enfermedad, a la muerte y a los inesperados avatares de la vida. Un niño es algo maravilloso, pero puede enfermar, crear problemas y hacer sufrir. Promover la industrialización de una región puede solucionar el problema de la ocupación, pero también puede acabar con costumbres, hábitos y ensuciar el ambiente. Tratar de interpretar la fe cristiana con las categorías de hoy puede atraer a mucha gente que busca, pero también conlleva algunos riesgos. Trabajar por la liberación del hombre es, pues, una empresa con muchos riesgos e incógnitas. Habrá que intentar muchas cosas y

---

55. *Ibid.*, 138.

abandonar muchas de ellas. La liberación avanza lentamente por estos caminos.

Negarse a cuestionar las estructuras existentes, atrincherarse en lo que existe y buscar una falsa y cómoda riqueza supone, en el fondo, renunciar al riesgo de la libertad. El rechazo es siempre ilusorio porque se corre el peligro de convertirse en cómplices con las situaciones de alienación y de menos libertad. El riesgo es, pues, un factor inseparable de la existencia, que hay que calcular bien antes de asumir lo que puede valer la pena.

El riesgo puede llevar a traicionar la fidelidad, a rechazar la responsabilidad, a alejarse de la persona amada. La opción por la libertad no da nunca certeza. Se vive en virtud de un acto de confianza y de abandono a la benevolencia del otro. No hay amor que pueda asegurarse de antemano contra la traición. Por muchas estructuras y medios que se pongan para sostener y garantizar la fidelidad, siempre será un don gratuito que el hombre puede traicionar.

6
HISTORICIDAD DE LA EXISTENCIA Y SENTIDO DE LA HISTORIA

La liberación del hombre tiene esencialmente una dimensión comunitaria y mundana. Tiene que realizarse con los demás creando un mundo más humano. Es decir, la liberación del hombre mediante la búsqueda de la verdad, de los valores y de la creación de una cultura humana es una tarea histórica. La dimensión histórica es característica de todos los aspectos de la realización humana. El hombre es realmente un ser histórico –lo que no significa que se quede ahí y sea solamente eso–.

El tema de la historicidad ya se ha apuntado anteriormente. Hablamos de él a propósito de la verdad humana, que se orienta hacia lo absoluto a partir de una situación relativa y temporal. La conquista de la verdad es una tarea incompleta a la que han de contribuir todas y cada una de las generaciones a lo largo y ancho de la historia.

También hablamos de historicidad a propósito de los valores que expresan las exigencias absolutas del hombre en la relatividad del tiempo. Los valores se descubren y se realizan con mucho trabajo a través del compromiso y de la lucha de varias generaciones.

Finalmente, la idea de la historicidad apareció inevitablemente cuando abordamos el tema de la libertad y de la liberación. Don constitutivo y distintivo del hombre, la libertad es también una tarea de liberación, que jamás agota todas sus posibilidades. Por consiguiente, parece que la libertad histórica pertenece constitutivamente a la existencia humana y caracteriza todas sus expresiones.

Para comprender más a fondo esta problemática clave, que normalmente se denomina «historicidad» o «dimensión histórica» de la existencia, es necesario distinguir algunos temas fundamentales:

1) análisis general de la dimensión histórica de la existencia; 2) el trabajo como factor dinámico de la historia; y 3) el problema del sentido de la historia.

I. LA DIMENSIÓN HISTÓRICA DE LA EXISTENCIA HUMANA

1. *Observaciones generales sobre la noción de historicidad*

En el lenguaje filosófico, el término «historicidad» indica a menudo el carácter histórico de la existencia humana[1]. El hombre vive y realiza su existencia en diálogo con la realidad histórica que está ahí, dando así origen y continuidad a la historia. La historicidad es una característica exclusiva del hombre[2].

Para explicar la dimensión histórica del hombre es importante decir qué se entiende por «historia». Superficialmente, historia no es, sino la sucesión cronológica de los hechos en el tiempo objetivo y natural. En este sentido se puede hablar también de historia del cosmos, del sistema solar o de la historia del caballo, por ejemplo.

En un sentido más propio y profundo, «historia» tiene que ver con el hombre. Hay historia cuando en el hombre tiene lugar algo nuevo, algo no predeterminado en las causas. A nivel del hombre, la historia es el conjunto de los acontecimientos humanos que hunden sus raíces en la libertad personal y en la comunidad humana.

Cuando se habla de historia, normalmente se refiere al pasado. Se dice con frecuencia que algo pertenece a la historia, es decir, al pasado. En este caso, el término historia no subraya la dimensión activa y creativa del hombre en el presente, sino que se incluyen

---

1. Para una visión de conjunto, cf. U. Anacker-H. M. Baumgartner, art. *Storia*, en H. Krings y otros (eds.), *Concetti fondamentali di filosofia* III, Brescia 1982, col. 1072-2083; G. Bauer, *«Geschichtlichkeit». Wege und Irrwege eines Begriffs*, Berlin 1963; A. Darlap, *Storicitá*, en H. Fries (ed.), *Dizionario teológico* III, Brescia 1968, 445-452; A. Dondeyne, *La fede in ascolto del mondo*, Assisi 1968, caps. 6-7; L. von Renthe-Fink, art. *Geschichtlichkeit*, en J. Ritter (ed.), *Historisches Wörterbuch der Philosophie* III, Basel-Stuttgart 1974, col. 404-408.
2. En la filosofía existencial, M. Heidegger (1927) y K. Jaspers (1931) dan un significado nuevo al término historicidad, utilizándolo como una característica de la existencia humana. Bajo el influjo de la filosofía existencial y de la teología evangélica, el término historicidad ha estado mucho tiempo de moda.

solamente los resultados de una realidad humana ya consumada e inmovilizada por el transcurso irreversible del tiempo.

Pero, al hablar de historia, también cabe subrayar explícitamente la dimensión activa del hombre. De este modo entran también en juego el presente y la tensión dinámica hacia el futuro. Desde esta perspectiva, la historia es la aventura humana común a través del tiempo, que se caracteriza por la continuidad cultural junto a un movimiento indiscutible de novedad y creatividad.

Distinguir estos significados permite comprender mejor qué significa historicidad.

Tenemos, por un lado, la historicidad referente a la historia objetiva del pasado –la historia de los historiógrafos y de la ciencia histórica[3]–. En este sentido, un hecho es histórico si existen documentos que permiten demostrarlo. No trataremos de este significado.

Por otro lado, tenemos la historicidad relacionada con la historia activa en el acto de constituirse en el presente. Es una característica fundamental de la existencia humana que origina la historia. Todo ser humano realiza su existencia a partir de un nivel cultural ya existente, en una tensión dinámica hacia un futuro distinto y mejor. El problema antropológico de la historicidad tiene que ver justamente con este segundo significado.

Como característica fundamental de la existencia humana, la historicidad tiene algunos aspectos:

–Todo ser humano está en tensión entre el pasado ya realizado –por otras generaciones, patrimonio cultural en sentido amplio– y las nuevas posibilidades del futuro –a realizar personalmente y con otros–.

–Todo ser humano es consciente de que puede intervenir en el devenir histórico por su decisión libre y su trabajo –personal y comunitario–.

–Todo hombre puede asumir la historia como una tarea propia, subrayando su responsabilidad histórica, sobre todo de cara al futuro de la humanidad.

---

3. En el lenguaje común, historicidad se refiere generalmente a la historiografía científica. Un hecho es histórico cuando se puede documentar con datos de la historiografía objetiva. Cf. A. Lalande, *Dizionario critico di filosofia*, Milano 1971, 886-887.

2. El concepto de historicidad según Martin Heidegger

Martin Heidegger es uno de los autores que más han influido en la idea de historicidad[4]. Su pensamiento es muy importante para la filosofía de la existencia y para muchas corrientes del pensamiento cristiano. Piénsese, por ejemplo, en Bultmann, y en muchos otros.

En su obra principal *Sein und Zeit* (*Ser y tiempo*, 1927), propone una distinción entre historia pasada (*Historie*), que investigan los historiógrafos, y la historia viva (*Geschichte*) que se realiza en el presente[5].

La historia reúne los hechos pasados, silenciosos y muertos de una actividad humana que ya no existe. Estos hechos históricos son ya una especie de cosas objetivas y forman parte del mundo de las cosas. Esta historia es el campo propio de la historiografía.

La historia presente expresa, en cambio, lo que se hace *hic et nunc*. Lo que sucede en el presente es realmente importante porque sólo en él se puede realizar auténticamente la existencia humana. Su soporte es la libertad, origen de todos los significados. La autenticidad que el hombre debe lograr procede totalmente del hombre, porque la existencia está radicalmente expuesta a la muerte y a la nada[6].

Heidegger no esconde cierto pesimismo cultural ante la cultura del pasado, e igualmente ante la cultura científica y tecnológica actual. La insistencia unilateral de la libertad del sujeto en el presente supone, en cierto modo, una devaluación de la historia objetiva y de la cultura objetiva[7].

Martín Heidegger atenuó posteriormente el papel unilateral de la opción libre en el presente como única fuente de significado. La autenticidad del hombre se realiza también a la luz del ser, escuchando e interpretando su llamada y su luz. Es verdad que aquí la escucha del ser es una escucha casi absolutamente solitaria, que no da gran importancia a la experiencia histórica porque no acaba de ver en la intersubjetividad la base y la fuente de la autenticidad humana.

---

4. Cf. M. Heidegger, *Essere e tempo*, Milano 1953, 385-414 (versión cast.: *Ser y tiempo*, Madrid 2003).
5. *Ibid.*, 338 (402-408).
6. *Ibid.*, 389 (412-418).
7. Cf. A. de Waelhens, *La philosophie de Martin Heidegger*, Louvain 1967, 224-237.

Según M. Heidegger es difícil afirmar que la historia tiene un final, como decían Hegel y Marx, porque jamás coincidirán la esencia humana y el ser[8].

3. *Componentes de la historicidad de la existencia humana*

Para superar el carácter unilateral de la idea de historicidad en el pensamiento de M. Heidegger, hemos de analizar más de cerca los componentes fundamentales de la existencia histórica. La historicidad de la existencia no es una característica más entre otras muchas. Es más bien la cristalización o condensación de todos los elementos fundamentales de la existencia que se han ido poniendo hasta ahora de relieve. El hombre es un ser histórico porque tiene que realizar su existencia en el mundo junto a otros.

a) *Corporeidad e historicidad*

Una raíz fundamental de la historicidad del hombre es indudablemente su corporeidad.

El hombre, para realizarse, necesita crear una amplia cultura humana. Debe humanizar el mundo para humanizarse a sí mismo. Pero todos los intentos de esta clase son siempre parciales y limitados. Hay que intentar una y otra vez expresiones más completas y satisfactorias. Toda obra humana debe completarse y continuarse realizando otros aspectos. La situación del hombre es como la del pintor, que intenta una y otra vez dar forma a la idea que tiene en su cabeza. No hay ninguna cultura que exprese perfectamente la riqueza del hombre, pues todos los aspectos del la cultura manifiestan realizaciones parciales que pueden mejorarse. Es preciso partir de las construcciones ya existentes para hacer algo distinto y mejor.

La consecuencia de la necesidad de expresarse en el mundo es que todas las expresiones son, en principio, accesibles a los demás y en cierto modo independientes de su autor. La expresión objetiva es de dominio público y esto supone una serie de auténticas posibilidades de realización humana también para los otros.

---

8. Cf. O. Pöggeler, *Der Denkweg Martin Heideggers*, Pfullingen 1963, cap. 6.

b) *Dimensión temporal de la existencia*

La condición temporal del hombre en el mundo no es independiente del tiempo objetivo y matemático que caracteriza a todas las realidades materiales. Su existencia no se puede datar cronológicamente en el nacimiento y en la muerte. Sin embargo, este tiempo no es específico del hombre.

El tiempo «humano» es diferente. En el tiempo objetivo, el presente tiende a desvanecerse, no es más que una fracción inaprehensible entre un futuro que todavía no es y un pasado que ya no existe. En el tiempo humano, por el contrario, el presente es el factor determinante. Es un presente que se extiende también básica y dinámicamente al pasado y al futuro. El pasado se vive como pasado porque permanece en cierto modo presente en el hombre, o más exactamente porque el hombre permanece de algún modo presente en el tiempo pasado. El futuro aparece como futuro porque es anticipado en el presente como llamada, proyecto y posibilidad. Es decir, el presente «humano» se caracteriza porque está en tensión dinámica entre el pasado y el futuro. No es nunca un presente absoluto, sino sólo un presente temporal, un presente que resbala hacia el pasado, pero del que se despega porque nunca coincide con su pasado y porque anticipa un nuevo futuro para realizarlo. Se trata, pues, de un presente en tensión dinámica entre el pasado y el futuro.

Por consiguiente, se puede definir al hombre como una presencia cuyo pasado está constitutivamente abierto al futuro. Sin esta perspectiva de futuro la existencia humana se petrificaría y desaparecería en la nada de la noche y de la muerte. El futuro es una condición constitutiva del hombre. Podríamos decir, pues, que el hombre es constitutivamente un ser de futuro, de perspectiva y de porvenir.

En la medida en que este porvenir es incierto, y no se realiza determinísticamente, podría decirse también que es un ser de esperanza –*ein Wesen der Hoffnung*, como afirma E. Bloch[9]–. A este respecto, J. Möller observa lo siguiente:

> El hombre es un ser estructuralmente orientado hacia el futuro, un ser estructuralmente abierto a la esperanza. El futuro esconde posi-

---

9. Cf. E. Bloch, *Das Prinzip Hoffnung*, Frankfurt a.M. 1959 (versión cast.: *El principio esperanza*, Madrid 1977-1980, 3 vols.); A. Edmaier, *Horizonte der Hoffnung. Eine philosophische Studie*, Regensburg 1968.

bilidades que el hombre jamás conocerá por completo. Todas ellas se refieren al hombre. Se le han confiado como posibilidades suyas, aun cuando no pueda realizarlas todas y jamás las lleve a cabo. Así pues, el hombre puede mirar esperanzadamente al futuro. Y puede hacerlo porque la historicidad está determinada por el espíritu. Si, además, el espíritu trasciende esencialmente a la materia, el hombre puede llevar su esperanza hasta más allá de la muerte[10].

El centro de gravedad de la historicidad no está en el pasado, sino en el futuro. Historicidad significa tener un futuro. Justamente porque hay un futuro grávido de nuevas posibilidades, el pasado puede presentarse como pasado, es decir, como una realización parcial y provisional que hay que superar y recuperar a niveles superiores.

c) *Dimensión social e interpersonal*

El presente (temporal) no puede disociarse nunca de la presencia (interpersonal). El pasado y el futuro, la presencia y la esperanza son realidades esencialmente interpersonales y sociales.

Lo fundamental del hombre es que no puede ser hombre sin la mediación de los demás, sin la palabra, la obra y el amor de los demás. No hay opción ni apertura al futuro que pueda llevarse a cabo sin una dependencia fundamental de los demás y sin una profunda solidaridad con ellos. Todo el cúmulo de conocimientos y realidades humanas de que disponemos están profundamente marcadas por el pasado, es decir, por los hombres que los han producido y transmitido. La lengua, las ideas, la ciencia, los valores, las leyes y los ideales los hemos heredado de las generaciones que nos han precedido. Sólo partiendo de esta base de asimilación cultural el ser humano está en disposición de tomar las riendas de su existencia y de adoptar una actitud crítica y renovadora ante algunos de los elementos culturales ya adquiridos. Por consiguiente, todas las expresiones del hombre en el mundo se inscriben en la continuidad cultural. Cabe decir, incluso, que a pesar de todos los esfuerzos de renovación, la continuidad siempre es mayor que la discontinuidad.

10. J. Möller, *L'ateismo nella filosofia della storia*, en G. Girardi (ed.), *L'ateismo contemporaneo* III, Torino 1968, 390 (versión cast.: *El ateísmo contemporáneo*, Madrid 1973).

La estructura radicalmente intersubjetiva de la existencia hace que el pasado no se pueda considerar exclusiva o primordialmente como objetivo, inauténtico y alienante. El pasado es la expresión de los esfuerzos de todos para crear un mundo más humano. Esos esfuerzos constituyen, en su mayor parte, aunque no del todo, las posibilidades de ser auténticamente hombre en el presente y en el futuro.

La intersubjetividad no significa solamente solidaridad con el pasado y, por tanto, continuidad en el desarrollo de la cultura humana, sino también solidaridad con el futuro. Todo el mundo contribuye, aunque sea en poca medida, a crear las condiciones de las que el día de mañana tendrán que partir las futuras generaciones. Las opciones de hoy son condiciones del mañana, con su propio peso y con sus límites específicos. Y también con las dificultades de dejar paso a otras opciones, igual que resulta hoy difícil superar las opciones de ayer, que siguen condicionando nuestra existencia humana.

d) *Libertad e historicidad*

Como acertadamente ha subrayado Heidegger y toda la filosofía de la existencia, la libertad es un factor decisivo de la historicidad. La apertura hacia el futuro y, por tanto, la distancia respecto al pasado y al presente es una de sus características fundamentales. Aun cuando el hombre, antes de usar su libertad, pueda estar condicionado por su pasado educativo, llegará un momento en que hará una lectura más personal y libre, seleccionando entre las posibilidades que se le ofrecen y abriendo otras para realizarse humanamente.

La libertad que elude los condicionamientos históricos es siempre una libertad de personas individuales condicionadas por su pasado histórico y cultural. En un mundo donde viven millones y millones de seres humanos, si las opciones de cada uno no son compartidas por gran número de personas, no podrán influir mucho en la situación general. Aunque siempre hay algunos privilegiados que logran influir profundamente en la historia, como los grandes pensadores, los grandes héroes de la religión, los grandes científicos o los grandes hombres de gobierno.

Por otra parte, como todo ser humano está abierto a los demás y a sus expresiones, las nuevas opciones constituyen para ellos una invitación a tender hacia valores más altos y situaciones más humanas. La impotencia de la voluntad individual para mover la libertad de los demás encuentra de todos modos un contrapeso en el hecho de que cada libertad va en busca de sí misma y aspira a valores más humanos.

De este modo, la libertad es al auténtico lugar en que la situación se transforma en historia y donde el hombre asume fundamentalmente su responsabilidad ante el pasado y el futuro, o sea, ante los demás hombres.

4. *Historicidad e historicismo*

Muchos pensadores han interpretado la historicidad en el sentido de relativizar prácticamente todas las verdades y valores. El problema es si esta interpretación es una consecuencia inevitable de la idea de historicidad.

La corriente histórica alemana, sobre todo E. Troeltsch (1865-1923), W. Dilthey (1833-1911) y H. Rickert (1863-1936) se ha inclinado notablemente hacia el relativismo. Para el historicismo todo se reduce a hechos y a realidades históricas. La realidad concreta no se puede conocer con conceptos generales y universales. No hay leyes generales del devenir histórico porque expresarían conceptos generales. Se puede hablar ciertamente de conocimientos históricos, pero sólo referidos a periodos concretos. Todo hay que entenderlo en su contexto histórico y sólo es válido en ese contexto[11].

En el fondo, el pensamiento marxista es también historicista[12]. El mismo relativismo historicista se encuentra en las diferentes filosofías existenciales, por ejemplo, en J.-P. Sartre y en M. Merleau-Ponty[13].

---

11. Cf. F. Bianco, *Storicismo e ermeneutica*, Roma 1975; W. Dilthey, *Critica della ragione storica*, Torino 1954 (versión cast.: *Crítica de la razón histórica*, Barcelona 1986); H.-G. Gadamer, *Il problema della conscienza storica*, Napoli 1969; M. Olivieri, *La storia introvabile. Saggio sulla storia e lo storicismo*, Milano 1986; F. Tessitore, *Dimensioni dello storicismo*, Napoli 1971.
12. Cf. G. Wetter, *Storicismo marxista*, en *Tempo e storicità dell'uomo*, Padova 1971, 87-97.
13. Cf. A. Dondeyne, *Foi chrétienne et pensée contemporaine*, Louvain ³1961, 43-51.

En Italia, B. Croce (1866-1952) es el máximo exponente de la corriente historicista y ejerce aún cierto influjo.

Hoy mucha gente reconoce que, fuera de los conocimientos estrictamente empíricos, la dimensión histórica es indispensable para comprender la verdad y los valores. Pero si se lleva al límite, como hace el historicismo, se suspende a sí misma y conduce al relativismo absoluto del conocimiento y de los valores. De este relativismo ya hablamos en el capítulo sobre la verdad y los valores.

Concluyamos diciendo que el significado primario y positivo de la historicidad no es el relativismo, sino la tarea a realizar durante el tiempo histórico. El conjunto de los valores y de la verdad humana es una tarea confiada al cuidado y a la libertad del hombre. Decir que el hombre es un ser histórico significa sobre todo que debe trabajar con otros en el mundo para que la verdad y los valores auténticos puedan realizarse y manifestarse.

La posibilidad de que la verdad sea siempre mejor y más completa en la práctica es algo que está ahí y siempre es posible. Siempre cabe identificar mejor los valores que aportan libertad y auténtica libertad a la existencia humana. Se puede colaborar en la creación de un ordenamiento más humano –ordenamiento social y cultural– que ofrezca a todos las mejores posibilidades de realizarse humanamente. Existir como ser histórico significa, pues, vivir llamado a construir un mundo futuro más digno del hombre porque será más verdadero, más regido por la justicia y el amor, y más abierto a una esperanza auténticamente humana. Significa también poder trabajar en esta dirección. Y todo esto apoyado en una solidaridad básica con las generaciones anteriores que han vivido y asumido la misma tarea sin lograr llevarla a cabo.

En este sentido se puede decir que la historicidad es una característica de las antropologías modernas. Más que insistir en la naturaleza –infrahumana–, es decir, en que el hombre es un ser de la naturaleza, se insiste en que es un ser que crea cultura y que así se realiza a sí mismo y desarrolla sus posibilidades humanas. Cultura –en sentido amplio– e historia son prácticamente lo mismo, es decir, el conjunto de la acción humanizadora del hombre en el tiempo, con todas las vicisitudes anejas a esta tarea. Las diversas especialidades históricas como la historia económica, de la literatura, del arte, de la técnica o de la filosofía, por ejemplo, no son más que aspectos de esta gran obra civilizadora por la que el hombre intenta ser un hombre más auténtico.

II. Trabajo y cultura

La historia, como creación por el hombre de un mundo más humano, es sostenida en su realización por dos factores inseparables: el trabajo y la cultura[14].

El trabajo, en su sentido amplio, parece inherente desde siempre al ser humano. Los productos del trabajo humano, por elementales que sean, sirven para identificar al *homo sapiens*. La expresión del hombre hacia el exterior, necesaria para realizarse humanamente, no es posible sin el trabajo. Los frutos de esta expresión visible y concreta en el mundo material se conservan debido al compromiso permanente de trabajo. Se puede decir, en cierto sentido, que todo el patrimonio cultural es fruto del trabajo realizado por infinitas generaciones que se han sucedido a lo largo del tiempo[15].

Pero, para que el trabajo sea humano y contribuya a la realización del hombre y del mundo, tiene que depender estrechamente de la cultura. La palabra y los conocimientos, los valores y la expresión pasan de una generación a otra sobre todo mediante la enseñanza y el estudio. Sin la palabra, que es capaz de interpretar y leer la obra de las otras generaciones, no sería posible ninguna continuidad his-

---

14. Cf. P. Ricoeur, *Le travail et la parole*, en *Histoire et vérité*, Paris 1955, 183-212 (versión cast.: *Historia y verdad*, Madrid 1990).
15. Cf. M.-D. Chenu, art. *Arbeit*, en J. Ritter (ed.), *Historisches Wörterbuch der Philosophie* I, Basel-Stuttgart 1971, col. 480, tras afirmar que hace poco que la voz «trabajo» ha empezado a aparecer en los diccionarios de filosofía y teología, dice lo siguiente: «Al concepto de trabajo se le ha dado una importancia sistemática sólo desde que el hombre ha adquirido una conciencia refleja de su posición moderna en la sociedad industrial. Hoy cualquier antropología dedica un capítulo a la relación esencial del hombre con su obrar técnico, que se orienta al dominio de las fuerzas naturales y que tiene como objetivo la producción y distribución de los bienes extraídos de la materia». Cf., también, Id., *La teologia del lavoro di fronte all'ateismo*, en G. Girardi (ed.), *L'ateismo contemporaneo* IV, Torino 1979, 301-315; N. Abbagnano, *Dizionario di filosofia*, Torino 1971, 519-521; M. Riedel, art. *Lavoro*, en H. Krings y otros (eds.), *Concetti fondamentali di filosofia* II, Brescia 1982, 1110-1127. Después de 1960 hay todavía diccionarios importantes que no incluyen la palabra trabajo. Por ejemplo, A. Lalande, *Dizionario critico della filosofia*, Milano 1971; o *The Encyclopedia of Philosophy*, New York 1967.

tórica. La historia se puede construir porque se puede conservar básicamente lo que los demás han hecho y utilizarlo para continuar progresando. Esto es la cultura.

1. Importancia básica del trabajo

El concepto de «trabajo», como todos los demás conceptos sobre las dimensiones fundamentales del hombre, tiene diferentes significados. Pero hay dos que merecen sobre todo nuestra atención.

En sentido estricto, el término trabajo se refiere sobre todo al trabajo corporal y manual o al trabajo productivo. En este sentido se distingue entre el «mundo del trabajo» y el mundo de la cultura –en sentido también restringido–. Los trabajadores no se confunden con los profesores, los administrativos o los empleados. El trabajo en sentido estricto podría definirse diciendo que es todo esfuerzo corporal que se hace para transformar la materia y producir una plusvalía, por ejemplo la agricultura, la industria o la pesca. Podría decirse también que el trabajo incluye todas las actividades humanas que tienen lugar en el marco productivo que transforma la materia.

Pero el término trabajo tiene también otro sentido más amplio y más rico. El trabajo es cualquier actividad humana –el trabajo en el sentido anterior, la actividad intelectual, etc.– que se realiza para conseguir un fin serio y necesario. Así lo define R. Kwant en su famosa filosofía del trabajo: «Toda actividad humana orientada a la satisfacción de las necesidades según las exigencias de la sociedad»[16]. V. Nell-Breuning dice casi lo mismo: «El hombre trabaja cuando utiliza sus fuerzas corporales y espirituales para conseguir un fin serio, que debe alcanzar o realizar»[17].

Así pues, el hombre «trabaja» cuando desarrolla su actividad en el marco de lo que se cree necesario para que la sociedad se realice en todos sus aspectos, incluso cuando esa actividad no es productiva y no exija realmente ningún esfuerzo muscular[18]. Así es como tra-

---

16. R. C. Kwant, *Filosofie van de arbeid*, Antwerpen 1964, 32.
17. V. Nell-Breuning, *Arbeit*, en W. Brugger, *Philosophisches Wörterbuch*, Freiburg 1967, 23.
18. La distinción entre trabajo y juego es normalmente clara en la apreciación concreta de una determinada sociedad, pero teóricamente es más bien fluctuante, puesto que el hecho de que se considere que una determinada ocupación sea jue-

baja el artista, el estudiante en la escuela, el investigador en su biblioteca o en su laboratorio, el asistente social en un barrio de la ciudad, el sacerdote cuando enseña religión o trata de reconciliar un matrimonio, o el psiquiatra que escucha pacientemente a un enfermo.

Estos dos conceptos son legítimos y sobre todo complementarios. Entre el trabajo y la cultura, entre el trabajo manual y el intelectual o social existe una especie de relación dialéctica. El trabajo productivo, tal como hoy se da, sólo es posible por una amplia difusión de la cultura y de una determinada estructura de la vida social: extensa formación de base, especialización tecnológica avanzada, investigación profunda en los laboratorios, diversas formas de asistencia social, etc. Por otra parte, la expansión de la cultura en una sociedad concreta depende mucho de las posibilidades de trabajo y del nivel tecnológico alcanzado. Por consiguiente, el trabajo es la base de la cultura y a la vez depende profundamente del nivel cultural en cuanto a sus modalidades y formas. El trabajo manual y el trabajo intelectual no son, sino dos modalidades inseparables y dialécticas de una misma creación de cultura y de historia humana.

«Trabajar», en estos dos sentidos específicos, es una dimensión fundamental de la presencia humana en el mundo. En una interpretación dualista que concibe el cuerpo como un impedimento para el alma espiritual, el trabajo podría parecer indigno del hombre. En una interpretación que subraya la condición encarnada, el trabajo es un camino obligado. La existencia humana es una tarea que no puede llevarse a cabo más que por la transformación y la humanización del mundo. Es decir, por la creación de un mundo más humano.

La visión positiva sobre el papel esencial del trabajo en la realización del hombre se impuso con toda evidencia cuando empezó a reflexionar sobre lo que ya estaba haciendo realmente. La revolución tecnológica capacitó al hombre para construir su propio mundo. En un primer momento, que no puede considerarse aún acabado, esto llevó a exaltar el trabajo productivo o tecnológico. Pero, al mismo tiempo, el papel del trabajo en toda su amplitud se ha ido imponiendo a la conciencia antropológica. Cada uno de los secto-

---

go o trabajo, la mayoría de las veces depende del contexto. No nos interesa tampoco insistir aquí en su dureza física o psíquica. El trabajo no es menos trabajo porque se haga con gozo y satisfacción. La proporción entre ambos aspectos puede variar mucho.

res de la existencia humana es una tarea que hay que asumir y llevar a cabo mediante un compromiso de trabajo. Esto vale también para la satisfacción de las necesidades fundamentales en un mundo que tiene que alimentar a una enorme cantidad de seres humanos. Hoy no es posible comer y beber sin comprometerse a trabajar. La tierra ofrece lo que se necesita para realizarse humanamente, pero sólo después de inmensos esfuerzos humanos. Si hoy ha mejorado la situación social, si hay mejores leyes, mejores comunicaciones, mayor instrucción y más profunda y menos enfermedades es gracias al trabajo humano. Cualquier magnitud cultural –a pesar de la fatiga, del sufrimiento y de la alienación que pueda haber en el trabajo– depende de esta capacidad básica de trabajar. En este sentido, todo trabajo, cualquiera que sea, tiene la misma dignidad y nobleza, ya que sin él no podría existir el edificio de la historia, es decir, de la humanización. Si se examinan las cosas a fondo, no hay trabajos nobles ni serviles.

Decir que el trabajo es una dimensión esencial de la presencia en el mundo no significa que toda la humanidad del hombre se agote en el trabajo. El hombre trabaja para poder vivir y tener un nivel digno de él. Esto quiere decir que el ejercicio de la dignidad tiene también otros aspectos fundamentales. Se trabaja para ser alguien ante los demás, ante las personas queridas. Se trabaja para tener tiempo de contemplar, de meditar, de pasar un rato alegre con los demás, de estudiar e investigar, de rezar y adorar. Vivir sólo y exclusivamente las relaciones de trabajo, con la racionalización y presión que eso supone, no puede sino producir, como dice G. Marcel, «une étouffante tristesse». El hombre no vive para trabajar, sino que trabaja y debe trabajar para existir como ser humano en la dignidad y en la nobleza de su existencia. El trabajo no es una dimensión que haya que superar y acortar lo más posible. Pero tampoco debe absorber todas las expresiones humanas y todo el tiempo. Es, y debe seguir siendo, un camino esencial e ineludible para que el hombre sea cada vez más humano.

2. *Ambigüedad del trabajo humano*

La ambigüedad del trabajo consiste en que, por una parte, es instrumento y camino de humanización, mientras que por otra es el lugar donde se producen las mayores injusticias sociales. El trabajo no realiza nunca automáticamente la promoción del hombre, sino que requiere un esfuerzo permanente para que se ponga al servicio del hombre. Esta ambigüedad afecta a todas las clases de trabajo, sobre todo a las relacionadas con la tecnología y la economía.

En el trabajo, el hombre ve que depende de la naturaleza y de los demás hombres, y que depende tanto más cuanto más fundamentales son las necesidades que tiene que satisfacer. La historia es una buena muestra de cómo los hombres han intentado aprovecharse siempre de los semejantes que están ligados a ellos porque necesitan trabajar para ganarse el pan de cada día. El hombre que no tiene nada propio, se ve obligado a vender su trabajo. Como necesita de cosas que le son absolutamente indispensables para vivir, tiene que soportar toda clase de explotaciones para conseguirlas. Esto no significa que, en el pasado, las relaciones laborales hayan sido siempre relaciones amo-esclavo en el peor sentido. No hay por qué compartir necesariamente las explicaciones de Hegel o Marx para convencerse de ese nexo. En las primeras páginas de la Biblia se dice ya que el hombre tendrá que ganarse el pan con el sudor de su frente. El autor sagrado no pensaba solamente en el cansancio físico o en el calor del sol, sino en la injusticia y en la alienación que tienen que soportar por ganarse un trozo de pan. En todas las épocas ha habido gente que ha denunciado las injusticias en las relaciones laborales. Y en todas las épocas han surgido también otras formas de alienación. Después de la época de los esclavos, el siglo XIX vio surgir al proletariado industrial. Hoy existen todavía problemas relacionados con el colonialismo económico y político, las miserias del tercer mundo, y muchas otras formas de injusticia y de maldad que afectan a las relaciones de trabajo.

En segundo lugar, hay que llamar la atención sobre el hecho, compartido por muchos, de que el trabajo, en sus formas técnicas e industriales, genera otras clases de alienación que no se superan automáticamente. Para ser productivo, el trabajo tiene que crear una serie de medios de producción, de métodos técnicos, de instrumentos, de ritmos laborales, de régimen organizativo y racionalizado que amenazan con deshumanizar al hombre. Las especializaciones cada vez mayores y la necesidad de producir cada vez más competitivamente inducen a crear algunas formas de trabajo que se reducen a repetir mecánicamente las mismas acciones día tras día, semana tras semana y año tras año. Muchas de esas formas embrutecen al hombre. La máquina, que se inventó para ayudar al hombre en su trabajo, amenaza con someterlo a su ritmo mecánico e impersonal. No sólo la forma de trabajar, sino toda la organización de la sociedad se va racionalizando progresivamente en base al tipo de producción que se está realizando. Lo vemos en los medios de transporte y de comunicación social, en la formación técnica o en la concentración de la población en las zonas urbanas. Toda la estructura de la convivencia social corre el riesgo de verse prisionera de la mentalidad tecnológica que acaba con la espontaneidad y esclaviza al hombre en aras de la funcionalidad y cientificidad objetivando todas las relaciones humanas y valorando al hombre por lo que produce.

Esta ambigüedad del trabajo sólo se podrá superar por la conciencia y el compromiso del hombre. La misma responsabilidad humana que origina el compromiso laboral tiene que aplicarse en primer lugar a los modos de producción y a las condiciones de los trabajadores que humanizan el mundo con su trabajo. El error básico del siglo XIX y sobre todo de Marx fue creer que el progreso tecnológico, la abolición de la propiedad privada de los medios de producción o el aumento de los bienes de consumo y de los bienes culturales son capaces de transformar automáticamente la sociedad, de suprimir las alienaciones y de restituir al hombre su dignidad y libertad. Hoy se percibe bastante mejor que hay un trabajo específico de carácter ético y social llamado a insertar las relaciones laborales de cualquier orden en una estructura ética que afirma la primacía de las relaciones entre hombre y hombre.

La denuncia de la mentalidad tecnológica –no de la ciencia y de la técnica– que ya hicieron pensadores como M. Heidegger y G. Marcel, no carece de fundamento. No puede, por tanto, arrinconarse como si se tratara de una reacción burguesa frente a la afirmación del marxismo. Se trata de una auténtica preocupación por la libertad del hombre. El trabajo es un medio y un camino de liberación. El hombre es, al fin y al cabo, el que tiene que utilizarlo para su propia liberación.

3. La cultura como dimensión fundamental

Las definiciones de cultura son innumerables, lo que indica lo difícil que es querer concentrar en una sola fórmula una realidad humana tan compleja como esta[19].

El concepto moderno de cultura se inspira generalmente en el concepto antropológico de E. Tylor: «cultura es el conjunto complejo que incluye conocimientos, creencias, arte, moral, derecho, costumbres y cualquier otra clase de habilidades y hábitos adquiridos por el hombre como miembro de la sociedad»[20]. Según A. Dondeyne, «la cultura, en el fondo, no es sino el modo en que el hombre o un grupo humano se comprende y expresa»[21]. J. Ladrière subraya que «en la concepción más amplia del término, la cultura... es todo lo que confiere a la vida de un colectivo histórico su configuración peculiar»[22].

En sociología se suele dividir el complejo y gran edificio de la sociedad en tres grandes ámbitos: tecnológico y sociológico, político y jurídico, y cultural.

Distinguiendo la cultura de las distintas formas de trabajo y de actividad de las que hemos hablado, la cultura es específicamente «el conjunto de las mediaciones por las que la existencia, en sus intervenciones concretas, recibe la posibilidad de inscribirse en un universo de sentido»[23]. M. Acevedo define la cultura así: «por cultura se entiende aquí el conjunto de los significados, valores, modelos, símbolos y normas incorporados o subyacentes a la acción y a la comunicación de la vida en un grupo humano concreto. Este

---

19. Cf. E. Anati, *Gli elementi fondamentali della cultura*, Milano 1983; E. Cassirer, *Saggio sull'uomo. Introduzione a una filosofia della cultura*, Roma 1972; V. Hell, *L'idée de culture*, Paris 1981; C. Kluckhohn-A. L. Kroeber, *Il concetto di cultura*, Bologna 1972; G. Lazzati, *La cultura*, Roma 1987; H. Marwin, *L'evoluzione del pensiero antropologico. Una storia della teoria della cultura*, Bologna 1971; P. Rossi, *Cultura e antropologia*, Torino 1983; J. Szaszkiewicz, *Filosofia della cultura*, Roma 1974; L. A. Witte, *La scienza della cultura. Uno studio sull'uomo e sulla civiltà*, Firenze 1969.
20. E. B. Tylor, *Primitive Culture*, London 1871, 1.
21. A. Dondeyne, *L'essor de la culture*, en *Vatican II. L'Église dans le monde de ce temps* II. *Commentaires*, Paris 1967, 458.
22. J. Ladrière, *I rischi della razionalità. La sfida della scienza e della tecnologia alle culture*, Torino 1968, 7.
23. Id., *Le concept de culture et les rapports entre la foi et la culture*, en P. Macq (ed.), *Foi et culture à l'université catholique de Louvain*, Louvain-la-Neuve 1988, 31.

conjunto es vivido por el grupo consciente o inconscientemente, y lo asume como expresión peculiar de su realidad humana. Lo transmite de generación en generación tal como el grupo lo ha recibido o tal como lo ha transformado real o presuntamente»[24].

En este vastísimo campo de la cultura se distinguen normalmente el sistema cognitivo, volitivo y expresivo.

El universo cognitivo comprende las representaciones científicas de todo tipo, pero también la filosofía y la teología, e incluso las representaciones populares precientíficas.

El sistema valorativo recoge el conjunto de valores, normas y comportamientos concretos.

El sistema expresivo evoca el amplio mundo del lenguaje hablado y escrito, de los símbolos y de la simbolización, de todas las expresiones artísticas[25].

Por consiguiente, la cultura es absolutamente indispensable para entender la realidad histórica del hombre. Porque la configuración concreta de la historia depende en gran parte de la dimensión cultural del hombre.

III. El sentido de la historia

El hombre es pues, por constitución, un ser histórico que realiza su existencia histórica a través del trabajo. Por eso es preciso interrogarse sobre el sentido y significado de esa empresa común en la que está inevitablemente implicado en razón de su existencia humana.

Son muchos los interrogantes sobre este tipo de problemas y normalmente se agrupan bajo el título de «filosofía de la historia». Pero aquí nos limitaremos a los que tienen que ver más directamente con la comprensión de la existencia humana, es decir, al tema del sentido de la historia[26].

---

24. M. Azevedo, *Les défis posés à la foi chrétienne par la culture moderne-contemporaine*, en J. Ducruet y otros, *Foi et culture. Le rôle de l'université catholique*, Rome 1989, 76.
25. Cf. J. Ladrière, *Le concept de culture*, 31-34.
26. R. Bultmann subraya que la pregunta sobre el sentido de la historia fue formulada por gente que creía saber cuál era el fin de la historia, es decir, procede en concreto de la interpretación judeocristiana de la historia. «Hoy ya no preten-

1. Origen del problema del «sentido» de la historia

Desde la antigüedad se ha hecho siempre una especie de reflexión elemental sobre el conjunto de acontecimientos en que se ubican las distintas existencias. De ahí que las primeras indicaciones o concepciones de la historia se encuentren en los mitos y en las religiones. En ellos se hablaba del eterno retorno, de ciclos que se repiten, de fatalidad trágica y de muchas otras cosas[27].

La matriz de la problemática moderna sobre el sentido de la historia hay que buscarla en el pensamiento judío y en la teología cristiana. La idea moderna de historia nace con el pensamiento judío, que ve en la historia concreta un diseño y una orientación guiados por la voluntad salvífica de Dios, que conducirá a una humanidad nueva y distinta presidida por la fraternidad y la justicia. Y esto por caminos misteriosos e incomprensibles, es verdad, pero los acontecimientos se inscriben en un movimiento que se dirige hacia una meta. Es una postura radicalmente distinta de la del eterno retorno o de la fatalidad trágica, presente en muchos autores griegos antiguos.

En san Agustín es donde adquiere sobre todo forma una teología de la historia, entendida como un movimiento hacia la «civitas Dei». Por encima de las fuerzas ciegas no dominadas por el hombre, por encima de las decisiones de la libertad, los acontecimientos son guiados por el Espíritu de Dios y se mueven hacia el reino de Dios. Agustín rechaza no sólo el eterno retorno, sino también las teorías de la metempsicosis y de la reencarnación, que quitan seriedad a la empresa histórica[28].

La idea del sentido de la historia, abandonada y olvidada durante muchos siglos por la escolástica, ha sido recuperada en su

---

demos conocer el origen y el fin de la historia. Por eso, el problema del sentido de la historia ya no tiene ningún sentido» (*Historia y escatología*, Madrid 1974, 126). Frente a la postura de R. Bultmann hay que afirmar que el problema del sentido de la historia es un problema significativo cuando tiene que ver con la tarea que debe llevar a cabo el hombre histórico.

27. Cf. R. C. Collingwood, *Il concetto della storia*, Milano 1966; K. Jaspers, *Origine e senso della storia*, Milano 1982 (versión cast.: *Origen y meta de la historia*, Madrid ²1985); K. Löwith, *Significato e fine della storia*, Milano ⁴1979 (versión cast.: *El sentido de la historia*, Madrid 1968); H. I. Marrou, *La conoscenza storica*, Bologna ²1975 (versión cast.: *El conocimiento histórico*, Barcelona 1999); F. Meinecke, *Pagine di storiografia e filosofia della storia*, Roma 1985.
28. Cf. Agustín de Hipona, *La ciudad de Dios*, Barcelona 2003.

forma secularizada por el iluminismo y por las corrientes evolucionistas modernas.

2. La fascinación del determinismo histórico

Modernamente la reflexión sobre la historia se asocia a menudo a la idea de un movimiento que tiene una finalidad y que se realiza normalmente sin que el hombre lo sepa y al margen de las decisiones que este cree tomar libremente. Este movimiento inevitable hacia una meta particular se denomina a veces «determinismo histórico». Este enfoque es muy peculiar y vamos a tratarlo brevemente.

G. W. Hegel fue uno de los primeros en elaborar una visión secular de la historia. La historia no es un conjunto de acontecimientos inconexos entre sí, sino que aparece sobre todo como un proceso que se dirige hacia una meta. Mediante una dialéctica de tesis, antítesis y síntesis la historia se mueve hacia la plena racionalidad del hombre y hacia la síntesis perfecta entre pensamiento y realidad. Además, este proceso es totalmente inmanente al tiempo y a la humanidad. El culmen de racionalidad, síntesis y humanidad se logra por primera vez en el pensamiento de Hegel.

El marxismo traduce la visión hegeliana de la historia en términos económicos y políticos. Mediante la lucha de clases y la acción del proletariado, la historia se mueve inevitablemente hacia el advenimiento de un reino de absoluta libertad y fraternidad, sin conflictos ruinosos y sin clases sociales contrapuestas. Según K. Marx, este desarrollo de la historia hacia la sociedad sin clases y una sociedad comunista mundial se produciría de forma absolutamente necesaria.

Para Teilhard de Chardin y otros evolucionistas, la misma idea de evolución biológica es modelo y matriz de la evolución histórica. La historia se mueve inevitablemente hacia una complejidad cada vez mayor de las relaciones humanas y hacia una manifestación progresiva del espíritu y de la libertad.

O. Spengler (1880-1936) cree que la historia atraviesa inevitablemente por una serie de ciclos de subida, plena expansión y decaimiento de las civilizaciones hasta su desaparición. Conocemos muchas civilizaciones pasadas que han sido superadas y han desaparecido. La civilización occidental no es una excepción y también está próxima a su fin hacia finales del segundo milenio. El factor decisivo del decaimiento de las civilizaciones siempre es el mismo, a saber, la preponderancia de la gran ciudad sobre el campo[29].

El gran filósofo de la cultura A. J. Toynbee (1889-1975) ha intentado elaborar un panorama de la andadura de la historia partiendo de un análisis comparativo de las civilizaciones. Su visión es menos pesimista que la de Spengler, pues ve un progreso en la historia a base de la reflexión religiosa[30].

Quien reflexiona críticamente sobre las interpretaciones de la historia que subrayan su carácter determinista y la inevitabilidad del movimiento, se halla siempre ante una contradicción. Pues, por un lado, el movimiento de la historia seguiría siempre hacia delante con una férrea necesidad, quizás comparable a la que rige el reino de la naturaleza y de la vida biológica. Pero por otro, es siempre el hombre quien, con sus opciones y acciones, llevaría a cabo esta andadura inevitable de la historia. Además, este movimiento inevitable se manifestaría luego como reino de la libertad. Resulta desde luego muy difícil conciliar lógicamente la libertad del hombre con la andadura inevitable de la historia en una determinada dirección.

Si no se puede sostener una interpretación determinista rígida de la historia, tratemos al menos de entender por qué a mucha gente le ha parecido plausible.

Advirtamos, en primer lugar, que el determinismo histórico parece vinculado a una especie de ilusión retrospectiva. Los hechos y situaciones del pasado no se pueden cambiar como tales porque el tiempo los sustrae al poder humano. De ahí la tendencia a pensar que los hechos tenían que suceder necesariamente como sucedieron y que, por tanto, obedecen a una necesidad extrínseca o intrínseca. Esta impresión se puede ver aún más consolidada porque los hechos históricos presentan cierta coherencia entre sí.

El segundo factor que influye en la ilusión determinista es la impotencia del individuo e incluso de los grandes grupos humanos ante los acontecimientos. Un ejemplo bien patente es la incapaci-

---

29. Cf. O. Spengler, *Il tramonto dell'Occidente. Lineamenti di una morfologia della storia mondiale*, Milano 1970 (versión cast.: *La decadencia de Occidente*, Madrid 1989, 2 vols.).

30. Cf. A. Toynbee, *A Study of History*, Oxford 1954-1956, 12 vols. (versión cast.: *Estudio de la historia*, Barcelona 1985); Id., *Storia comparata delle civiltà. Compendio*, Roma 1974, 3 vols.

dad de millones de personas para evitar la Segunda Guerra mundial a la que se vieron arrastradas. Los individuos pueden llegar a tener la impresión de que estos acontecimientos están sometidos a una ley férrea y necesaria sin que el hombre pueda decidir en absoluto su forma concreta.

En realidad no se trata de un determinismo histórico. Lo que realmente sucede es que no se dominan suficientemente los procesos que el hombre pone en marcha. Los hechos humanos tienen una gran inercia. Una vez que se ponen en marcha determinados sistemas económicos, o determinados sistemas de producción, o ciertas ideologías políticas no se puede controlar el curso de estos fenómenos, sino después de mucho tiempo y a base de inmensos esfuerzos por parte de una enorme cantidad de personas. La libertad en la historia no es una libertad absoluta, sino condicionada y situada, una libertad en lento progreso hacia una mayor liberación. La libertad que quiere intervenir en el curso de los acontecimientos choca con tantas personas y grupos de poder que defienden sus propios intereses y están protegidos por estructuras económicas y militares, ante las que el individuo no puede casi nunca hacer nada.

Digamos, en tercer lugar, que la tesis del determinismo histórico se ha defendido a veces por razones estrictamente ideológicas. La mística comunista, por ejemplo, dependía totalmente de la fe en el triunfo de la revolución proletaria y del comunismo mundial. Y, para salvaguardar esta certeza, se insistía en que los acontecimientos históricos suceden por necesidad, es decir, determinísticamente, por la lucha de clases hasta la victoria del proletariado[31].

Hay también creyentes que confían en la divina providencia y están preocupados por afirmar que Dios guía todos los acontecimientos. Y entonces, si las cosas suceden de un determinado modo, es que no podía ser de otra manera. Es, pues, de algún modo necesario que las cosas sucedan así, de un modo concreto, sin que los hombre podamos hacer prácticamente nada para cambiar el curso de los acontecimientos. Lo que se teme, al fin y al cabo, es que la afirmación de la libertad y de la responsabilidad del hombre pueda restar algo a la divina providencia.

Llevado al extremo y en su forma radical, el determinismo histórico niega la historia en cuanto tal. Si hay historia es porque hay

---

31. Cf. W. Luijpen, *Phenomenology and Atheism*, Pittsburgh-Louvain 1964, 134-138.

libertad y, por tanto, perspectiva, proyecto y sobre todo esperanza de que las cosas puedan ir de otro modo. Y sólo hay novedad cuando los fenómenos no están predeterminados en sus causas.

3. *Historia y progreso*

Las interpretaciones modernas de la historia se han sentido más fascinadas por la idea del progreso que por el determinismo.

a) *La fascinación del progreso*

Desde el siglo XIX hasta hoy, la visión de la historia humana de muchos filósofos y de gran parte de la población se centra en la idea de progreso. El avance de la humanidad desde niveles muy primitivos hasta la civilización actual se presenta casi como un dogma, a menudo identificada con la visión científica de la realidad. La ciencia empírica demuestra documentalmente y de forma irrefutable que la historia significa progreso para la humanidad y en humanidad[32].

El problema del progreso se planteó en el positivismo desde una perspectiva casi mítica. El progreso histórico se concibe como un proceso victorioso lineal y ascendente que va desde la fase religiosa, pasando por la fase metafísica, hacia el pleno triunfo y la humanidad perfecta gracias a las ciencias empíricas y a la racionalidad empírica[33].

El progreso ha sido durante muchos años un dogma central de la antropología marxista y su principal arma de propaganda ideológica. El marxismo se concebía como encarnación del progreso histórico, como la fuerza impulsora y victoriosa de la historia en un movimiento imparable hacia una sociedad fraternal y libre, sin lucha de clases.

---

32. Cf. J. Bury, *Storia dell'idea di progresso*, Milano 1964; R. Franchini, *Il progresso. Storia di una idea*, Milano 1960; M. Ginsberg, *Progress in the Modern Era*, en P. P. Werner (ed.), *Dictionary of the History of ideas* III, New York 1973, 633-650; R. Nisbet, *History of the Idea of Progress*, London 1980; J. van der Pot, *Die Bewertung des technischen Fortschritts. Eine systematische Untersuchung der Theorien*, Assen 1985.

33. Cf. A. Negri, *Augusto Comte e l'umanesimo positivistico*, Roma 1971.

La afirmación del progreso histórico era para muchos una especie de «fe» –que a menudo ha sustituido a la fe religiosa–, lo que quizás explica la fascinación que ha ejercido sobre tanta gente.

b) *El desmoronamiento del mito del progreso*

Actualmente no se ha superado del todo la idea de progreso. Pero ya no tiene la aureola mítica de antes. De hecho, hoy se habla con frecuencia de la superación del mito del progreso[34].

Entre los factores que más han contribuido a desmontar el mito del progreso están los siguientes: las dos Guerras mundiales con su barbarie y falta de humanidad; la amenaza de exterminio global de la humanidad con la guerra atómica; la polución atmosférica que pone en peligro la habitabilidad de la tierra; la pobreza y el subdesarrollo en que vive aún gran parte de la humanidad sin perspectivas reales de salir de esta situación. Todo esto hace que mucha gente prefiera ser pesimista en relación con la historia a creer en el progreso de la humanidad.

El desmoronamiento del mito del progreso y la negación de un sentido global y progresivo inherente a los acontecimientos históricos constituyen una clave del posmodernismo, que niega la existencia de un sistema general de significado[35].

c) *Valoración del progreso histórico*

Para saber si se puede hablar de progreso en la historia, se precisa ante todo disponer de un criterio para acercarse a la realidad.

¿Qué es el progreso? Permaneciendo en el plano antropológico, se puede decir en general que hay progreso cuando mejoran en su conjunto las condiciones humanas y las relaciones entre los seres humanos. Es decir, cuando este conjunto constituye un mundo más digno del hombre. Esto puede referirse, en concreto, al respeto de

---

34. Cf. G. Sasso, *Tramonto di un mito. L'idea di progresso fra Ottocentto e Novecento*, Bologna 1984; G. Vattimo, *La fine della modernità. Nihilismo e ermeneutica nella cultura postmoderna*, Milano 1975.
35. Cf. F. Lyotard, *La condizione postmoderna. Rapporto sul sapere*, Milano 1982 (versión cast.: *La condición posmoderna*, Barcelona 1999).

los derechos fundamentales del hombre y a la igualdad sustancial de todos los seres humanos en su acceso a los grandes bienes de la civilización moderna como la instrucción, la libertad, la democracia o las condiciones dignas de vida.

Equipados con este criterio, podemos emitir un juicio sobre la historia del pasado. Considerada en su conjunto, hay suficiente fundamento para hablar de progreso en la historia. Si se compara la situación actual de la humanidad, a pesar de sus enormes deficiencias, con el de los grupos humanos de hace tres mil años, es indudable de que se puede hablar de progreso. Las posibilidades de verdades y medios para ser más «humanos» son muchas más que las que había en aquella época. La libertad personal y social es mayor y se respeta más a la persona y sus derechos. Aunque la línea ascendente de progreso resulta difícil y complicada, y aunque a veces se retroceda y se produzcan explosiones de barbarie, al fin y al cabo es una línea progresiva.

Sin embargo, parece más difícil aplicar este criterio a los grandes cambios del presente, en el que aparecen nuevos aspectos. En los últimos siglos se ha podido constatar que, ante cualquier cambio cultural, social o político relevante, siempre hay muchas personas que lo interpretan como decadencia o regreso. Hay mucha gente que sólo ve el desmoronamiento de los viejos valores y son incapaces de observar en la «crisis» los nuevos valores que nacen, a menudo en medio de grandes dificultades. La caída del sistema feudal, la superación de la nobleza y de la aristocracia con su ornamento de privilegios económicos y sociales, la revolución social, la desaparición de los Estados pontificios, el abandono de la práctica religiosa, la democratización de la cultura, y los cambios en la moda y en las costumbres son interpretados por estos profetas de calamidades como signos premonitorios de la próxima superación de la historia. Sin embargo, para otros son signos de nuevos tiempos, anuncios primaverales de un mundo mejor. Muchos cambios históricos han sido condenados durante mucho tiempo como malos y decadentes. Pero luego, las mismas personas que así los calificaron, los han aceptado como progreso. Un caso típico es el de los derechos fundamentales del hombre.

Por lo que respecta al futuro, todo está muy abierto. Si la historia es un terreno en el que la libertad y las situaciones condicionantes están en continua tensión entre sí, el futuro está en cierto modo abierto. Es indudable que tener en cuenta el pasado puede generar confianza ante el presente y el futuro. El hombre está lleno de posibilidades positivas a las que las nuevas generaciones apelan sin cesar. Además, todas las acciones concretas confían básicamente en que es posible mejorar.

Pero tener confianza no significa estar seguros y que las cosas tengan que ir necesariamente por ese camino. Es confiar en una libertad responsable ante el hombre. Si la historia es también obra de la libertad humana que se afirma creando un mundo humano, no hay nada que garantice por completo el éxito en esta descomunal empresa. El hombre también puede traicionar, frenar y retroceder hacia situaciones menos humanas y recaer en momentos de barbarie.

Hay muchos problemas de diversa índole que dificultan emitir juicios sobre el progreso en sectores puntuales de la vida y de la civilización y hacer juicios globales sobre cada una de las culturas. En algunos sectores pueden tener sentido, pero en otros son prácticamente imposibles.

Sin embargo, es posible hablar de progreso en sectores cuantificables de la civilización. El progreso que se mide en kilómetros de velocidad, en toneladas de producción, en número de descubrimientos científicos, en ritmos productivos, en nuevos productos o en instrumentos más perfectos. La estadística refleja fielmente el progreso que ha habido en cada uno de estos sectores medibles.

Pero cuando se pasa de la esfera material de la vida a otros sectores más específicamente humanos, es delicado emitir juicios sobre el progreso. ¿Se progresa en la pintura?, ¿y en la literatura?, ¿y en la música?, ¿y en el lenguaje?, ¿y en la filosofía?, ¿y en la religión? Sin duda hay muchos cambios en estos campos expresivos. Unas obras de arte son superiores a otras. Una época puede ser más rica que otra. Puede que una cultura determinada esté más desarrollada en algunos aspectos y menos en otros. Es preciso insistir en la diversidad y en la complementariedad. Pero querer comprimir en el concepto de «progreso» todos y cada uno de los sectores del inmenso mundo de la cultura y de las culturas que hay en la historia y que constituyen todas ellas la historia de la humanidad, es una empresa poco menos que imposible.

4. La «humanidad del hombre» como sentido de la historia

Puntualicemos brevemente la problemática evocada con la expresión «sentido de la historia». El problema se plantea sobre todo en una perspectiva estrictamente antropológica, dejando a un lado los problemas que se debaten en la teología de la historia.

Aunque no tenemos ninguna seguridad sobre lo que sucederá en la historia futura ni sobre cuál será su estado final, sí podemos hablar del sentido de la historia o de la empresa histórica.

En este caso, la pregunta por el «sentido» tiene que ver con la meta a conseguir, con la finalidad a realizar mediante el compromiso histórico. Por consiguiente, no se trata de buscar en primer lugar un «sentido» que tendrían los acontecimientos al margen del hombre, sino de descubrir el sentido que el hombre debe tratar de conseguir mediante los acontecimientos. Es decir, el problema del sentido de la historia no tiene que ver en primer lugar con el determinismo, sino con las posibilidades propias e inherentes, o sea, con la llamada específica y auténtica de la empresa histórica para la realización del hombre.

La respuesta a este interrogante tan general sobre el sentido de la historia se perfila en esta dirección: el sentido de la historia es el propio hombre, la realización de su humanidad. Y este sentido lo da siempre la relación con los demás hombres que viven y transmiten el patrimonio humano a las nuevas generaciones. La llamada o posibilidad específica de la historia está en la creación de un mundo nuevo que garantice mejor el reconocimiento del hombre por el hombre. Por tanto, el sentido de la historia consiste en crear una cultura humana –en sentido amplio– o un mundo humano en el que todos los hombres puedan vivir más auténticamente su existencia humana, es decir, más libre y fraternalmente. El sentido del trabajo productivo, de la creación de leyes o de estructuras jurídicas o sociales, de la política y de cualquier compromiso histórico es contribuir a que el hombre se realice cada vez más.

El sentido de esta empresa histórica no desaparece porque jamás se llegue a realizar del todo y tenga que pasar necesariamente de unas generaciones a otras. Al contrario, es confirmado porque se logran realizar, al menos de algún modo, estas condiciones humanas fundamentales. Las posibilidades de crear y asegurar mejores condiciones humanas están ciertamente al alcance del compromiso histórico.

Esta reflexión nos permite hablar de sentido de la historia. Pero no pretende decir que el sentido exhaustivo de la historia consiste solamente en crear un mundo más humano, libre y fraterno. Y tampoco que la persona humana encuentra el sentido pleno de su existencia dentro de los límites de la historia y de la empresa humana a través del tiempo.

El sentido de la historia, en la acepción de que acabamos de hablar, es un concepto efectivamente abierto. Si el hombre es de verdad el sentido de la historia, el sentido exhaustivo de la historia depende de lo que hay en el hombre. Pero no se puede, como sucede en la filosofía hegeliana y marxista, reducir al hombre a la vaga indicación de «humanidad», «sociedad futura» o «reino de libertad». El ser humano existe solamente como persona libre e irrepetible. Todo lo que crea la cultura humana debe servir para realizar el sentido básico de cada persona. Es indudable que el sentido de las personas humanas tiene una dimensión interpersonal e histórica, pero no se queda ahí.

Pero hay otro aspecto en el que el sentido de la historia permanece también abierto. La historia no reúne sólo hechos o acontecimientos que contribuyen positivamente a la creación de un mundo más humano. La historia concreta es también testigo de dudas, de rechazos y de intentos de avasallamiento. Es también expresión de la ignorancia humana, de lo difícil que es comprender en qué dirección hay que trabajar y buscar. Es también signo de la debilidad, de los fracasos y de la impotencia del hombre a la hora de dominar los hechos concretos y de realizar un mundo más libre y fraterno, mil veces soñado pero nunca realizado. También esto forma parte del problema del hombre. Será preciso estudiar si esta dimensión de fracaso, mal y muerte puede poner en entredicho el sentido de la existencia humana y, como contrapartida, también el sentido de la historia.

III
Los límites de la existencia y la perspectiva de la esperanza

Nuestro intento de esbozar algunos rasgos constitutivos del misterio que es el hombre nos ha permitido insistir en que el hombre se revela esencialmente como alguien que existe junto a otros en el mundo, para realizarse personal y comunitariamente, buscando la verdad y los valores, y construyendo un mundo más humano. Esto incluye también que la existencia humana se concibe como una llamada que se define constitutivamente por su apertura hacia el futuro y hacia la esperanza.

Pero todo esto no agota el misterio del hombre. Todo intento de responder a la llamada histórica construyendo una comunidad humana perfecta estará expuesto a innumerables fracasos y sobre todo a la prueba de la muerte. Ya hemos dicho que la mayoría de los interrogantes sobre el hombre son consecuencia de la experiencia de fracaso y derrota en el proceso de realización humana. Nunca será posible contestar adecuadamente a la pregunta ¿qué es el hombre? si no se afronta a la vez el problema de los límites de la existencia personal e histórica.

Si no se puede concebir a la persona concreta como una simple expresión o manifestación de la materia evolutiva, habrá que seguir clarificando su misterio. La amenaza de la muerte inevitable obliga al hombre, más que cualquier otra experiencia, a plantear el problema de su origen metafísico y de su destino trascendente. ¿Qué clase de libertad y de liberación puede haber si la muerte acaba con cada persona?, ¿cómo encontrar una base de esperanza que permita esperar para uno mismo y para los demás a pesar del límite de la muerte?, ¿se puede descubrir en la realidad humana concreta una dimensión que nos lleve hacia una esperanza para siempre, hacia una comunidad y libertad también definitivas?, ¿será alguna vez posible expresar de forma correcta el misterio del hombre sin hablar explícitamente del Dios creador que es el origen del «don» que se revela en cada persona individual y en su apertura inicial?

De entre esta amplia problemática, podemos abordar más de cerca tres temas: 1) presencia y significado del mal; 2) el carácter inevitable de la muerte; y 3) la posibilidad de salvar de la muerte la existencia personal y de lograr una esperanza fundada y un futuro absoluto.

EL FRACASO Y EL MAL COMO PROBLEMAS BÁSICOS DEL HOMBRE

La experiencia positiva y grandiosa del hombre que intenta realizarse en el tiempo y en la historia es una de las dimensiones constitutivas de la existencia humana. Pero esta experiencia no es una vía de sentido único, sino que por ella circula también otra experiencia de frustración, de desarraigo, de fracaso, de sufrimiento físico y moral, de mal, culpa y pecado. Tanto a nivel individual como a nivel de la historia general de la humanidad, el camino del hombre es una mezcla de victorias parciales y de muchos intentos frustrados y fallidos.

Es indudable que hoy, al menos en el mundo occidental, ha mejorado la situación de mucha gente. Pero el nivel medio de vida que se ha alcanzado no quiere decir que ya se hayan superado o suprimido los límites seculares del hombre. No en vano vemos que incluso a finales del siglo XX los límites permanecen bien visibles: hambre, sufrimiento, incomprensiones, guerras, derechos pisoteados, injusticias con inocentes, carrera desenfrenada tras ideales inalcanzables, cansancio ingrato, enfermedades y muerte. Todavía escuece en la conciencia de muchos el recuerdo de Auschwitz y de Hiroshima, y también el del Gulag y el de las persecuciones religiosas.

El fracaso y el mal, en sus diversas formas, forman parte de la existencia humana. A este respecto dice K. Rahner:

> El *fracaso* como existencial del hombre es una estructura fundamental fuertemente diferenciada que se manifiesta en todas las relaciones trascendentales y particulares del hombre: el desnivel necesario entre la aspiración y el cumplimiento, la distancia permanente –aunque variable en el curso de la historia– entre el proyecto de autorrealización y la realización efectiva, distancia que aumenta cada vez más en la medida en que el hombre intenta superarla, la alienación de sí mismo

que no es sólo una característica de un periodo histórico aún sin evolucionar, la impotencia del hombre para borrar sus culpas al no estar nunca en condiciones de ajustar su pasado realizado en la libertad, la constante diferencia entre la (única) verdad y las (muchas) verdades, la inalcanzable autenticidad del hombre por tener que buscarse a través de objetivaciones ambiguas y caducas, la imposibilidad desesperada de realizar lo que en definitiva intenta y procura ser la comunicación interpersonal, y finalmente la muerte en donde la pasividad del hombre se hace radical sin que por ello pueda decirse que se ha resuelto el problema del hombre y que es menor la diferencia entre la pregunta infinita y la respuesta siempre parcial[1].

1. *El mal como problema humano*

a) *Planteamiento del problema*

Todas las antropologías y las religiones, e incluso las grandes ideologías secularizadas, tienen un gran reto en el problema del fracaso y del mal, aunque no todas lo afrontan del mismo modo sino de forma a veces muy distinta. Nadie es capaz de negar el problema en cuanto tal. Las etiquetas que se utilizan para aludir a esta realidad contienen ya una peculiar interpretación del problema. Los marxistas hablan de «alienación», «explotación» y «lucha de clases»; los existencialistas, como Sartre y Camus, de «absurdo» y «sinsentido»; los creyentes hablan de «mal», de «pecado» o del diablo. Pero, por encima de todas las ideologías, se da un hecho incontestable: la presencia del dolor físico y moral, el problema del sufrimiento y del dolor. Por ello, no es posible un discurso serio y comprometido sobre el problema del hombre si no se afronta el fracaso, el sufrimiento y la muerte.

Conviene aclarar brevemente algunos términos. El más conocido es el término sufrimiento. Cuando el *dolor* es sobre todo fisiológico, se habla de dolor físico. Pero también hablamos de dolor cuando nos referimos al sufrimiento moral y para indicar el arrepentimiento por los pecados. En esta acepción, el dolor se distingue de otros estados psíquicos como la amargura, el malestar, la

---

1. K. Rahner, *Abbozzo di una antropologia teologica*, en Id. y otros, *Chiesa, uomo e società*, Roma 1970, 26-27.

tristeza, el abatimiento, la melancolía y la depresión, que pueden tener causas fisiológicas o físicopsíquicas.

La mayoría de las veces el dolor es psíquico o moral, en cuanto que el hombre se da cuenta de que le falta algo, de que no lo puede conseguir o de que le va mal. Normalmente se utiliza el término *sufrimiento*, que en muchas lenguas hace referencia también al dolor físico. El sufrimiento es el modo específico en que el hombre vive la frustración de sus intentos o deseos, el fracaso de sus empresas, la carencia o privación de un bien, y el mal de las situaciones en que se halla a menudo sin poder salir de ellas. La mayoría de los sufrimientos no tienen que ver con el dolor físico.

Las causas del sufrimiento pueden ser los dolores físicos, las enfermedades, los defectos corporales, la miseria y la pobreza, la relación con los demás, la imposibilidad de trabajar o de relacionarse con los otros, la amenaza de la muerte, la imposibilidad de descubrir el sentido de la vida y muchos más. El motivo del sufrimiento no es solamente el mal individual que afecta a alguien, sino también el sufrimiento y el mal que afligen a otras personas, sobre todo a las más queridas.

Muchas veces el sufrimiento es una especie de «señal» o conocimiento existencial de algo que va mal o de que ha habido alguna equivocación.

En filosofía y en teología se habla de *mal moral* refiriéndose a diversas clases de mal que son consecuencia del mal uso de la libertad. El mal personal es fruto de una mala elección de la persona. El mal moral se diferencia de las formas de mal debidas antes que nada a situaciones objetivas e impersonales incompatibles con la realización del hombre.

El cristianismo denomina mal moral al *pecado*, una palabra con la que se trata de subrayar no sólo el mal moral para con el prójimo, sino también la mala relación del hombre con Dios. Se puede poner también el acento en la relación equivocada con Dios o en que el hombre se encuentra fuera del proyecto de Dios.

La filosofía existencialista habla de *fracaso* «scheitern», según K. Jaspers) cuando el hombre se encuentra cara a cara ante los límites insalvables de la existencia, tales como el mal, el sufrimiento y la muerte. La existencia humana es como un largo viaje que se encamina inevitablemente hacia el naufragio. Este fracasar o fracaso afecta a toda la existencia personal, no tan sólo a los numerosos fracasos concretos e individuales o empresas en que el hombre está implicado. Desde S. Kierkegaard la filosofía existencial ha tratado de subrayar que esta experiencia ofrece la posibilidad de acceder al ser auténtico.

El término *mal* se utiliza en un sentido general y global para indicar todas estas formas de dolor, de límite y de sufrimiento. Dicha palabra no pone el acento en lo que sufre la persona en su contacto con la realidad, sino que emite una especie de juicio sobre esta, al ver que no es lo que debiera ser. Se cree que la realidad –las situaciones y acciones– es objetivamente mala y está equivocada. El mal apunta a una dimensión de bien que debiera existir, pero que no existe y priva al hombre de algo importante para realizar su existencia. Al tener una referencia al bien, el término mal asume distintos significados según la idea de bien que constituya el punto de referencia.

b) *Problema existencial - problema intelectual*

El fracaso y el mal afectan al hombre de dos maneras, como problema existencial y como problema intelectual[2].

Como problema existencial, el mal provoca inevitablemente una determinada actitud en el hombre al margen de que se tenga o no una explicación intelectual. Las tres actitudes más corrientes son el escándalo, la huida y la lucha. A veces se les une el *amor fati*.

En la experiencia vital, el dolor, el sufrimiento y el mal constituyen sobre todo un escándalo, algo que hiere a la persona en su ser más profundo, provocando posturas y sentimientos de desaprobación, rechazo y condena. Ante un niño que pasa hambre, ante la guerra donde mueren muchos inocentes o ante la muerte que rompe una existencia joven llena de promesas, el hombre normal es provocado en sus sentimientos y actitudes, y se enoja y rebela.

Ante el sufrimiento y el mal se suele huir. Se intenta no ver ni pensar en ellos para no ser infelices. Se intenta sobre todo no enfrentarse a ellos. Se pretende tomar distancia de ellos para no tener que pagar el precio personal de la lucha y del combate. Se busca

---

2. Cf. Y. Congar, *Il problema del male*, en J. de Bivort de la Saudée (ed.), *Dio, l'uomo, l'universo*, Torino 1952, 536-580; Y. Labbé, *Le sens et le mal. Théodicée du Samedi Saint*, Paris 1980.

todo tipo de coartadas para crear la ilusión de que se puede evitar esta dimensión de la existencia.

El encuentro con el dolor, el sufrimiento, la muerte y las distintas formas de mal se viven casi siempre como un reto que suscita la lucha y el compromiso humano para superar estas situaciones. La lucha contra el mal en todas sus expresiones y situaciones vitales es y sigue siendo el gran motor de la historia.

Hay también quien soporta el mal y el sufrimiento con una actitud fatalista porque cree que no es posible cambiar nada. El fatalismo puede ser una característica de toda una serie de culturas. Incluso de vez en cuando se encuentra algún filósofo que defiende un fatalismo distinto y en cierto modo trágico, donde la única actitud noble es mirar de frente la realidad, observarla fríamente y con aire de superioridad, descubriendo así la propia autenticidad.

Muchas veces el hombre se encuentra zarandeado entre la lucha contra el mal y el sentimiento de impotencia que invade la existencia.

La experiencia del mal y del sufrimiento es también un problema intelectual que reta a la inteligencia, ávida de conocer las causas, las razones y el significado de esta dimensión de la existencia, que a veces parece contraponerse a la razón y a la racionalidad. El hombre que vive personalmente el dolor, el sufrimiento, el fracaso y el mal en sí mismo o en los demás, querría comprender las presuntas anomalías de la realidad y se pregunta: ¿Por qué pasa todo esto?, ¿para qué sirve?, ¿de dónde viene el fracaso y el mal?, ¿son definitivas e irreversibles todas estas experiencias?, ¿podrá la humanidad superar alguna vez estas situaciones o serán siempre límites insuperables de la existencia humana?

La pretensión de hallar alguna interpretación religiosa o intelectual al problema del dolor, del sufrimiento, del mal, del fracaso y de la muerte es muy antigua. Tiene ya un puesto clave en los mitos de los orígenes de muchos pueblos. Es el problema central de la religión y la filosofía, y también de la literatura y el arte.

¿Por qué la inteligencia está tan empeñada en captar el problema del mal y del sufrimiento? En parte para combatirlo mejor y superarlo. Pero también para superar el mero impulso del sentimiento de rebelión, de aversión, de fuga y desesperación y asumir una postura más constructiva desde el punto de vista humano. Se quiere comprender el mal para racionalizarlo y quitarle mordiente insertándolo en un horizonte de sentido. Todos los seres humanos aceptan el sufrimiento y la dureza de la vida cuando lo ven necesario para conseguir un fin importante.

En este capítulo de la antropología el problema del mal y del sufrimiento plantean sobre todo un reto a la inteligencia. El marco de referencia es el hombre concreto que está permanentemente llamado a vivir su vida con otros en el mundo.

Los diferentes intentos de interpretar racionalmente el mal plantean el problema, no ya referido al sujeto individual, sino a una determinada totalidad a la que pertenece el sujeto. Dos son los grupos de soluciones intelectuales al problema del mal.

Para algunos pensadores el problema del mal es un problema exclusivamente social e histórico. Presuponen que la inteligencia lo puede captar por completo y explicarlo racionalmente. E incluso consideran que con el progreso histórico acabará superándose por completo.

Otro grupo opina que en el fracaso y el mal, y sobre todo en la muerte, se revelan dimensiones metafísicas y trascendentes del hombre. Por eso el problema del mal, incluso como problema intelectual, debe afrontarse sobre todo en el plano metafísico del orden global que reina en el universo.

Hay, finalmente, quienes piensan que el problema del mal y del sufrimiento es un problema con dos dimensiones básicas, una de naturaleza antropológica e histórica y otra de naturaleza metafísica y religiosa. Al mal hay que afrontarlo y combatirlo frontalmente en el plano social e histórico, y también en el plano individual. El interrogante fundamental en todo esto es si, a pesar del fracaso, del sufrimiento, del mal y de la muerte el hombre puede lograr el sentido último de su existencia.

2. *Algunos intentos de racionalizar el mal*

En la historia de la filosofía se han llevado a cabo muchos intentos de racionalizar el problema del mal. Pero tres de ellos son peculiares por su modo de abordar el problema: el modelo de Leibniz, la interpretación marxista del mal y la propuesta de Teilhard de Chardin.

a) *El modelo de Leibniz*

Ya hemos comentado que hablar del mal supone enjuiciar de algún modo la realidad. Esto constituye el hilo conductor de la reflexión de G. Leibniz. Para él, el juicio espontáneo de la gente sobre la gran presencia del mal en el universo es criticable y carece de fundamento. Pues el mal es, en definitiva, algo aparente al vivir en el mejor de los mundos posibles.

Leibniz plantea el problema del mal y del sufrimiento como un problema de la teodicea y de hecho así se le califica todavía hoy. La *Teodicea* de Leibniz se dirige concretamente contra Pierre Bayle (en su libro *Diccionario histórico y crítico*, 1697), que acusaba a Dios de ser la causa del mal, afirmación que no había aparecido ni siquiera en el discurso de Job. Leibniz intenta disculpar a Dios –de aquí viene el término «teodicea»– de la acusación de ser injusto a causa del sufrimiento[3].

El problema de la teodicea se plantea así: ¿Cómo conciliar la existencia del mal con la de un Dios omnipotente e infinitamente bueno que ha creado el universo?, ¿cómo justificar a Dios ante el sufrimiento y el mal?

Leibniz comienza pidiendo una postura crítica ante lo que normalmente se tiene por mal. No todo lo que llamamos mal lo es en realidad. No hay que dejarse llevar por la fantasía, sino por la razón. La fantasía humana elabora una infinita cantidad de posibilidades que no se realizan de ningún modo. Entonces el hombre se siente infeliz y considera un mal su condición humana porque no le permite llevar a la realidad un mundo que es producto de su fantasía.

Según Leibniz hay que distinguir entre mal metafísico, físico y moral[4]. A su juicio, no le parece justo considerar como mal el mal metafísico porque no es sino el límite metafísico propio de todo ser. El hombre no es un ángel y no tiene ni sus propiedades ni su bondad. El hombre es sólo un ser humano y no puede trascender el límite metafísico de su existencia.

---

3. Cf. G. W. Leibniz, *Teodicea*, Bologna 1975; G. Martin, *Leibniz*, Berlin ²1967, 120-127.
4. «El mal se puede entender como metafísico, físico y moral. El *mal metafísico* consiste en la simple imperfección, el *mal físico* en el dolor, y el *mal moral* en el pecado» (*Teodicea*, pár. 21, 170). Para el pensamiento de Spinoza, puede verse Y. Labbé, *Le sens et le mal*, 57-69.

¿Se ha de pensar entonces que estos límites son la raíz del mal? Por supuesto que no, porque Dios –según Leibniz– no ha fijado arbitrariamente los límites de los seres. Lo ha hecho conscientemente, del mejor modo posible, calculando bien todas las posibilidades y los pros y contras de cada una de ellas. En este sentido se puede decir que el orden concreto del universo es el mejor posible. No existe un mal metafísico propiamente dicho, sólo existen límites metafísicos[5]. Si se plantea en el plano del universo creado por Dios, el problema del mal no existe. Lo que existe, en cambio, es una especie de armonía preestablecida ya en el mismo origen del universo, en el que todo tipo de límite y experiencia negativa tiene su papel positivo y armónico. Por consiguiente, el hombre tiene que convencerse de que el mal es prácticamente nada. Solamente es una condición para lograr una aceptable armonía en el mundo.

Leibniz se sirve, pues, de consideraciones metafísicas para dar paso a sus reflexiones antropológicas. El problema del mal ha de resolverse mediante una especie de «conversión» en la forma de pensar. Se debe renunciar a las visiones romas e inmediatas y tratar de ver el problema dentro del universo.

Sin duda Leibniz no ignoraba que el mal también tiene repercusiones dolorosas en la vida psíquica del hombre (problema del sufrimiento), y por supuesto tampoco puede decirse que fuera insensible ante este problema. De hecho, las respuestas por él dadas no son siempre idénticas. Leibniz recurre en ocasiones a la explicación de Agustín de que Dios en ocasiones permite el mal pasa obtener un bien mayor. Las imperfecciones de una parte de la realidad harán que resalte más la grandeza del conjunto. Leibniz insiste en otros momentos en que el mal es un castigo o un medio para alcanzar un objetivo que de otro modo sería inalcanzable[6]. De todos modos y desde un punto de vista subjetivo, el mal es una realidad. Pero de eso no se puede deducir que el mundo sea malo. Al contrario, es preciso considerar que este mundo es el mejor posible.

Para Leibniz existe el mal moral, es decir, el abuso de la libertad por parte del hombre. Se trata de un mal que Dios tolera para salvaguardar ese bien mayor que es la libertad. La posibilidad de cometer el mal moral es inseparable de la libertad moral[7]. El abuso

---

5. Cf. *ibid.*, pár. 20, 169-170; pár. 9, 160-161.
6. Cf. *ibid.*, pár. 23, 171-172.
7. «Dios, en efecto, habiendo encontrado entre las cosas posibles, antes de sus *decretos* actuales, al hombre que abusa de su libertad, consiguiendo con ello su

de la libertad no hay que atribuirlo a Dios, sino a la persona humana que la utiliza incorrectamente[8].

Leibniz no niega, pues, la existencia del mal en sus diversas formas. Pero intenta demostrar que tiene una realidad más aparente que profunda. Lo importante es no mirar sólo o sobre todo los males y el sufrimiento, y mucho menos exagerarlos, mientras se es ciego ante el bien que existe en el mundo y que es posible sacarlo incluso de las situaciones malas[9].

El juicio sobre la amplia presencia del mal en el universo y particularmente en la existencia humana se debe, según Leibniz, a la escasa penetración intelectual en el orden del universo. Al no lograr descubrir personalmente el orden existente, se pasa fácilmente a un juicio metafísico sobre el desorden en el universo. Pero si se conociera mejor el nexo que hay entre las cosas, sus condicionamientos y sus límites insuperables, habría que concluir que todo es profundamente bueno. Por consiguiente, la situación del hombre ante el mal es en cierto modo como la de un niño que ha de tomar una medicina amarga y que se niega a tomarla porque no se da cuenta de que es algo que le hará bien[10].

Esta breve exposición, a grandes rasgos, de la visión de Leibniz nos permite ver sus principales fallos. Las observaciones críticas no son nuevas pero sí frecuentes en la historia del pensamiento. Y, más que con Leibniz, tienen que ver con esta forma peculiar de racionalizar el problema del mal.

Lo primero que hay que preguntarse es si la insistencia en el mal como límite metafísico y como privación de perfecciones metafísicas no corre el riesgo de desviar la atención y de enmascarar el auténtico problema del mal. Es indudable que el hombre es solamente un ser humano. Y también que los límites están ahí y son reales. Es verdad que no hay por qué crearse un mundo demasiado imaginario que luego contrasta cruelmente con la realidad y hace a la gente infeliz. Pero, aun estando de acuerdo con estas y otras con-

---

miseria, no pudo evitar admitirlo a la existencia porque el mejor de los proyectos generales así lo exigía»: *ibid.*, pár. 265, 346.

8. Cf. *ibid.*, pár. 27-30, p. 173-176: Leibniz tiende a reducir el mal moral al mal físico: «Conviene considerar aún que el mal moral es un mal tan grande sólo porque es una fuente de males físicos que se encuentra en una de las criaturas más poderosas y capaces de cometerlos» (pár. 26, 173).

9. Cf. *ibid.*, pár. 134, 250-251; pár. 15, 164-165.

10. Cf. *ibid.*, *Discorso preliminare*, pár. 33-35, 118-119.

sideraciones similares, hay que reconocer que el auténtico problema del mal es otro, a saber, el problema del bloqueo y la frustración de una serie de posibilidades humanas concretas a la hora de realizarse. Esta frustración es una experiencia humana muy dura.

Además, muchos pensadores han visto cierto riesgo en insistir unilateralmente en el orden del universo, donde hay que considerar a todos los males como elementos de armonía. No cabe duda de que existen algunas formas de mal físico, psíquico y moral que pueden ser recuperados parcialmente por la humanidad histórica y no se puede negar que el sufrimiento ha contribuido también a la búsqueda de una convivencia más justa y humana. Las antropologías de orientación evolucionista son muy sensibles a este tipo de consideraciones. Pero estas tienen un riesgo, a saber, que desde el momento en que la posible recuperación del mal y del sufrimiento ya no se ven como un reto a la libertad del hombre, sino como una estructura impersonal, absoluta y trascendente que tiene lugar sin que el hombre lo sepa y quizás incluso contra su voluntad, se imponen entonces la pasividad y el fatalismo. Pero si, de todos modos, el mal tiene un papel positivo que no llego a entender personalmente, ¿por qué empeñarse en combatirlo? Si todo acontece según la mejor de las razones, ¿cómo puedo justificar seguir otra razón, la razón de mi libertad que rechaza el sufrimiento y el mal que existen realmente en el mundo? Más concretamente, ¿quién se atrevería a decir que el hambre que se padece en gran parte del mundo es para mayor bien de la gente que vive allí o para mayor bien de la humanidad?

El alcance del mal también se infravalora cuando se traslada directamente a la Providencia divina la responsabilidad de las situaciones y de los acontecimientos, que legitimaría así todas las circunstancias negativas que se dan en el mundo.

En esta concepción demasiado optimista no se reconocen suficientemente las dimensiones cosmológicas y sociales del mal. Antes de ver el mal como un problema que afecta a Dios, es preciso verlo y analizarlo en el hombre.

b) *El mal como fenómeno meramente histórico*

La interpretación marxista del mal ha ocupado durante decenios el centro de la atención y ha suscitado innumerables discusiones y debates. El desmoronamiento actual de esta ideología y la constatación de su inconsistencia para resolver los problemas del hombre no justifica en absoluto que la olvidemos. De hecho nos permite ver el papel de la tendencia naturalista y materialista en la interpretación del mal.

La lectura marxista del mal en la historia y en la humanidad tiene innumerables variantes. Por eso, y para hablar con precisión, nos limitaremos a la interpretación de M. Verret[11].

Este autor comienza rechazando radicalmente todo recurso a la trascendencia –metafísica y religiosa– a la hora de afrontar el problema del mal. Para él, plantear el problema del mal en el escenario de lo absoluto significa sacralizarlo, justificarlo y declarar insoluble e intocable la realidad del mal. Supone, pues, en el fondo eliminar la posibilidad de comprometerse a fondo en la lucha contra el mal. Y, sin embargo, es preciso enfrentarse al mal en el plano histórico. La historia es el único horizonte donde el mal se puede comprender y superar[12].

Según M. Verret, el marxismo ofrece una explicación exhaustiva del mal, que incluye además su superación práctica e histórica. La clave hay que buscarla en la teoría general del movimiento dialéctico de la materia. El mal, a nivel humano, no es más que una forma particular de la negación y contradicción peculiares de la dialéctica. El movimiento evolutivo de la materia hacia sus expresiones más altas en la historia humana sólo puede existir como movimiento creando la negación y la contradicción, es decir, el mal[13]. Por eso el mal está universalmente presente en la naturaleza como motor de la evolución material en su ascensión a niveles más perfectos; es el espíritu de la materia[14].

Con esto queda dicho igualmente que en la naturaleza toda forma de mal es funcional. M. Verret recuerda que Marx decía que la naturaleza nunca plantea problemas sin esbozar a la vez su solución. Por eso hay que decir que el mal, aunque surja inevitablemente en la evolución dialéctica, nunca tiene una dimensión absoluta y permanente. Todo mal es provisional y relativo. Si lo genera

---

11. Cf. M. Verret, *L'ateismo moderno*, Roma 1965, 151-162.
12. Cf. *ibid.*, 152.
13. «El movimiento nace de la contradicción, y la contradicción de la negación, o sea, del mal», *ibid.*, 152.
14. Cf. *ibid.*, 151.

la naturaleza, ella misma se encarga de generar también las fuerzas capaces de superarlo[15].

Por consiguiente, a nivel humano el mal no goza de ninguna situación privilegiada: «Así pues, la naturaleza nos ha reconocido algunos derechos particulares a la existencia, pero por el duro juego de la selección y de la lucha. En el mal y por medio del mal. Sin que el hombre pueda tener ningún privilegio en este sentido»[16].

Digamos, brevemente, que el mal es el camino necesario en el acceso de la humanidad a la libertad:

> Los infinitos sufrimientos de las masas oprimidas en el pasado no tenían más justificación que la *necesidad* del desarrollo histórico, en la medida en que estaba determinado por unos sistemas de producción que implicaban la explotación del hombre por el hombre. Este desarrollo se lleva a cabo, según Marx, «como un proceso de historia natural» ni más ni menos justificable que la transformación de la corteza terrestre[17].

En este momento, según M. Verret, la humanidad histórica vislumbra la aurora de una victoria cada vez mayor sobre el mal, incluso sobre las formas de mal que hasta ahora parecían insuperables. Lo importante es, pues, empezar a actuar, comprometerse y unirse en la lucha contra el mal. El mismo proletariado, expresión máxima del mal producido por la historia, es el factor que más está contribuyendo a superarlo.

M. Verret insiste además en que el marxismo resuelve el mal agarrándose a las mismas causas que lo han generado, a las causas económicas y a las estructuras sociales. La religión quería combatir el mal cambiando al hombre. El marxismo cambia al hombre cambiando las estructuras y así elimina el mal. Los hechos demuestran el acierto de esta solución práctica.

> El socialismo ataca las cosas que son la fuente objetiva del mal, y de la mejora de las circunstancias surge un hombre mejor. Se han predicado millones de sermones, pero no han podido con la prostitución que sigue ahí. Sin tantos discursos inútiles, el socialismo logra abolir la miseria, la desigualdad del hombre y la mujer, y el reino del dinero; y sólo entonces la prostitución desaparece. La guerra

---

15. Cf. *ibid.*, 152.
16. *Ibid.*, 154.
17. M. Verret, *Le marxisme et la religion*, Paris ²1961, apéndice, 274.

ha resistido hasta ahora a todos los dioses y a todas las Iglesias. El socialismo ataca la propiedad privada. Suprime los intereses económicos que conducen a la guerra. Y vemos ya la aurora de la paz universal. Es una técnica sencilla: para suprimir el pecado, eliminar la manzana. O mejor, cómersela[18].

¿Cree entonces M. Verret en una sociedad futura sin fracaso ni mal? Como la mayoría de los pensadores marxistas de la segunda mitad del siglo XX, está convencido de que no es creíble un paraíso en la tierra. La abolición de la propiedad privada, de las clases sociales y de todos los privilegios que existen en la sociedad no acabará con el mal ni en la sociedad ni en la historia. Al mal capitalista le sucederán otras formas de mal. Pero serán formas de mal «humanizado», o sea, formas de conflicto y contraste que se irán superando a medida que aparezcan.

Con el socialismo, se desplaza e interioriza la contradicción fundamental de la historia. Deja de enfrentar a los hombres para enfrentarlos exclusivamente a la naturaleza. La violencia deja de ser el motor de la historia y le sucede la conciencia. La lucha de clases es sustituida por la crítica y la autocrítica conscientes de las experiencias e ideas sociales obsoletas en beneficio de las ideas y experiencias nuevas. La historia se hace realmente humana. Si el mal renuncia a las armas, la lucha contra él puede adoptar también una forma pacífica[19].

Con la ciencia y la praxis la sociedad socialista no sólo tendrá los medios concretos para descubrir y resolver las contradicciones sociales «antes de que asuman la forma desesperada y peligrosa del antagonismo»[20], sino que además sabrá prevenir las formas más crueles del mal social.

No es difícil constatar que la interpretación marxista del problema del mal es una mera aplicación de la antropología marxista y de la interpretación determinista de la historia. En los capítulos tercero y sexto ya formulamos una crítica fundamental a este respecto[21].

---

18. M. Verret, *L'ateismo moderno*, 162.
19. *Ibid.*, 160-161.
20. *Ibid.*, 161.
21. Cf. J. Luijpen, *Phenomenology and Atheism*, Pittsburgh-Louvain 1964, 133-160; G. Cottier, *Ateismo e marxismo V. Discussione*, en G. Girardi (ed.), *L'ateismo contemporaneo* II, Torino 1968, 235-237.

c) *La explicación del mal desde una perspectiva evolucionista*

Las interpretaciones evolucionistas del problema del mal pretenden superar el enfoque heredado del racionalismo y comprender racionalmente el mal en el marco de la totalidad de la materia evolutiva. No se trata de analizar las numerosas variantes del evolucionismo que se encuadran claramente en el materialismo y que por ello ya hemos criticado. Nos limitaremos a estudiar la interpretación del mal de Teilhard de Chardin, que al menos en principio se sitúa dentro de una visión personalista del hombre[22].

> Como para casi todos los pensadores evolucionistas, también Teilhard piensa que se puede comprender la recuperación del mal en el universo y en la humanidad mediante la idea de «evolución». Esta idea es inseparable de una estructura de lucha y de conflicto, esto es, de una dialéctica que elimina al débil, lo que no es vital, lo que no tiene porvenir, y al mismo tiempo asegura la afirmación de lo mejor, más robusto y vital. En el propio nivel biológico esta estructura funciona ya perfectamente: el mal –la enfermedad, la debilidad, los defectos físicos, la inadaptación y el sufrimiento– queda perfectamente integrado en la estructura ascendente de la evolución[23].

Este mismo esquema se verificaría también en una escala superior de la existencia humana. No sólo permanecen todas las dimensiones de lucha que caracterizan al nivel biológico y que constituyen la afirmación de una raza sana; por encima de él, o sea, en el nivel del dominio de la naturaleza y de la convivencia social, esos mismos contrastes y esas luchas inevitables son el motor del progreso social y cultural de la humanidad. Hay que conquistar cada progreso tras una dura lucha, después de haberlo intentado muchas veces y de haber fracasado otras tantas[24]. La propia experiencia del mal y de las situaciones indignas del hombre constituye un

---

22. Para el pensamiento de Teilhard sobre el sufrimiento y el mal, cf. G. Crespy, *Il pensiero teologico di Teilhard de Chardin*, Torino 1963, 115-142; H. de Lubac, *Il pensiero religioso del padre Teilhard de Chardin*, Brescia 1965, 53-69; P. Smulders, *La visione de Teilhard de Chardin*, Torino 1965, 190-201.
23. Cf. P. Teilhard de Chardin, *La signification et la valeur constructrice de la souffrance*, en *Oeuvres* VI, 59-66. En la página 63 se lee: «El mundo, a nivel experimental, a nuestro nivel, es un inmenso intento, una inmensa investigación, un inmenso ataque: sus progresos sólo pueden lograrse tras muchos fracasos y heridas».
24. Cf. P. Teilhard de Chardin, *Comment je vois*, n. 30 (version cast.: *Yo me explico*, Madrid 1969); Id., *Le phénomène humain. Quelques remarques sur la place*

desafío permanente que provoca al hombre y lo incita a superarse. De sus males y sufrimientos, que varían en cada etapa de la evolución, el hombre deduce cuál es el mejor camino. El mundo es un inmenso campo de batalla, un vía crucis sin fin, pero de ahí es de donde surge poco a poco el progreso. La existencia humana no es ni mucho menos un idilio. El desorden y el fracaso, la descomposición, la soledad y la angustia no son sino un mal propio del crecimiento que la caracterizan según distintas formas. Si alguien conociera la tasa de sufrimiento y de lucha que hay que pagar para progresar, habría penetrado el misterio del universo[25].

Por consiguiente, el mal es para Teilhard de Chardin un subproducto inevitable de la evolución que brota necesariamente de la ley de la evolución, es decir de una multiplicidad que camina progresivamente mediante un número incalculable de choques y contrastes, hacia la unidad y la armonía. El mal es el tributo a pagar en cada uno de los niveles para lograr la complejidad cada vez mayor y la unidad. El mismo Dios sólo puede crear el mundo de este modo:

> Para crear, Dios sólo puede proceder *de una sola manera*, componiendo, unificando poco a poco bajo su influjo atractivo, utilizando el juego de los grandes números, una multitud inmensa de elementos, primero en número infinito, extremadamente simples y apenas conscientes, luego cada vez más raros y complejos, y finalmente dotados de reflexión. Ahora bien, ¿cuál es la contrapartida inevitable del éxito que se consigue con un proceso como éste, sino tener que pagar cierta proporción de mermas? Desarmonías o descomposiciones físicas en lo previviente, sufrimientos en lo viviente, pecado en el ámbito de la libertad, no hay *orden en formación* que no implique *desorden* en todos los grados... En sí, lo múltiple puro y no organizado no es malo; pero por el hecho de ser múltiple, es decir, por estar esencialmente sometido al juego de las oportunidades en sus acomodamientos, no puede progresar en absoluto hacia la unidad sin general –por poco libre que sea– el mal aquí o allá, *por necesidad estadística*[26].

du Mal dans un monde en évolution, en *Oeuvres* I, 347 (versión cast.: *El fenómeno humano*, Barcelona ²1985): «Dije que universo que se repliega, universo que se interioriza: pero en el mismo movimiento, universo que pena, universo que peca, universo que sufre [...]. Organización y concentración: doble operación conjunta, parecida a la ascensión de una cumbre o a la conquista del aire, no puede llevarse a cabo objetivamente si no se paga suficientemente, por razones y según una tasa que, si pudiéramos conocerlas, penetraríamos el secreto del mundo que nos rodea».
25. *Ibid.*, 345-348.
26. P. Teilhard de Chardin, *Comment je vois*, n. 30.

En consecuencia, el problema tradicional de la teodicea, es decir, la conciliación del mal con la existencia de un Dios bueno y todopoderoso, puede considerarse inexistente. El problema sólo existiría desde la perspectiva de un mundo estático, que ha salido ya perfecto y acabado de las manos del Creador. Por eso es lógico que se pregunte Teilhard lo siguiente: «En el marco de nuestras perspectivas modernas de un mundo en estado de *cosmogénesis*..., ¿cómo es posible que tantos buenos espíritus se obstinen en no ver, intelectualmente hablando, sino que el famoso problema *ya no existe*?[27]».

Sin embargo, el optimismo de Teilhard ante el problema del mal va unido, al menos genéricamente, a la afirmación de la inmortalidad del alma. Sin la inmortalidad personal la evolución no sería en absoluto una recuperación del mal. Al contrario, sería absurda porque la muerte sería el fracaso radical de todo el proceso evolutivo[28]. No es superfluo añadir que tras esta visión de Teilhard está también la idea de la salvación por Cristo que unifica el movimiento evolutivo del cosmos y de la humanidad. En este contexto, el hombre se ve urgido a salir de sí mismo para conducir a la humanidad a la salvación religiosa[29]. De esta forma, el mal es recuperado cristianamente para que la humanidad avance hacia la parusía y hacia la consumación en Cristo de toda la evolución.

La interpretación del mal que hace Teilhard no conduce al fatalismo. Impulsado por una confianza radical en la posibilidad del éxito, el hombre es invitado constantemente al compromiso. Más que la reflexión intelectual, lo que realmente importa es la praxis que se sumerge en la multiplicidad para combatir el mal y crear cada vez más unidad. Las enfermedades, sufrimientos, fatigas, luchas, conflictos y derrotas se pueden recuperar en cuanto que el hombre puede darle a todo un sentido positivo que promueva la ascensión de la humanidad.

El intento de insertar el mal en un contexto general de desarrollo positivo, considerándolo como un subproducto o un desecho, no puede satisfacer a la reflexión humana. Los grandes comentaristas de

---

27. *Ibid.*
28. Cf. P. Teilhard de Chardin, *L'énergie humaine*, en *Oeuvres* VI, 175-176 (versión cast.: *La energía humana*, Madrid 1967).
29. Cf. Id., *La signification et la valeur constructrice de la souffrance*, en *Oeuvres* VI, 65.

Teilhard han insistido en el peligro de minusvalorar el mal moral y de no distinguirlo suficientemente del mal físico y cósmico. Analizado desde los esquemas biológicos y evolutivos, el mal moral se convierte a su vez en un «tributo» inevitable, relevante estadísticamente, que la evolución ascendente de la humanidad no tiene más remedio que pagar. Con ello, el hombre corre el riesgo de convertirse en un «medio» y en una «función» en el devenir de un todo impersonal[30].

El verdadero rostro del mal queda camuflado bajo este disfraz. Pero el mal moral es fruto de la libertad y, por tanto, de una dimensión humana que no se reduce ni comprende en referencia a los esquemas biológicos. Tampoco es posible negar que los males morales se puedan recuperar de algún modo, en la medida en que estimulan a la humanidad a superarse. Pero sugerir que la injusticia sufrida por los inocentes, el abuso de la libertad o la inmensidad de los males morales son de algún modo etapas necesarias en el reconocimiento del otro, igual que las luchas entre los individuos y la especie lo son a nivel biológico para que avance la evolución, parece una afirmación que choca profundamente con el sentido de responsabilidad del hombre. Se olvida que el auténtico mal moral brota del núcleo más profundo y personal del hombre, que no está determinado por las leyes de la materia ni de la cantidad[31].

3. *Precariedad de las respuestas meramente intelectuales*

La reflexión filosófica sobre la presencia del fracaso y del mal en la existencia, por crítica y profunda que sea, no aclara completamente el problema. Por ahora no existen respuestas completas. Tampoco parece que la impotencia de la razón sea algo provisional que pueda superarse con el progreso. A pesar de

---

30. Cf. P. Smulders, *La visione di Teilhard de Chardin*, 194-195.
31. Cf. Cl. Tresmontant, *Introduction à la pensée de Teilhard de Chardin*, Paris 1956, 117s: «Hay en el mal humano un *resto* que no se explica por la multiplicidad ni por la temporalidad de la génesis. La perversidad de los verdugos de los campos de concentración no se explica por lo múltiple... Teilhard no distingue suficientemente, al parecer, entre el mal físico que se explica naturalmente por el carácter inacabado de la creación y el mal fruto del pecado del hombre...; no se fija en el nivel existencial del fenómeno humano, en la interioridad y en el problema de la libertad. Los cristianos, igual que los marxistas, tendrán derecho a reprocharle que no ha tenido para nada en cuenta la perversidad, ni la injusticia, ni la alienación del hombre por el hombre».

ello, la filosofía ofrece una aportación importante al concretar más críticamente los términos del problema y al delimitar mejor su misterio inaprehensible.

a) *Observaciones previas*

El problema del mal como problema intelectual que desafía a la razón explicativa, está continuamente expuesto a dos peligros, como H. Bergson ha subrayado acertadamente.

En primer lugar, la fantasía exagera enormemente la cantidad y la calidad de los sufrimientos y males que rodean la existencia. Hay personas que inflan morbosamente sus pequeños sufrimientos cotidianos hasta convertirlos en sufrimientos imponentes. Otras se dejan guiar por la fantasía para crear un mundo de ensueño, para luego sentirse infelices porque no pueden conseguirlo. Todo esto desenfoca profundamente la perspectiva del problema. Por eso es preciso partir de una descripción lo más realista y exacta posible de las dimensiones reales del sufrimiento y del mal[32].

Pero, además, se tiende a proyectar todo el problema sobre la trascendencia y a interpretarlo deductivamente. Mucha gente hace el siguiente recorrido: la fantasía crea un mundo abstracto de bondad (por ejemplo, la bondad excluye todos los aspectos duros, dolorosos y negativos); luego proyecta esta idea de bondad sobre Dios (afirmando, por ejemplo, que es infinitamente bueno); y finalmente se deduce qué tipo de características y estructuras debe tener el mundo para poder decir que es bueno (por ejemplo, que no haya hambre, ni dolor, ni sufrimiento, ni escasez o carencia de bienes, ni muerte). Por último, al confrontar el mundo real con el imaginario, se concluye que aquel es radicalmente malo y errado. Incluso hay quien va más allá y concluye que Dios no existe[33].

---

32. Cf. H. Bergson, *Le due fonti della morale e della religione*, Milano 1973, 221s. (versión cast.: *Las dos fuentes de la moral y de la religión*, Madrid 1996): «En el propio hombre, ¿no se debe muchas veces el sufrimiento físico a la imprudencia y a la falta de atención, a los gustos refinados o a las necesidades artificiales? En cuanto al sufrimiento moral, también se debe muchas veces a nuestra culpa, y en todo caso no sería tan agudo si no hubiéramos sobreexcitado nuestra sensibilidad hasta hacerla mórbida; nuestro dolor se ve infinitamente prolongado y multiplicado a fuerza de reflexionar sobre él».

33. La existencia del sufrimiento y del mal es una de las raíces clásicas del ateísmo.

No se trata, por supuesto, de negar que el problema del mal tiene también un componente trascendente. Pero el proceso deductivo que se aplica es equivocado. Porque antes de todo razonamiento deductivo y teológico es preciso plantear el problema a nivel antropológico. Desde el hombre es desde donde hay que estudiar el alcance y la estructura del bien y del mal. Esta aproximación crítica a nivel antropológico es indispensable para conocer los términos reales del problema. Y a este nivel pueden aclararse ya muchos conceptos, aun respetando el núcleo inaprehensible que remite a la dimensión trascendente.

En torno a estas dificultades se pueden hacer dos observaciones importantes. Ante todo, está la profunda convicción de que, a pesar de los muchos fracasos y males, la existencia en cuanto tal se presenta como buena y permite esperar por encima de las experiencias negativas del presente. Por eso el hombre sigue agarrado a su vida a pesar de todos los sufrimientos y males que le afligen.

Pero en todos los tiempos se constata, además, un hecho significativo, y es que hay muchos hombres y mujeres que no dudan en afrontar sufrimientos, males y fracasos con tal de hacer el bien a los demás. Tras esta actitud existencial se esconde una fe básica en las posibilidades de lograr una vida humana a pesar de todos los males que hay en ella. Al menos se afirma con los hechos que la experiencia y la realidad del mal no son radicalmente absurdos. A los fracasos y al mal se les puede hasta cierto punto combatir, recuperar e integrar en la realización del hombre. Y ello tanto a nivel individual como social.

El problema filosófico que se plantea es si esta actitud positiva ante una existencia donde el mal y el sufrimiento ocupan un espacio importante, encuentra un fundamento en la interpretación intelectual –filosófica– de la realidad o si se trata, en definitiva, de una actitud de fe religiosa que remite a la existencia de un Dios creador.

b) *Una interpretación más realista del hombre*

Existe un fondo de verdad en la observación de Leibniz y de los evolucionistas cuando insisten en que hay que contemplar el sufrimiento y el mal en el contexto global de la realidad.

En efecto, en la existencia concreta del hombre se dan muchas posibilidades de fracaso, de sufrimiento y de mal tanto por su estructura como por su constitución, que sólo se pueden eludir huyendo a un mundo de ensueño y fantasía.

Afrontar de forma realista el problema del sufrimiento, del fracaso y de la muerte significa ante todo reconocer la estructura corpórea y terrena del hombre. La estructura biológica del cuerpo es enormemente compleja y vulnerable. Enfermedades, malformaciones, disfunciones, malestares y muerte inexorable forman parte de ella. Cabe imaginar un ser humano que no esté expuesto a todas estas cosas, pero no sería un ser humano como nosotros.

Por otro lado, el mundo de la naturaleza es el que es. Un mundo concreto donde llueve y hay sequía, donde existen polos y ecuador, cataclismos y fuerzas incontrolables. El hombre corpóreo está inevitablemente expuesto a estos fenómenos naturales. Desde que la tierra es tierra siempre ha sido así y así será mientras haya hombres en este planeta. Cierto que estas condiciones resulta posible modificarlas de algún modo y lograr que sea menos radical el impacto de tales fenómenos en la vida de cada uno. Pero solamente mediante un gigantesco esfuerzo de civilización.

La estructura temporal de la existencia es también fuente de muchos aspectos negativos. Tener que vivir la vida en el tiempo obliga al hombre a prever y proyectar, y por tanto, a correr necesariamente el riesgo de ilusionarse y desilusionarse. Pero si un hombre ya no puede esperar nada, ni proyectar nada, ni correr ningún riesgo, ni exponerse a ningún fracaso, ¿es acaso un hombre auténtico y real? Para remediar esta debilidad habría que destruir al hombre, la grandeza de su amor y de su fidelidad, su creatividad que se impone a las fuerzas contrarias de la naturaleza y de la historia. En el fondo, equivaldría a negar toda cultura, que depende de la posibilidad de proyectar y cambiar el mundo.

La coexistencia con los demás produce mucha alegría y también mucho sufrimiento. Pero el hombre que quisiera aislarse radicalmente de los demás destruiría *ipso facto* su existencia. Participar en los gozos y dolores, en los anhelos y esperanzas constituye la urdimbre ineludible de nuestra existencia.

De la coexistencia se deriva la variedad de puntos de vista sobre los problemas de la vida. La inevitable división del bien que de ahí se sigue enfrenta muchas veces a los hombres. ¡Cuántos pueblos han combatido duramente entre sí creyendo todos ellos que estaban luchando por una causa justa! La atomización y multiplicidad de los puntos de vista y de las interpretaciones del bien seguirán siendo una fuente permanente de sufrimientos, conflictos y fracasos. Es indudable que cabe más unificación, pero la humanidad no puede superar la estructura de la multiplicidad y del pluralismo[34].

El encuentro de muchas libertades en el mundo permite también que se abuse de la libertad a costa de los demás. Se puede escuchar o no la llamada del otro. Se le puede negar y suprimir, se le puede tratar como si fuera una cosa. Se puede ser injusto con los inocentes y destruir lo que otros han construido a base de mucho trabajo. Parece que estos aspectos negativos no pueden separarse de las dimensiones positivas de la libertad. La libertad que se rechaza es, en el fondo, la misma que está en disposición de hacer que progrese la civilización humana hacia unas situaciones que aseguren a un gran número de gente la posibilidad de vivir más humanamente.

El mundo de la cultura y de las estructuras integra también la condición del hombre real y concreto. El hecho de que todo hombre haya de partir necesariamente de ciertas estructuras para ser adulto y libre, conlleva que se halle también concretamente inserto en un mundo donde existen muchas y muy distintas clases de injusticia y opresión. Las estructuras en las que se vive exponen al hombre a actuar según la lógica del sistema y, por tanto, a participar en las injusticias y abusos de la libertad.

Constatar que se abusa realmente de la libertad del hombre es ser realistas a la hora de enjuiciar la existencia humana. Es indudable que existen el mal moral y el pecado. No se puede neutralizar ni convertir en inofensiva esta enorme experiencia del abuso de la libertad, interpretándolo todo como «imperfecciones inevitables» de un mundo en evolución. Ante ciertos brotes de antihumanismo, que renacen una y otra vez en el curso de la historia, hablar de imperfecciones evolutivas es cuando menos algo simple e ingenuo. Basta pensar en la esclavitud, en el racismo, en el exterminio de millones de judíos, en las guerras sangrientas o en la polución atmosférica. La historia de la civilización humana se caracteriza también constantemente por algunos rasgos de rechazo culpable ante la llamada del otro.

---

34. Cf. E. Borne, *Le problème du mal*, Paris ³1963, 21-25.

Mientras el mundo humano es constitutivamente una llamada al reconocimiento del otro, existe al mismo tiempo una enorme cantidad de rechazos y una impotencia patológica para reconocer al otro sin condiciones. Se pueden crear estructuras donde sea cada vez más difícil abusar de la libertad. Pero no las hay que sean capaces de evitar tal cosa por completo.

Todo esto lleva a ser realistas a la hora de enjuiciar la existencia humana. Es difícil poner entre paréntesis estos aspectos de fracaso, sufrimiento y mal. Toda la lucha contra el fracaso y el mal acontece en el marco de esta estructura de la existencia humana. Hay muchas cosas que se pueden mejorar. Las estructuras sociales se pueden mejorar. La educación puede contribuir a crear un mundo mejor. Las fronteras del dominio sobre las fuerzas de la naturaleza se trasponen día tras día. Pero sólo gracias a una lucha continua contra los factores del mal que están presentes en la existencia.

c) *Insuficiencia de las explicaciones puramente racionales*

El límite insuperable de cualquier explicación racional o histórica para resolver el problema del mal consiste en que estudia el problema a la luz de la totalidad y de la universalidad. Como ya hemos visto, esta totalidad se define, según los casos, como orden metafísico del universo, como materia evolutiva y dialéctica, como historia dialéctica o como técnica que se está consolidando. Para Leibniz el mal es aparente, porque si se le ve desde la totalidad, todo se encuentra radicalmente en su sitio. Para Hegel y el marxismo los males históricos y la conciencia infeliz son etapas obligatorias en la realización de una totalidad perfecta –espíritu universal, reino de la libertad, historia auténtica–. En una visión estética de la realidad, los males y los sufrimientos hacen que resalten más los bienes, las victorias o las virtudes.

Pero si el problema del mal se ve exclusivamente desde el escenario universal –racional, científico, historia universal– se falsifica básicamente. El problema del mal radica esencialmente en que el ser humano individual se ve obstaculizado y bloqueado, en su unicidad irrepetible, a la hora de realizarse. Existe un misterio personal del mal, porque aunque el ser humano pertenece a diversas formas de totalidad, no se puede reducir a una totalidad cualquiera. A pesar de sus relaciones esenciales con los demás, su destino es también y esencialmente un destino personal, es decir, un destino inalienable que no se puede confundir con las soluciones de la totalidad. La llamada a la realización de la existencia humana no es mera ni primariamente colectiva. Es una llamada que se dirige a personas individuales que deben realizarse con otras en el mundo. En muchos aspectos, la experiencia trágica del mal se debe a la distancia insuperable entre lo que parece «bueno» en el marco de la totalidad, pero que parece impedir radicalmente la realización de algunas personas.

Pongamos un ejemplo muy sencillo. Se puede decir que un problema fisiológico o mental es perfectamente «normal» en el conjunto del mundo biológico entendido como conforme con la bondad de este mundo. Pero esto tiene poco que ver con el individuo que tiene que realizarse en estas circunstancias concretas. ¿Por qué le toca a este y no a otro?

Los marxistas han dicho también que el empobrecimiento de las masas y los conflictos sociales son etapas inevitables en la destrucción del Moloch del capitalismo. Pero con decir estas cosas no se elimina el sufrimiento de las familias ni de los individuos que pasan hambre y miseria, que carecen de instrucción y de horizontes. Comenta E. Borne que «los sufrimientos pueden servir como vías y medios para el advenimiento de la totalidad, pero no los hombres que sufren»[35].

La ciencia, la tecnología y las teorías evolucionistas pueden ayudar a situar muchos aspectos del mal y aportar remedios concretos. No pueden pretender eliminar racionalmente el problema del mal a menos que nieguen a la vez el puesto inconfundible y único de cada persona, reduciendo a todos a puros individuos, es decir, a entidades que se pueden intercambiar en la realización de la totalidad.

Por tanto, al hablar del mal y del sufrimiento hay que plantear también el problema en relación con la persona individual. Es preciso encontrar una salida a la pregunta de si el mal, que bloquea el desarrollo y la realización de la persona, puede dar sentido a la existencia. ¿Hay esperanza donde la existencia individual falla miserablemente, o está inexorablemente implicada en el sufrimiento absurdo?

---

35. *Ibid.*, 81.

El carácter no plenamente racional del mal ya se ha advertido desde los inicios de la humanidad. P. Ricoeur ha dedicado un estudio muy importante a analizar los símbolos y los mitos del mal[36]. El lenguaje mítico y simbólico expresa las dimensiones básicas de la existencia que no se pueden racionalizar por completo. El símbolo primario del mal es la mancha que exige purificación. No se trata de una contaminación existente en el ambiente, sino de un símbolo que evoca la inaprehensible realidad del mal. La historia de la humanidad nos muestra que han tenido que pasar muchos años para poder distinguir claramente entre la verdadera culpa moral y la contaminación ambiental. El lenguaje se va purificando poco a poco. Se introduce una distinción más neta entre el mal moral y los males físicos o psicológicos, aunque se afirma el nexo existente entre ambas realidades. El mal moral se expresa mediante un universo de símbolos: vanidad, ruptura, error... El pecado se concibe como una realidad objetiva, no plenamente sometida a la libertad del hombre. El hombre vive en un mundo dominado por el pecado, lo que se refleja en múltiples formas de esclavitud y alienación. El mal del pecado exige también una liberación que viene de Dios.

Los mitos de los diversos pueblos insertan estos símbolos del mal en relatos primitivos que lo sitúan en el origen del hombre para subrayar una presencia fundamental y permanente. Según P. Ricoeur el mito de Adán ocupa un puesto privilegiado.

No podemos analizar aquí estos mitos. Pero su análisis revela la permanencia de una experiencia humana que ve en el mal y en el fracaso los límites del hombre. Y también revela que se remite al problema de la trascendencia. El filósofo K. Jaspers (1883-1969) habla a este respecto de una «cifra de la trascendencia»[37].

d) *Situaciones límite*

La condición humana se caracteriza también por algunas situaciones límite muy profundas, que nadie superará jamás, como el

---

36. Cf. P. Ricoeur, *Finitud y culpabilidad*, Madrid 1969; Id., *Le mal. Un défi à la philosophie et à la théologie*, Genève 1987.
37. K. Jaspers, *Filosofia*, Torino 1978, 1181-1182.

sufrimiento, la lucha, la culpa y la muerte. K. Jaspers las denomina *Grenzsituationen* (situaciones límite)[38].

> Situaciones como la de tener que estar siempre en situación, no poder vivir jamás sin lucha ni dolor, deber asumir inevitablemente la propia culpa o tener que morir, son situaciones límite. No *cambian en sí mismas*, sólo en su forma de presentarse. Son definitivas respecto de nuestro estar ahí. *Se escapan a nuestra comprensión*, como también se escapa a nuestro estar ahí lo que las trasciende. Son un muro contra el que chocamos y en el que naufragamos. No podemos cambiarlas lo más mínimo y debemos limitarnos a considerarlas con suma claridad, sin que las podamos explicar o justificar por algo. Subsisten con el propio estar ahí[39].

¿Qué puede hacer el ser humano ante estas situaciones? Podría tratar de huir, de olvidar, de ignorar o de hacer como si no existiesen. ¿Pero sería una actitud digna del hombre? No puede recurrir ni a las ciencias ni a la tecnología, que no pueden hacer nada ante estas situaciones. Podría también sumergirse en la reflexión filosófica, que le ayudaría a clarificar mejor su naturaleza y alcance. Pero eso no significa que la filosofía pueda ofrecer una explicación adecuada y mucho menos que esté en condiciones de ofrecer el modo de superarlas o solucionarlas. La única vía de salida parece estar en la fe religiosa.

Sin seguir ya las reflexiones de K. Jaspers sobre este tema, vamos a examinar más de cerca algunas de estas situaciones límite.

Todo ser humano, en el curso de su vida, se mancha con alguna culpa moral bien porque abusa de su libertad, bien porque rechaza culpablemente la llamada del otro. Lo curioso de esta situación es que el hombre no consigue liberarse del todo por sí solo. Siempre hay algo que queda, incluso después de haberse reconciliado o de haberlo reparado. La razón parece estar en que la llamada moral contiene un aspecto de absoluto y de trascendencia que la pone en relación con el Creador. Superar la culpa exige reajustar también la relación con el Creador.

¿Por qué el hombre sigue abusando de su libertad?, ¿por qué todo el mundo, al menos en cierto modo, vive según la lógica corriente, que incluye también el abuso y la explotación de los

---

38. *Ibid.*, 676-732; cf. X. Tilliette, *Karl Jaspers*, Paris 1960, 157-185.
39. K. Jaspers, *Filosofía*, 678-679.

otros?, ¿por qué la gente se niega a amar plenamente y de verdad a los demás?

Todo ser humano pasa por situaciones de sufrimiento causadas por factores físicos o fisiológicos, por el abuso de la libertad por los demás o por factores psicológicos. En un mundo donde todos dependen de todos, el abuso de la libertad repercute también en los demás. Pensemos solamente en los males causados por la avidez, por las guerras mundiales, por la explotación económica o por las distintas formas de imperialismo y de colonialismo.

Además están los conflictos de todo tipo. No hay nadie que los pueda evitar por completo. Todos nos encontramos en situaciones conflictivas o de confrontación, bien por agresividad natural, bien porque nos es imposible comprender la situación del otro. El mismo amor, que tiene como objetivo el bien de la persona, no puede evitar que surjan los conflictos porque debe tratar de ayudar a que el otro se libere de algunas esclavitudes a las que puede estar muy atado. A veces son tan grandes los conflictos, que el individuo no puede salir solo de ellos.

Finalmente, todas las formas del mal y del fracaso tienen que ver con la muerte. Las distintas formas de fracaso preanuncian la forma clave de fracaso que es la muerte. La muerte expropia al hombre de sí mismo y le quita el dominio de su existencia. La muerte plantea dramáticamente a todo el mundo el problema de los límites. ¿Por qué fracasar precisamente en el terreno más propio del hombre, que es la construcción de la fraternidad y de la comunión entre las personas?, ¿por qué rompe la muerte los vínculos entre las personas?, ¿por qué se quedan a medio camino tantos intentos nobles y grandiosos de conquistar la verdad y los valores?

En el centro de esta experiencia de fracaso, que no se puede racionalizar del todo, está el problema del significado básico y último de la existencia humana. Las preguntas claves ya no son ¿de dónde viene el mal, ¿cuál es su origen?, sino, ¿se puede lograr el sentido final de la existencia humana individual a pesar de los fracasos parciales y de ese fracaso radical que es la muerte?, ¿es posible conseguir una libertad perfecta por encima de la impotencia y vulnerabilidad en que actualmente se encuentra la libertad?, ¿llegará alguna vez el día en que se logre una verdadera comunidad interpersonal por encima de los continuos conflictos, de los amores fallidos, del odio, de las guerras y de la explotación de los pobres y de los inocentes?

Todo esto sitúa al hombre ante la pregunta fundamental: ¿Cuál es la base sobre la que se puede construir una auténtica comunidad interpersonal?, ¿quién puede ayudar a cada hombre concreto a salir de la profundidad de su miseria?[40].

---

40. El cristianismo ofrece también una actitud imposible de catalogar en un contexto filosófico: aceptar y participar voluntariamente en los sufrimientos para derrotarlos desde dentro por la fuerza del amor. Es el mismo misterio de Cristo inocente, víctima del mal que existe en el mundo y victorioso sobre la muerte y el odio.

8
LA MUERTE COMO PROBLEMA FUNDAMENTAL DE LA EXISTENCIA HUMANA

Entre las experiencias negativas de fracaso y de límite, la muerte ocupa un lugar central. De ahí que toda antropología que trate de aclarar el misterio del hombre, tenga que enfrentarse expresamente con la muerte. Dice C. Geffré que «el valor de una antropología depende de cómo da cuenta de la situación límite que es la muerte»[1].

Algunas antropologías tratan de convencer al hombre de que la muerte no es un problema importante y de que desde luego no es decisivo para el logro de la existencia humana. Pero nadie es tan iluso que crea que la gente está espontáneamente convencida de tal cosa. Incluso la antropología marxista, que ignora ampliamente el problema filosófico de la muerte, se ve obligada a reconocer que la muerte plantea dificultades psicológicas nada desdeñables y que en algunos casos suponen auténticas tragedias.

¿Cuál es el papel que puede asumir la antropología filosófica ante la muerte? Un papel doble. Lo primero que conviene aclarar es el aspecto que asume la vida humana a causa de la muerte inevitable, problema que se debe afrontar al margen del horizonte de la inmortalidad. En segundo lugar (tema a tratar en el capítulo siguiente) se abordará la cuestión de si es posible salvaguardar el sentido fundamental de la existencia a pesar de la prueba suprema de la muerte, corrientemente denominada como cuestión de la inmortalidad.

En este capítulo se abordan los siguientes temas:
1. La muerte como problema existencial.

---

1. C. Geffré, *La mort, liberté et nécessité*: La Vie spirituelle 108 (1963), n. 492, 267.

2. La naturaleza antropológica de la muerte.
3. Vivir conscientes de la muerte.

I. LA MUERTE COMO PROBLEMA EXISTENCIAL

1. *Sentido general del problema*

El primer dato antropológico es la consciencia de que la vida tiene una duración limitada y de que se encamina hacia la muerte. A diferencia del animal, el hombre es consciente de que tiene que morir y de que se dirige hacia esta tragedia inevitable. La certeza de la muerte está siempre presente de algún modo en el horizonte de la conciencia. M. Scheler habla de una certeza espontánea e innata[2].

La conciencia de la muerte no es un saber neutro ni impersonal. La muerte plantea un gran interrogante sobre la existencia humana. La muerte es, como dice E. Levinas, una mezcla de amenaza inminente que no perdona, y de aplazamiento que permite reaccionar y huir[3].

Hablando muy en general podemos decir que la muerte es una realidad que no debiera existir en la vida humana, que es como una contradicción del dinamismo propio de la existencia humana. Y ello a pesar de que todo el mundo la considera un fenómeno normal e inevitable según las leyes biológicas. Se vive como una permanente amenaza sobre la existencia. Pero se trata de una amenaza distante y por eso mismo no radicalmente opresora.

Se puede tener conciencia de la muerte de dos maneras muy distintas. J. H. Newman (1801-1890) señala que muchas veces la idea de la muerte inevitable está presente sólo a nivel conceptual o nocional[4]. Se sabe vagamente que todo ser humano tiene que morir, pero esto no se aplica a la propia existencia. Sin embargo, otras veces la conciencia de la muerte tiene el carácter de un conocimiento real y personal, en el sentido de que es una conciencia pro-

---

2. Cf. M. Scheler, *Morte e sopravvivenza*, en Id., *Il dolore, la morte, l'inmortalità*, Torino 1983, 81 (versión cast.: *Muerte y supervivencia*, Madrid 2001); cf., también, J. Pieper, *Tod und Unsterblichkeit*, München 1968, 24.
3. Cf. E. Levinas, *Totalidad e infinito*, Salamanca ⁶2002, 245-250.
4. Cf. E. H. Newman, *Grammatica dell'assenso*, Milano 1980, 23-59.

funda de la muerte que me afecta en primera persona y pone en entredicho todo el sentido de mi existencia.

La conciencia de la muerte conlleva constantemente el peligro de la huida. El hombre se deja absorber casi siempre por las ocupaciones, las empresas, el frenesí de vivir, la exterioridad de la vida, la investigación de las ciencias o la disipación. M. Heidegger insiste en que esta huida hacia la mentalidad de la masa, hacia el trabajo o hacia la diversión confirma igualmente la conciencia universal de la muerte. Huir es en cierto modo darse cuenta de la inminencia del peligro y de la amenaza[5]. No es difícil constatar que mucha gente intenta no pensar en ello. Muchos apartan la idea de la muerte como la de cualquier otro mal. A este respecto parece plenamente actual la idea de B. Pascal (1623-1662): «Al no encontrar remedio a la muerte, ni a la miseria, ni a la ignorancia, los hombres, para ser felices, decidieron no pensar en ellas»[6]. Podemos afirmar, sin ningún género de duda, que la muerte es uno de los grandes tabúes del siglo XX[7].

A menudo es la vida misma la que obliga al hombre a abandonar su actitud de huida y de rechazo. La muerte de una persona amada constituye la irrupción más cruel en la conciencia de la vida. Es una experiencia que hace a todo el mundo consciente de lo que significa ser mortal y de cuál es la verdadera naturaleza de la muerte. La estructura interpersonal es determinante en la percepción de la realidad de la muerte y también en el justo planteamiento filosófico del problema. Lo dijo ya Agustín con motivo de la muerte de un amigo[8]. Y G. Marcel dice en respuesta a L. Brunschvicg: «Lo que importa de verdad no es ni mi muerte, ni la suya, sino la muerte de los que amamos. Es decir, el problema, el único problema esencial es el conflicto entre el amor y la muerte»[9].

5. Cf. M. Heidegger, *El ser y el tiempo*, México [4]1971, 277 y 370.
6. B. Pascal, *Pensée*, ed. Brunschvicg, n. 168 (version cast.: *Pensamientos*, Madrid 1995).
7. El rechazo de la muerte es característico de un sector de la civilización occidental fuertemente industrializada. Cf. P. Ariès, *L'uomo e la morte dal medioevo a oggi*, Bari 1980, 659-711; P. Berger, *The Noise of Solemn Assemblies*, New York 1961; W. Fuchs, *Le immagini della morte nella società moderna*, Torino 1980; A. Godin, *La mort, a-t-elle changée?*: Lumen Vitae 26 (1971) 295-318; J. Mitford, *The American Way of Death*, New York 1963; N. Versluis, *La morte è un tabù?*: Concilium 7 (1971) n. 65, 1023-1043; E. Waugh, *Il caro estinto*, Milano 1967.
8. Cf. Agustín de Hipona, *Confesiones* IV, 4, 9.
9. G. Marcel, *Présence et immortalité*, Paris 1959, 182; cf., también, Id., *Homo viator. Prolegomeni ad una metafisica della speranza*, Torino 1967, 171 (versión cast.: *Homo viator*, Salamanca 2004).

Efectivamente, yo no tengo un conocimiento directo de mi muerte. Y no puedo tenerlo partiendo exclusivamente de una mera asistencia impersonal a la muerte de alguien. En el caso de una persona que amo, la muerte me afecta profundamente porque el sentido de mi vida tiene mucho que ver con esa persona. La muerte irrumpe como una amenaza al amor y pone en tela de juicio el sentido de la vida. Dice Landsberg que «un solo acto de amor personal basta para captar concretamente el núcleo esencial de la muerte»[10].

Por consiguiente, el problema de la muerte hay que entenderlo sobre todo como el problema del sentido de la existencia, que parece que se halla básicamente amenazado y comprometido.

No hay que confundir el problema humano y filosófico de la muerte con el problema del morir. En el lenguaje cotidiano, pero también en teología y psicología, la palabra «muerte» indica a menudo los últimos días o instantes de la vida, a veces incluso el instante en que un ser humano deja de vivir[11].

Para el derecho, la medicina e incluso para la psicología es muy importante poder fijar cada vez más el momento exacto de la muerte.

En filosofía, el problema que plantea la muerte es éste: ¿Qué sentido pueden tener el amor y la vida si al final hay que morir? El problema filosófico de la muerte no se refiere al morir, sino a la muerte misma, más exactamente a la condición mortal de la existencia humana. ¿Qué significa para la existencia humana que la muerte tenga poder sobre ella?, ¿qué significa la imposibilidad de eludirla?, ¿qué es eso de que introduce en un estado irreversible?, ¿qué supone para un ser humano que un día estará muerto?

2. *La muerte y el carácter absurdo de la existencia*

a) *Ser para la muerte*

La antropología filosófica del siglo XX ha leído e interpretado durante mucho tiempo la existencia mortal del hombre a la luz de los análisis de Martin Heidegger[12].

---

10. P. Landsberg, *Die Erfahrung des Todes*, Luzern 1937, 32; cf. R. W. Perrett, *Death and Immortality*, Dordrecht 1987, 25-45.
11. Cf. E. Kübler-Ross, *La morte e il morire*, Assisi 1976.
12. Cf. M. Heidegger, *El ser y el tiempo*, 253-291; A. de Waelhens, *La philosophie de Martin Heidegger*, Louvain ⁵1967, 135-151.

Para Heidegger la muerte no es una realidad meramente extrínseca que sobreviene a una existencia ya realizada y establecida. El carácter inevitable de la muerte radica ya desde el comienzo en la estructura ontológica de la existencia. Por eso la existencia humana puede definirse esencialmente como *Sein-zum-Tode*, como «ser-para-la-muerte». Es decir, el ser humano está abocado a la muerte[13].

La estructura de la muerte radica en que la existencia es básicamente preocupación y angustia. La angustia fundamental y profunda de la experiencia humana es la angustia de la muerte. No es un simple miedo ante un peligro parcial que se puede localizar fácilmente, sino que la angustia tiene que ver con el ocaso de mi ser y, por tanto, con la pérdida total de mi existencia. La angustia es el horror de la nada[14]. La irrupción de la angustia en la existencia es una posibilidad continua.

Hay, sin embargo, mucha gente que no manifiesta ningún síntoma de esta angustia mortal. Más aún, huye de ella procurándose todo tipo de distracciones. Así piensa sobre todo la masa. Se intenta reducir la muerte a un hecho banal y cotidiano[15]. En el fondo no es más que una forma de no pensar en ella y de evitar pensar en ella.

Que la muerte sea una dimensión constitutiva de la existencia no nos autoriza a interpretarla o considerarla como una especie de existencia consumada y madura. La muerte no es en absoluto una consumación. Es sencillamente el ser en su final. Aun cuando la muerte es la suprema posibilidad del hombre, se trata siempre de la imposibilidad de la posibilidad humana[16].

¿Es, pues, absurda la vida? Heidegger no responde afirmativamente. Además, rechaza expresamente el suicidio. Hay que esperar (*Erwarten*) la muerte, esto es, anticipar mentalmente la muerte inevitable y comprender a la luz de esta muerte las posibilidades del momento[17]. Saber que la muerte llegará no es una forma de esperanza, sino su ausencia. Todas las posibilidades, todos los proyectos concretos, todos los trabajos parciales… quedan como revestidos por un velo de nulidad y vanidad. La muerte es la extinción de

---

13. Cf. M. Heidegger, *El ser y el tiempo*, 256.
14. Cf. *ibid.*, 278.
15. Cf. *ibid.*, 278-279, 282.
16. Cf. *ibid.*, 288, 276.
17. Cf. *ibid.*, 285.

todas y cada una de las posibilidades, y vacía en cierto modo de contenido todos los compromisos históricos y terrenos. El propio hombre es nada y vanidad ante la nada de la muerte. El mundo en que habita el hombre se niega a ser un verdadero hogar. El mundo es inhóspito (*unheimlich*) para el hombre, que no es más que ser-en-el-mundo y *Sein zum Tode*. Sólo en la grandeza trágica y solitaria frente a la muerte, o sea, en el *amor fati*, cuyo gran profeta fue Nietzsche, puede encontrar el hombre durante breves instantes una autenticidad provisional. De este modo su libertad se convierte en libertad para la muerte (*Freiheit-zum-Tode*)[18].

b) *La muerte y el carácter absurdo de la existencia*

J.-P. Sartre afirma que la muerte no se puede asumir ni integrar en un proyecto existencial. En este sentido, la muerte no es una dimensión constitutiva de la existencia –que se identifica con el proyecto libre–. El proyecto existencial no se puede interpretar como un encaminarse hacia la muerte y mucho menos como un «esperar» (*Erwarten*) la muerte. Todo lo más que puede esperar el hombre es el hecho de tener que morir, pero no la muerte. El hombre está en una situación parecida a la de un condenado a muerte que se prepara para ofrecer un aspecto digno en el momento de la ejecución, pero que luego va y muere de una pura y simple gripe[19]. Es decir, la muerte viene radicalmente de fuera e interrumpe de golpe la existencia, que se proyecta hacia la libertad y en la libertad. No es en absoluto una posibilidad que yo tenga. «La muerte no es, pues, mi posibilidad de no realizar ya mi presencia en el mundo, sino la aniquilación siempre posible de mis posibilidades»[20].

Frente a lo que había dicho Heidegger, Sartre niega que la muerte pueda otorgar algún tipo de autenticidad a la existencia humana. Todo lo contrario, pues la muerte manifiesta el carácter fundamentalmente absurdo de la existencia humana porque descuartiza violentamente todo proyecto, toda libertad personal, todo sentido de la existencia. «Si tenemos que morir, nuestra vida no tie-

---

18. Cf. *ibid.*, 288-291.
19. Cf. J.-P. Sartre, *L'être et le néant*, Paris 1943, 617 (versión cast.: *El ser y la nada*, Madrid ²1989).
20. *Ibid.*, 621.

ne sentido, ya que no se ofrece ninguna solución a sus problemas y sigue sin determinarse el sentido propio de esos problemas»[21].

El mismo Sartre sintetiza así sus amplias reflexiones sobre la muerte:

> La muerte no es en absoluto ninguna estructura ontológica de mi ser, al menos en cuanto que es para-sí (*pour-soi*); *el otro* es el que es mortal en su ser. En el ser-para-sí no queda ningún lugar para la muerte; no puede esperarla, ni realizarla, ni proyectarse hacia ella. La muerte no es en absoluto el fundamento de su finitud y en general no puede recibir ningún fundamento desde dentro como pro-yecto de la libertad original, y el para-sí tampoco puede recibirla desde fuera como cualidad suya. Entonces, ¿qué es la muerte? Solamente cierto aspecto de la facticidad y del ser para los demás, o sea, meramente una *realidad dada*. Tan absurdo es que hayamos nacido como que tengamos que morir. Por otra parte, este absurdo se presenta como alienación permanente de mi posibilidad, que ya no es posibilidad *mía*, sino de otro. Por consiguiente, es un límite externo y concreto de mi subjetividad[22].

J.-P. Sartre insiste en que la situación conflictiva que caracteriza toda afirmación de la libertad humana frente a los demás, en la muerte se decide definitivamente en favor del otro. El otro es el que se lleva el gato al agua. El muerto se convierte en el botín de los demás. Mientras vive, el hombre tiene la posibilidad de defenderse y de afirmar su subjetividad frente a los demás, que tratan de eliminarla. Pero el muerto deja su existencia en manos de los demás, como si fuese una prenda de vestir que se usa o destruye según convenga. Así pues, la muerte es la victoria definitiva del punto de vista de los otros sobre mi subjetividad[23].

La alienación de la muerte es la alienación total. No hay ninguna posibilidad de redimirla ni de salvaguardar los proyectos que la libertad ha intentado llevar a cabo. Sencillamente, no hay ninguna esperanza[24]. El futuro histórico no puede ofrecer absolutamente nada. La vida, en cuanto proyecto necesario de la libertad, es realmente una pasión inútil.

Entonces, ¿qué?, ¿habrá que suicidarse? El suicidio es también absurdo. Es mejor vivir en el presente, como ya decía A. Gide, ex-

---

21. *Ibid.*, 624.
22. *Ibid.*, 631.
23. *Ibid.*, 624-628.
24. *Ibid.*, 653.

perimentando todo lo que la libertad nos permita. Es lo que dice Sartre comentando la novela *El extranjero* de A. Camus:

> El hombre absurdo no se suicidará, ya que quiere vivir sin renunciar a ninguna de sus certezas, sin mañana, sin ilusiones, sin ni siquiera resignarse. El hombre absurdo se afirmará en la rebelión. Mira a la muerte con una atención apasionada y esa fascinación lo hace libre. Conoce la divina irresponsabilidad del condenado a muerte. Todo está permitido, ya que Dios no existe y hay que morir. Todas las experiencias son equivalentes; lo único que conviene entonces es llevar a cabo las más que se pueda[25].

c) *La esperanza imposible*

A. Camus busca afanosamente un camino intermedio entre la falta de esperanza y la repulsa del absurdo radical. Al tener que morir, todos los hombres son extranjeros en este mundo. El hombre consigue rechazar durante algún tiempo esta convicción sumergiéndose en el anonimato de la vida moderna. Pero llega un día en que se revela en toda su crudeza la verdadera condición de la existencia. El hombre se ve condenado a un destierro insalvable, «dado que todo el mundo carece del recuerdo de una patria perdida y de la esperanza de una tierra prometida»[26].

La conciencia de estar radicalmente sometido al tiempo horroriza y genera en los hombres el sentimiento de lo absurdo. La muerte aparece como la alienación fundamental de la existencia. No hay ni mañana ni porvenir, porque la muerte destruye todas las ilusiones[27].

A. Camus rechaza tanto el recurso al suicidio, que sería una huida, como el refugio en la religión, porque sería buscar una coartada para no comprometerse en el mundo y además porque esa esperanza carece de fundamento.

¿Qué es lo que cabe hacer, pues, ante la muerte? Si es posible, intentar vivir sin esperanza, aunque sin precipitarse en la desesperación radical. La razón es que esa desesperación radical es continua-

---

25. J.-P. Sartre, *Situations* I, Paris 1947, 103.
26. A. Camus, *Le mythe de Sisyphe*, Paris 1943, 18 (versión cast.: *El mito de Sísifo*, Madrid ⁵2003). Sobre la posición de A. Camus, cf. P. Kampits, *La mort et la révolte dans la pensée d'Albert Camus*: Giornale di metafisica 23 (1968) 19-28.
27. *Ibid.*, 81.

mente rechazada por la experiencia concreta, pues no se puede aceptar que el amor al pobre, al necesitado o al inocente sean realidades absurdas. Por tanto, la libertad vence a lo absurdo, que de todas formas sigue ahí, amenazante, en el horizonte de la existencia[28].

Frente a la muerte, la libertad no tiene límites. Le da al hombre la posibilidad total y exclusiva de sus acciones.

Parece normal que se plantee esta pregunta: ¿tiene algún valor esta libertad ante la muerte total? A. Camus ve claramente que sin eternidad, o sea, sin la perspectiva de una superación personal de la muerte, no puede haber verdadera libertad. Pero, por desgracia, no considera tal perspectiva[29].

Al igual que muchos de los que piensan así, Camus concluye que lo importante es vivir al máximo el presente, porque el tiempo es breve y la duración limitada. Pero explotar al máximo el presente no significa buscar el gozo egoísta ni la vida egocéntrica que predicaba A. Gide en sus numerosos escritos. Para Camus se trata de tener la seguridad de que no existe ningún horizonte de muerte, por absurdo e incomprensible que sea, que pueda destruirlo todo. Hay cosas que tienen sentido. La solidaridad con el que sufre no puede ser inútil. Es preciso hacer un frente común contra la miseria y la muerte violenta. Hay que rebelarse contra la muerte y contra lo absurdo.

Estos tres autores coinciden en su voluntad de analizar el problema de la muerte al margen de toda consideración religiosa y sin tener al fondo la perspectiva de la inmortalidad personal. Al menos para Heidegger y Sartre el problema de la muerte se plantea en el marco de una antropología predominantemente individualista. Para Sartre y Camus es evidente que la muerte acaba radical y completamente con la existencia personal.

La muerte se presenta, pues, como una realidad extremadamente trágica, porque parece poner radicalmente en entredicho el sentido de la existencia humana y la posibilidad de una verdadera libertad. Ni siquiera tiene sentido preguntarse por qué el hombre tiene que morir. La muerte es, por su propia naturaleza, absurda e irracional. Camus se queda solo al defender desesperadamente el significado de los valores vividos contra la lógica férrea de la razón, que los debiera declarar completamente absurdos. Ninguno de estos

---

28. Cf. *ibid.*, 49.
29. Cf. *ibid.*, 81-82.

pensadores cree que el futuro histórico pueda representar un consuelo ante la pérdida radical de la existencia personal, ni parece que ofrezca ninguna garantía para la conservación de los valores.

II. La naturaleza antropológica de la muerte

1. *La muerte afecta a toda la existencia humana*

Pero no sólo tenemos filosofías que ven en la muerte el fracaso radical y lo absurdo de la existencia humana. También existen diversas posturas que tienden a ver la muerte como algo absolutamente normal y carente de dramatismo humano.

Sabemos por la historia que las filosofías dualistas, sobre todo las de la antigüedad griega, acentúan mucho la distinción entre espíritu y cuerpo y tienden a ver la muerte como un fenómeno biológico que en realidad no afecta al hombre en cuanto tal –al alma, al espíritu, a la persona–. Incluso, en cierto sentido, se presenta la muerte como liberación de la prisión del cuerpo. Por eso no se advierte en ella un fuerte dramatismo «humano».

Las ciencias subrayan que la muerte es un fenómeno biológico absolutamente normal. Ningún científico se imagina que la muerte biológica sea la consecuencia en el orden natural de un pecado cometido por el hombre.

Es indudable que la muerte tiene una base biológica y corpórea. La muerte sucede en las condiciones y conforme a las leyes que rigen a los organismos vivos. Como cualquier otro animal, el hombre nace, se desarrolla y muere. Desde esta perspectiva estamos ante algo normal. No hay por qué recurrir a causalidades mitológicas o religiosas para explicar un fenómeno natural. En este sentido, las ciencias modernas han contribuido mucho a desmitificar el fenómeno de la muerte.

El núcleo del problema radica en que el sujeto humano no es exclusivamente un ser biológico y animal, y por tanto su muerte no es un simple fenómeno biológico. Ya hemos dicho en los capítulos anteriores que la condición del cuerpo es también la condición del hombre. Por eso la muerte implica profundamente a la existencia humana. Debido a la unidad del hombre con su cuerpo, la muerte no es ni sólo ni sobre todo un fenómeno biológico, objetivo y neutro. La muerte es una condición existencial y humana. No sólo muere el cuerpo, sino que es el hombre quien realmente muere. Y todo el hombre. Es decir, el cuerpo, el alma, la inteligencia, el compromiso, el amor... todas estas cosas se ven implicadas en la muerte. La muerte golpea al hombre en el mismo centro de su existencia personal e interpersonal. En este sentido se puede hablar de la muerte como problema «humano»[30].

Las reflexiones de Sartre, a las que ya nos hemos referido, también ignoran la dimensión «humana» de la muerte. Tener que morir no sólo supone que la existencia se interrumpe exteriormente, sino que afecta a la existencia en su totalidad. No podemos aceptar, por un lado, que el cuerpo sea el lugar de inserción en el mundo, mientras que por otro afirmamos que la muerte no le pertenece esencialmente. Una correcta antropología del cuerpo reconoce también que tener que morir forma parte esencial de la condición humana[31].

Además, la muerte como dimensión fundamental de la existencia humana, no expresa con evidencia lo absurda que es la existencia humana. No se puede decir a priori, como ha hecho J.-P. Sartre, que la muerte pone radicalmente entre paréntesis el sentido de la existencia. La verdad es que nos encontramos ante un interrogante angustioso: ¿Compromete radicalmente la muerte el sentido de la existencia humana? Pero un interrogante es un interrogante, no una respuesta.

Y sin embargo, el carácter absurdo de la muerte no es evidente porque resulta claro que la existencia humana no se vive espontáneamente como absurda. En efecto, mientras se vive no se es inconsciente de que la muerte es inevitable, mas se vive la vida como algo que tiene sentido. De hecho se ama, se favorece a los demás, se crea justicia, se ejerce la libertad, se promueve la investigación científica, etc. Lo menos que se puede decir es que el sentido de la existencia y la muerte inevitable no se excluyen mutuamente y pueden ser vividas juntas. Por misteriosa y desastrosa que pueda parecer, la muerte forma parte de la «condición humana».

---

30. Cf. J. Pieper, *Tod und Unsterblichkeit*, München 1968, 52-55 (versión cast.: *Muerte e inmortalidad,* Barcelona ³1982); K. Rahner, *Sulla teologia della morte*, Brescia 1965, 17-26.

31. La postura de Sartre subraya indudablemente un aspecto verdadero del problema. La muerte acontece sin que el hombre la elija libremente y contra la libertad. Es una violencia que se inflige al hombre y, en cuanto tal, obedece o parece obedecer a una ley extraña, cuya naturaleza habría que precisar todavía más.

2. Naturaleza de la muerte humana

Vivimos la muerte como algo que no podemos evitar. Entre otras cosas, por las propias leyes biológicas, pues todo individuo biológico muere tras una serie de años. Pero, para el hombre, la muerte es mucho más, porque la vive como una carga, como algo de lo que quiere liberarse pero no puede. El hombre vive la muerte como violencia y amenaza[32].

La muerte no es sólo la descomposición de un organismo vivo, sino el desmoronamiento de la existencia humana, es decir, la imposibilidad de vivir la vida personal en el mundo y de seguir manteniendo una relación de amor con los seres queridos. Es, por tanto, una separación violenta del mundo y, en particular, de las personas para las que vivimos. Una erradicación que se convierte en una ausencia irreversible. Las numerosas formas de ausencia que acontecen durante la vida humana son un pálido anticipo de esta gran ausencia. El hombre es separado violentamente de todo lo que parece clave para el sentido y la realización de su existencia[33].

En la muerte es donde se ve más claramente la paradoja de la existencia. El cuerpo humano ofrece la posibilidad de actuar humanamente, de reconocer y promover a los demás en el mundo, de humanizar el mundo. Pero llega un día en que la propia corporeidad impide esa misma actividad humana en el mundo, se sustrae al dominio de la persona humana e hipoteca radicalmente su existencia. Podríamos decir, en cierto sentido, que la muerte es la máxima expresión de la unidad del hombre con su cuerpo y a la vez de su no identificación con él, en cuanto que es justamente ella la que se presenta como la realidad que suspende violentamente toda la existencia humana.

La angustia ante la muerte es justamente la expresión de esta dimensión de violencia y ruptura de la propia existencia. Cuando alguien se da real y concretamente cuenta de la posibilidad de morir, siente como una repulsa espontánea, una especie de horror insuperable ante el ocaso de su existencia –o de la vida del ser querido–. Se trata de una angustia que no es pura y simplemente miedo ante cualquier otro peligro. No es solo una especie de instinto natural y biológico, sino una aversión ubicada en el propio corazón de la existencia intelectual y libre.

---

32. Cf. J. Gevaert, *L'escatologia di E. Levinas*: Salesianum 32 (1970) 601-618.
33. Cf. E. Fink, *Metaphysik und Tod*, Stuttgart 1969, 43-49.

Esta aproximación a la muerte se realiza inevitablemente desde la perspectiva de los vivos, pues no tenemos ningún conocimiento directo de la situación de los que ya han muerto. Nadie vuelve para contarnos qué es la muerte. Y nosotros, desde nuestro horizonte de seres vivos, no somos capaces de ver de manera directa cómo salvaguardar los valores que la muerte hipoteca. No en vano, el misterio de la muerte consiste justamente en la oscuridad y en la imposibilidad de llegar a conocer algo que tenga base sobre ella.

3. *Definiciones poco satisfactorias*

Las reflexiones anteriores nos invitan a decir algo sobre dos notas de la muerte que, aunque no son falsas, no reflejan del todo el drama humano que supone.

a) *La muerte como separación de alma y cuerpo*

La fórmula de origen griego más empleada en Occidente para definir la muerte es: *separación del alma espiritual del cuerpo*[34].

A nivel popular es claro que aún nos podemos servir de ella, pues, desde fuera y objetivamente, se puede constar fácilmente que el cadáver no está animado por el alma espiritual. El organismo material que antes era cuerpo humano, ahora es simplemente un cadáver, porque ha dejado de ser una persona[35]. Podemos decir, por tanto, que el alma espiritual se ha separado de esta materia orgánica que ahora es un cadáver. Al señalar esto, no se afirma nada sobre si el alma sigue viviendo o no, aunque muchos autores sobreentienden la idea de su inmortalidad.

A nivel puramente filosófico, esta definición de la muerte sugiere fácilmente una concepción dualista del hombre. El cuerpo y el alma, entendidas como dos realidades autónomas, recuperan su autonomía. Más aún, desde la perspectiva del dualismo, el alma separada puede vivir ahora por su cuenta en plena libertad, sin el en-

---

34. Esta definición tiene una larga historia. Aún la defiende J. Pieper, *Tod und Unsterblichkeit*, 45-66; C. Tresmontant, *Il problema dell'anima*, Roma 1972, 21.
35. Cf. K. Rahner, *Sulla teologia della morte*, 18s.

gorro del cuerpo. Desde este punto de vista, la muerte expresa la condición del alma que vive sin el cuerpo.

Con todo, esta concepción de la muerte es insuficiente por varias razones.

En primer lugar, porque trata de explicar el problema de la muerte desde la tesis de la inmortalidad del alma. En efecto, se define la muerte como la condición de la persona que existe sin el cuerpo. Se define la muerte como el paso de la condición corpórea al estado de alma separada. Pero la inmortalidad del alma está aún por demostrar.

Y, en segundo lugar, tal definición deja en la sombra la realidad de la muerte. No dice nada de la separación básica de la comunión con los demás y de los valores que dan sentido a la vida. Y es justamente aquí donde está el drama de la muerte.

De todos modos, para dar un sentido aceptable a esta definición de la muerte es preciso admitir que la separación no tiene que ver solamente con un organismo biológico, sino con la erradicación de la persona del mundo del hombre, es decir de toda la realidad que constituye el sentido de su existencia.

b) *La muerte como fenómeno «no natural» o «contra la naturaleza»*

Definir la muerte como un fenómeno contra la naturaleza o no natural es también insuficiente.

Esta visión de la muerte es a su vez muy antigua. Muchas civilizaciones de la antigüedad ven en la muerte algo no natural. Incluso en la teología cristiana ha tenido enorme eco la concepción de la muerte como una «desgracia histórica» debida al pecado del hombre y por tanto como un fenómeno no natural.

J. Pieper[36] ofrece una versión más filosófica de esta concepción de la muerte. ¿Por qué vive el hombre la muerte como destrucción, ruptura, violencia y tragedia humana?, ¿por qué, a pesar de algunos rasgos naturales, la muerte parece básicamente algo no natural?, ¿por qué da la impresión de ser una pena o un castigo? Pues porque la muerte es la separación violenta de dos elementos, cuerpo y alma, que por su propia naturaleza deben estar unidos. Hemos de suponer en el hombre una tendencia –o deseo–

---

36. Cf. J. Pieper, *Tod und Unsterlbichkeit*, 67-119.

natural hacia la unidad de su ser. Por eso se rechaza la muerte como algo contra la naturaleza. La propia naturaleza se opone a la separación, porque el alma humana no realiza todas las dimensiones esenciales del hombre.

Las interpretaciones de este género dejan profundamente insatisfechos, ya que el problema de la muerte no es posible plantearlo desde la teoría abstracta, sino que afecta muy profundamente a cada persona en sus vivencias concretas, en sus vínculos con los otros y en sus proyectos y valores. El drama «humano» de la muerte parece ser algo muy distinto del deseo natural de un alma espiritual que busca unirse con el cuerpo. Ni el horror ni el rechazo de la muerte consisten en el miedo a perder el cuerpo ni en la perspectiva de una existencia venida a menos. El problema «humano» de la muerte es sobre todo el sentido último y definitivo de la existencia. La muerte es un «drama humano» porque pone profundamente en entredicho las posibilidades de realizar el sentido de la existencia humana.

4. *La muerte como problema en torno al significado último de la existencia*

Para una amplia tradición filosófica, que se remonta hasta los pensadores griegos, la muerte parece plantear un único problema, a saber, si el alma espiritual sobrevive o no a la muerte. El debate sobre dicha cuestión se concreta a menudo en esta pregunta: ¿Puede el alma separada pensar y actuar sin el cuerpo? Y suponiendo que siga viva tras la muerte, ¿puede pensar y actuar sin la ayuda de un cuerpo?

Si así se plantea el problema de la muerte, la tarea principal de la filosofía sería aportar pruebas sobre la inmortalidad del alma.

¿Pero es correcto describir el problema de la muerte sobre todo o exclusivamente en estos términos?

Algunos pensadores actuales proponen una perspectiva diferente. El problema existencial y filosófico con el que la muerte inevitable desafía al hombre es sobre todo el significado de la muerte para la vida aquí y ahora. Ya hemos dicho muchas veces que la vida humana es sobre todo el intento –o la voluntad– de lograr una libertad auténtica y un amor duradero en comunión con los demás en el mundo. Y parece que la muerte lo suprime o suspende radicalmente. Todo lo que en verdad es valioso en el mundo porque nos permite ayudar a los demás y ser alguien para ellos, se nos sustrae irremisiblemente, interrumpiéndose violentamente su presencia. La contraposición fundamental entre el significado existencial que se impone y el ocaso del significado de la muerte, plantea esta pregunta: ¿Es que la muerte es la supresión radical del significado de la existencia humana?, ¿es que el sentido de la existencia humana depende exclusivamente de las relaciones con los demás y de la realización momentánea de la inteligencia, de la libertad y de los valores en el breve tiempo que dura la vida?, ¿hay algún motivo para afirmar que puede salvarse el sentido de la existencia personal a pesar de la ruptura de la muerte?, ¿hay alguna posibilidad de superar esa ruptura y de recuperar, a un nivel superior y no histórico, la fraternidad humana?

Es evidente que el discurso sobre la muerte no es totalmente ajeno al viejo problema de la inmortalidad del alma. En efecto, si al final nos viéramos obligados a concluir que la muerte acaba radicalmente y para siempre con todas las características de la existencia personal, el problema del significado de la vida quedaría en entredicho también para siempre. Filosóficamente hablando no se podrá afirmar el significado absoluto de la existencia humana sin incluir en ella de algún modo la perspectiva de la supervivencia más allá de la muerte. Pero esta afirmación implica necesariamente responder al problema del significado último de la vida considerando como parte de la vida la supervivencia.

No es el momento de preguntarnos si la muerte «es portadora de esperanza». Porque la muerte como muerte ni es esperanza ni la implica. Al contrario, la muerte es la mayor prueba que debe afrontar la esperanza humana. La verdadera y auténtica pregunta es ésta: ¿Existe en el hombre o en el universo alguna razón que nos permita afirmar que la libertad, el amor y la esperanza no son aniquilados por la muerte?

III. Vivir conscientes de la muerte

1. *Valor pedagógico de la muerte*

¿Qué significa ser conscientes de la muerte para que la existencia humana sea auténtica?, ¿cómo educa la muerte para ser sinceros y auténticos?

La muerte en sí misma no educa al hombre porque le priva de sus raíces y amenaza su existencia. En cambio, ser conscientes de nuestra condición mortal sí es pedagógico, o al menos puede serlo, pero siempre que esa conciencia no se reprima, sino que se acoja libre y abiertamente.

El papel pedagógico de la muerte respecto a la existencia no depende en primer lugar de la certeza de que continúe la existencia personal tras su advenimiento. Viene más bien de la conciencia que se tiene de su naturaleza. De ahí que pueda ser reconocida, al menos parcialmente, incluso por los que carecen de la perspectiva de la continuidad de la persona más allá de la muerte.

a) *Reaccionar ante la amenaza de la muerte*

La inminencia o la amenaza de la muerte, siempre presente en el horizonte de la conciencia, mueve al hombre a reaccionar. Para vivir hay que ponerse a trabajar y tratar de retrasar lo más posible lo inevitable.

El tiempo no es sólo amenaza, sino también distancia y posibilidad, relativa, de retrasar la muerte. A la inseguridad básica de la existencia, la humanidad le contrapone los elementos y estructuras de una inmensa civilización. Para alejar la muerte es indispensable crear un mundo en el que haya pan y casa para todos, justicia social y posibilidad de vivir y de afirmarse. Hay que combatir las enfermedades, las injusticias y las alienaciones que convierten la muerte natural en algo particularmente duro e insoportable. Toda la convivencia humana está presidida por la llamada del otro que quiere vivir en este mundo.

Por eso no sorprende en absoluto que la llamada a reaccionar contra la muerte sea sentida especialmente por quienes no tienen la perspectiva de una vida tras ella. H. Marcuse[37], M. Verret[38] y otros pensadores han insistido en este reto humanizador de la muerte. Todo el esfuerzo cultural de la humanidad ha sido concebido como lucha contra la muerte.

---

37. Cf. H. Marcuse, *Eros e civiltà*, Torino 1982, 236-248 (versión cast.: *Eros y civilización*, Barcelona ⁵2001).
38. Cf. M. Verret, *L'ateismo moderno*, Roma ²1965, 175.

b) *Significado del esfuerzo temporal de la persona*

Ser conscientes, por otro lado, de que hay que morir irremisiblemente proyecta una intensa luz sobre lo que ha hecho el ser humano a lo largo del breve tiempo de su vida. Tener necesariamente que morir permite reconocer el sentido más auténtico de los bienes de la tierra.

En primer lugar, y hablando en concreto, la muerte cuestiona radicalmente la búsqueda desmedida de bienes materiales. A quien reflexiona, le plantea la siguiente pregunta: ¿Acaso puede radicar el sentido de la existencia humana en la acumulación de bienes particulares para uso exclusivo del individuo? La antigua sabiduría ya decía que nadie se lleva para el otro mundo los bienes que ha acumulado durante su vida. Todo se queda aquí para los que viven y disponen libremente de ello. Tanto los materialistas como los espiritualistas, tanto los creyentes como los que no creen están totalmente de acuerdo en este punto. Recordemos lo que dice J.-P. Sartre: la muerte es absurda porque toda la existencia es abandonada en las manos de los otros[39].

Sin embargo, la muerte no dice que toda posesión es inútil y vana. Lo que denuncia es sólo la posesión para el disfrute exclusivo del individuo sin tener en cuenta a los demás. Es decir, la muerte proyecta una luz positiva sobre el significado del tener. La búsqueda de bienes materiales, la creación de una civilización material, el reino del tener y de las estructuras en general sólo tienen sentido si están al servicio de la promoción de los demás. En la humanidad histórica sólo la fraternidad del don se salva de la muerte y se perpetúa en las demás generaciones.

El pensador judío E. Levinas reflexiona de forma parecida. La muerte no perdona el amor infecundo. Invita a trasmitir al hijo la vida y el amor. El hijo es la obra humana por excelencia, por encima de cualquier otra obra material o cultural. Es preciso despertar en cada nuevo ser humano la llama de la personalidad y del amor por la palabra que se le dirige y por el amor que recibe.

Esta obra tiene inmensas perspectivas en el futuro de la humanidad, porque todo el mundo la puede continuar, renovando sin cesar la experiencia humana. Vivir y renacer infinitamente en los hijos y en los hijos de los hijos[40].

---

39. «La muerte es un auténtico *despojo*», J.-P. Sartre, *L'être et le néant*, 628.
40. Cf. E. Levinas, *Totalidad e infinito*, 276-279.

c) *Relativización de los roles sociales*

La muerte relativiza también los bienes sociales. Enseña que cada uno de los seres humanos es radical y absolutamente igual al otro al nivelarlos a todos en la misma y desventurada prueba. Todos vuelven al polvo de la tierra. Respecto al tener y a los roles sociales, todos los hombres son igualmente pobres ante la muerte.

También en este punto la muerte invita, al menos desde la perspectiva de la sabiduría, a ver los roles sociales como un servicio en la promoción de los demás y para la convivencia humana. Invita a construir un mundo más humano donde se reconozca la igualdad básica de todos.

La muerte desautoriza el egoísmo y el avasallamiento, el deseo de poder y de dominio, e invita a ser tolerantes con los demás. Invita a dejar sitio a todo el mundo, puesto que no hay nadie indispensable en la comunidad humana. La penosa diferencia entre ricos y pobres, entre poderosos y miserables también es suprimida por la muerte.

d) *Sentido de totalidad*

Finalmente, la muerte confiere a la existencia humana un sentido de totalidad.

Pero esto no significa que la muerte sea una especie de acuerdo final o como el último capítulo de un libro terminado o como el último retoque de una nueva construcción a punto de ser entregada a su propietario. Cuando llega la muerte, se acaban las posibilidades y resulta imposible cambiar el sentido fundamental de una biografía ya terminada.

El tiempo de nuestra vida, al estar limitado por la muerte, cobra una absoluta seriedad en cada uno de sus momentos. Incluso desde una perspectiva filosófica tiene sentido decir que la vida es una «prueba», porque mientras se vive sólo es posible buscar, intentar orientarse de distintas formas, pero sólo durante un periodo limitado de tiempo y con unas posibilidades que se agotan inexorablemente. Con la muerte cesa la última posibilidad. Lo que se ha hecho ya no se puede retomar ni retocar.

El propio hecho de que podamos hablar del sentido de la vida está muy vinculado al límite de la muerte. Simone de Beauvoir ha reflexionado sobre la hipótesis de una vida sin final, en la que todo se podría retomar eternamente, y en la que de golpe todo sería un juego sin ninguna seriedad, ni profundidad, ni responsabilidad. Es decir, una existencia temporal sin muerte volvería también absurda la empresa humana[41].

2. *La muerte como experiencia de finitud*

El sentido de totalidad que la muerte confiere a la existencia humana se revela, en definitiva, como una experiencia de finitud. Ante la muerte, la existencia humana se concentra como en un solo punto, a saber, en la posibilidad de perderse por completo, en la necesidad de salvarse por completo.

Se puede estar de acuerdo con M. Heidegger al menos en que la muerte es la expresión más concreta y radical de la finitud humana.

A pesar del enorme alcance de la libertad y de la iniciativa para lograr un mundo humano, ante la muerte todo hombre siente que no tiene en sí la raíz de su existencia, pues la muerte se escapa por completo a su control.

Pero la muerte muestra sobre todo que nadie puede fijar por sí mismo el sentido último de su existencia. Precisamente esta experiencia, en la que todo se nos quita de entre las manos, nos permite ver con claridad que todas las magníficas posibilidades de la existencia humana son en definitiva un «don». Las posibilidades de conocer, amar y ser amado son un don con el que el hombre se encuentra a medida que va tomando conciencia en su vida. Se trata de posibilidades de que el hombre «dispone», pero allá, en el fondo, se le han sustraído a su dominio.

La autonomía del hombre se funda en una heteronomía fundamental. A este respecto escribe A. Dondeyne:

> Ante la visión angustiosa de la muerte me encuentro frente a mi profunda responsabilidad. De un solo golpe me doy cuenta de que ni los acontecimientos mundanos, ni mis éxitos o fracasos son los

---

41. Cf. S. de Beauvoir, *Tous les hommes sont mortels*, Paris 1947 (versión cast.: *Todos los hombres son mortales*, Barcelona 1997).

que van a decidir al fin y al cabo el sentido de mi vida, sino lo que *yo* he hecho o haré de ella. Ante la muerte estoy solo conmigo mismo y en esta soledad me percibo como totalidad...
La angustia me sitúa ante el misterio de mi existencia y de mi relación con el ser. La soledad ante la muerte me hace comprender, o al menos presentir, que yo no soy ni el fundamento ni la forma última de los valores, que la auténtica vida no consiste en hacer cualquier cosa... como si mi existencia tuviera un sentido que está en mí aunque no venga sólo ni últimamente de mí[42].

Finitud de la propia existencia. Nadie me preguntó si quería venir al mundo. Y nadie puede hacer nada para quedarse en él. Por eso conviene reconocer que, en definitiva, nadie posee la raíz de su existencia y nadie tiene poder para lograr su sentido último.

La muerte sitúa al hombre ante la alternativa de aferrarse a la existencia que se va irremisiblemente, o de verla como una realidad que parece ser un «don» que viene de Alguien y confiar en esa misteriosa realidad que es el origen y fundamento de toda existencia individual.

Podríamos decir también que la muerte plantea el problema de la opción fundamental ante la raíz trascendente o metafísica de la existencia, que es reconocerse criatura o negarse a serlo[43].

Todo esto es muy importante. Si la existencia humana tiene al final un sentido –y esto es una certeza muy arraigada en todo ser humano–, este sentido no viene exclusivamente del hombre ni se puede lograr solamente mediante la acción humana.

---

42. A. Dondeyne, *Foi chrétienne et pensée contemporaine*, Louvain ³1961, 83.
43. Cf. L. Boros, *Mysterium mortis. L'uomo nella decisione ultima*, Brescia 1969. En este libro se retoma la hipótesis de la opción final ante Dios en el instante de la muerte, ya formulada por P. Glorieux, *In hora mortis*: Mélanges de science religieuse 6 (1949) 185-216, y criticada por muchos autores. Para una síntesis –y una cálida defensa– de ella, cf. M. Bordoni, *Dimensioni antropologiche della morte. Saggio sulle ultime realtà cristiane*, Roma 1969. Si se percibe como tal la cercanía de la muerte, puede evitar en el hombre el sentimiento de huida y de inautenticidad. En este sentido, puede ser consciente de su condición mortal y plantearse el problema de su origen metafísico. Cf., por ejemplo, C. Cases, *Entretien avec E. de Martino sur la mort, l'apocalypse et la survie*: Esprit (marzo 1966) 373s. En W. Bähr, *Die Stimme der Menschen*, München 1961, se reúne una serie de testimonios de no creyentes a punto de morir.

LA MUERTE Y LA PERSPECTIVA DE LA ESPERANZA

Vamos a estudiar más de cerca el interrogante clave que plantean la muerte y la vida a la inteligencia del hombre, y que es el siguiente: ¿es posible alcanzar el sentido de la vida humana a pesar de la muerte?

Para la antropología occidental, que se encuentra influida por el pensamiento griego, se trata del problema de la inmortalidad del alma[1]. Y para el pensamiento cristiano es sobre todo la cuestión de la resurrección de los muertos.

Todo hombre que quiere comprender de algún modo el sentido de su existencia tiene que enfrentarse necesariamente con esta pregunta: ¿es la muerte la derrota definitiva de la persona?, ¿desaparece por completo el sujeto humano que busca verdad, libertad y amor?, ¿existe algún resquicio para la esperanza superior a la muerte, que permita vivir, actuar y proyectarse personalmente, aunque seamos conscientes de que tenemos que pasar por la prueba de la muerte?

Esta pregunta surge inevitablemente del contraste entre la grandeza de la vida y la amenaza de la muerte. Parece que la persona humana es siempre algo más que relaciones con las personas y las cosas. No parece coincidir plenamente con la existencia concreta. De esta experiencia surge la urgente necesidad de clarificar el contraste insuperable entre la esperanza de la vida y la cerrazón de la muerte.

Según sea la respuesta que se dé a este problema, cambia por completo el significado de la existencia y de las obras humanas. Son significativas a este respecto las palabras de Pascal:

---

1. Para una síntesis del problema, cf. J. Choron, *La morte nel pensiero occidentale*, Bari 1971; Q. Huonder, *Das Unsterblichkeitsproblem in der abendländischen Philosophie*, Stuttgart 1970.

La inmortalidad del alma es algo tan importante y nos atañe tan profundamente, que es preciso haber perdido todo sentimiento para permanecer indiferentes ante tamaño problema. Todas nuestras acciones y todos nuestros pensamientos tienen que tomar un curso distinto según se espere o no en bienes eternos. De forma que es imposible dar un solo paso con criterio y con juicio sin tener ante la vista este punto, que tiene que ser nuestro fin último. Por eso nuestro primer interés, nuestro primer deber es instruirnos sobre este punto, del que depende toda nuestra conducta[2].

Desde el punto de vista filosófico, el problema de la trascendencia personal respecto a la muerte se formula mediante dos interrogantes distintos y complementarios entre sí.

El primero intenta aclarar básicamente este problema: ¿Se puede conciliar la realidad concreta del hombre, dotada de las características constitutivas que ya hemos referido, con la afirmación de que la muerte es la última palabra de la vida personal?, ¿hay suficiente base filosófica para afirmar que la existencia de la persona humana individual coincide radicalmente con los límites de su existencia histórica?, ¿se puede sostener que la existencia personal queda totalmente erradicada por la muerte sin negar las características básicas del hombre?

El segundo va aún más allá. Suponiendo que existan razones suficientemente fundadas para no considerar la muerte como última palabra de la existencia personal. ¿La reflexión filosófica está en condiciones de decir algo más preciso sobre la vida después de la muerte?, ¿cómo podemos concebir esta existencia personal?, ¿hasta dónde es capaz la razón humana de clarificar los entresijos de este misterio? En particular, la idea de un alma separada de la que ha hablado la antropología durante tantos siglos, ¿es una expresión satisfactoria para definir la vida personal después de la muerte?, ¿puede la filosofía decir todavía algo sobre esto o la única perspectiva de esperanza está en la interpretación religiosa basada en la revelación cristiana y no en la filosofía?

---

2. B. Pascal, *Pensées*, ed. Brunschwig, n. 194 (versión cast.: *Pensamientos*, Madrid 1995).

I. El hombre es más que la muerte

1. *Una presunta evidencia*

En los siglos pasados, los creyentes profesaban comúnmente como realidades últimas la existencia de Dios y la inmortalidad del alma. En nuestro tiempo, sin embargo, existe un profundo escepticismo sobre la inmortalidad del alma y, en general, sobre la posibilidad de que haya vida después de la muerte[3].

Las dudas no tienen que ver solamente con la idea o las representaciones de la inmortalidad. No se reduce a una actitud negativa ante eventuales pruebas filosóficas, sino que afectan a la propia realidad de la superación personal de la muerte. Las dudas se transforman a menudo en una decidida afirmación, a saber, que la existencia personal está totalmente encerrada en la historia y que, por tanto, encuentra todo su significado dentro de los límites históricos.

Filosóficamente llama sobre todo la atención que muchos pensadores que consideran la muerte como la última palabra de la existencia humana, creen que esta afirmación es un dato de hecho tan evidente que no hay por qué discutirlo. Se trata de un prejuicio que explica probablemente por qué no se hace el esfuerzo necesario para fundamentar con todo detalle dicha tesis. Muchos pensadores como K. Marx, E. Bloch, J.-P. Sartre, S. de Beauvoir, E. Fink y otros no parecen tener ninguna duda sobre la supresión radical y total de la existencia personal. Y, en consecuencia, no ponen ningún interés en fundamentar su tesis con argumentos concluyentes[4].

Desde una perspectiva filosófica, una posición así no es satisfactoria. Aun en la hipótesis de que se tratara de algo evidente, el filósofo tiene el deber de analizar críticamente la evidencia y de mostrar que es inevitable. La carga de la prueba de las propias afirmaciones es algo que obliga a todos por igual.

Adentrémonos, pues, directamente en este problema tan vivo. ¿Se puede hablar de un dato demostrado?

---

3. P. Delooz, *Qui croit à l'au-delà?*: Lumen vitae 26 (1971) 193-214.
4. «Los filósofos actuales, cuando abordan el tema de la muerte escriben gruesos volúmenes partiendo del principio, para ellos evidente, de que la muerte es una aniquilación. Lo dan por descontado. Muerte igual a nada. ¿Pero es que saben algo de eso? No es más que un presupuesto, una petición de principio», C. Tresmontant, *Il problema dell'anima*, Roma 1972, 209.

La muerte como presunto fin radical de la existencia humana no es en absoluto un dato demostrado en el sentido que las ciencias empíricas dan a esta expresión. Se trata de una afirmación estrictamente filosófica. Decir que la muerte es la última palabra de la existencia personal es emitir un juicio de orden metafísico y religioso. Si este juicio fuera convincente, debiera dar cuenta de sí mismo y justificarse a partir de un análisis riguroso de los términos en que se formula.

Con todo, algunos pensadores parecen justificar de algún modo implícitamente sus tesis. Hablan de la condición corpórea del hombre y afirman que es evidente que esa condición corpórea conduce a la extinción de la vida personal en el momento de la muerte. Pero una conclusión así sólo tiene valor si se demuestra que la existencia personal coincide con el propio cuerpo, y no parece que este sea el caso. Ya hemos dicho en los capítulos anteriores que el hombre no es sólo su cuerpo. Al contrario, tanto la distancia entre la riqueza de la vida personal como los límites del cuerpo son justamente los que siempre han movido a los hombres a plantear el problema de la inmortalidad.

Es evidente que el filósofo tiene derecho a plantear la siguiente pregunta: ¿La descomposición del cuerpo fisiológico incluye también la supresión total de la vida personal? Lo primero que hay que discutir es que la respuesta a esta pregunta sea evidente *a priori*. Pues pensar que estamos ante un problema ya resuelto en su punto de partida es proponer una pésima filosofía.

2. *La muerte no es la última palabra de la existencia humana*

No debemos limitarnos a constatar sin más que hay muchos pensadores que afirman gratuita y acríticamente que la muerte es el final radical de la existencia personal. También es importante ver que tal tesis no es compatible con los datos positivos de la existencia humana de que disponemos hasta ahora.

No parece que se pueda llevar hasta el final la tesis de la muerte radical de la persona sin caer en un burdo materialismo. Y si se hace, uno se expone a todas las contradicciones de las antropologías materialistas.

En efecto, decir que la muerte es la extinción radical y definitiva de la vida personal es lo mismo que decir que en la muerte la persona humana está total y radicalmente determinada en todas sus dimensiones por las leyes físicas y biológicas. Ahora bien, si en el momento de la muerte el hombre es esencialmente el resultado de las fuerzas materiales e impersonales, ¿por qué no lo es también en todo el marco de su existencia y en todas las expresiones y manifestaciones de la vida humana? La consecuencia es seria. Muchos pensadores materialistas tienen dudas a la hora de tratar y considerar al hombre como mero resultado de procesos neutros y deterministas.

Recordemos brevemente los datos antropológicos que muestran con más claridad la trascendencia de la persona humana respecto a la realidad natural, el carácter único y original del *ego* en las relaciones interpersonales, el misterio de la libertad o la trascendencia espiritual, por ejemplo. La persona no es un mero reflejo de procesos naturales. Por eso no se puede afirmar coherentemente en filosofía que la muerte es necesaria y evidentemente el fin de la persona individual.

Pero digamos algo más. La hipótesis de la muerte radical de la existencia personal debiera llevar también a afirmar el carácter radicalmente absurdo de la existencia. Esta lógica ha sido puesta de manifiesto con especial vigor por J.-P. Sartre y A. Camus. Recordémoslo. La muerte es el fin radical de la persona, la libertad es una ilusión, una pasión inútil. Es indudable que con mi muerte no desaparecen necesariamente los ideales por los que he gastado mi vida, ni cambia fundamentalmente el curso del mundo. Si todo queda en manos de los demás, no hay nada que garantice la construcción duradera de los valores. Incluso la idea de salvar la parte más valiosa de la propia vida trasfiriéndola al futuro trascendente de la humanidad, como pensaba K. Marx, es una enorme ilusión. Por eso a Camus se le preguntó tan seriamente: «¿Qué libertad puede haber en sentido pleno sin garantía de eternidad?»[5].

Finalmente, hay que tener en cuenta que la existencia concreta y viva se rebela contra la conclusión filosófica de que al fin y al cabo todo es absurdo. El hombre está invenciblemente convencido y absolutamente seguro de que algo tiene sentido. Amar al pobre, al niño que pasa hambre y al que sufre tiene sentido. Frente a toda duda y a todo lo absurdo, Gabriel Marcel no puede por menos de señalar:

---

5. A. Camus, *Le mythe de Sisyphe*, Paris 1965, 81 (versión cast.: *El mito de Sísifo*, Madrid ⁵2003).

Si la muerte fuera una realidad última, el valor sería pura y escandalosamente anulado y la realidad golpeada en su mismo corazón. No podemos ocultarnos a nosotros mismos esta realidad a menos que adoptemos una postura cómoda. Aceptar pura y simplemente este escándalo no significa inclinarse ante un hecho objetivo porque en tal caso nos hallamos fuera del ámbito del hecho. Significa, por el contrario, disgregar profundamente la propia condición humana[6].

P. Teilhard de Chardin sigue esta misma línea. El hombre no se resignará por completo ante el desmoronamiento total de su vida. Se rebelará «a no ser que la muerte se revele como la forma o condición de un nuevo progreso. Obrar es crear, y crear para siempre. Acción refleja y previsión de ocaso no son cósmicamente compatibles»[7].

No hay duda de que, para Teilhard de Chardin, la muerte fisiológica es también un elemento fundamental del mecanismo evolutivo. Pero como el sentido de la evolución está en la aparición del hombre, no es compatible con su ocaso total, porque sería introducir una contraposición radical en el mismo corazón de la evolución. La evolución vencería todos los obstáculos durante milenios. Y esta victoria interminable sólo serviría para generar el hombre espiritual y libre que desaparece radicalmente en la muerte.

> Por tanto, la asociación en una misma corriente evolutiva de un pensamiento y de la muerte provoca un conflicto básico que debe acabar con la destrucción de uno de los términos. O el espíritu, al verse vencido, se retira del juego, o la muerte se quitará el velo de la aniquilación y asumirá la figura de la vida. Ahora bien, la primera alternativa implicaría el carácter absurdo de un universo que se impuso al inconsciente hasta la aparición del hombre. Queda, pues, la segunda alternativa, a saber, que la muerte permite que subsista, no importa cómo, una parte de nosotros mismos, por la que podemos interesarnos y a la que podemos entregarnos como a una par-

---

6. G. Marcel, *Homo viator. Prolegomeni ad una metafisica della speranza*, Torino, 1976, 176 (versión cast.: *Homo viator*, Salamanca 2004). Marcel prosigue: «El espíritu de verdad se identifica con el espíritu de fidelidad y de amor. Pero hay que ir aún más allá: el valor se puede concebir como realidad –tratando así de liberarlo del verbalismo que cree proclamarlo, pero que lo que realmente hace es suprimirlo– sólo si se refiere a la conciencia de un destino inmortal».
7. P. Teilhard de Chardin, *L'énergie humaine*, en *Oeuvres* VI, 175; cf. F. Ormea, *Teilhard de Chardin*, Firenze 1968, 355-413.

tícula de absoluto. El término al que nos destina nuestra inserción en el universo, *para ser tal*, debe presentarse a nuestra esperanza como *algo sin ocaso*: he aquí, como decía, lo que constituye una condición «sine qua non» de la energía humana[8].

El mismo Teilhard de Chardin insiste más adelante en que para que la muerte no sea realmente una muerte radical es preciso que deje filtrar lo que hay de más valioso en nuestro ser; no lo más primitivo e inconsciente, sino lo que constituye la expresión más noble y sublime de nuestra existencia[9]. No se trata de afirmar en nombre de la evolución la supervivencia de un alma en sentido platónico, sino de contestar el poder absoluto y radical de la muerte en cuanto incompatible con la espiritualidad y libertad del hombre.

La prueba tradicional de la inmortalidad del alma parece situarse también en esta perspectiva. Por encima de las críticas que se puedan hacer a muchas formulaciones, probablemente hay una situación que se salva. Esta situación consiste en que la espiritualidad de la persona no puede desaparecer sólo porque el organismo biológico se descomponga. El alma es espiritual, no se compone de los mismos elementos que los seres materiales y vivos, y por eso no es susceptible de extinguirse radicalmente mediante procesos fisiológicos. La evidente realidad de que la muerte suspende radicalmente la posibilidad de comunicarse sensiblemente y de que separa a la persona de nuestro mundo humano no significa decir que el hombre se extingue personalmente[10]. C. Tresmontant resume esta reflexión de la siguiente forma: «Negativamente podemos retomar, pues, el argumento de Platón y santo Tomás de Aquino, que sigue siendo válido: como el alma humana no es un agregado, sino lo que une una multiplicidad material, no se ve cómo puede descomponerse como un cadáver. No hay nada que autorice hoy a decir que la muerte es una aniquilación. Es una petición de principio, un sofisma»[11].

8. *Ibid.*, 176.
9. *Ibid.*
10. Cf. M. Scheler, *Morte e sopravvivenza*, en Id., *Il dolore, la morte, l'immortalità*, Torino 1983, 125 (versión cast.: *Muerte y supervivencia*, Madrid 2001); C. Tresmontant, *Il problema dell'anima*, 210.
11. C. Tresmontant, *Il problema dell'anima*, 215.

3. Insuficiencia de la historia

¿Es posible eludir el carácter absurdo de la existencia, como consecuencia de la muerte radical, afirmando que el hombre encuentra su plenitud de significado en el futuro histórico? ¿Podemos sostener fundadamente que la muerte es inofensiva si el hombre ha trasferido mientras vive sus valores e ideales a la clase obrera, es decir, a esa porción de la humanidad que según la utopía marxista logrará la victoria definitiva y construirá la sociedad futura?[12]. ¿Basta trabajar por los demás para asegurar el sentido último y definitivo de la existencia personal? La esperanza que sostiene la vida y la actividad humana, ¿es sólo una esperanza histórica y colectiva?

Afirmar que el hombre encuentra el significado de su existencia en el curso de la historia depende al menos de tres presupuestos fundamentales. En primer lugar del presupuesto de que la humanidad como especie biológica va a continuar existiendo indefinidamente en la tierra; en segundo lugar del presupuesto de que la humanidad va inevitablemente hacia una nueva sociedad sin alienaciones; y, finalmente, del presupuesto de que una sociedad sin alienaciones es la respuesta total y definitiva al significado de la existencia humana.

Analicemos brevemente la consistencia de estos tres presupuestos. Por lo que se refiere a la continuidad biológica ilimitada de la especie humana, se advertirá que no es ni mucho menos segura. Ni la filosofía ni las ciencias dan una respuesta infalible sobre este tema. La tierra está sometida a todas las leyes que rigen el universo. La vida biológica sólo es posible en condiciones muy estrictas. Y nada hay que garantice que seguirán dándose en un futuro lejano. Es, pues, problemático vincular el futuro de la actividad humana a un futuro nada seguro. Si la humanidad desaparece un día de la faz de la tierra, todos los esfuerzos realizados y los innumerables sufrimientos padecidos habrán sido vanos e inútiles. Que esto suceda antes o después, resulta en verdad indiferente.

12. G. Mury, *Le marxiste devant la mort*: Supplément de la Vie spirituelle 77 (1966) 241-242: «Puedo darle un sentido a mi vida si la hago coincidir con el proyecto universal de la especie que, desde su origen, se ha empeñado en construir por el trabajo social un mundo fraterno en el que esté radicalmente asegurado el dominio del hombre sobre su entorno material... Me salvo o me condeno en este mundo en la medida en que cumplo o dejo de cumplir la vocación de la humanidad global encarnada en los combates presentes emprendidos por el proletariado que lucha por la liberación general de todos los hombres».

Esta perspectiva era un tabú para la mayoría de los pensadores marxistas. G. Mury observa atinadamente que es absolutamente inconcebible que el obrar actual dependa de un futuro hipotético y reciba *post factum* y desde fuera un significado. El obrar humano sólo se comprende si tiene un significado inmanente[13].

Es posible que tanto para G. Mury como para muchos otros este significado inmanente no sea más que el dato incontestable de la experiencia. Por encima de las filosofías contrarias, cada uno da importancia a determinados compromisos que favorecen la humanización y la libertad, como promover la paz, la justicia o la igualdad. Esto es importante para vivir. Pero cuando se empieza a reflexionar, ya no bastan para justificar el sentido de la existencia. El problema está precisamente en salvar esta experiencia profunda ante la amenaza de la muerte. El sueño utópico de una sociedad futura sin alienaciones, que durante mucho tiempo fue un punto fuerte de la ideología marxista, y en parte también del mito moderno del progreso, no encuentra base en los datos científicos ni en los filosóficos.

Al reflexionar sobre la historia vimos que no existe historia sin libertad. Ahora bien, aun reconociendo que obrar libremente es muy distinto de obrar arbitrariamente, la libertad conlleva siempre la posibilidad de la traición, de la crisis y del fracaso.

Hay buenas razones para aceptar la perspectiva de progreso y crecimiento hacia una nueva sociedad más humana. Hay mucha gente comprometida en ello. Pero ello no garantiza ni asegura que se podrán superar los eternos problemas y límites del hombre. Los hombres del mañana, como los de hoy, tendrán las mismas tentaciones y la misma sed de tener y de poder. Siempre habrá que defenderse de las tendencias antihumanas[14].

13. *Ibid*., 246: «El alcance de la aventura humana es intrínseco; no proviene ni de una duración que, después de todo, será quizás inferior a la de los dinosaurios, ni de una repetición probablemente necesaria del proceso de aparición de la conciencia, sino de su grandeza específica... Al menos podemos decir que es posible amar, esto es, descubrir en su auténtica grandeza al ser que es mi semejante más próximo, sin prometerle por ello un destino eterno. Rechazamos con todas nuestras fuerzas la hipótesis según la cual la desaparición del hombre privaría retrospectivamente de sentido todos sus esfuerzos».

14. Cf. J. Y. Jolif, *L'ateismo marxista e l'interpretazione della storia*, en G. Girardi (ed.), *L'ateismo contemporaneo* III, Torino 1969, 426-429; P. D. Dognin, *Introduzione a Karl Marx*, Roma 1972, 200ss.

La historia actual da que pensar sobre el desmoronamiento impresionante de los dos grandes mitos que han dominado el siglo XX: el mito del progreso y la ideología comunista de un reino de libertad y fraternidad universal. La historia es infinitamente más compleja. El peligro está ahora en que grandes masas se desplacen hacia posiciones diametralmente opuestas: que unas traten sobre todo de resolver sus problemas desde la óptica de la economía capitalista y que otras nieguen todo sistema global de significado replegándose sobre creaciones significativas pequeñas y momentáneas como sucede en las corrientes postmodernas[15].

Para interpretar filosóficamente al hombre es importante pararse un poco y pensar en las razones que impidieron que estas grandes utopías pudieran dar una respuesta al problema del sentido de la vida personal.

Algunos pensadores marxistas como H. Marcuse (1898-1979) y M. Horkheimer (1895-1973) ya habían desmitificado la hipótesis de un futuro sin alienaciones concibiéndolo como un ideal mítico y utópico, resto de una antigua fe religiosa. Es significativo que H. Marcuse reflexione diciendo que en el caso de que se produjera una sociedad futura libre de alienaciones, no podría olvidarse la infinita serie de generaciones que murieron alienadas, y eso sería una continua pesadilla para esa sociedad[16]. Además, ya desde hacía varios decenios se abría paso la idea de que el problema de la muerte personal no es eliminado ni resuelto por las transformaciones sociales[17].

¿Cuál era el razonamiento implícito –y a veces explícito– subyacente a la tesis de que el advenimiento de una sociedad futura sin alienaciones acabaría radicalmente con el problema personal de la muerte? Esquemáticamente, el siguiente: se empezaba dando por

---

15. Cf. J. F. Lyotard, *La condizione postmoderna. Rapporto sul sapere*, Milano 1982 (versión cast.: *La condición postmoderna*, Madrid ⁴1989).

16. H. Marcuse, *Eros e civiltà*, Torino 1982, 248 (versión cast.: *Eros y civilización*, Barcelona ⁵2001): «La necesidad de la muerte no contradice la posibilidad de una liberación final. Como cualquier otra necesidad, puede racionalizarse, sin sufrimiento. Los hombres pueden morir sin angustia si saben que lo que aman está a salvo de la miseria y del olvido. Tras una vida realizada, pueden decidirse por la muerte en un momento elegido por ellos mismos. Pero ni siquiera el advenimiento definitivo de la libertad puede redimir a quienes murieron sufriendo. Y el recuerdo de estos, el cúmulo de culpas de la humanidad contra sus víctimas, es lo que oscurece el horizonte de una civilización sin represión».

17. Cf. A. Schaff, *Marx oder Sartre?*, Wien 1964, 33; E. Bloch, *Das Prinzip Hoffnung*, Frankfurt 1959, 1381 (versión cast.: *El principio esperanza*, Madrid 1977-1980, 3 vols.).

descontado y como evidente que tras la muerte no hay ni inmortalidad ni trascendencia. Por tanto, era imposible que la inquietud y la tragedia ante ella hundieran sus raíces en el destino trascendente del hombre. Era necesario que lo tuvieran en la situación presente, sobre todo en las alienaciones sociales. La percepción de la muerte personal como problema se interpretaba como un síntoma del malestar y de la alienación existentes en la sociedad. Por eso se suponía que el carácter oneroso y trágico de la muerte desaparecería por completo cuando llegara una sociedad libre y sin alienaciones.

Un procedimiento de esta clase refleja evidentemente una metodología inaceptable[18]. Pero lo que más ha desautorizado la apuesta por la futura sociedad ha sido justamente la experiencia de la gente bajo los regímenes comunistas. No se cesaba de ver la muerte como problema. El hombre no se cansa nunca de vivir. Sus posibilidades jamás se realizan adecuadamente[19]. Pero, sobre todo, el sentido de la existencia parece totalmente en entredicho si es inevitable que el individuo desaparezca del escenario de la historia. Pues, en definitiva, los valores están vinculados a personas libres que tienen que realizarse con otros en el mundo. Si todos desaparecen radicalmente como personas, hay que concluir necesariamente que la historia es una cadena interminable de fracasos y de amores miserablemente erradicados por la separación y el absurdo más absolutos. Todo el mundo vive engañado por un tiempo. Pero luego, tras una existencia fugaz, todos los esfuerzos se revelan vanos, como si no hubieran existido. La muerte lo destruye todo, no hay nada que se construya.

Advirtamos, finalmente, que la historia no está en condiciones de asegurar el significado fundamental del hombre. La razón de fondo es que los valores no se pueden separar de las personas. Todas las filosofías que han dicho que la historia es la respuesta adecuada al sentido de la vida –Hegel y el marxismo, por ejemplo– han negado sobre todo a la persona y la han sustituido por la *ratio*, el espíritu objetivo, la cultura, la sociedad futura o la clase obrera. Pero no son los valores los que constituyen al hombre, sino al revés, la persona es la fuente de los valores. Decir que la perspectiva

---

18. Cf. G. Cottier, *Ateismo e marxismo* V. *Discussione*, en G. Girardi (ed.), *L'ateismo contemporaneo* II, Torino 1968, 253s (versión cast.: *El ateísmo contemporáneo*, Madrid 1973).
19. Cf. E. Bloch, *Das Prinzip Hoffnung*, 1381.

histórica no basta no significa, sin embargo, que la historia carezca de interés o que no sea una de las mayores dimensiones de la existencia humana. Lo que la muerte contesta no es la importancia de la historia, sino su absolutización y la negación consiguiente del valor inalienable de la persona humana.

4. *Dos objeciones mayores*

En la época moderna surgen a menudo dos objeciones mayores que parecen oponerse desde el fondo al horizonte de la inmortalidad personal. De un lado, la afirmación de la inmortalidad personal implicaría una interpretación individualista del hombre; y de otro, en la inmortalidad personal se advierte una negación de los valores terrenos y el peligro básico de no comprometerse en la construcción de la historia. Ambas objeciones se encuentran muy extendidas[20].

a) *Inmortalidad e individualismo*

En la literatura atea se afirma frecuentemente que la fe en la inmortalidad personal refleja una postura egocéntrica e individualista ante la vida. Al exagerar la importancia de la vida como si fuera el centro de todo, se postula también su supervivencia en el más allá.

---

20. A. Wenzl, *Unsterblichkeit. Ihre metaphysische und anthropologische Bedeutung*, Bern 1951, 170s, enumera otras causas de la negación de la inmortalidad: 1) Para algunos, la presencia del mal en el mundo lleva a negar a Dios y la eternidad, pues la eternidad eternizaría también el mal –así Schopenhauer, por ejemplo–. 2) Otros niegan la inmortalidad en nombre de la libertad humana. La inmortalidad implica necesariamente la existencia de Dios, pero Dios sería incompatible con la libertad humana, porque su omnipotencia aplastaría la pequeñez del hombre. Y, en este caso, hay que decantarse por la libertad humana –una tesis muy explícita en Nietzsche y en varios pensadores existencialistas–. 3) Para otros se impone el miedo, miedo a la justicia, miedo a tener que vivir una vida sombría y aburrida, miedo a no poder comprometerse suficientemente con el mundo. 4) Finalmente, son también no pocos los que, aunque quizás preferirían la inmortalidad personal, creen que contradice a la ciencia moderna o la consideran algo obsoleto que no se compagina con los tiempos modernos. O es posible que estén tan fascinados por los valores culturales, que no ven otras perspectivas más allá de la muerte.

Además, la fe en la inmortalidad personal refuerza el egocentrismo y el individualismo. Hay que pensar sobre todo en la propia felicidad en el más allá y esta preocupación es la medida de todas las actividades humanas.

Esta dificultad tiene su importancia. Si se examina de cerca la idea de la inmortalidad personal, es fácil constatar que no es el resultado de preocupaciones individualistas y egoístas. Al contrario, nace con vigor en el contexto del amor y de la afirmación de los demás. Lo que genera la idea de la inmortalidad personal no es mi egoísmo sino el pensamiento y la realidad del otro. Esa idea se presenta como una exigencia inscrita en la misma lógica del amor. El aspecto interpersonal y comunitario pertenece a la idea misma de inmortalidad personal. El significado de la existencia humana no se puede separar de las relaciones interpersonales en general. Afirmar la inmortalidad personal y concebirla a la vez en clave puramente individual es en cierto modo un contrasentido y un discurso incoherente. En su verdadero sentido, la idea de la inmortalidad personal remite a una comunidad de personas humanas más allá de la muerte, en el sentido de que la comunión interpersonal no es destruida por la muerte –aunque sea misteriosa e incomprensible porque las personas humanas tienen en sí mismas una dimensión metahistórica y trascendente–.

b) *Inmortalidad y falta de compromiso*

Una de las críticas más comunes a la idea de inmortalidad es la falta de compromiso histórico. Es una idea perjudicial porque aleja al hombre de su verdadero ser histórico y lo incapacita para comprometerse a fondo en la trasformación del mundo. Creer en el más allá equivale inevitablemente a infravalorar y despreciar los valores de la tierra. Y, además, implica huir del mundo y buscarse continuas excusas.

Esta corriente crítica se puede describir con unas palabras de L. Feuerbach (1804-1872):

> Para quien cree en una vida eterna celestial, pierde la vida todo valor. O, mejor dicho, ya lo ha perdido. La fe en la vida *celestial* es precisamente la fe en la nulidad y miseria de *esta* vida. No puedo representarme el más allá sin *anhelarlo*, sin arrojar una mira-

da de compasión o desprecio a esta vida lastimosa. La vida celestial no puede ser objeto y ley de la *fe* sin ser al mismo tiempo ley de la moral: debe determinar mis actos si es verdad que tienen que coincidir mi vida y mi fe; *no puedo ser partidario* de las cosas pasajeras de este mundo. *No debo*, ni tampoco *puedo hacerlo*, pues ¿qué son todas las cosas de este mundo frente a la gloria de la vida celestial?[21].

Bien mirado, estamos ante el mismo reproche que se hace a la religión en general. La razón es fácilmente comprensible, porque religión e inmortalidad personal son dos modos de indicar la misma trascendencia del hombre respecto a la historia.

Si se examina críticamente esta objeción se constata que es sostenida por la tesis de que la inmortalidad personal no existe ni tiene fundamento alguno. Es una afirmación deductiva unida a una tesis que se tiene por evidente o como ya justamente demostrada. No es una afirmación descriptiva que observa cómo se comportan los que creen en la inmortalidad personal.

Ahora bien, si permanecemos en el plano del racionamiento deductivo, todo cambia desde el momento en que la inmortalidad personal es reconocida como una dimensión real del hombre. En este caso no se puede afirmar que la orientación de la persona hacia la trascendencia más allá de la muerte equivale a no comprometerse históricamente o a huir del mundo.

Si pasamos del plano descriptivo de los hechos y de las actitudes de los que viven en la perspectiva de la inmortalidad personal, lo menos que se puede decir es que los juicios generales contrastan con datos ciertos y documentados.

Es claro que históricamente hay algunas formas de religión que frenan el progreso material y social. Pero también hay creyentes históricamente comprometidos en el progreso de la humanidad. Pero la realidad de los hechos no permite afirmar que el compromiso en el mundo y en la historia sea un privilegio de los que no creen en Dios ni en la inmortalidad personal. En cambio, la falta de compromiso histórico ante el mundo sería propia de los creyentes y de la gente religiosa. Pero la realidad es mucho más compleja. De todos modos, no es difícil documentar que los grandes creyentes fueron personas comprometidas en fa-

---

21. L. Feuerbach, *La esencia del cristianismo*, Salamanca 1975, 200.

vor de la justicia, la paz y la igualdad. Lo atestigua sobradamente la gran tradición cristiana. La idea de la inmortalidad personal ha sido para muchas generaciones fuente y motivo para una vida virtuosa y justa. Muchas personas han encontrado en esa idea fuerza para trabajar y sufrir, convencidas de que lo mejor que hacen los hombres se salva de la muerte. La idea del valor inviolable de la persona que se revela también en la inmortalidad personal ha movido a muchos a contestar toda forma de esclavitud, de explotación y de totalitarismo, y lo sigue haciendo todavía hoy.

Sólo una idea falsa de la inmortalidad personal podría implicar la falta de compromiso, una inmortalidad de corte dualista e individualista acompañada del desprecio de la materia. Si queremos ser exactos, lo que conduce al desprecio de la materia y a la falta de compromiso histórico es el dualismo y no la idea de la inmortalidad personal.

La verdadera idea de inmortalidad personal incluye la comunidad humana y una profunda responsabilidad para con las situaciones en que se encuentran los demás, una responsabilidad tanto mayor cuanto que no es suprimida por la muerte. Si el hombre ve su existencia como una existencia encarnada orientada esencialmente al reconocimiento de los demás, el horizonte de la inmortalidad personal será lo que le impulse a comprometerse totalmente por los demás. Lograr el destino personal está vinculado necesariamente a los demás. Por eso la vida es seria y cada instante es enormemente valioso. Y es que la libertad definitiva es fruto de la respuesta, en la justicia y el amor, a la llamada del otro.

Podemos decir, en síntesis, que la inteligencia humana, a pesar de sus límites y de su precariedad ante la muerte, puede lograr algunas certezas en torno a los siguientes puntos:

1. Toda persona humana intenta que su existencia tenga sentido, sentido que no se puede separar del ser de los otros.

2. No se puede concebir a la persona humana como simple y pura expresión de la materia evolutiva e histórica, porque en lo profundo de la existencia personal hay siempre un «don» trascendental o metafísico.

3. No se puede ver la muerte como fin radical de la persona humana, porque se caería en el materialismo y se negaría el significado de la existencia humana.

4. La superación de la muerte se debe concebir como inmortalidad personal, porque las personas son justamente la fuente y el punto de referencia de toda la empresa humana.

¿Debe quedarse aquí la filosofía?, ¿ha de contentarse con confesar su impotencia para clarificar más el misterio de la existencia humana?, ¿o es capaz de clarificar todavía más el fundamento en que se apoya la afirmación de la inmortalidad personal?, ¿es capaz la filosofía de fundamentar con certeza la existencia personal más allá de la muerte?

Las respuestas filosóficas a estos interrogantes siguen distintos rumbos. Muchos afirman explícitamente su escepticismo ante cualquier otro paso en este tema. Otros creen disponer de algunos elementos que permiten decir algo sobre él. Demos, pues, una ojeada a estos intentos.

Una amplia tradición ha intentado afirmar la inmortalidad personal a partir de la espiritualidad ontológica y metafísica. Se dice que el carácter simple –sin composición hilemórfica– e incorruptible de la existencia espiritual incluye evidentemente la inmortalidad personal. Se piensa, pues, que nuestro conocimiento de la naturaleza metafísica del ser humano nos permite afirmar –sin recurrir explícitamente al Dios creador– que la muerte no afecta al núcleo de la persona humana individual.

Pero hay también otra tradición –fundamentalmente religiosa pero con fuerte influjo filosófico– que sostiene que la afirmación de la inmortalidad personal depende esencialmente de la fe en Dios. Más aún, la misma idea del carácter espiritual de la persona humana es una idea dinámica y metafísicamente abierta que logra su explicitación última en el reconocimiento de una relación constitutiva del hombre con Dios. La propia esencia del espíritu se concibe como una relación con Dios que da origen a la existencia humana y como orientación concreta y dinámica hacia Dios como futuro del hombre. Por consiguiente, para fundamentar el horizonte de la inmortalidad personal, es preciso ver que el acto creador implica y garantiza una existencia personal eterna. A continuación estudiaremos de cerca hasta qué punto la reflexión estrictamente filosófica es capaz de avanzar en este terreno.

II. LA IDEA DE LA INMORTALIDAD COMO «ALMA SEPARADA»

1. *Las dificultades de la idea del «anima separata»*

La reflexión contemporánea encuentra muchas dificultades al afrontar la idea del *anima separata*[22]. ¿Es una idea capaz de expresar la superación personal de la muerte?, ¿se puede demostrar filosóficamente la inmortalidad personal basándose solamente en el alma espiritual que no se corrompe?, ¿presentar la inmortalidad personal como *anima separata* responde de algún modo al problema de la existencia humana, que parece radicalmente comprometido por la muerte? Buscar la inmortalidad personal como una característica ontológica que el hombre tiene ya como ser humano, ¿no lleva quizás a negar el carácter trágico de la muerte y a banalizar el propio misterio de la vida y de la muerte? Estas son, a grandes rasgos, las dificultades que se contraponen a la idea del *anima separata*.

El primer grupo de dificultades tiene que ver sobre todo con el valor de la prueba de la inmortalidad a partir del *anima separata*.

Desde la antigüedad griega tenemos documentos que dan fe del escepticismo ante una eventual demostración filosófica de la inmortalidad personal. Pero esto no significa que los pensadores de entonces nieguen la realidad misma de esa inmortalidad. Se acentúa, sin embargo, su carácter misterioso y oscuro, inaccesible al pensamiento racional y filosófico. Se insiste incluso en que en este tema es preferible la reserva a la creatividad de la imaginación. Ante algo que no pueda afirmar con certeza, es preferible que el filósofo se calle y no diga nada[23].

Pero se advierte también cierto escepticismo en quienes defienden determinado tipo de demostración filosófica de la inmortali-

---

22. Cf. J. M. González Ruiz, *¿Hacia una desmitologización del «alma separada»?*: Concilium 41 (1969) 83-96.
23. M. Scheler, *Morte e sopravvivenza*, 113: «Que *ella* no siga existiendo, jamás podré saberlo. Pero tampoco podré saber si sigue existiendo. Lo único que, según las leyes de su ser, se experimentará inmediatamente es este impulso, que pertenece a su experiencia *de sí*. Pero *creo* que la persona *sigue existiendo* porque no tengo razones para pensar lo contrario, y además creo que se dan claramente las condiciones necesarias para tal cosa», cf., también, P. Schoonenberg, *Creo en la vida eterna*: Concilium 41 (1969) 104.

dad. M. Blondel (1861-1949)[24] y J. Maritain (1882-1972)[25], por ejemplo, insisten en la necesidad de un marco antropológico y existencial que parece indispensable para comprender el sentido de la demostración. Es decir, el problema de la trascendencia personal sobre la muerte no se plantea mediante un discurso rigurosamente filosófico, sino a nivel de convicciones y certezas prefilosóficas.

Muchos pensadores son decididamente escépticos respecto a la posibilidad de demostrar filosóficamente la inmortalidad personal. M. Scheler rechaza decididamente el materialismo, pero afirma que en este terreno –como en el conjunto de la metafísica– es imposible una verdadera y propia demostración[26]. K. Jaspers es aún más expresivo: ninguna demostración filosófica. Lo más, hay cierta «cifra» oscura de la inmortalidad[27]. Sin embargo, la imposibilidad de todo discurso filosófico riguroso en torno a la inmortalidad personal no parece excluir alguna forma de conocimiento prevalentemente subjetivo y escasamente comunicable: «Amando es como percibo la inmortalidad de aquellos que están ligados a mí por el amor»[28].

Un segundo grupo de dificultades tiene que ver sobre todo con el lenguaje de la inmortalidad. Se supone que el ocaso de la idea de la inmortalidad personal se debe también a que el lenguaje que se

---

24. Cf. M. Blondel, *Le problème de l'inmortalité de l'âme*: Supplément de la Vie spirituelle 61 (oct.-nov. 1939) 1-15.
25. Cf. J. Maritain, *Da Bergson a Tommaso d'Aquino. Saggio di metafisica e di morale*, Milano 1980, 127-152.
26. M. Scheler, *Morte e sopravvivenza*, 101s: «Préstese mucha atención al sentido de este interrogante. No se pregunta cómo pueda demostrarse la *inmortalidad* o justificar la creencia en ella. Ciertamente *no* es posible «demostrarla» –en la acepción que este término tenía en el siglo XVIII–. Pero, como en muchas otras cuestiones filosóficas, es también extraordinariamente problemático que la demostración tenga aquí *sentido* y que sea necesaria. Toda posición que se funda en la experiencia directa es *eo ipso* indemostrable y constituye el *presupuesto* necesario de toda posible demostración».
27. K. Jaspers, *Immortalità*, Torino 1961, 32: «Se quiere saber, pero todas las pruebas filosóficas de la inmortalidad que ha habido en la historia desde Platón, no resisten la crítica. La inmortalidad ni se puede afirmar ni negar».
28. *Ibid.*, 37: «Quiero decir lo siguiente: convencerme de la inmortalidad de mis seres queridos y de mí mismo –y en qué sentido– no depende de un saber, que está de todas formas proscrito, sino de mí mismo. No existe inmortalidad en el sentido de una ley natural, como el nacimiento o la muerte. No es algo evidente. La conquisto en la medida en que amo o busco el bien. Me deslizo en la nada en la medida en que vivo sin amor y, por tanto, sin brújula. Amando es como percibo la inmortalidad de aquellos que están ligados conmigo por el amor».

usa para hablar de ella es poco crítico. Pensemos en las imágenes míticas y fuertemente antropológicas sobre la vida del más allá que existen en las distintas religiones y también en algunas manifestaciones del cristianismo popular[29]. L. Feuerbach no tuvo ningún problema a la hora de criticarlas[30]. Pero no olvidemos que hay también muchos teólogos que son sumamente críticos y negativos con este mundo de imágenes[31].

La problemática del lenguaje es hoy mayor. El peligro más importante que amenaza actualmente el discurso sobre la inmortalidad es el del objetivismo, es decir, el de transferir sin una profunda analogía las categorías de espacio y tiempo a la realidad trascendente. Y ello sobre todo cuando se habla del «después» de la muerte y del «más allá» –concebido como un espacio–. Ya L. Lavelle (1883-1951) criticó duramente este lenguaje y esta idea de inmortalidad[32].

Habría que leer también detenidamente las observaciones tan sensatas de I. T. Ramsey sobre el lenguaje de la inmortalidad. Todas nuestras imágenes son radicalmente insuficientes porque están ligadas al espacio y al tiempo. Pero, si existe la inmortalidad personal –in-mortalidad es también un término inadecuado– es precisamente porque el ser humano no se identifica jamás con su sola existencia terrena e histórica. Así pues, en el hombre hay un *plus* respecto a las categorías de espacio y tiempo, y ese *plus* se falsifica esencialmente cuando se interpreta sobre todo como continuidad en el espacio y en el tiempo. Por eso el discurso sobre la inmortalidad es tan difícil y tan inadecuado[33].

¿Habrá que abandonar, pues, el discurso sobre la inmortalidad personal?

I. T. Ramsey insiste en la necesidad de no abandonarlo, sino de expresarlo en un lenguaje cualificado que permita una «revelación» (*disclosure*). Las expresiones «inmortalidad» y «vida sin final» no indican una propiedad inherente a una cosa –el alma separada–; no se refieren a una forma de existencia comparable a la actual, con la única diferencia de que nunca se acaba. Esas expre-

---

29. Cf. F. Grégoire, *L'au-delà*, Paris 1960.
30. Cf. L. Feuerbach, *Todesgedanken*, SW (Bolin-Jodl), vol. I.
31. Cf. H. Mertens, *De relativiteit van de traditionele beelden*: Tijdschrift voor theologie 10 (1970) 382-404.
32. Cf. L. Lavelle, *De l'âme humaine*, Paris 1951, 477ss.
33. Cf. I. T. Ramsey, *Freedom and Inmortality*, London ²1971, 91-148.

siones nos hablan, más bien, de una situación que ahora reconocemos como característica porque somos «más» que una realidad espacial y temporal[34]. Para hablar más adecuadamente de la inmortalidad habría que recurrir, pues, a unos modelos capaces de significar de algún modo la trascendencia espacial y temporal del hombre.

El tercer grupo de dificultades está relacionado con el contenido de la expresión *anima separata*. Recordémoslo brevemente. La idea corriente de inmortalidad –la popular en el cristianismo y sobre todo la del dualismo moderno– se refiere a una «parte» del hombre, al alma espiritual, que sigue existiendo «después» de la muerte porque es incorruptible[35]. La inmortalidad indicaría, pues, una sustancia espiritual que tiene la propiedad natural de existir sin final por la sencilla razón de que no se puede corromper metafísicamente.

Así, pues, la tercera dificultad radica esencialmente en afirmar que la idea de inmortalidad depende estrechamente de la teoría del dualismo antropológico. En el dualismo, el alma espiritual –que es, en realidad, el ser humano integral– continúa ejerciendo las funciones humanas esenciales –inteligencia y voluntad– y no necesita de un cuerpo para pensar, querer o amar. Pero esta justificación de la inmortalidad es falaz porque el dualismo antropológico carece de fundamento. Para consolidar esta dificultad se suele aludir a que el cuerpo participa en todas las expresiones de la existencia humana. Más aún, en que el funcionamiento del cuerpo es también condición fundamental para ejercer las facultades humanas. Por tanto, si sólo se considera el alma espiritual en su relación con el cuerpo, no se ve en absoluto cómo después de la destrucción del cuerpo

---

34. Cf. *ibid.* 104; cf., también, J. van der Veken, *Zinvol spreken over on-sterfelijkheid: een opdracht voor de theologie*: Tijdschrift voor theologie 10 (1970) 352-355; cf. algunas ideas parecidas en L. Lavelle, *De l'âme humaine*, 479-483.

35. Cf. J. Y. Jolif, *Affirmation rationelle de l'immortalité de l'âme chez saint Thomas*: Lumière et Vie 24 (1955) 59-78; G. St. Hilaire, *Does St. Thomas really prove the soul's immortality?*: The New Scholasticism 34 (1960) 340-356. Conviene señalar que la filosofía medieval, a diferencia del racionalismo moderno, habla del alma separada en un contexto global y específicamente en el marco de una relación dialógica con Dios. Esto es muy importante para comprender las «pruebas» de la inmortalidad en el contexto de la filosofía escolástica. Sin embargo, el racionalismo pone entre paréntesis este contexto. Y entonces la inmortalidad del alma se convierte en una especie de propiedad natural o de ley natural. Cf. J. Pieper, *Tod und Unsterblichkeit*, München 1968, 164-166.

puede existir y actuar como persona humana. R. Mehl ha formulado así esta dificultad:«Si no soy mi cuerpo, la verdad es que tampoco existo nunca sin mi cuerpo, ya que no existo nunca sin mi expresión y mi orientación fundamental, positiva o negativa, hacia los demás»[36].

Santo Tomás ya fue consciente de esta dificultad y no logró resolverla en el ámbito de la reflexión filosófica[37].

Para muchos pensadores, este es el único horizonte en que se puede considerar la inmortalidad personal. Rechazan, pues, toda demostración filosófica. A menudo ponen también en duda la misma hipótesis de la inmortalidad personal. Y especialmente inaceptable es la hipótesis de una «parte» o «resto» del hombre (*anima separata*) que sigue viviendo tranquilamente después de la muerte. Este «resto» no puede pretender de ningún modo llamarse ser humano[38].

2. *Evaluación de las dificultades*

No es difícil ver que estas críticas se refieren a dificultades reales. No es preciso compartir necesariamente las críticas de I. Kant a la idea de simplicidad e incorruptibilidad para darse cuenta de ello. La idea de *anima separata* es frágil y vulnerable[39].

Se reconoce sobre todo la pertinencia de las observaciones sobre el lenguaje. El problema de la inmortalidad del alma no es esencialmente un problema del «después». Es el problema de la dimensión metahistórica y trascendente que se manifiesta ya en el hombre en cuanto ser de verdad, libertad y comunión. Para evitar categorías espaciales y temporales, sería preferible hablar de la posibilidad absoluta de realizar el sentido de la existencia humana continuando la identidad personal.

La dificultad del *anima separata* no se puede neutralizar, como a veces se ha hecho en la filosofía escolástica, afirmando que permanece como «forma» que remite al cuerpo, aunque de momento no es forma de ningún cuerpo. Es también poco convincente la hipótesis

---

36. R. Mehl, *Le vieillissement et la mort*, Paris ²1960, 88.
37. Cf., por ejemplo, la *Summa Theologica* I, q. 89, a. 1.
38. Cf. W. Luijpen, *Existential phenomenology*, Pittsburgh-Louvain 1969, 59.
39. I. Kant, *Kritik der reinen Vernunft*, Akademie Ausgabe IV, 221-227 y 246s (versión cast.: *Crítica de la razón pura*, Madrid ²⁰1998).

de K. Rahner (1904-1984) que subraya la dimensión pancósmica del alma después de la muerte, porque no se ve donde se funda[40].

Al plantear el problema de la inmortalidad personal como *anima separata* se introduce fácilmente una falsa perspectiva y un modo equivocado de ver las cosas. Porque se sugiere continuamente que el núcleo problemático de la inmortalidad sería el del «funcionamiento» de la máquina humana, es decir, ¿cómo podrían funcionar la inteligencia, la voluntad y la libertad careciendo de algunos presupuestos fundamentales como el cerebro, el cuerpo o la memoria, por ejemplo? Pero el hombre no es una máquina y el problema de la inmortalidad no consiste ante todo en saber cómo la inteligencia puede pensar sin el cerebro.

Presentar la inmortalidad como *anima separata* se puede criticar también porque no resuelve el problema del significado fundamental de la existencia, a saber, la posibilidad de lograr una libertad definitiva, un amor perfecto y una comunión total. Todo esto trasciende con mucho la simple afirmación de que «no todo se acaba con la muerte». Se toca aquí el misterio metafísico del hombre, es decir, el misterio del «don» que se manifiesta en las dimensiones básicas de la existencia humana. La pregunta decisiva sobre la inmortalidad es ésta: ¿Quién me garantiza que el «don» de la existencia humana es permanente –eterno, sin final–?, ¿quién o qué me garantiza que las promesas inherentes a la existencia humana –realización perfecta de la persona, comunidad perfecta, libertad y amor perfectos– puedan o deban realizarse? La filosofía del *anima separata* no responde a este interrogante central y decisivo.

Si se quiere resolver el problema de la inmortalidad analizando solamente la estructura humana –estática e incorruptible– y más concretamente el vínculo alma-cuerpo, jamás se dará con una solución satisfactoria. La única vía de solución ha de buscarse en el misterio metafísico del hombre, o sea, en ese misterio de «don» que se revela en su existencia. ¿Pero cuántos pasos podrá dar el filósofo por este camino?

C. Tresmontant ha podido decir, siguiendo esta línea, que hoy «en la perspectiva de la metafísica cristiana en que nos situamos y

---

40. Cf. K. Rahner, *Sulla teologia della morte*, Brescia 1965, 18-26; R. Troisfontaines, *Non morrò*, Roma 1963, 245-248. Cf., también, las críticas de N. Luyten en el volumen *Geist und Leib in der menschlichen Existenz*, München 1961, 195ss.

que, tras un profundo análisis, se ha mostrado lógica y racional, no disponemos de argumentos racionales decisivos que nos obliguen a asegurar, *apoyándonos solamente en lo que somos*, que seguiremos existiendo después de la muerte, una muerte que nos puede suceder quizás mañana. Para la metafísica cristiana, existir es un don. ¿Quién nos puede asegurar, pues, que este don nos será conservado, junto a bienes todavía mayores? Esta seguridad no la podemos hallar ni en nosotros mismos, ni en nuestra naturaleza. Sólo la hallaremos en Aquel del que recibimos hoy el ser. De él es del que esperamos el don de la vida eterna. La espera de la misma es una esperanza fundada en él y en nosotros»[41].

Sería ingenuo pensar que la frecuente duda sobre la inmortalidad en el mundo de hoy tiene algo que ver con la filosofía del *anima separata*. La verdad es que la inmortalidad parece menos probable en la medida en que desaparece la fe en el Dios creador, que es el origen de la persona. Es decir, el ocaso del pensamiento metafísico y de la fe en Dios es el causante del ocaso de la inmortalidad personal.

III. Futuro absoluto y esperanza

Existe indudablemente una segunda vía para hallar algún fundamento para la inmortalidad personal. Es la vía metafísica, que concibe al hombre como criatura de Dios. Pero es una vía que nos sitúa decididamente fuera del ámbito de la antropología filosófica. Recordemos, sin embargo, su trayectoria.

El interrogante sobre la inmortalidad personal se formula así: El hecho de que todo ser humano descubra que es, en definitiva, una persona ante los demás porque es alguien ante el Creador, ¿es una promesa o garantiza de algún modo la inmortalidad personal y la plena realización de la existencia?

No olvidemos que el discurso sobre el Dios creador, aunque no compete a la antropología filosófica, no introduce ningún elemento extraño en la antropología. La afirmación metafísica del Dios creador se efectúa precisamente a partir de esa experiencia de tras-

---

41. C. Tresmontant, *Il problema dell'anima*, 217.

cendencia y de absoluto que hemos hallado varias veces en los análisis antropológicos: en la intersubjetividad, en la verdad, en la libertad, en los valores y en la historia. La trascendencia espiritual del hombre, su carácter único e irreductible ante los demás y ante la materia no es una característica sectorial, sino expresión de su origen creado.

El problema de la inmortalidad personal se identifica, en definitiva, con el problema del hombre como interrogante de Dios. Si se vive la espiritualidad humana dinámicamente como dimensión interpersonal, orientada hacia el futuro de una comunidad perfecta de personas y de una libertad plena, ella nos conduce hacia el problema central de Dios, más aún, ella es el problema.

1. *El hombre como interrogante de Dios*

El misterio de la trascendencia como futuro absoluto y garantía de inmortalidad radica en primer lugar en la relación interpersonal entendida como dimensión ética. El nexo entre lo absoluto de la apelación ética, la existencia de Dios y el horizonte de inmortalidad personal se percibió pronto en la historia. Vamos a fijarnos en dos figuras de las épocas moderna y contemporánea, I. Kant y E. Levinas.

Para Kant, la experiencia ética es un dato originario y evidente que no se deduce de las ciencias ni se puede reducir a ellas. En la experiencia ética el hombre se descubre como persona. El deber moral le exige una conformidad absoluta con la ley, conformidad que es perfección para él, y que no puede lograr mientras vive. Por otro lado, nadie tendría la fuerza suficiente para tender a la santidad absoluta si no existiera Dios como garantía de la ley y de la consumación del hombre. Por consiguiente, la experiencia ética, a nivel vital, lleva a percibir la inmortalidad personal vinculada a la existencia de un Dios que la garantiza y la consuma[42].

Se suele criticar la posición de I. Kant por demasiado legalista. Pero no es lo que ahora nos interesa. Lo importante es que Kant ha establecido un nexo irrompible entre la experiencia ética, el miste-

---

42. Cf. I. Kant, *Crítica de la razón práctica*, Salamanca ⁵2002, 153ss; M. G. Pagano, *Il problema dell'anima in E. Kant*, en A. G. Manno y otros, *L'anima*, Napoli 1979, 269-279.

rio de Dios y la inmortalidad personal. El hombre está implicado ya ahora en la relación con el absoluto.

E. Levinas insiste mucho en la relación entre la experiencia ética y la afirmación de la existencia de Dios. Como ya hemos dicho, el hombre se encuentra concretamente con el misterio de Dios cuando oye, reconoce y acoge la voz del otro[43]. Al contrario que Kant, Levinas no ve en este nexo ninguna garantía de inmortalidad personal. El único horizonte de inmortalidad y redención final que se señala claramente es el ya arcaico de vivir mediante el hijo que en las generaciones futuras será el heredero de la redención[44].

Junto al filón ético se insiste mucho también en el filón del amor. El misterio del Absoluto radica de uno u otro modo en la dimensión del amor, correlativa de la dimensión de la justicia. Dice E. Borne que «Desde Platón hasta Gabriel Marcel, los filósofos que se niegan a reducir el espíritu a la naturaleza han buscado en el amor cierto anhelo de inmortalidad»[45].

Al vivir el amor, el hombre percibe concretamente, si el amor es auténtico, una dimensión absoluta e incondicionada: el amor confirma al otro, no por lo que tiene, sino por lo que es. Y en esa confirmación va siempre incluida la afirmación de la trascendencia metafísica y espiritual del hombre: el misterio de su origen trascendente y la exigencia de una existencia trascendente.

Gabriel Marcel ha intentado formular la lógica inherente al amor afirmando que amar a alguien es decirle: eres inmortal[46]. ¿Estamos simplemente ante un sentimiento romántico que promete la inmortalidad pero que no cree realmente en ella? Marcel está convencido de que se trata de una lógica profunda, de la lógica que

---

43. Cf. S. Decloux, *Existence de Dieu et rencontre d'autrui*: Nouvelle revue theologique 86 (1964) 706-724.
44. Cf. J. Gevaert, *L'escatologia di Emmanuel Levinas*: Salesianum 32 (1970) 601-618.
45. E. Borne, *La mort comme problème philosophique*, en *Qu'est-ce que l'homme? Semaine des intellectuels catholiques*, Paris 1954, 96.
46. Cf. G. Marcel, *Homo viator. Prolegomeni ad una metafisica della speranza*, Torino 1967, 171 (versión cast.: *Homo viator*, Salamancá 2004). «La muerte de que aquí se habla no es ni la muerte general, que es pura ficción, ni mi muerte particular…, sino la muerte de los que amamos, pues sólo estos están al alcance de nuestra mirada espiritual… 'Amar a un ser, dice uno de mis personajes, es decirle: No morirás'. Para mí no se trata de un simple efecto teatral, sino de una afirmación absoluta. Aceptar la muerte de un ser es en cierto modo abandonarlo a la muerte. Y querría demostrar que, incluso aquí, el espíritu de verdad es el que nos prohibe esta capitulación, esta traición».

promueve al otro porque no es algo sino alguien, es decir, un sujeto en el sentido profundo del término.

Al mismo tiempo, el amor se vive como una especie de garantía o prenda de eternidad. «No hay amor digno de este nombre que no sea, para quien lo piensa, signo y semilla de inmortalidad»[47].

La dimensión metafísica del hombre se manifiesta en el amor. La relación interpersonal revela la alteridad de la persona y la imposibilidad de ver en ella sólo una expresión de un monismo material, biológico o racional. En este sentido es una huella de la trascendencia.

Por otro lado, el amor concreto y vivo es donde se manifiesta más concretamente el misterio de «don» que caracteriza el ser de la persona. Es indudable que todo amor es un acto de la libertad. Es fruto de la opción y del compromiso. El gran problema es que sólo el hombre puede amar.

Podríamos aludir también, de forma parecida, al misterio de la verdad.

2. *Dios como promesa*

El descubrimiento del Dios creador y de la orientación constitutiva de la existencia humana hacia este misterio, ¿es una promesa y una garantía de la inmortalidad personal?

Constatar que se es una criatura significa que, al fin y al cabo, se es alguien ante los demás, con todas las dimensiones esenciales de esta existencia personal, porque se es alguien ante Dios. La relación creatural implica una relación interpersonal, no en vano toda relación verdaderamente interpersonal conlleva la exigencia de no tratar al otro como una cosa, como una función o como un número, sino como alguien. En virtud de la propia afirmación del

---

47. *Ibid.*, 176: «¿Es posible concebir una supervivencia real de las personas sin recurrir a esta trascendencia? Creo poder responder que no hay amor digno de este nombre que no sea a la vez, para quien lo piensa, signo y semilla de inmortalidad. Pero, por otro lado, este amor significa descubrir que no puede constituir un sistema cerrado, que se trasciende en todos los sentidos, que para ser plenamente él mismo exige en el fondo una comunión universal que, si no existe, no queda satisfecho y su destino final será corromperse y perderse. Esta comunión universal sólo puede tener un agarradero en el Tú absoluto. De ahí que, de una vez por todas, haya que barrer por completo las ilusiones positivistas».

otro en el amor, implica la exigencia inderogable de la inmortalidad, es decir, del don permanente y abundante de la existencia en la realización de sus posibilidades. Si Dios quiere a toda persona individual como persona, no la quiere como función ni como anillo en el desarrollo de la totalidad cósmica y material. Quererla por un tiempo significaría quererla exclusiva y necesariamente como función, para abandonarla cuando esa función se haya cumplido. Querer a alguien como persona es quererlo para siempre.

Además, el amor del Dios creador que «pone» la persona puede garantizar la eternidad del don personal de la existencia. Toda persona es, en definitiva, persona porque así lo quiere Dios desde la eternidad, que desea ser alguien ante las criaturas personales. Esta fuerza creadora trasciende absolutamente todas las causalidades naturales e históricas. Y, en cuanto tal, no es afectada por la muerte, que se mueve en el ámbito de las relaciones históricas. El fundamento personal de mi vida es a la vez horizonte de existencia eterna y garantía de su cumplimiento.

Concebir la inmortalidad como una relación interpersonal con Dios es una forma de dar una respuesta al problema del sentido de la vida que preside toda la reflexión antropológica. El sentido último de la vida no es algo yuxtapuesto a la relación con Dios, sino la misma relación con Dios. La inquietud espiritual es, en el fondo, el deseo de ser alguien en presencia de Dios, de vivir una relación dialogal permanente en la fidelidad y en el amor. Es aquel *desiderium naturale* «videndi Deum», de que hablaba santo Tomás.

PROPUESTAS BIBLIOGRÁFICAS

Abelson, R., *Persons. A Study in Philosophical Psychology*, London 1977.
Agassi, J., *Towards a Rational Philosophical Anthropology*, The Hague 1977.
Alfaro, J., *De la cuestión del hombre a la cuestión de Dios*, Salamanca ⁴2002.

Barbotin, E., *L'humanité de l'homme. Étude de philosophie concrète*, Paris 1969.
Basave Fernández del Valle, A., *Filosofía del hombre. Fundamentos de antropología metafísica*, México 1963.
Bauer, K. H. y otros, *Was ist das-der Mensch? Beiträge su einer modernen Anthropologie*, 12 Vorträge, München 1968.
Bausola, A., *Natura e progetto dell'uomo. Riflessioni sul dibattito contemporaneo*, Milano 1977.
Bazzichi, O., *Antropologia cristiana*, Roma 1981.
Ben Chorin, S., *Was ist der Mensch? Anthropologie des Judentums*, Tübingen 1986.
Benzo Mestre, M., *Uomo profano, uomo sacro. Trattato di antropologia teologica*, Assisi 1980.
Bogliolo, L., *Antropologia filosofica*, Roma ⁴1977, 2 vols.
Botturi, F., *Desiderio e verità. Per una antropologia cristiana nell'età secolarizzata*, Milano 1985.
Brugger, W., *Grundzüge einer philosophischen Anthropologie*, München 1986.
Brunner, A., *Person und Begegnung. Eine Grundlegung der Philosophie*, München 1982.
Buber, M., *Il problema dell'uomo*, Torino 1983.
Byrne, E. F.-Maziarre, A., *Human Being and Being Human. Man's Philosophies of Man*, New York 1969.

Cassirer, E., *Saggio sull'uomo. Introduzione a una filosofia della cultura*, Roma 1968.
Cavadi, A.-Galantino, N.-Guarnieri, A., *Alla ricerca dell'uomo. Lineamenti di antropologia filosofica*, Palermo 1988.
Cenacchi, G., *Antropologia filosofica*, Città del Vaticano 1981.
Charon, J. E., *L'homme à sa découverte*, Paris 1963.
Coreth, E., *Antropologia filosofica*, Brescia 1978.

Dalle Nogare, P., *Umanesimi e antiumanesimi. Introduzione all'antropologia filosofica*, Roma 1980.
De Waelhens, A. y otros, *Études d'anthropologie philosophique*, Louvain-la-Neuve 1980.

Dessauer, F., *Was ist der Mensch? Die vier Fragen des I. Kant*, Frankfurt 1959.
De Segni, R., *Le unghie di Adamo. Studi di antropologia ebraica*, Napoli 1981.
Donceel, J. F., *Philosophical Anthropology*, New York 1967.
Dondeyne, A., *Foi chrétienne et pensée contemporaine*, Louvain ³1961.
Dürckheim, K., *Im Zeichen der grossen Erfahrung. Studien zu einer metaphysischen Anthropologie*, München 1974.

Emonet, P., *Philosophie de l'homme*, Fribourg 1967.

Fabro, C., *Introducción al problema del hombre*, Madrid 1982.
Ferré, L., *Antropología filosófica*, Buenos Aires 1984.
Flew, A., *A Rational Animal and other Philosophical Essays on the Nature of Man*, London 1978.
Flick, M.-Alszeghi, Z., *Antropología teológica*, Salamanca ⁸1999.
Florival, G. (ed.), *Études d'anthropologie psilosophique* II, Louvain-la-Neuve 1984.
Frankl, V., *El hombre en busca de sentido*, Barcelona 2001.
Frutos, E., *Antropología filosófica* I. *Preliminares y cuestiones básicas*, Zaragoza 1972.

Gadamer, H.-G.-Vogler, P. (eds.), *Nueva antropología*, Barcelona 1975-1977, 3 vols.
Gehlen, A., *El hombre. Su naturaleza y su lugar en el mundo*, Salamanca ²1987.
– *Prospettive antropologiche. Per l'incontro con se stesso e la scoperta di sé da parte dell'uomo*, Bologna 1987.
Gozzelino, G., *Vocazione e destino dell'uomo in Cristo. Studio di antropologia teologica fondamentale (protologia)*, Torino 1985.
Graber, F., *Die Weltoffenheit des Menschen. Eine Darstellung der Menschen und Deutung der philosophischen Anthropologie*, Fribourg 1974.
Grand'Maison, J., *Quale uomo?*, Napoli 1969.
Groethuysen, B., *Antropologia filosofica*, Napoli 1969.

Haeffner, G., *Philosophische Anthropologie*, Stuttgart 1982.
Hengstenberg, H., *Philosophische Anthropologie*, München ⁴1984.
Hermanns, M., *Der Mensch: woher-wohin?*, Paderborn 1971.
Heschel, A., *Chi è l'uomo?*, Milano 1971.
Holz, H., *Mensch und Menschheit. Entwürfe zur Grundlegung und Durchführung einer philosophischen Anthropologie*, Bonn 1973.
Husserl, E., *Conferenze di Amsterdam. Psicologia fenomenologica*, Palermo 1979.

Ibáñez Langlois, J. M., *Introducción a la antropología filosófica*, Barañain 1977.
Ivaldo, M., *Wilhelm von Humboldt. Antropologia filosofica*, Napoli 1980.

Jolivet, R., *Trattato di filosofia* III. *Psicologia*, Brescia 1958.

Kelley, W.-Tallon, A. (eds.), *Readings in the Philosophy of Man*, New York 1967.

Klubertans, G., *The philosophy of human nature*, New York 1953.
Krapiec, M., *I-Man. An outline of philosophical anthropology*, New Britain 1985.
Kraus, G., *Blickpunkt Mensch. Menschenbilder der Gegenwart aus christlichen Sicht*, München 1983.
Kröger, A., *Mensch und Person. Moderne Personbegriffe in der katholischen Theologie*, Recklinghausen 1967.
Lahaye, R., *Qu'est-ce que l'âme?*, Paris 1971.
Landmann, M. (ed.), *De Homine. Man in the mirror of his thought*, Ann Arbor 1979.
– *Philosophical Anthropology*, Philadelphia 1974.
– *Fundamental-Anthropologie*, Bonn 1979.
Landsberg, P. L., *Einführung in die philosophische Anthropologie*, Frankfurt ²1960.
Langford, P., *Modern philosophies of human nature. Their emergence from christian thought*, Dordrecht 1986.
Legaut, M., *L'uomo alla ricerca della sua umanità*, Assisi 1972.
Lersch, P., *Aufbau der Person*, München ⁸1962.
Lobato, A. (ed.), *L'anima nell'antropologia di S. Tommaso d'Aquino*, Milano 1986.
Lorite Mena, J., *El animal paradójico. Fundamentos de antropología filosófica*, Madrid 1982.
Luijpen, W., *Existential phenomenology*, Pittsburgh-Louvain 1969.
– *Fenomenology and atheism*, Pittsburgh-Louvain 1964.
Luyten, N., *Mensch-sein als Aufgabe*, Fribourg 1985.
– (ed.), *L'anthropologie de saint Thomas*, Fribourg 1974.
– (ed.), *L'uomo* (2 vols.), Napoli 1978.

Macquarrie, J., *In search of humanity. A theological and philosophical approach*, New York 1982.
Magnini, C., *Introduzione alla critica dell'uomo*, Bologna 1973.
Mann, J. A.-Kreycke, F. (eds.), *Reflections on Man. Readings in Philosophical Psychology from Classical Philosophy of Existentialism*, New York 1966.
Manno, G. (ed.), *L'anima*, Napoli 1979.
Marcel, G., *L'uomo problemático*, Torino 1964.
– *Homo viator*, Salamanca 2004.
Marcuse, H., *El hombre unidimensional*, Barcelona ⁴2000.
Marias, J., *Antropología metafísica*, Madrid ²1998.
Maritain, J., *Quattro saggi sullo spirito umano nella condizione di incarnazione*, Brescia 1978.
Maxwell, M., *Human Evolution. A philosophical anthropology*, New York 1984.
Mercatali, A., *La persona umana. Principi teorici e aspetti metodologici*, Brescia 1980.
Melchiorre, V., *Essere e parola. Idee per una antropologia metafisica*, Milano 1989.
Merino, J. A., *Antropología filosófica*, Madrid 1982.

Möller, J., *Menschsein: ein Prozess. Entwurf einer Anthropologie*, Düsseldorf 1979.
Moltmann, J., *El hombre. Antropología cristiana en los conflictos del presente*, Salamanca ⁴1986.
Mondin, B., *L'uomo: qui è? Elementi di antropologia filosofica*, Roma 1983.
– *Antropologia teologica. Storia, problemi, prospettive*, Roma 1977.
Morin, E., *El paradigma perdido*, Barcelona ⁶1993.
Mounier, E., *El personalismo*, Salamanca 2002.
Müller, M., *Philosophische Anthropologie*, Freiburg i. Br. 1974.

Palumbieri, S., *È possibile essere uomo? Progetto e messaggi a confronto*, Napoli 1979.
Pannenberg, W., *Che cosa è l'uomo? L'antropologia contemporanea alla luce della teologia*, Brescia 1974.
– *Antropología en perspectiva teológica*, Salamanca 1993.
Pavan A. (ed.), *Persona e personalismo*, Napoli 1987.
Penati, G., *Ragione e liberazione. La scienza dell'uomo nel pensiero contemporaneo*, Brescia 1977.
– *L'anima*, Brescia 1982.
Peterson, F. H., *A phylosophy of man and society*, New York 1970.
Pleger, W., *Differenz und Identität. Die Transformation der philosophischen Anthropologie im 20. Jahrhundert*, Berlin 1988.
Plessner, H., *Die Frage nach der Conditio humana. Aufsätze zur philosophischen Anthropologie*, Frankfurt 1976.
– *Die Stufen des Organischen und der Mensch. Einleitung in die philosophische Anthropologie*, Berlin ²1965.
Portmann, A.-Ritsema, R. (eds.), *Sinn und Wandlungen des Menschenbildes*, Zürich 1972.
Prestipino, G., *Per una antropologia filosofica. Proposta di metodo e di lessico*, Napoli 1983.
Przywara, E., *L'uomo. Antropologia filosofica*, Milano 1968.

Rahner, K., *Espíritu en el mundo*, Barcelona 1963.
Raurell, F., *Lineamenti di antropologia biblica*, Casale Monferrato 1986.
Rigobello, A. y otros, *Il problema filosofico dell'antropologia*, Brescia 1977.
– (ed.), *Lessico della persona umana*, Roma 1986.
Rocek, R.-Schatz, O. (eds.), *Philosophische Anthropologie*, München 1972.
Rombach, H. (ed.), *Die Frage nach dem Menschen. Aufriss einer philosophischen Anthropologie*, Freiburg i. B. 1966.
– *Strukturanthropologie*, Freiburg i. B. 1987.
Rosenthal, B. G., *The images of man*, New York 1971.
Rotenstreich, N., *Spirit and Man. An essay on Being and Value*, The Hague 1963.
– *Man and his dignity*, Jerusalem 1983.
Rothacker, E., *Philosophische Anthropologie*, Bonn ²1966.
Rovella, G., *L'uomo. Una filosofia*, Napoli 1975.
Royce, J. E., *Man and his nature. A philosophical psychology*, New York 1961.

Santinello, G., *Immagini e idea dell'uomo. Introduzione antropologica alla filosofia*, Rimini 1984.
Schaff, A., *Il marxismo e la persona umana*, Milano 1966.
– *La filosofia dell'uomo*, Roma 1963.
Scheler, M., *El puesto del hombre en el cosmos*, Barcelona 2000.
– *Esencia y formas de la simpatía*, Salamanca 2004.
– *L'eterno nell'uomo*, Milano 1972.
Scherer, G., *Strukturen des Menschen. Grundfragen philosophischer Anthropologie*, Essen 1976.
Schmitz, H., *System der Philosophie* IV. *Die Person*, Bonn 1980.
Schoeps, H.-J., *Was ist der Mensch? Philosophische Anthropologie als Geistesgeschichte der neuesten Zeit*, Göttingen 1960.
Schultz, H. J. (ed.), *Was weiss man von der Seele? Erforschung und Erfahrung*, Gütersloh 1972.
Sciacca, M. F., *L'uomo questo squilibrato. Saggio sulla condizione umana*, Milano ^{6}1972.
Seifert, J., *Leib und Seele. Ein Beitrag zur philosophischen Anthropologie*, Salzburg-München 1973.
Siwek, P., *Psychologia metaphysica*, Roma ^{6}1962.
Spinsanti, S., *Antropologia cristiana*, Milano 1985.
Speltt, J., *Lernziel Menschlichkeit. Philosophische Grundperspektiven*, Frankfurt 1976.
Stammler, E. (ed.), *Wer ist eigentlich der Mensch?*, München 1973.
Strasser, S., *Le problème de l'âme. Études sur l'objet respectif de la psychologie métaphysique et de la psychologie empirique*, Louvain 1953.
Szaszkiewicz, J., *Filosofia dell'uomo*, Roma 1981.

Toinet, P., *L'homme en sa vérité. Essai d'anthropologie philosophique*, Paris 1968.
Tresmontant, C., *Il problema dell'anima*, Roma 1972.
Trigg, R., *Ideas on Human Nature. An historical introduction*, New York 1989.

Van den Berg, J. H., *The changing nature of man. Introduction to a historical psychology*, New York 1983.
Van Peursen, C. A., *Le corps-l'âme-l'esprit. Introduction à une anthropologie phénoménologique*, La Haye 1979.
Vanni Rovighi, S., *L'antropologia filosofica di san Tommaso d'Aquino*, Milano ^{2}1982.
– *Uomo e natura. Appunti per una antropologia filosofica*, Milano 1987.
Verneaux, R., *Psicologia. Filosofia dell'uomo*, Brescia 1967.
Vetter, A., *Personale Anthropologie. Aufriss der humanen Struktur*, Freiburg i. B. 1966.

Walter, H., *Grundriss der Anthropologie*, München 1970.
Watte, P., *La force et le sens. Esquisses pour une anthropologie philosophique*, Louvain-la-Neuve 1985.
Weber, E. H., *L'homme en discussion*, Paris 1970.

Wenin, C. (ed.), *L'homme et son univers au moyen âge* (2 vols.), Louvain-la-Neuve 1986.
Winckelmans de Clety, C., *L'univers des personnes*, Bruges 1969.

Para más información bibliográfica en distintas lenguas sobre aspectos particulares de la antropología filosófica recomendamos W. Brugger, *Grundzüge einer philosophischen Anthropologie*, München 1986, 387-489.

ÍNDICE GENERAL

Contenido 7
Prefacio 9

Introducción
EL PROBLEMA ANTROPOLÓGICO

1. Actualidad y urgencia del problema 11
2. Génesis del problema filosófico del hombre 13
   a) Estupor y admiración 14
   b) Frustración y desilusión 15
   c) Experiencia de lo negativo y del vacío 16
3. Las raíces más profundas del problema antropológico ... 17
   a) Libertad que realizar 17
   b) Convivencia con los demás 18
   c) Necesidad de un sentido global 19
4. ¿Qué es la antropología filosófica? 20
5. El problema del método 22

Primera parte
DIMENSIONES FUNDAMENTALES DE LA EXISTENCIA HUMANA

1. Ser hombre es ser con otros 29
   I. De la «egología» a la dimensión interpersonal 30
      1. Exaltación y pérdida del yo en el racionalismo 30
         a) Absolutización del *ego* en la filosofía de Descartes . 30
         b) Eclipse del sujeto individual en el idealismo poskantiano 32
      2. Exaltación y pérdida del sujeto en el pensamiento social   34
         a) Exaltación del *ego* como rasgo de la antropología moderna 34

		b) La pérdida del sujeto en el colectivismo	35
	3.	La relación constitutiva con otros seres humanos	37
		a) La antropología dialogal o intersubjetiva de M. Buber	37
		b) E. Levinas: el primado del otro desde la ética	39
		1. Crítica de la «egología»	40
		2. El primado ético y metafísico del otro	41

II. Ser con los otros y para los otros 43

   1. La certeza del otro en la llamada ética 45
   2. El papel esencial de la palabra 46
   3. La familiaridad con las cosas 49
   4. El amor de los demás y el amor a los demás 50
      a) El amor recibido de los demás 51
      b) El amor a los demás 52

III. Formas fundamentales de la intersubjetividad 54

   1. El amor como «querer el bien del otro» 54
   2. La justicia como concreción del amor 55
   3. El conflicto 57
   4. Indiferencia y relaciones marcadas por la funcionalidad 58

IV. El sujeto o la persona 59

2. La existencia corpórea del hombre 63

   I. El hecho de la existencia corpórea 65

      1. Antropologías prefilosóficas 66
      2. Antropologías filosóficas de corte dualista 69
         a) El dualismo platónico 70
         b) El dualismo cartesiano 72
         c) El dualismo de Malebranche y Leibniz 74
      3. La interpretación del hombre como ser unitario 75

   II. Insuficiencia del dualismo antropológico 79

      1. Insuficiencia de las antropologías dualistas 80
         a) Puntos débiles del dualismo antropológico 80
         b) La unidad vivida 81
         c) Cuerpo orgánico y cuerpo humano 82
      2. La no identificación con el cuerpo 84
      3. Bipolaridad en la unidad 86

III. El significado del cuerpo humano 88
      1. Los significados fundamentales del cuerpo humano .. 88
      2. El cuerpo como lugar de actuación del hombre 90
      3. El cuerpo como orientación fundamental hacia los demás 90
      4. El cuerpo como lenguaje 92
      5. El cuerpo como principio de instrumentalidad 95
      6. El cuerpo como límite 96
   IV. La igualdad fundamental del varón y la mujer 97
      1. Algunos intentos de interpretación 97
         a) Una cuestión de naturaleza biológica 97
         b) Las polaridades psicológicas 98
         c) Diferencias meramente culturales 100
      2. El significado «humano» de la sexualidad 104

3. El mundo como dimensión fundamental del ser humano 107
   I. La pertenencia al mundo ante las ciencias modernas 109
      1. La relativización del sujeto en nombre de la ciencia .. 109
         a) El empirismo inglés 109
         b) El eclipse del sujeto en el objetivismo de las ciencias 112
      2. La relativización del yo en el enfoque evolucionista .. 114
      3. La negación del sujeto personal en nombre de la psicología 117
   II. El mundo como sociedad y cultura 118
      1. El materialismo histórico de Karl Marx 118
      2. El estructuralismo y la muerte del hombre 121
   III. Insuficiencia del materialismo antropológico 124
      1. Interpretación «materialista» del hombre 124
      2. Carácter cientificista del materialismo 126
      3. Las contradicciones latentes 127
   IV. Dimensiones fundamentales del ser en el mundo 129
      1. El mundo como dimensión de la existencia humana .. 129
      2. Aspectos fundamentales del ser en el mundo 131
         a) El vínculo vital con el cosmos, la naturaleza y la vida 131
         b) El mundo como mundo vital 132

c)	El mundo como sociedad y cultura	132
d)	El mundo como lenguaje	133
e)	Homo faber	133
f)	El mundo como historia	134

V. El hombre como espíritu 135

   1. Algunos significados del término «espíritu» 135
   2. El espíritu como sujeto personal 139

Segunda parte
LA EXISTENCIA HUMANA COMO LLAMADA Y TAREA

4. El misterio del conocimiento y de la verdad 149

   I. Naturaleza del conocimiento humano 151

     1. Observaciones generales sobre el conocimiento, la verdad y la ciencia 152
     2. Conocimiento sensitivo y conocimiento intelectivo ... 154
     3. Palabra y praxis 156
     4. Experiencia y pensamiento conceptual 157
        a) La gran complejidad de la experiencia humana ... 158
        b) Algunas características de la experiencia 158
     5. Características del conocimiento intelectivo 160
        a) Pensamiento conceptual o predicativo 160
        b) Conocimiento a nivel de juicio 161
        c) Conocimiento nocional y conocimiento real 162
     6. El conocimiento como «*lumen naturale*» 163

   II. Formas fundamentales de verdad 165

     1. La racionalidad de las ciencias modernas 165
        a) La concepción inicial de la naturaleza en las ciencias modernas 166
        b) Las ciencias modernas desde una perspectiva contemporánea 167
        c) Dos familias distintas de racionalidad empírica 168
        d) ¿Tienen las ciencias empíricas el monopolio de la verdad? 169
     2. La verdad como búsqueda del sentido de la realidad ... 169

   III. Grandeza e insuficiencia de la verdad humana 173

     1. Carácter parcial y limitado de los interrogantes científicos 173

	2. Carácter múltiple de la verdad	176
	a) Sectores fundamentales de la verdad humana	177
	1. Verdad precientífica	177
	2. Verdad científica	178
	3. Verdad filosófica	178
	4. Verdad religiosa	179
	b) La raíz del carácter múltiple de la verdad	179
	3. Insuficiencia no significa relativismo	179

5. Acción humana, valores y libertad 181
   I. Acción humana y voluntad 182
      1. La acción humana 182
      2. La voluntad 183
   II. La llamada de los valores 184
      1. Definición general de los valores humanos 184
         a) Tensión dialéctica entre los aspectos objetivo y subjetivo 185
         b) La dimensión intersubjetiva de los valores 186
         c) El componente absoluto en la llamada de los valores 188
      2. La «naturaleza» de las cosas como marco objetivo de los valores 190
      3. Las necesidades fisiológicas y psicológicas como fuente de valores 192
      4. Un mundo ideal y objetivo de valores 192
      5. Jean-Paul Sartre o la subjetividad radical de los valores . 194
      6. Lo objetivo y lo subjetivo en los valores 195
      7. Esferas de valores 198
      8. Tensión entre las esferas de valores 201
   III. La libertad en la existencia humana 202
      1. Observaciones generales sobre la libertad humana ... 203
         a) Libertad significa obrar con responsabilidad 203
         b) Libertad como madurez humana 205
         c) Libertad como conjunto de condiciones de libertad . 206
      2. La raíz de la libertad humana 207
      3. La dimensión interpersonal de la libertad 209
         a) Libertad y dimensión ética 209
         b) Libertad y perdón 211
   IV. Una libertad limitada y situada 212
      1. Libertad en situación: observaciones generales 212
      2. El determinismo de la naturaleza 214

3. La situación corpórea de la libertad 217
   a) Los dinamismos involuntarios 217
   b) La negación de la libertad en el psicoanálisis 218

V. Libertad y liberación 219
   1. Aspectos materiales y sociales de la liberación 221
   2. Aspectos personales de la liberación 223
      a) La opción fundamental 223
      b) La fidelidad 224
      c) Afrontar el riesgo 225

6. Historicidad de la existencia y sentido de la historia 227

   I. La dimensión histórica de la existencia humana 228
      1. Observaciones generales sobre la noción de historicidad . 228
      2. El concepto de historicidad según Martin Heidegger . 230
      3. Componentes de la historicidad de la existencia humana . 231
         a) Corporeidad e historicidad 231
         b) Dimensión temporal de la existencia 232
         c) Dimensión social e interpersonal 233
         d) Libertad e historicidad 234
      4. Historicidad e historicismo 235

   II. Trabajo y cultura 237
      1. Importancia básica del trabajo 238
      2. Ambigüedad del trabajo humano 240
      3. La cultura como dimensión fundamental 243

   III. El sentido de la historia 244
      1. Origen del problema del «sentido» de la historia 245
      2. La fascinación del determinismo histórico 246
      3. Historia y progreso 249
         a) La fascinación del progreso 249
         b) El desmoronamiento del mito del progreso 250
         c) Valoración del progreso histórico 250
      4. La «humanidad del hombre» como sentido de la historia 253

Tercera parte
LOS LÍMITES DE LA EXISTENCIA Y LA PERSPECTIVA DE LA ESPERANZA

7. El fracaso y el mal como problemas básicos del hombre 259
   1. El mal como problema humano 260
      a) Planteamiento del problema 260
      b) Problema existencial - problema intelectual 262
   2. Algunos intentos de racionalizar el mal 264
      a) El modelo de Leibniz 265
      b) El mal como fenómeno meramente histórico 268
      c) La explicación del mal desde una perspectiva evolucionista 272
   3. Precariedad de las respuestas meramente intelectuales ... 275
      a) Observaciones previas 276
      b) Una interpretación más realista del hombre 277
      c) Insuficiencia de las explicaciones puramente racionales 280
      d) Situaciones límite 282

8. La muerte como problema fundamental de la existencia humana 287
   I. La muerte como problema existencial 288
      1. Sentido general del problema 288
      2. La muerte y el carácter absurdo de la existencia 290
         a) Ser para la muerte 290
         b) La muerte y el carácter absurdo de la existencia .. 292
         c) La esperanza imposible 294
   II. La naturaleza antropológica de la muerte 296
      1. La muerte afecta a toda la existencia humana 296
      2. Naturaleza de la muerte humana 298
      3. Definiciones poco satisfactorias 299
         a) La muerte como separación de alma y cuerpo 299
         b) La muerte como fenómeno «no natural» o «contra la naturaleza» 300
      4. La muerte como problema en torno al significado último de la existencia 301
   III. Vivir conscientes de la muerte 302
      1. Valor pedagógico de la muerte 302
         a) Reaccionar ante la amenaza de la muerte 303
         b) Significado del esfuerzo temporal de la persona .. 304
         c) Relativización de los roles sociales 305

d) Sentido de totalidad 305
2. La muerte como experiencia de finitud 306

9. La muerte y la perspectiva de la esperanza 309

   I. El hombre es más que la muerte 311
      1. Una presunta evidencia 311
      2. La muerte no es la última palabra de la existencia humana 312
      3. Insuficiencia de la historia 316
      4. Dos objeciones mayores 320
         a) Inmortalidad e individualismo 320
         b) Inmortalidad y falta de compromiso 321
   II. La idea de la inmortalidad como «alma separada» 325
      1. Las dificultades de la idea del «anima separata» 325
      2. Evaluación de las dificultades 329
   III. Futuro absoluto y esperanza 331
      1. El hombre como interrogante de Dios 332
      2. Dios como promesa 334

Propuestas bibliográficas 337